CHOISIS LA VIE !

Timothy Radcliffe

CHOISIS LA VIE !

Un imaginaire chrétien

Traduit de l'anglais (GB) par
Robert Sctrick

LES ÉDITIONS DU CERF

• Pour suivre au plus près les intentions de l'auteur explorant dès le début de son ouvrage les riches connotations du mot anglais *imagination*, la présente traduction réservera son équivalent français à la faculté mentale qui transforme ou interprète le réel, et parlera ailleurs d'« imaginaire » (le plus souvent précisé par un adjectif) lorsqu'il est question d'un répertoire d'images faisant certes doctrine, mais s'écartant des concepts en ce qu'elles sont mises à l'épreuve d'une raison sensible à la force opérante d'un dépassement du réel. « Grâce à l'imaginaire, l'imagination est essentiellement ouverte » (G. Bachelard).

• Les notes de l'auteur sont rejetées en fin de volume et appelées par un nombre, chapitre par chapitre. Elles sont souvent complétées d'indications bibliographiques plus familières au lecteur, au cinéphile, au téléspectateur de langue française. La traduction des passages cités est souvent nôtre, mais il arrive, et le cas est toujours signalé, qu'elle revienne au traducteur du texte publié en langue française, qu'on le trouve dans le commerce ou en document électronique. Dans ce dernier cas sont alors indiqués le site où on peut se le procurer et, s'il y figure, le nom du traducteur. Le Saint-Siège diffuse en beaucoup de langues, et donc en français, les documents pontificaux traduits. Les traductions des Écritures viennent toutes de la Bible de Jérusalem.

• Quelques notes sont appelées par une lettre, elles renvoient, en bas de page, à des éclaircissements indispensables lorsque l'allusion était manifestement déchiffrable par de seuls destinataires anglo-saxons et que nous avons cru bon de l'éclaircir ou parfois, au risque de l'infidélité, de la transposer. Les mots en français dans le texte sont en *italique* et suivis d'un astérisque (*).

Le traducteur tient à remercier PHILIPPE GERVAL
pour son érudite et patiente collaboration.

Titre original en anglais :
Alive in God: a Christian Imagination

www.editionsducerf.fr
24, rue des Tanneries
75013 Paris

ISBN : 978-2-204-13472-9

Je te propose la vie ou la mort, la bénédiction ou la malédiction. Choisis donc la vie, pour que toi et ta postérité viviez.

Dt 30, 19.

Moi, je suis venu pour qu'on ait la vie et qu'on l'ait surabondante.

Jn 10, 10.

Ne craignez pas que votre vie prenne fin, craignez plutôt qu'elle n'ait jamais de commencement.

JOHN HENRY NEWMAN.

En essayant de comprendre le mécanisme de la vie – et la raison qui fait que certaines personnes résistent mieux à l'adversité – je reviens à quelque chose qui s'apparente à un acquiescement à la vie, à savoir l'amour de la vie, si insuffisant soit-il, et l'amour de soi, si peu justifié soit-il. Non pas dans le « moi d'abord », qui est tout le contraire de la vie et de l'amour, mais avec cette détermination digne d'un saumon à remonter le courant, tout agité qu'il est, parce que, dans ce courant, on est chez soi.

JEANETTE WINTERSON,
Pourquoi être heureux quand on peut être normal ?

Imaginaire

1

Poulets sans ailes, poulets à trois pattes

Un soir que nous dînions ensemble, deux vieux amis de longue date, des chrétiens engagés, et moi-même en vînmes à parler de leurs enfants : l'un était un catholique enthousiaste, l'autre manifestement étranger à la religion. Cela n'avait rien à voir avec leur intelligence ni avec leur cœur. Les deux sont des jeunes gens brillants qui se soucient de justice et entendent agir à leur échelle pour notre petite planète. Il se trouve simplement que le premier n'a jamais été effleuré par la religion, tandis que pour l'autre elle éclaire le monde. J'ai pu m'entretenir des centaines de fois avec des parents qui se reprochaient de ne pas transmettre leur foi à leurs enfants, mais il faut dire que pour des millions de jeunes celle-ci parle un langage qui leur est purement et simplement étranger. Il est aussi obsolète que les machines à écrire. Il appartient à un autre monde et parle une autre langue.

En juin 2016, Stephen Bullivant a publié un rapport sur l'état du christianisme en Angleterre et au pays de Galles [1]. Le pourcentage de la population qui se définissait comme n'ayant pas de religion avait quasi doublé en trois ans, passant de 25 % à 48,5 % dans le recensement de 2014. Les gens sont plus nombreux à se déclarer sans religion qu'à se dire chrétiens. La Grande-Bretagne se transforme sous nos yeux en un pays postchrétien. Le Beatle John Lennon a chanté : « Imaginez qu'il n'y ait pas de paradis ; c'est facile, vous n'avez qu'à essayer. » De plus en plus de personnes en Europe ne croient plus sans même avoir essayé.

Mon but, en écrivant ce livre, est d'explorer les voies qui peuvent donner à la foi chrétienne des chances de faire sens pour nos contemporains. Les croyants n'habitent pas je ne sais quelle bulle flottant dans un monde imaginaire, loin des expériences et des aspirations communes. Comme ce qui est en jeu, c'est le choix de la vie dans sa plénitude, ses composantes essentielles recoupent les espérances et les rêves de tous ceux qui veulent vivre plutôt que survivre. N'importe qui, croyant ou pas, dès lors qu'il comprend à quel point ce n'est pas simple d'être en vie, de tomber amoureux, de traverser des crises, d'essayer de reprendre son existence en main, de faire face à la maladie et au grand âge, peut également aider les chrétiens à donner du sens à notre foi. Clive James, le poète australien, ne semble pas confit en religion, mais la poésie que lui inspira le stade terminal de la maladie m'a aidé quand j'ai dû garder le lit après avoir été opéré d'un cancer, inquiet de ce qui m'attendait. J'avais dans mon pilulier la prise régulière d'un poème par jour.

Je serais comblé si ce livre pouvait ouvrir aux laïcs et aux athées une porte sur l'imaginaire chrétien ; quant aux chrétiens, j'ose espérer qu'il les aidera un tant soit peu. Nous sommes tous des enfants de cet âge séculier, jusqu'à notre langage est infiltré de ses présupposés. Moi le premier, je consacre plus de temps aux médias laïques qu'à la lecture des évangiles. Si nous parvenons à voir que le christianisme tourne autour d'une seule et unique chose : être vivant, la foi, je l'espère, illuminera tout ce que nous faisons et ce que nous sommes. Rien ne justifie qu'il existe un fossé entre le monde religieux du dimanche et le monde séculier du jour ordinaire.

Mais la montée de la laïcité n'est qu'un des volets du diptyque. Partout dans le monde, la religion, sur la scène des affaires publiques, fait entendre une voix qui porte de plus en plus loin, et souvent de manière agressive. Neil

MacGregor affirme qu'« à un degré rarement atteint en Europe depuis le XVIIe siècle, la foi met sa marque sur des pans entiers du débat public mondial[2] ». Le Moyen-Orient est déchiré par des conflits religieux ; la politique d'Israël comme celle du Pakistan – deux États laïques quand ils furent fondés – est devenue de plus en plus confessionnelle ; le BJP (Bharatiya Janata Party) en Inde, pays de tolérance religieuse par tradition, se fait le chantre d'une version particulièrement rigide de l'hindouisme, si bien qu'on voit certains hommes politiques appeler à l'expulsion des non-hindous ; le gouvernement militaire bouddhiste du Myanmar a chassé de leur pays des centaines de milliers de musulmans rohingyas. L'administration Trump a cherché à interdire aux musulmans de mettre le pied sur le sol des États-Unis. La religion occupe une place centrale au Nigeria, en Indonésie, en Malaisie, en Russie, en Chine, que sais-je ?

Sécularisme et fondamentalisme sont les frères ennemis de notre époque. Ils se battent pour la domination du monde. Ils ont beau avoir l'air d'être aux antipodes l'un de l'autre, se nier réciproquement, ils sortent tous les deux du même ventre. Une compréhension réductionniste de la réalité, toujours présente dans le fondamentalisme et souvent dans le laïcisme, est leur lot commun. Nous vivons dans une ère où les fondamentalismes triomphent, en matière d'économie, de nation, de science ou de religion. Les formes dures de religion que nous voyons faire surface partout dans le monde ne signent pas un retour au Moyen Âge. Elles sont les enfants de la modernité, qui est parfois affligée d'un imaginaire atrophié par trop de littéralisme.

Quand John Henry Newman a écrit que « c'est l'imagination et non la raison qui est le grand ennemi de la foi[3] », il ne voulait pas dire que les chrétiens se devaient d'avoir une imagination au ras du sol. Lui-même en avait une en partage qui ne jetait pas sa part aux chiens. Non, son idée était plutôt que la manière dont ses contemporains se figuraient le monde ne laissait pas grand-place à la transcendance.

Je ne veux pas perdre de temps à m'appesantir sur un travail lexicographique pénible, mais je dois distinguer brièvement trois acceptions différentes d'*imagination* et d'autres mots apparentés. Dans ce livre, je l'emploierai normalement pour désigner la façon dont tel ou tel voit le monde, le prisme de la réalité. Le jésuite William Lynch a pu dire que « l'imagination a pour tâche d'imaginer le réel[4] ». Un baby-boomer comme moi vivra dans un monde imaginatif passablement différent de celui d'un *millenial* habitant le continent numérique. Le monde d'un Londonien du XXIe siècle est différent de celui d'un éleveur de yacks de Mongolie. Nous verrons que l'« imaginaire sacramentel » et l'« imaginaire technologique » se représentent le monde différemment.

Parfois, je mets derrière ce mot une vision du monde vivante et stimulante, bref, imaginative. En ce sens, Jésus avait une imagination vive. Ses paraboles captivent la nôtre. Ses mots rendaient le cœur des disciples « tout brûlant au-dedans » (Lc 24, 32). Enfin, « imagination » renvoie parfois à notre faculté de nous représenter des choses qui n'existent pas, qui sont « imaginaires ». C. S. Lewis, dans les récits du *Monde de Narnia* et J. R. R. Tolkien, dans *Le Seigneur des anneaux*, échafaudent des mondes imaginaires, le monde qui se découvre derrière la porte au fond d'un placard et la Terre du Milieu. Mais ces fruits de l'imagination peuvent incarner des vérités profondes. Tolkien considérait ses récits comme des explorations de sa foi chrétienne. Plutôt que d'indiquer laborieusement dans quel sens précis j'utilise le mot à chaque fois, je compte sur le contexte pour le rendre évident.

Poulets sans ailes

Le père Adolfo Nicholas, ancien supérieur général des Jésuites, estime que la menace la plus profonde qui pèse sur notre civilisation est la « mondialisation de la superficialité », conséquence de la trivialité qui entache une grosse part de la communication sur les médias sociaux.

> Toutes les grandes civilisations ont dû faire face à des questions fondamentales : qu'entendre par « être un humain » ? où trouver le bonheur ? notre univers s'achemine-t-il vers un but final ou va-t-il sombrer dans une extinction dénuée de toute signification ? Une communication incessante, des textos en veux-tu en voilà, sans parler des sextos, constituent autant de freins à l'exploration de telles questions en profondeur[5].

Cette perception réductionniste du monde émousse notre sens du transcendant. Elle amenuise l'imaginaire partagé de notre culture.

On voit de plus en plus des tweets et des slogans simplistes définir la politique mondiale : « *Make America great again* », « *Brexit means Brexit*[a] ». Ce qui a fasciné le président Trump dans Twitter, c'est qu'il a un jour expliqué dans un tweet pourquoi il utilisait un couteau et une fourchette pour manger une pizza et s'est retrouvé, à sa grande surprise, inondé par des réponses de « suiveurs » à hauteur de centaines de milliers. Un monde aussi niais fournit un excellent terreau aux formes virulentes de la religion.

Roger Scruton évoque la critique du réductionnisme à laquelle se livre Mary Midgley quand elle s'en prend au *Nothing buttery*, « jamais que » :

> Il est fréquent d'entendre dire que les réalités ne sont jamais que les choses dont nous habillons nos perceptions. La personne humaine n'est *jamais que* l'animal humain ; le droit n'est *jamais que* le système des relations de pouvoir en société ; l'amour charnel n'est *jamais que* le besoin de procréer ; l'altruisme n'est *jamais que* la stratégie génétique dominante décrite par Maynard

---

a. Nous avons cru bon de garder dans leur langue d'origine ces slogans qui ont connu une fortune politique mondiale (« Rendre à l'Amérique sa grandeur », « Le Brexit, c'est le Brexit »).

> Smith ; la *Joconde* n'est *jamais qu'*un éparpillement de pigments sur une toile, la *Neuvième Symphonie* n'est *jamais qu'*une séquence de sons de hauteurs et de timbres variés[6].

Professer des postures aussi minimales clôt le bec à toute transcendance.

Flannery O'Connor a fait valoir qu'une critique « imbécile » de son ouvrage *Les braves gens ne courent pas les rues,* parue dans le *New Yorker,* démontrait une chose :

> Le sens moral a été génétiquement extirpé de certaines couches de la population, à la façon dont on empêche les ailes des poulets de pousser pour tirer d'eux davantage de viande blanche. Et voilà une génération de poulets sans ailes, ce que Nietzsche avait en tête en lançant sa formule « Dieu est mort », je suppose[7].

Elle estimait que notre culture contemporaine étouffait notre imagination, de sorte qu'un certain sens du transcendant était en perte de vitesse. Comment pouvons-nous redonner des ailes aux poulets enchaînés à la terre de notre époque ?

Le roman d'Emma Donoghue, *Room,* met en scène une mère qui a été enlevée et enfermée dans un abri de jardin de trois mètres sur trois où est né son petit Jack. Jack n'a jamais rien connu que ce réduit. Il ne peut voir du monde extérieur que ce que lui autorise une minuscule lucarne ou les images qui lui arrivent sur un écran de télévision. Il grandit avec l'idée que, quoi qu'il regarde, soit à la télévision, soit au-dehors, c'est irréel, forgé de toutes pièces. Tout ce qui existe, c'est *Room,* la « pièce ». Mais un jour, sa mère lui explique qu'à l'extérieur de l'abri se trouve un vaste monde rempli de couleurs qui lui manque. Jack demande :

> – Tu as déjà vécu à la télévision, avant ? – Je te l'ai dit, répond-elle, ce n'est pas la télévision, c'est le monde réel, tu ne peux pas savoir comme il est grand. Room – elle tend les bras, montre les quatre murs – n'en est qu'une infime parcelle malodorante[8].

Jack finira par s'échapper et découvrir petit à petit la beauté et l'immensité du dehors. Cette histoire, naturellement, fait écho l'une des grandes allégories de la civilisation occidentale, l'allégorie de Platon où l'on s'arrache à la caverne et à ses ombres pour accéder au monde de la réalité[9].

L'imagination est la porte qui nous permet d'échapper aux limites de toute vision réductrice de la réalité. William Blake a écrit : « Que Dieu nous garde de la vision unique et du sommeil de Newton[10]. » Il suffit d'être un artiste, un créateur, ou même d'être sensibilisé aux questions fondamentales que l'homme affronte pour nous accompagner dans cette évasion.

Seamus Heaney, le poète irlandais, évoque dans son poème « Puits de lumière » la résistance qu'il avait opposée à son épouse quand elle avait voulu créer une lucarne sur le toit de leur cottage. Il aimait trop la sensation que lui donnait celui-ci d'être « claustrophobe dans son nid avec juste le toit par-dessus ».

Mais quand on eut ôté les ardoises,
Le ciel extravagant fit irruption, qui me laissa bouche bée
Des jours entiers je me sentis comme un habitant
D'une maison où l'on eût fait descendre par le toit le paralytique :
Absous de ses péchés, il était guéri
Et, ramassant ce qui lui servait de couche, se remettait à marcher[11].

Pour Heaney, la poésie nous pousse à vivre de façon plus riche, plus humaine : « Espace éperdument ouvert. Vent qui avive la connaissance[12] » et « l'ozone rafraîchissant vos perspectives/Au-delà du champ que vous vous étiez défini ». Ces souffles ouvrent des brèches dans les étroites limites de toute étroite perception du monde. On voit souvent les poètes définir leur tâche en termes d'ouverture en grand des portes et des fenêtres, de manière à laisser entrer l'air frais et à accueillir des étrangers. Écoutons Czesław Milosz :

> La poésie se donne pour but de nous rappeler
> Comme il est difficile de rester seul avec soi-même,
> Car notre maison est ouverte, sans clés aux portes,
> Et d'invisibles hôtes entrent et sortent selon leur bon plaisir[13].

La science peut être notre alliée dans cette entreprise. Albert Einstein était un penseur extrêmement imaginatif : pour lui,

> l'imagination passe avant la connaissance. La connaissance est limitée alors que l'imagination englobe le monde entier, stimule le progrès, suscite l'évolution[14].

Le professeur Robert Gilbert, spécialiste de biophysique à Oxford et prêtre anglican, en écho à la formule de Jennifer Yane, « l'art est de la spiritualité en costume de scène », déclare que la science est « de la spiritualité en bleu de travail[15] ».

Quand Charles Darwin visita jeune la forêt équatoriale brésilienne – il était encore croyant –, il fut visité par le sublime : « Lianes entrelacées, tresses que vous jureriez cheveux, lépidoptères de toute beauté, le silence... hosanna ! Dévotion sublime, tel est le sentiment dominant. » Mais à mesure que son athéisme allait croissant, s'affaiblissait son sens de la beauté rayonnante. Nick Spencer a pu noter que « la sensibilité de Darwin au sublime s'est fanée avec l'âge. Dans son autobiographie, il déplorait de ne plus avoir été capable, après trente ans, d'apprécier la poésie, la peinture ou la musique[16] ». Pour se détendre, il écoutait, allongé, sa femme lui lire des pages tirées de je ne sais quel roman à l'eau de rose, un Harlequin quelconque de l'époque victorienne.

Ce n'est donc pas la science qui sape l'imagination religieuse. Paul Kalanithi, jeune et brillant neurochirurgien de Stanford, avait également étudié la littérature et la philosophie anglaises. Il avait donc reçu la double formation, en sciences et en humanités. À l'âge de trente-six ans, on lui diagnostiqua un cancer qui devait finir par l'emporter. Comme il cherchait à comprendre ce qu'il vivait et qu'il affrontait une mort imminente, il découvrit que la science n'était pas l'alpha et l'oméga :

> La science peut être le moyen le plus utile d'organiser des données de l'expérience, reproductibles, mais son pouvoir de le faire repose sur son incapacité à saisir les aspects logés au plus intime de la vie humaine : espoir, peur, amour, haine, beauté, envie, honneur, faiblesse, effort, souffrance, vertu[17].

Il revint à la pratique de la foi qu'il avait eue dans l'enfance, sans jamais renier sa confiance en la science dans le domaine qui était le sien.

De nombreux scientifiques sont des croyants fervents. Copernic était un catholique pratiquant, un chanoine et un membre d'une fraternité de laïcs dominicains ; ce fut un prêtre catholique belge, Georges Lemaître, qui énonça le premier la théorie du Big Bang. Ce qui étouffe « l'éternité dans le cœur de l'homme[a] » (Qo 3, 11), c'est l'illusion que toute vérité serait scientifiquement vérifiable et le littéralisme écrasant qui s'ensuit.

Dans le roman de Zoë Heller, *The Believers*, Rosa s'efforce de recouvrer sa foi juive ancestrale :

> N'était-il pas possible que son objection au *mikveh*[18] provienne d'un manque d'imagination ? Une incapacité à apprécier la métaphore ? Elle accusait toujours les orthodoxes d'être préoccupés par la lettre de la Torah ; peut-être que c'était elle qui était coupable d'esprit littéral... Peut-être que la foi était comme la poésie à cet égard : elle demandait une délicatesse ou une subtilité d'esprit qu'elle n'avait pas encore atteinte[19].

---

a. Interprétation libre du verset : « Il *[entendre : Dieu]* a mis dans leur cœur l'ensemble du temps, mais sans que l'homme puisse saisir ce que Dieu fait, du commencement à la fin. »

Je dirais que la croyance n'est pas seulement comme la poésie ; elle est toujours poétique, même si toute poésie n'est pas théiste.

Les disciples sur le chemin d'Emmaüs se sont souvenus que leur cœur était « tout brûlant au-dedans d'eux » quand l'étranger qu'ils avaient rencontré en route leur « expliquait les Écritures » (Lc 24, 32). Nous avons une chance d'embraser le cœur de nos contemporains si nous offrons une langue plus riche. Un jeune prêtre de Cracovie du nom de Karol Wojtyła était un poète et dramaturge. Lorsque le cardinal Wyszyński se mit en quête d'un nouvel évêque auxiliaire, il récusa Wojtyła, un rêveur ayant trop la tête dans les nuages à son goût. Il cherchait en effet quelqu'un qui combattrait les communistes et fût rompu à la politique. Les communistes étaient partisans de Wojtyła pour la même raison exactement. Mais Wojtyła croyait au « théâtre de la résistance » ou à la « poésie de la résistance ». La seule façon de s'opposer à l'idéologie plate du communisme, était d'enrichir l'imagination des Polonais en leur donnant des mots munificents[20]. Le jour où les Polonais pourraient de nouveau imaginer un monde radieux, le monde miteux du communisme imploserait. C'est bien ce qui s'est produit quand il accéda au trône pontifical sous le nom de Jean-Paul II et qu'il adressa à la nation des paroles qui aidèrent à faire tomber le rideau de fer.

Saint Augustin dit que les maîtres devraient user d'*hilaritas*[21] dans leur discours, de manière à susciter le plaisir chez leurs élèves. *Hilaritas* est généralement traduit par « gaieté », comme si nous devions agrémenter notre enseignement de quelques plaisanteries pour empêcher les gens de s'endormir. Je le fais parfois moi-même. Mais l'*hilaritas* de notre auteur évoque davantage l'enthousiasme, la joie extatique. *Hilaritas* nous emporte au-delà de nous-mêmes. C'est la joie enivrante du judaïsme orthodoxe et peut-être de toutes les grandes confessions. Le mollah Nasrudin, un imam soufi du XVe siècle, a déclaré : « Je parle toute la journée, mais quand je vois les yeux de quelqu'un étinceler, je couche ce que j'ai dit par écrit[22]. » C'est ce que Ronnie Knox appelait « l'éclat de l'assentiment[23] ». Regardez les mots : brasier, brûlure, éclat. La rencontre d'Israël avec son Dieu est renouvelée lorsque Moïse voit le buisson ardent dans le désert et se dit : « Je vais faire un détour pour voir cet étrange spectacle, et pourquoi le buisson ne s'est pas consumé » (Ex 3, 3).

Ainsi, une sensibilité au transcendant va de pair avec la libération de notre esprit d'une culture contemporaine qui a tendance à tirer chaque chose vers le bas, à se montrer réductrice et simpliste. C'est ce que visait O'Connor avec son histoire de poulets sans ailes.

Poulets à trois pattes

Le dominicain japonais Shigeto Oshida nous met également en garde contre la « troisième patte du poulet ». Il s'agit du concept pur de patte de poulet, ni la gauche ni la droite, mais une simple patte de poulet en général : « Quand "la troisième patte du poulet" commence à marcher toute seule, c'est la catastrophe[24] ! » La langue doit être enracinée dans la rugueuse particularité des choses afin que nous gardions les pieds dans la réalité de l'expérience vécue. Les prédicateurs parlant de l'amour ou de la liberté en général finissent par tourner le dos à la délicate entreprise d'aimer quelqu'un pour de bon, si bien que leurs paroles en perdent tout contenu.

Quand Oshida animait des retraites destinées à de dodus évêques confits en sédentarité, il se plaisait à les envoyer travailler dans les rizières, insensible aux plaintes que leur tirait le mal de dos. Il écrivit :

> Un agriculteur qui travaille dur de l'aube au crépuscule sait qu'un grain de riz n'est pas produit par lui, que son effort

propre n'y est pour rien, mais que Dieu lui en a fait don. Il doit offrir le grain de riz à Dieu, qui est caché mais qui donne tout. Il doit dire : « Ceci est à toi[25]. »

Le poulet sans ailes ne parvient pas à décoller. Il ne peut pas s'élever jusqu'au transcendant. La troisième patte du poulet est trop abstraite pour plonger dans la complexité de l'expérience réelle. On peut y voir deux sortes d'échecs contradictoires, mais on se tromperait. Car l'infini se révèle dans le particulier.

La troisième patte du poulet relève de ce que Lynch a appelé la « mentalité univoque » :

> Cette mentalité souhaite tout réduire, tout égaliser en le ramenant à elle-même, les différences irréductibles l'insupportent, ainsi que les zigzags et les surprises du réel. Elle fait donc preuve d'impatience, de rigidité inflexible, d'une intolérance cruelle au besoin[26].

Pour Nicolas Steeves, « bien imaginer, c'est entrer dans le réel avec des couleurs, des sons, un toucher, une odeur et un goût qui en ressortent plus vifs et vivifiants[27] ».

Robert MacFarlane a fait remarquer que la dernière édition de l'*Oxford Junior* avait supprimé les mots anglais correspondant à « alouette, bruyère, chaton, fougère, frêne, gland, gui, héron, hêtre, jacinthe des bois, lierre, loutre, marron, martin-pêcheur, nectar, noisetier, pâturage, pissenlit, primevère, renoncule, saule, triton, vipère, cependant que faisaient leur entrée ceux qui signifiaient bloc-graphique, blog, chat électronique, comité, copier-coller, haut débit, lecteur MP3, messagerie vocale, pièce jointe, puce, star[28] ».

Il ne s'agit pas ici de susciter la récrimination de vieux grincheux contre la modernité et la mise en pièces de la vie rurale, mais plutôt de nous inciter à nous occuper du monde réel dans toute sa glorieuse matérialité, car c'est ici que nous rencontrons Dieu et que nous nous rencontrons mutuellement. Saint Thomas d'Aquin aimait citer Aristote, le philosophe du concret : « Rien n'est dans l'entendement qui n'ait d'abord été dans les sens » *(Nihil est in intellectu quin prius fuerit in sensu)*. Dans *Middlemarch*, George Eliot écrivait :

> Si nous avions une vision claire et bienveillante de la vie comme elle va, dans son ensemble, nous entendrions quasiment l'herbe qui pousse et le cœur de l'écureuil qui bat, et le rugissement qui se trouve de l'autre côté du silence nous tuerait[29].

Ainsi, un imaginaire chrétien nous ouvre au transcendant en nous rendant attentifs au particulier, à l'individuel. Nous croyons en un Dieu totalement transcendant, au-delà de tous nos mots pris à la lettre, et qui est pourtant devenu l'un de nous, un individu juif particulier. Notre seule image de Dieu est celle d'un Juif du Ier siècle pendant à l'arbre de la croix.

> Christ est mort
> Sur cette colline
> À un moment donné
> Pas sur une colline
> Mais sur cette colline[30].

Notre rencontre avec le divin passe toujours par le fini. Notre Dieu au-delà de l'imagination est devenu chair et sang. Là encore, nous pouvons être aidés par le poète et par le savant, comme par le jardinier et par tous ceux qui gardent les yeux ouverts. Gerard Manley Hopkins se délecte de la texture complexe de la création :

> Et tout et son contraire, singulier, étrange, différent ;
> Tout ce qui est changeant, madré (allez savoir ?)
> La hâte, la lenteur ; l'aigre, le doux ; le clair, l'obscur ;
> Il fait que vive, beauté passant tout ce qui change :
> Louange à lui[31].

Dans un épisode de la série *À la Maison-Blanche*[a], Josh Lyman, chef d'état-major adjoint, traite avec impatience une délégation de la NASA venue demander un financement pour un vol habité vers Mars. Son imagination est modelée par les budgets et les habitudes parlementaires de vote. Il rejette la demande, agacé : ses interlocuteurs, plutôt que de vouloir à tout prix atterrir sur Mars, seraient mieux inspirés de ne pas faire la une des journaux qui leur reprochent de jeter par la fenêtre l'argent des contribuables. Mais un des savants l'arrache à l'aveuglante obscurité du ciel pollué de Washington. Le fonctionnaire regarde pour la première fois au télescope les planètes dans toute leur splendeur et le spectacle abasourdissant d'une galaxie en train d'exploser. Son imagination en sort transfigurée.

Donna, son assistante, s'efforce comme d'habitude de comprendre ce qui se passe. Quand il tente de lui faire part de ce qu'il a entrevu, il en devient presque lyrique :

> La sonde Voyager, au cas où la croiseraient des extraterrestres, emporte des photos de la vie sur Terre, des salutations en cinquante-cinq langues et un échantillonnage musical allant de chants grégoriens à des morceaux de Chuck Berry, en passant par « Dark Was the Night, Cold Was the Ground », interprété par le chanteur de blues des années 1920 Blind Willie Johnson, que sa belle-mère avait aveuglé à l'âge de sept ans en lui jetant de la lessive dans les yeux après que son père l'eut battue pour être allée avec un autre homme. Il est mort des suites d'une pneumonie, sans le sou, après avoir dormi enveloppé de journaux mouillés, dans les ruines de sa maison qui avait brûlé. Mais sa musique vient de quitter le système solaire.

---

a. Série télévisée américaine (*The West Wing*, car c'est dans l'« aile ouest » du bâtiment que travaillent le président et son équipe) diffusée sur le réseau NBC de 1999 à 2006 (en France, *À la Maison-Blanche*, à partir de 2001).

La vue de la beauté rayonnante des étoiles, libérant son esprit de ses calculs abstraits, lui a permis de s'envoler sur les ailes de la poésie et de la musique.

Il n'est pas surprenant que les grandes prières de l'Église, depuis un millénaire et demi, soient des poèmes. Chaque jour, pendant des heures, nous chantons ces vieux poèmes du peuple hébreu, les psaumes. Nous avons besoin de la poésie pour maintenir vibrant notre sens du transcendant et résister à la séduction d'une culture utilitaire. C'est une poésie exaltante et vibrante, parfois violente et même barbare. Elle déborde de louanges pour le divin et revient à la vie de personnages complexes tels que le roi David, à la fois le bien-aimé de Dieu et meurtrier et adultère. Nous célébrons la petite Sion, dont le Seigneur « préf[ère] les portes à toutes les demeures de Jacob » (Ps 87, 2). Plusieurs fois par jour, nous sommes un certain nombre à nous interrompre dans nos tâches pour aller chanter de la poésie, histoire de nous rappeler ce qui nous attend au bout du compte et de nous rafraîchir l'imagination, de manière à saisir quelques indications sur le terme du voyage.

Rien de ce qui est humain n'est étranger au Christ

Donc, une des raisons expliquant que nous sommes en train de perdre la foi de nos ancêtres réside dans cette sorte de culture particulière, la mentalité univoque de Lynch, à savoir le monde simpliste des tweets et des slogans qui étouffe notre sens du transcendant et du particulier. Le poulet sans ailes d'O'Connor et la troisième patte du poulet d'Oshida évoquent la banalité d'une grande part du langage d'aujourd'hui. Si nous ne regardons pas à nos pieds et ne nous immergeons pas dans la délicieuse complexité de notre monde (pensez aux 350 000 espèces de coléoptères déjà identifiées !), comment lèverons-nous les yeux pour entrevoir l'infini ?

Pour nous aider à renouveler notre imaginaire religieux, nous avons besoin de personnes créatives ayant les yeux ouverts. Simon Tolkien parle de ces gens comme des chercheurs d'or capables de percevoir l'éclat d'une minuscule pépite d'or dans la boue[32]. Un imaginaire chrétien reconnaît dans le tout-venant des allusions à la signification ultime et une promesse de réalisation finale. Les êtres humains ne sont pas, croyons-en Stephen Hawking, une « écume chimique sur une planète de taille médiocre, gravitant autour d'une étoile de taille très moyenne, dans la banlieue lointaine de la millionième des galaxies de l'univers[33] ». Nous sommes convoqués à une rencontre qui comblera notre soif d'une signification pleine et entière englobant toutes les menues explications que nous pouvons donner de nos vies.

Térence, le dramaturge latin, a dit : « Je suis homme, et rien de ce qui est humain ne m'est étranger[34]. » Pour les chrétiens, rien d'humain n'est étranger au Christ. Chaque tentative pour s'attaquer aux questions fondamentales de notre vie – comment aimer, comment être juste, comment être libre, comment affronter la souffrance et la mort – nous aide à comprendre le Christ, le plus homme de tous les humains.

Jésus a dit à Jérusalem à l'approche du moment critique de sa mort : « Combien de fois ai-je voulu rassembler tes enfants à la manière dont une poule rassemble ses poussins sous ses ailes... et vous n'avez pas voulu ! » (Mt 22, 37). En Christ, Dieu rassemble toutes choses pour en faire une seule. Comme après la multiplication des pains et des poissons, tout est rassemblé après le repas, de sorte que rien ne soit perdu (Jn 6. 12), pas la moindre miette de sagesse ou de perspicacité humaine ne doit être jetée.

Dans une lettre à sa sœur, Rainer Maria Rilke s'est décrit comme « un homme ramassant des champignons et des simples au milieu des herbes » ; en tant que poète, son rôle est « d'être parmi l'humain, pour tout voir et ne rien rejeter[35] ». Et à mon tour, en toute humilité, j'essaie dans ce livre de rassembler les herbes médicinales, les idées que j'ai trouvées ici ou là, dans des endroits où on ne les attendait pas. J'espère qu'il fournira un modeste exemple de la façon dont, dans notre quête pour comprendre qui nous sommes et où nous allons, nous sommes redevables non pas aux seuls croyants, qu'ils soient de notre foi ou d'une autre, mais à quiconque a les yeux et les oreilles ouverts, et qui ose à la fois s'émerveiller et se poser des questions.

Je suis profondément conscient de la modestie de mes ressources. Je n'ai aucune expertise en matière littéraire ou artistique. Je lis les livres que mes amis me recommandent et les films, je les vois la plupart du temps en avion. C'est l'une des raisons pour lesquelles, en sus des pressions exercées par d'autres engagements, j'ai différé l'écriture de ce livre. Quand, en convalescence après un cancer, je dus renoncer à toute prise de parole publique pendant quelques mois, je me suis rendu compte qu'il n'y avait finalement pas moyen d'y échapper, et je me suis mis à la tâche. L'ouvrage est le reflet de mes limites, celles de l'âge, de la sagesse, de la culture, du sexe et de l'expérience. C'est pourquoi j'appelle cela UN imaginaire chrétien plutôt que L'imaginaire chrétien. J'espère que d'autres verront à leur tour leur imagination stimulée.

2

« Choisir la vie »

Comment le christianisme peut-il séduire l'imagination de nos contemporains ? Je vais me concentrer sur une question – il y en a d'autres – qui n'est pas seulement au centre de la quête que mène notre foi mais qui préoccupe tous les êtres humains : que signifie être en vie ? John Lennon a écrit dans sa chanson « Beautiful Boy » : « La vie est ce qui vous arrive pendant que vous êtes occupé à d'autres projets[1]. » L'avertissement de John Henry Newman n'est pas très loin : « Ne craignez pas que votre vie prenne fin, craignez plutôt qu'elle n'ait jamais commencé[2]. » Dans le roman de Rose Tremain *Music and Silence*, l'un des personnages décide que « le secret d'une vie réussie est de ne pas mourir avant son décès[3] ».

Tout, quasiment, dans la croyance chrétienne engage ce que signifie être en vie. Jésus a dit : « Moi, je suis venu pour qu'on ait la vie et qu'on l'ait en surabondance » (Jn 10, 10). Irénée a écrit : *Gloria Dei homo vivens* : « La gloire de Dieu, c'est un être humain pleinement vivant[4]. » C'est là que notre foi peut enflammer l'imagination de nos contemporains séculiers qui cherchent à vivre plus pleinement. C'est là que nous avons le plus à apprendre et le plus à enseigner.

Mon intérêt pour l'ordre des Dominicains est né de sa devise : *Veritas*, « Vérité ». Jeune homme, la question de savoir si les enseignements du christianisme étaient vrais ou non me taraudait. Mais je n'ai pris ma décision d'essayer la vie dominicaine que lorsque j'ai éprouvé combien les frères apparaissaient vivants de manière attractive. Muni d'un billet de train pour Stroud, dans l'ouest de l'Angleterre, je suis allé visiter le noviciat. Tiré à quatre épingles dans mon costume cravate – ce qui pourrait en surprendre certains – , j'ai été accueilli à la gare par deux messieurs habillés n'importe comment, le maître des novices et son assistant, qui m'ont emmené droit au pub. Leur humanité, leur liberté m'ont bien plu. Nous pouvions parler de n'importe quoi. Aucun sujet n'était tabou. Ils m'ont montré que la vocation que j'envisageais constituait une vie, non un métier. Et ce pouvait être une vie pour moi.

Le lendemain, l'un d'eux parla de la façon dont les sacrements bénissent les drames ordinaires de l'existence : naissance et mort, nourriture et boisson, sexe. La grâce de Dieu opère sa libération au plus profond des luttes quotidiennes de notre humanité. Notre foi est terrestre, elle engage la chair et le sang autant que l'âme et l'esprit.

Le moine cistercien Thomas Merton a donné sa dernière conférence à Bangkok, juste avant de mourir électrocuté sous la douche. Après la conférence, il s'est entretenu avec une religieuse qui lui a demandé pourquoi il n'avait pas essayé de convertir ses auditeurs au christianisme. Ses dernières paroles connues furent : « Je pense qu'aujourd'hui notre priorité doit être de laisser vivre Dieu en nous ; ainsi d'autres, le sentant vivre en nous, de ce seul fait arriveront à croire[5]. » On ne percevra l'aiguillon qui pousse à croire en celui qui s'est relevé de la mort que si l'on se représente plus ou moins, avant toutes choses, ce que cela signifie que d'être vivant.

Cela signifie affronter les difficiles et complexes combats par où doivent en passer toutes les tentatives que nous faisons pour être justes et aimants, quitte, souvent, à mettre en pièces nos existences, mais en gardant la faim de vivre. Notre Dieu s'est incarné en un être de chair et de sang du Ier siècle qui a vécu des peines et des joies, bref, tout le drame de notre humanité. Si notre discours reste dans le registre de la superficialité et de l'abstraction – soit la troisième patte du poulet –, nous n'aurons aucune chance de parler de l'Incarnation. Le pape François exhorte les catholiques à se faire réels. Dans les bidonvilles de Buenos Aires, il a découvert à quel point les gens privés de la sécurité d'un emploi, d'un toit pour s'abriter et de toute intimité, avaient du mal à vivre, à se marier et à s'occuper d'une famille.

Le dominicain Cornelius Ernst, né au Sri Lanka d'un père chrétien d'origine néerlandaise et d'une mère bouddhiste, m'a profondément influencé dans mes premières années au sein de l'Ordre. Après des études à l'université de Ceylan, devenu athée et communiste, il se fit exclure du parti pour avoir refusé de rendre une critique qui disait du bien d'un livre qu'il jugeait mensonger. En 1944, il alla à Cambridge pour étudier auprès de Wittgenstein. Finalement, il choisit le catholicisme et fut admis dans l'ordre des Dominicains. Ce qui l'attirait dans la foi, c'est qu'elle lui proposait une vision cohérente du sens ultime de notre vie humaine, sans que cela restât étroitement circonscrit au domaine religieux.

Peu de temps avant sa mort, il écrivait dans son journal :

> En fin de compte, je ne peux pas accepter le cadre de l'expérience exigée et présupposée par la ligne ecclésiastique officielle. Je pense que je dois m'y affronter, à mes risques et périls. Il existe pour moi une autre tradition, qui m'inspire un égal respect – voire supérieur, à certains égards –, celle qu'a créée le cœur humain : les romans, l'art, la musique, la tragédie. Je ne peux permettre que Dieu ne puisse être adoré en esprit et en vérité que par l'individu renfermé sur lui-même et détaché de tout ce qui pourrait troubler et solliciter son cœur. Il doit être possible de trouver et d'adorer Dieu dans la complexité de l'expérience humaine[6].

Les sermons roulant sur de vagues platitudes telles que l'amour de tout un chacun et la gentillesse ne convaincront personne !

L'offre de vie surabondante que nous fait Jésus ne révèle toute sa beauté que si nous osons affronter « la complexité de l'expérience humaine ». Les romans, les films, la musique, la peinture nous aident à mieux comprendre nos propres existences, « vivantes et partiellement vivantes[7] ». Prenons, par exemple, les romans récents de deux écrivains anglais contemporains, *Sweet Caress : The Many Lives of Amory Clay*[8], de William Boyd, et *Mothering Sunday : A Romance*[9], de Graham Swift. L'un et l'autre explorent ce que signifie « être en vie ». Le roman de Boyd commence par la citation d'un personnage historique qui apparaît dans le livre, Jean-Baptiste Charbonneau : « Quelle que soit la durée de votre séjour sur cette petite planète, et quoi qu'il se passe pendant ce séjour, le plus important est que – de temps en temps – vous sentiez la douce caresse de la vie[10]. » La protagoniste, Amory Clay, a une vie riche en rebondissements, alterne amours et désamours, fonde une famille et se retrouve correspondante de guerre. Dans la toute dernière partie du roman, on la voit aux prises avec la lente destruction de son corps par une maladie invalidante. Assise devant les pilules que lui a prescrites son généraliste et une bouteille de bon whisky, elle réfléchit à la façon de mettre un terme à cela.

À mesure que lui reviennent les images d'une vie aussi riche que mouvementée, elle se rend compte que la « douce caresse » dont elle l'a gratifiée réside dans sa complexité. « J'ai passé sept décennies riches et intensément tristes, fascinantes, drôles, absurdes et terrifiantes – parfois – et difficiles, douloureuses et heureuses. Compliquées, en d'autres termes. » C'est la complexité qui l'a fascinée : « Oui, ma vie a été très compliquée, mais je vois bien que ce sont les complications qui m'ont attirée et ont fait que je me suis sentie vivante[11]. »

Dans le roman de Graham Swift, Jane Fairchild, femme de ménage dans une maison de campagne, a une liaison avec le fils d'une famille aisée. C'est le début d'une nouvelle vie. Elle s'affranchit des servitudes de l'état de domestique en découvrant la littérature, en particulier Joseph Conrad, et devient une romancière à succès.

> Raconter... Conter... Voilà qui sous-entendait que vous faisiez commerce de mensonges, mais elle-même prendrait toujours à tâche d'aller au vif, au cœur, à l'essentiel : de faire commerce de vérités... Cela revenait à être fidèle à l'essence même de la vie. Cela revenait à capter, si impossible que ce fût, la sensation d'être en vie [12].

Dans son autobiographie, *Pourquoi être heureux quand on peut être normal ?*, Jeanette Winterson narre de façon hilarante sa quête de ce que signifie vivre. Elle naquit à deux reprises, de sa mère, qu'elle perdit, puis de sa mère adoptive, une étrange espèce de chrétienne charismatique qui avait sans cesse à la bouche le mot *renaître* :

> Mais du coup j'ai compris quelque chose. J'ai compris qu'être né deux fois ne renvoyait pas seulement au fait d'être en vie, mais encore au fait de choisir la vie. De choisir de vivre et de s'engager consciemment dans la vie, dans son chaos exubérant et sa douleur [...]. Aller dans le sens de la vie est très difficile. La plupart du temps, nous faisons tout ce qui est en notre pouvoir pour l'étouffer, en nous soumettant ou en suivant notre caprice. En choisissant de nous endormir comme sous sédatif ou de bouillir en dedans. Les extrêmes ont le même effet, qui est de nous isoler de l'intensité de la vie. Et les extrêmes – apathie ou fureur –, il n'y a pas mieux pour vous empêcher de ressentir [13].

Nos paroles, sous peine de sonner creux, doivent pénétrer l'écheveau du vécu des gens, les peines et les plaisirs. Sans cela, adieu le verset « Et le Verbe s'est fait chair et il a habité parmi nous » (Jn 1, 14), adieu celui qui nous invite à partager sa vie surabondante. Si nous épousons la complexité des luttes menées par les gens pour continuer à aller de l'avant et prendre les décisions les moins mauvaises, si nous faisons nôtres leurs formules d'amour plus ou moins bien ficelées, qui sait s'ils ne vont pas se réveiller et finir par écouter ce que nous, chrétiens, avons à dire. Notre voix sera entendue si nous sommes humblement attentifs à l'honnêteté silencieuse et héroïque avec laquelle tant de nos semblables continuent à vivre du mieux qu'ils peuvent.

Appelés à vivre

Mais les chrétiens semblent avoir une étrange idée de ce que signifie être en vie. Voici ce que Dieu dit, par la bouche de Moïse, aux Israélites dans le désert : « Je te propose la vie ou la mort, la bénédiction ou la malédiction. Choisis donc la vie » (Dt 30, 19). Vivre est une réponse à une invitation. Oserons-nous répondre oui ? Benedict Green, un moine anglican souffrant depuis l'enfance de la maladie de Parkinson, en arriva à un stade où son élocution était incompréhensible. Il envoya une lettre circulaire à ses amis, dont j'étais, où il nous demandait de prier pour lui mais de ne pas venir le voir : il n'était plus en mesure de répondre, et concluait en citant Dag Hammarskjöld, deuxième secrétaire général des Nations unies : « Pour tout ce qui s'est passé, merci. Pour tout ce qui se passera, oui. »

Ce « oui » est au cœur du vivre. Toutes les religions abrahamiques partagent cette même idée de la vie comme une réponse affirmative à une invitation. Jonathan Sacks, qui fut notre précédent grand rabbin, a écrit : « Le verbe biblique *likro*, "lire", signifie en premier lieu "appeler". Le nom hébreu de la Bible, *mikra*, signifie convocation, proclamation... Pour comprendre, il est parfois nécessaire d'écouter la Bible plutôt que de la lire[14]. » Plusieurs fois par jour, les musulmans entendent l'appel à la prière comme une invitation à vivre.

Dans la Bible, l'existence de chaque être est une sorte de oui joyeux au Créateur.

> Gronde la mer et sa plénitude,
> le monde et son peuplement :
> que tous les fleuves battent des mains
> et les montagnes crient joie [Ps 97][a].
>
> Comme il passait sur le bord de la mer de Galilée, il vit Simon et André, le frère de Simon qui jetaient l'épervier dans la mer ; car c'étaient des pêcheurs. Et Jésus leur dit : « Venez à ma suite et je vous ferai devenir pêcheurs d'hommes. » Et aussitôt, laissant leurs filets, ils le suivirent [Mc 1, 16-18].

Jésus ne leur offre pas de perspectives de carrière, comme le dit si bien le texte d'Andrew Lloyd Webber : « J'ai toujours eu l'espoir d'être un apôtre. Je savais que c'était à ma portée[15]. » Ce n'est pas le patron offrant une promotion, consistant à passer du poisson à l'être humain. Dire oui, c'est s'ouvrir à l'aventure de la vie.

Nous voici donc en face d'une question fondamentale. Est-ce que l'idée que vivre veut dire « oui » a un sens quelconque pour les laïcs d'aujourd'hui ou s'agit-il seulement d'une expérience religieuse inaccessible à ceux qui ne croient pas ? Pia Bergman rappelle qu'Ingrid, sa mère, avait adoré jouer le rôle de sainte Jeanne d'Arc, une pauvre petite paysanne que des voix venues d'en haut appelaient à une opposition héroïque aux Anglais. Ingrid Bergman n'était pas religieuse, et pourtant elle croyait que sa vie d'actrice était à la racine une sorte de vocation, même si elle ne pouvait pas donner de nom à qui l'appelait. Le rôle de Jeanne d'Arc traduisait son intime conviction qu'être vivant était être appelé à accomplir quelque chose.

Encore de Jeanette Winterson :

> En essayant de comprendre le mécanisme de la vie – et la raison qui fait que certaines personnes résistent mieux à

---

a. L'auteur cite ici le texte anglais du bréviaire, mais nous avons cru bon pour la traduction de garder celui de la *Bible de Jérusalem* (Paris, Éd. du Cerf, 2000).

> l'adversité – je reviens à quelque chose qui s'apparente à un acquiescement à la vie, à savoir l'amour de la vie, si insuffisant soit-il, et l'amour de soi, si peu justifié soit-il. Non pas dans le « moi d'abord », qui est tout le contraire de la vie et de l'amour, mais avec cette détermination digne d'un saumon pris dans le courant, si agité soit-il, parce que ce courant est celui qu'il a à remonter[16].

La vie ne se réduit pas à un influx électrique dans le cerveau et à une pulsation du sang. Elle est dynamique et orientée vers un but, comme le saumon qui se fraie une voie à contre-courant, contournant les barrages, sautant par-dessus les chutes, bravant la masse liquide jusqu'au moment où il aura atteint sa zone de frai et mourra après y avoir déposé ses œufs. Une existence menée avec pareille vigueur peut affronter la mort, sans annihiler notre soif de vivre à plein le moment présent.

> Si la mort était un homme armé,
> je te dirais de ne pas aller lui faire signe
> mais de le laisser venir
> te surprendre trop occupé à vivre[17].

Le *Portrait de l'artiste en jeune homme* de James Joyce s'achève sur un oui aussi net : « Bienvenue ! Ô vie, je vais rencontrer pour la millionième fois la réalité de l'expérience et forger dans mon âme la conscience incréée de ma race. » C'est son oui à sa vocation artistique. Dans toute vie véritable il y a cet élan vers le haut. Nous sommes des êtres humains dont l'être est un devenir. Survivre est parfois tout ce que nous pouvons faire, « vivre et vivre partiellement », mais cela ne suffit pas, finalement.

Les artistes comprennent souvent que vivre est une sorte de réponse à une invitation. Nous sommes interpellés par un message. David B. Gowler, de l'université Emory, affirme que tout grand art attend de nous une réponse, ne serait-ce que notre agrément.

Mikhail Bakhtine insiste sur le fait qu'entre autres composantes de l'art on trouve une obligation morale. Une de ses œuvres majeures, *Art and Answerability*, commence par les mots : « Ma vie devra répondre de ce que j'ai vécu et compris de l'art, de manière que rien de ce que j'ai vécu et compris ne reste sans effet sur ma vie »[18].

En outre, comme le note W. J. T. Mitchell à propos des images, quelles qu'elles soient :

> Ce qu'il faut se demander à propos des images du point de vue de la poétique n'est pas simplement ce qu'elles signifient ou ce qu'elles opèrent, mais ce qu'elles veulent – ce qu'elles attendent de nous et comment nous sommes tenus d'y répondre[19].

Une icône est une peinture qui nous fait des avances.

La vie de Rainer Maria Rilke, le poète allemand, fut bouleversée du jour où il découvrit l'Apollon sans tête du Louvre. La statue débordait à ce point d'énergie et de vitalité qu'elle lui lançait un défi.

> Loin de la regarder, elle, il lui semblait en être regardé par chaque parcelle et en recevoir cette instruction nette, aussi vivifiante que déconcertante : *Du mußt dein Leben ändern*, « Tu dois changer de vie »[20].

Ce fut une affiche représentant *Le Retour du fils prodigue* de Rembrandt qui servit de déclencheur pour Henri Nouwen :

> À l'automne 1983, lorsque j'ai vu pour la première fois l'affiche représentant la partie centrale du tableau, j'ai immédiatement senti que j'étais personnellement appelé à quelque chose. Maintenant que je connais mieux le tableau dans son ensemble et en particulier le sens du témoin éminent de droite [le fils aîné], je suis plus que jamais convaincu de l'énorme charge de défi spirituel contenu dans ce tableau[21].

Répondre à l'invitation d'une œuvre d'art, tableau, poème ou morceau de musique, voire des Écritures, réclame le silence intérieur. Nous devons être immobiles et laisser à l'œuvre le temps de parler. Jennifer Roberts, historienne de l'art à Harvard, demande à ses étudiants de choisir un tableau et de s'installer devant pendant trois heures. Elle écrit :

> Dans tous mes cours d'histoire de l'art, que ce soit dans le premier cycle ou à des niveaux plus avancés, je demande à chacun de me rendre un mémoire faisant état d'une recherche poussée sur une œuvre d'art de son choix. Et je leur indique que la première étape du processus de recherche consiste à consacrer beaucoup de temps à contempler cet objet[22].

Très généralement, il ne s'écoule que quelques secondes avant qu'on se soit fait son opinion sur un tableau et qu'on se remette en route pour continuer sa visite. Un coup d'œil, et puis tombe le jugement « j'aime » ou « je n'aime pas », exactement comme sur les réseaux sociaux. Mais si vous voulez *voir* un tableau, vous devez lui laisser le temps de se montrer. Si vous voulez l'*entendre,* vous devez vous taire. Lorsque vous en regardez un pour la première fois, la tentation est grande de l'enfermer dans votre langage : Renaissance, impressionniste, cubiste, abstrait ou figuratif... Il est étiqueté et donc muselé. Mais attendez un peu, et il choisira son langage à lui pour se montrer. Il vous enseignera son dialecte particulier.

Dans la peinture contemporaine, j'apprécie particulièrement ce que fait un frère de mon ordre, le Coréen Kim En Joong : des toiles remplies de couleurs abstraites vives et tourbillonnantes. Aussi, quand il m'en a offert une pour mon bureau de Rome, après un appel du pied qui n'était pas des plus discrets, je ne vous dis pas ma joie. Profitant d'une des visites annuelles que me fait ma mère, je l'ai menée le voir. Un bref coup d'œil sceptique, puis : « Ça a tout l'air de ton habit religieux après que tu as englouti un fameux tas de saletés au petit-déjeuner... » La toile lui parlait un langage qu'elle n'avait pas encore appris, comme moi quand j'entends parler chinois.

Conversations avec Dieu

J'entends d'ici dire qu'entre la réaction que l'on peut attendre de qui regarde une image, voire un film, et l'obéissance qu'exigent les Saintes Écritures du croyant, il y a une différence du tout au tout. Au mont Sinaï, Dieu lance ses commandements : « Tu n'auras d'autre Dieu que moi ; tu ne tueras pas ; tu ne commettras pas l'adultère », et ainsi de suite. Sur les bords du lac de Galilée, Jésus ordonne aux disciples : « Suivez-moi. » Il n'y a pas de place pour la négociation. C'est à prendre ou à laisser.

Une obéissance du même ordre est censée être exigée à l'intérieur de l'Église. Les papes, les évêques et les prêtres proclament habituellement ce que les fidèles doivent faire. C'est souvent ainsi que cela se passe. Il y a cinquante ans, ce n'était pas encore habituel, nous donnions à Blackfriars la communion sous les deux espèces, l'hostie et le calice. Quand le redoutable George Patrick Dwyer, archevêque de Birmingham, eut vent de la pratique, il adressa une lettre au prieur pour lui ordonner d'y mettre fin. Nous nous réunîmes pour réfléchir aux suites à y donner, et le prieur écrivit à l'archevêque pour lui proposer une rencontre où nous en débattrions. La réponse ne se fit guère attendre. « Ne comprenez-vous pas l'obéissance, dominicains ? y tonnait-il. Je vous ai dit d'arrêter. » Deuxième réunion, deuxième lettre à l'archevêque demandant une discussion, et, pour finir, une réponse : « Faites comme vous l'entendez. » N'importe quoi plutôt que de discuter. N'est-ce pas là l'obéissance du fidèle, que ce soit à la Bible ou à Dieu ?

Mais l'injonction de vivre dans la Bible chrétienne prend rarement la forme d'un ordre impérieux. Elle émerge dans la conversation. Adam et Ève s'entretiennent avec Dieu dans le jardin après la chute ; Jérémie et Isaïe répondent à Dieu en exprimant leurs craintes et leurs réticences ; dans le récit que fait Luc de l'appel des disciples, Pierre s'effraie à la vue de tant de poissons et ne veut rien avoir affaire avec cet homme qui lui fait peur : « Éloigne-toi de moi, Seigneur, car je suis un homme pécheur » (Lc 5, 8). L'évangile de Jean est une série de conversations qui aboutissent à des décisions, depuis l'échange que Jésus a avec le sceptique Nathaniel jusqu'à son entretien au bord du lac de Tibériade, après la résurrection, avec un Simon-Pierre sur ses gardes.

Le pape Benoît XVI a écrit : « La nouveauté de la révélation biblique vient du fait que Dieu se fait connaître dans le dialogue qu'il désire instaurer avec nous[23]. » La vie de Dieu est le dialogue éternel du Père et du Fils dans l'Esprit. La Révélation est l'invitation que nous fait Dieu d'être chez nous dans cette conversation éternelle. La Révélation ne consiste pas à recevoir des commandements d'une station de radio divine émettant du cosmos, en ayant des exégètes qui tentent désespérément de déchiffrer des bruits étranges.

La Révélation, c'est être pris dans la conversation infiniment fertile qui a Dieu pour nom. Dans cette conversation, on me parle et je réponds. Ma vie s'épanouit tant que dure cette conversation avec Dieu, mes limites tombent, mes préjugés s'effondrent, mon amour s'approfondit. Nous nous empressons autour des mots avec ce que Ben Quash appelle « une sorte d'attention pleine d'espoir[24] ». Nous nous imprégnons du texte, nous nous ouvrons à lui, le questionnons et le laissons nous interroger. Les chrétiens doivent obéissance à la Parole de Dieu, mais ce n'est pas une soumission irréfléchie. Jésus était parfaitement obéissant au Père, mais ce n'était pas un zombie qui agissait mécaniquement. La vraie obéissance est intelligente, elle questionne, ne craignant ni de douter ni de tâtonner dans sa recherche de la vérité. C'est une conversation patiente avec un texte qu'on ressent parfois proche comme un ami mais qui est souvent un inconnu.

Saint Paul parle de « l'obéissance de la foi » (Rm 1, 5). La formule semble impliquer une soumission de l'esprit, comme s'il fallait renoncer à la dignité de son indépendance. Rien ne vient plus à point, à ce propos, que le moment où C. S. Lewis connut la conversion :

> Vous devez m'imaginer seul dans cette pièce de Magdalen college à Oxford, nuit après nuit, à ressentir, à peine mon esprit se déconnectait pour une seconde de mon travail, l'approche, implacablement tranquille, de Celui que pour tout l'or du monde je n'aurais voulu rencontrer. Ce que je craignais comme la peste finit par me tomber dessus. Au troisième trimestre de l'année universitaire 1929 à Oxford, j'ai cédé et admis que Dieu était Dieu. Puis je me suis agenouillé et j'ai prié.

Voilà qui semble l'exact opposé de la liberté intellectuelle dont les Lumières étaient si fières. Mais ce n'est pas le cas.

Lorsque j'ai donné une série de conférences devant des professeurs d'écoles catholiques de l'État de Victoria, en Australie, à l'été 2018, on m'a offert un petit lecteur de CD pour pouvoir écouter de la musique. Plus tard cette année-là, je me suis allongé sur mon lit pour écouter l'un des derniers quatuors à cordes de Beethoven. J'ai capitulé devant la musique. C'était une forme d'obéissance profonde, dans laquelle je me suis ouvert pour accueillir ce qu'elle offrait. J'ai obéi à l'invitation de la musique à m'engager sur son chemin et à voir où elle m'emmenait.

Le grand rabbin Jonathan Sacks a pu dire qu'*Homo sapiens* est « l'animal qui cherche du sens[25] ». Lorsque nous rencontrons du sens, notre obéissance à sa promesse est libératrice. Nous disons oui. C'est en ce sens que Simone Weil a écrit que « l'obéissance étant une nourriture nécessaire à l'âme, quiconque en est définitivement privé est malade[26] ». Cette obéissance est une profonde attention qui accepte que l'injonction puisse perturber notre existence et nous emmener ailleurs. « Et surtout, la pensée doit être vide, en attente, ne rien chercher, mais être prête à recevoir dans sa vérité nue l'objet qui va y pénétrer[27]. »

L'obéissance du fidèle ressemble plus à l'écoute attentive d'un quatuor à cordes de Beethoven qu'au fait de s'incliner devant un ordre de la police. C'est une réponse à l'autorité du sens de la foi, qui résonne dans notre humanité qui cherche à comprendre. Le croyant adhère au texte comme appel à la vie, mais un appel que nous analysons et remettons en question. McCabe affirme que « la notion d'obéissance aveugle n'a pas plus de sens dans notre tradition que n'en aurait un apprentissage aveugle[28] ».

Lorsque Marie entendit l'annonce d'un ange, elle la médita dans son cœur. « À cette parole elle fut toute troublée, et elle se demandait ce que signifiait cette salutation » (Lc 1, 29). Elle se demandait : comment cela se peut-il, puisque je suis vierge ? Elle ne se soumet pas passivement.

Je m'exprimai
Je revendiquai ma voix
Questionner ne me faisait pas peur

J'ai tenu bon
J'ai articulé mon oui
En regardant l'ange droit dans les yeux
(n'importe quelle esclave aurait pu être battue ou violée pour moins)
Il n'y avait pas de maître qui tienne
Rien ne m'a été pris
Tout a été donné

Me voici :
Regarde-moi
Écoute[29]

Comme les juifs l'ont parfois mieux compris que les chrétiens, les discussions avec Dieu peuvent être passionnées. Personne ne comprendrait qu'il n'en soit pas ainsi à l'occasion, si la question touche au cœur de votre vie. Dans un épisode d'*À la Maison blanche,* le président Bartlett, fervent catholique et sorti de l'université Notre-Dame, s'en prend à Dieu à cause de la mort stupide de son secrétaire. Il finit par crier à Dieu, en latin : « Va te faire crucifier ! » Il écrase une cigarette sur le sol de la cathédrale. Ce n'est que si nous réagissons librement aux Écritures, en toute honnêteté, que nous aurons une relation adulte avec le divin. Nous serons libérés de nos façons étriquées de voir Dieu, comme le président se libère du jansénisme de son éducation catholique irlandaise pour accéder à une foi d'adulte. Si nous nous fâchons contre Dieu, c'est signe d'implication, et si nous nous impliquons, rien ne nous empêche de nous mettre en route.

Cette conversation de la communauté avec le texte biblique se poursuit depuis des siècles. Au fur et à mesure du dialogue, génération après génération, nous sommes attirés toujours plus profondément. Le texte est sacré, autant dire inépuisable. Nous n'en faisons jamais le tour. Il y a toujours davantage à comprendre, un peu comme avec l'interprétation d'*Hamlet* qui n'est jamais terminée, sinon que les enjeux sont infiniment plus grands.

Pensez à l'esclavage. Paul a écrit qu'en Christ « il n'y a ni Juif ni Grec, il n'y a ni esclave ni homme, il n'y a ni homme ni femme » (Ga 3, 28). On pourrait croire, à l'entendre, qu'il nie la réalité de l'esclavage, mais dans sa lettre à Philémon il semble le tolérer. Il considère l'esclave Onésime comme son enfant et veut qu'il soit traité comme un frère bien-aimé, mais il ne conteste pas l'institution de l'esclavage. L'esclavage était universel, et la société était impensable sans lui. Il a fallu attendre Bartolomé de Las Casas, le dominicain du XVIe siècle, pour voir l'esclavage en tant que tel commencer à être désavoué. Les paroles des Écritures sont réinterprétées dans leur profondeur. Les Dominicains espagnols ont persuadé le pape de dénoncer l'esclavage dans l'encyclique *Sublimis Deus* de 1537. Par la suite, chaque pape a dénoncé l'esclavage, mais sans grand effet.

Toutefois, il restait beaucoup de chemin à parcourir. Au XIXe siècle, Charles Dickens nous a alertés sur le nouvel esclavage de l'usine, avec des travailleurs enchaînés à leurs machines. Aujourd'hui, nous sommes confrontés à l'esclavage des femmes dans la traite des blanches. Le commerce de l'être humain est une industrie de masse. Les marchés d'esclaves ont rouvert en Libye. Le Verbe a donc été prononcé une fois pour toutes en Jésus, mais il continue à résonner, à nous interroger, à nous mettre au défi et à nous attirer toujours plus loin. La conversation avec le Verbe est sans fin, à mesure qu'avec les siècles nous apprenons ce que signifie dire oui à la vie. Qui sait à quelles nouvelles formes d'esclavage nous serons appelés à renoncer à l'avenir ?

Saint Paul a écrit aux Corinthiens :

> Car le Fils de Dieu, le Christ Jésus, que nous avons prêché parmi vous, Silvain, Timothée et moi-même, n'a pas été oui et non ; il n'y a eu que oui en lui. Toutes les promesses de Dieu ont en effet un oui en lui ; aussi bien est-ce par lui que nous disons « l'Amen » à Dieu pour sa gloire [2 Co 1, 19-20].

Notre première conclusion est que la compréhension chrétienne, la compréhension religieuse, de la vie comme un oui n'est pas une affirmation folle dénuée de toute résonance avec l'expérience ordinaire. C'est une intuition partagée par de nombreuses personnes qui continuent à se poser des questions essentielles et à tenter de donner un sens à leur vie indépendamment de toute croyance religieuse. Eux aussi savent qu'être humain, c'est être interpellé. Cela ne signifie pas pour autant que nous entendions des voix étranges dans la nuit qui nous disent quoi faire.

Les incroyants peuvent aider les chrétiens à mieux comprendre ce que signifie l'injonction de vivre et comment nous obéissons dans la confusion et les difficultés de la vie quotidienne. Chaque fois que nous voyons quelqu'un s'efforcer de mener une vie vertueuse, se débattre dans les complexités de la vie en société ou tenter de pratiquer l'art d'entretenir la flamme d'un amour fragile, nous devrions briser avec nos platitudes et entendre l'invitation à reprendre contact avec la réalité. Si je lis des romans d'amour et regarde des films, c'est en partie pour le plaisir, mais surtout parce qu'ils me ramènent sur terre ; or la vérité chrétienne est celle de Dieu qui s'est fait chair et sang dans notre monde.

La suite du présent livre se penchera sur la façon dont les évangiles nous invitent à nous épanouir. La première partie, intitulée « En route », consistera à accompagner les disciples cheminant vers Jérusalem et s'efforçant de comprendre celui qui les a appelés, tout en mûrissant et en devenant libres.

La deuxième partie, intitulée « Enseigner », portera sur le dernier discours de Jean. Jésus ici enseigne aux disciples comment se saisir de l'abondance de la vie. Notre société confond trop souvent doctrine et endoctrinement. Nous verrons alors comment l'enseignement libère l'esprit et le cœur. Nous examinerons l'enseignement de Jésus sur l'amitié et sur le renoncement à la violence. Puis nous nous pencherons sur l'affliction qui engloutit Jésus, l'antithèse même de la vie.

Dans la dernière section, intitulée « La vie ressuscitée », nous verrons que, même aujourd'hui, nous partageons, spirituellement, physiquement, à travers la justice, la liturgie et la prière, la vie du Seigneur ressuscité. La spiritualité chrétienne est profondément physique. Notre être est un être corporel. La vie de prière dispose nos vies dans l'attente et l'espérance. La prière garde en vie notre oui. Il y a tant d'autres sujets que j'aurais pu aborder, mais j'aurais dû renoncer à finir mon livre un jour... Mais commençons par ce qui a été le commencement pour les disciples, quand Jésus les appelle à le suivre et à s'embarquer dans la périlleuse aventure consistant à devenir vivant.

En route

3

L'aventure transcendante

Rien ne stimulerait plus les laïcs d'aujourd'hui que d'observer à quel point notre foi est une invitation à vivre à profusion. Le christianisme ne rendra le cœur des gens tout brûlant au-dedans d'eux, comme ce fut le cas pour les disciples sur le chemin d'Emmaüs, que si les gens le perçoivent non pas comme un code moral destiné à nous faire aller au pas, mais comme un style de vie dynamique et vibrant. Dans les trois religions abrahamiques, cela commence par un appel. Comme je l'ai expliqué dans le chapitre précédent, il ne s'agit pas de voix fantasmagoriques s'exprimant dans la nuit. Il s'agit de ce même appel que nous adressent le grand art, ou nos parents, ou parfois certains de nos amis ou de nos maîtres parmi les meilleurs. La rencontre des chrétiens avec notre Seigneur n'a rien d'un événement extraordinaire, déconnecté de ce que vit le reste de l'humanité. Le sentiment que la vie n'est pas seulement un enquiquinement qui suit un autre enquiquinement, comme disait Henry Ford, mais une vocation, subsiste encore chez beaucoup de nos contemporains, y compris dans le monde occidental. La vie nous envoie des signaux.

Ce qui se passe ensuite du côté des disciples est étrange. Jésus a appelé les pêcheurs à le suivre dans une aventure qui les mène dans la perplexité, dans le désarroi même, à Jérusalem, où ils vont assister à sa mort horrible avant d'être expédiés par le Seigneur ressuscité aux extrémités du monde connu. Ils laisseront derrière eux tout ce qu'ils avaient été jusque-là, jusqu'à leur moyen de subsistance, pour se faire « pêcheurs d'hommes », une tâche dont ils ne déchiffraient pas le premier mot. Plus d'une fois ils en viennent à se demander qui ils sont et ce qu'on attend d'eux. À suivre le Christ, n'était-ce pas une aventure terrifiante et mortelle – elle leur sera d'ailleurs fatale – qui les attendait ? Presque tous périront de mort violente. Le jésuite Daniel Berrigan, militant pacifiste, aimait dire : « Si vous voulez suivre Jésus, assurez-vous déjà que le bois vous va bien au teint[1]. »

On ne se serait pas attendu à voir le christianisme prétendre ainsi que vivre pleinement signifie se lancer dans un voyage périlleux qui peut vous coûter tout ce que vous possédez. La chose ne se laisse pas aisément concevoir dans notre société adepte du principe de précaution. Notre civilisation est frileuse. On doit proscrire le *conkers*[a], de peur qu'un joueur ne soit blessé. Un garçon de seize ans s'est vu refuser la vente de petites cuillères, il aurait pu les utiliser comme armes. Dans les universités, les étudiants réclament des endroits sanctuarisés pour se mettre à l'abri si d'aventure on venait les défier. Claire Fox appelle « génération flocon de neige[2] » les jeunes gens qui croient que c'est leur droit d'être protégés de tout ce qui les bousculerait. Être en vie, dans la conception chrétienne, s'inscrit en faux contre cette mentalité d'aujourd'hui – pour bien faire, il faudrait l'accompagner d'une mise en garde sanitaire. Suivre le Seigneur est une aventure risquée, que ne couvre aucune assurance. « Si tu aimes, se plaisait à dire le dominicain Herbert McCabe, attends-toi à être blessé, peut-être tué. Si tu n'aimes pas, tu es déjà mort. »

Le mot *martyr* vient d'un mot grec signifiant « témoin ». Les martyrs nous montrent on ne peut plus clairement qu'être en vie signifie être prêt à mourir. L'Église naissante

---

a. Jeu britannique, où chacun des deux adversaires, après avoir attaché un marron – *conker* – au bout d'un fil, attaque celui de l'autre. Le premier qui casse le marron de l'autre a gagné.

proscrivait déjà la poursuite de la mort volontaire. Les individus qui se font exploser au nom de la religion ne sont pas des martyrs. Les vrais martyrs nous montrent qu'être en vie ne se ramène pas purement et simplement à survivre, c'est un mouvement qui jaillit d'un amour plus grand que la mort.

Nous examinerons dans ce chapitre l'affirmation du christianisme qui veut qu'être en vie soit une aventure périlleuse. Nous verrons que le martyre n'est certes pas un passage obligé, encore que se faire baptiser expose à cette possibilité, mais que le vrai drame des disciples qui suivent Jésus peut être vécu n'importe où, qu'on n'a pas besoin de déposer ses filets : il s'agit en effet du drame qui consiste à s'engager dans l'infini de l'amour de Dieu. Nous pouvons vivre ce drame dans une cellule solitaire ou au sein d'une famille ordinaire. Mais jetons d'abord un regard panoramique sur cette idée que la vie est une aventure. Exerce-t-elle un quelconque attrait sur notre imaginaire contemporain ?

La vie comme une aventure

L'imaginaire hébraïque et l'imaginaire grec sont placés sous les auspices de deux hommes se jetant dans la vie aventureuse : Abraham et Ulysse. Il ne serait d'ailleurs pas sans intérêt de mesurer jusqu'où il s'agit là d'un thème cher à d'autres cultures. Ainsi de Li Po, le poète de la dynastie Tang, l'auteur de « Dur voyage » :

> Dur est le voyage,
> Dur est le voyage,
> Après tant de détours,
> Où en suis-je aujourd'hui ?...
>
> Aussi, quand une brise met en miettes les vagues,
> Et apporte la bonace,
> Je hisse pour voilure un nuage
> Et j'affronte les flots azuréens[3].

Walt Whitman exulte : « Pied sûr, cœur léger, j'attaque la piste ouverte[4]. » *La Route*[5], de Cormac McCarthy, lauréat du Prix Pulitzer 2007, raconte l'histoire d'un homme et de son fils projetés à travers une Amérique ravagée dans un avenir sinistre et cherchant à atteindre un but mal défini. C'est le sombre récit de la lutte qu'ils mènent l'un et l'autre pour s'accrocher à toute miette de signification et pourtant ils sont hantés tous les deux par un Dieu qui rôde discrètement. On perçoit des échos de l'Eucharistie lorsque de la nourriture est découverte dans un endroit qui a tout d'une tombe. Ils embarquent à bord d'un bateau dont le nom évoque le Saint-Esprit, *Pájaro de Esperanza,* l'« Oiseau de l'espérance ». Ils font la rencontre d'un homme âgé qui n'a plus toute sa tête, un certain Ely, dont le nom rappelle une des façons d'invoquer le Dieu de l'Ancien Testament. Peut-être est-ce involontaire, et ne s'agit-il, avec ce nom, que de l'inscrire dans une vieille lignée catholique irlandaise, mais pour moi, en tout cas, c'est l'image on ne peut plus brillante d'une aventure dont l'ombre de Dieu n'est jamais absente. Les derniers mots sont évocateurs : « Logées dans leurs vals abrupts, toutes choses étaient plus anciennes que l'homme, et leur murmure était de mystère[6]. » Si l'aventure qu'est le christianisme pouvait être bien racontée, elle s'ajusterait à la soif de transcendance constamment évoquée, mais avec une discrétion achevée, dans cette histoire percutante.

Paradoxalement, les livres les plus populaires du XXe siècle sont des récits d'aventures d'inspiration chrétienne. *Bilbo le Hobbit* et *Le Seigneur des anneaux* de J. R. R. Tolkien racontent l'invitation que fait Gandalf à Bilbo, puis à Frodon de se lancer dans une aventure. Gandalf : « Je cherche quelqu'un pour partager l'aventure que je suis en train de mettre sur pied, et j'ai un mal fou à le trouver. » Bilbo : « Je vous crois ! Dans ces parages ! Nous sommes des gens très calmes, et chez nous l'aventure n'a pas trop cours. Cela ne vous apporte que trouble et désagréments, et on se met à table à point d'heure, ouais ! Je me demande bien ce qu'on peut y trouver. » Mais il ne peut guère résister, et il n'est pas le seul : *Le Seigneur des anneaux* s'est vendu à 150 millions d'exemplaires de par le monde et a été élu « livre du siècle » par Amazon.

J. R. R. Tolkien n'a jamais caché que ses histoires étaient d'inspiration religieuse : « *Le Seigneur des Anneaux* est naturellement une œuvre religieuse et catholique s'il en est, d'abord inconsciemment, puis consciemment à la relecture[7]. » La foi chrétienne de l'auteur était une aventure romanesque. Il a écrit à son fils Michael, juste avant sa première communion : « Je t'ai mis sous les yeux la seule grande chose à aimer sur la terre : le Saint-Sacrement. Tu y trouveras les tendres sentiments, la gloire, l'honneur, la fidélité et le fin mot de toutes tes amours ici-bas. » Ou bien encore pensez aux récits du *Monde de Narnia* de C. S. Lewis. Les histoires d'Harry Potter, le héros créé par J. K. Rowling, ont aussi été inspirées par la foi : « Pour moi, a déclaré l'auteur, les parallèles avec la religion ont toujours été évidents, mais j'ai toujours évité d'en parler de façon trop ouverte : pourquoi aller dévoiler la finalité de l'histoire aux gens qui ne sont intéressés que par le récit[8] ? »

Comment est-il possible que les œuvres de fiction les plus populaires du XXe siècle reprennent l'aventure chrétienne au moment précis où le christianisme cessait de capter l'imagination de ces mêmes lecteurs ? Comment pourrions-nous raconter le Christ et ses apôtres d'une façon qui les captive autant que les histoires de Bilbo et de Frodon, de ces enfants qui découvrent des mondes en poussant une porte au fond d'une armoire ou comme Harry Potter continue de le faire ?

Pendant la majeure partie de l'histoire chrétienne, bien entendu, il était évident que le baptême faisait plonger dans la plus spectaculaire des tragédies qu'ait connues l'humanité, tous siècles confondus. Mettre le pied dans une cathédrale du Moyen Âge suffisait à se sentir entouré de toutes parts par la longue histoire du salut que représentaient de façon concrète la pierre et le verre. On laissait derrière soi les mini-drames de la vie quotidienne, les antagonismes de classe et de fortune. On passait le grand portail habituellement surmonté d'un tympan où était sculpté le Christ procédant assis au Jugement dernier, la seule sentence qui vaille, en fin de compte, celle qui émane du Seigneur miséricordieux. On était cerné de représentations de saints, notre vraie et fidèle communauté, et enveloppé de drames : expulsion du paradis, déluge, tour de Babel, Exode, naissance et derniers jours du Christ, sa mort et sa résurrection. Chacun voyait sa propre histoire et celle de son prochain illuminées par la lumière des vitraux, et tous partageaient l'aventure d'une humanité étreinte par Dieu.

Chaque Église le proclamait : là est le véritable drame de nos vies, et non dans la question de savoir si l'on va obtenir une promotion ou si l'on a gagné beaucoup d'argent. Être humain, c'est être pris dans la vie de Dieu. Au cours de la plus grande partie de l'histoire chrétienne on a considéré qu'être en vie, c'était soit accepter la transfiguration, la divinisation, soit la rejeter. On ne saurait imaginer plus stimulant. Vous ne trouverez personne pour la rejeter comme trop ennuyeuse. Le pape Léon le Grand, dans son magnifique sermon de Noël du Ve siècle, le rappelle à son auditoire : « Chrétiens, rappelez-vous votre dignité, maintenant que vous partagez la nature de Dieu. »

Les mystères médiévaux ont représenté ce drame dans toutes les rues des villes d'Europe. La plupart couvraient des cycles entiers, se déroulant sur plusieurs journées, enchaînant des tableaux qui parlaient de notre salut, depuis Adam et Ève jusqu'au Jugement dernier, et ils étaient souvent financés par les guildes d'artisans locaux. Le public ne se contentait pas d'être spectateur, il participait à l'action. Les gens voyaient se dérouler leur propre vie. Les pièces jouées roulaient aussi sur les préoccupations de l'époque, incluant au besoin les jeux à la mode. Dans un des *Mystères de Wakefield*[a], on voit un berger qui tend à Jésus une balle de tennis, à l'évidence du dernier cri :

> Salut ! Tends la main.
> Je ne t'apporte qu'une balle :
> Prends-la et joue avec,
> Puis va au tennis[9].

Aujourd'hui, il aurait peut-être offert à Jésus un jeu vidéo, n'était le côté un peu individualiste de pareil joujou. Dans ces pièces les bergers étaient les porte-parole de leurs concitoyens et donnaient voix à leurs doléances. En langue modernisée, ils râlaient : « Nous sommes criblés de dettes, nous croulons sous les impôts, nous sommes saignés aux quatre veines, autant dire que les aristos ont eu raison de nous. » Ils débitaient des blagues salaces, disaient pis que pendre de leurs femmes, et ne comprenaient rien au latin des anges. Ces pièces bibliques mettaient en scène, en somme, la vie de leur public. Pour eux, la Bible, c'était l'actualité, en quoi ils étaient comme les juifs qui en célébrant la Pâque participaient aux événements qu'ils remémoraient. Ils se souvenaient, fusionnaient en une communauté et inséraient l'auditoire dans un récit impliquant toute l'humanité. Même dans un petit village, la vie était participation à un drame couvrant la totalité du temps et vous entraînait dans la divinité. C'était une histoire qui était impérieuse pour l'imagination. Il n'y a qu'à voir comme elle s'est emparée de l'imaginaire chrétien pendant un millénaire et demi.

---

a. Ces *Mystery plays*, l'équivalent de nos mystères médiévaux, sont des tableaux théâtraux mettant en scène des passages de la Bible. Wakefield était leur berceau.

La domestication de la religion

Au XVIe siècle, surtout dans le Nord de l'Europe, ce drame cosmique commença de céder du terrain. Martin Luther quitta les frères augustins et s'installa dans un monastère désaffecté, le « cloître noir » pour connaître le bonheur domestique avec une ancienne religieuse, Catherine de Bore. La sanctification de la vie domestique a été le fruit merveilleux qu'engendra ce nouveau moment et nous avons de nombreuses raisons de remercier Luther, mais Charles Taylor affirme que cela a eu un coût. Cette espèce d'arche démesurée que formait le drame de la vie chrétienne, qui embrassait les sommets de nos joies et les abîmes de nos souffrances est allée s'effaçant de la conscience universelle.

La foi, notamment dans l'Europe du Nord, a cessé de demander de l'héroïsme. Quel besoin avons-nous après tout de comportements aussi radicaux que subir le martyre ou, à un moindre degré, entrer en religion ? Taylor affirme que,

> [...] si Dieu nourrit pour seul dessein notre prospérité et que notre prospérité repose entièrement sur un usage judicieux de l'industrie et de la raison instrumentale, alors qu'aurait-il affaire d'un saint François qui, dans un grand élan d'amour, engage vivement ses disciples à se consacrer à une vie de pauvreté ? Au mieux, cela devrait affecter le PNB de retirer ces va-nu-pieds du marché du travail, au pis, le moral des classes productives en prendrait un coup. Mieux vaut accepter les limites de notre nature de créatures aimantes et en tirer le meilleur parti [10].

Notre ultime destin, ce sera désormais une maison de retraite céleste, avec des anges en guise de personnel. Renvoyons de nouveau à Taylor :

> Il existe une tendance à concevoir la vie après la mort en termes de paix, de repos, de retrouvailles avec ses proches. La perspective de transformation, en particulier par rapport à notre vie ici-bas, va s'éloignant [11].

La religion est apprivoisée, tant ici-bas que dans la vie à venir. Récemment, un journaliste qui prenait une nécrologie sous la dictée au téléphone a interprété *Requiescat* comme *Recherche chat*, un parfait compagnon pour la paix domestique. La foi ne se lance plus dans une aventure glorieuse. Elle se plie à la morale, voilà son nouveau visage. Mener une vie pieuse, c'est obéir aux règles. Quel ennui, à la fin ! On invente des romans pour procurer l'excitation que la foi ne procure plus. Si la foi n'est plus un drame, à nous d'en composer d'autres, même si l'on n'égalera jamais celui du Christ.

À mesure que notre compréhension de soi s'individualisait, le drame des évangiles s'éloignait – un fait divers tout au plus, et lointain. On s'est mis à s'étonner qu'on puisse encore être affecté par la résurrection d'un homme mort il y a deux mille ans. Imaginez un sans-abri découvrant à la faveur d'une manchette qu'un quidam a gagné le gros lot : grand bien lui fasse, dirait-il, mais qu'est-ce que j'ai à y voir, moi ?

Quand on a le bonheur humain, que désirer de plus ? se dit-on. Le drame suprême qui consistait à faire partie intégrante de la vie de Dieu, la divinisation, l'amour infini, celui qui avait mis le feu au cœur des chrétiens dès l'origine, tout cela avait fini par apparaître comme un rêve insensé, que dis-je, inhumain. Le remarquable poème de Wystan Hugh Auden, « Pose ta tête endormie, mon amour » évoque la dure extase de l'ermite, mais en fin de compte se contente d'une joie moins héroïque. Le bonheur mortel est suffisant :

> Que soufflent les brises de l'aube,
> Doucement, autour de ta tête rêveuse
> Préludant à un jour plein de tant de douceur,
> Ainsi l'œil et le cœur qui cogne pourront bénir
> Ce monde mortel, trouvant qu'il suffit bien[12].

La périlleuse aventure

Lorsque les gens désertent nos églises, il est tentant de « vendre » un christianisme agréable et sans risque, qui ne soit pas la mer à boire. Une douce spiritualité qui serait plus attrayante. Allumez une bougie et voyez où vous vous trouvez sur l'Ennéagramme. Les commandements de la foi se muent en vagues suggestions. Comme le dit plaisamment Ronnie Knox :

> Quand la suave politesse, tempérant le zèle du bigot,
> Corrigeaient « Je crois » en « On sent » [13]...

Un tel « marketing » du christianisme est voué à l'échec. Avant tout parce que la spiritualité chrétienne est tout sauf sans risque. Une foi apprivoisée trahit sa nature profonde, qui est l'aventure de la transcendance. Le christianisme est attrayant parce qu'il nous invite à oser et à donner notre vie sans condition. C'est la porte de l'infini.

Malheureusement, des centaines de jeunes musulmans d'Occident, souvent convertis en prison, ont pris la direction du Moyen-Orient, où ils s'enrôlent sous l'étendard de l'épouvantable culte de la mort, Daech (connu aussi sous le nom d'État islamique). Il est certain que les jeunes gens qui ont le sentiment de n'avoir aucun avenir et qui ne sont pas reconnus se prennent au miroir aux alouettes d'une grande aventure qui leur demande tout et leur promet tout, y compris soixante-douze vierges au paradis. Le califat s'est peut-être effondré avec la chute de Raqqa et de Mossoul mais, tant que les jeunes générations n'auront aucun espoir, un tel appel de mort continuera de séduire.

Les chrétiens doivent donc avoir l'audace de remettre en question notre société, craintive et frileuse, qui ne songe qu'à multiplier les réglementations en matière de santé et de sécurité et a peur de la vie. Au XVIe siècle, des missionnaires appartenant à divers ordres catholiques – dominicains, franciscains, jésuites, carmélites, et j'en passe – ont gagné l'Asie en grand nombre pour y prêcher l'Évangile. La moitié d'entre eux n'est jamais arrivée à bon port. Ils ont succombé aux naufrages et aux maladies, des pirates les ont capturés, ils ont subi le martyre, ce qui ne les a pas empêchés de tenir bon, sans sécurité sociale ni assurance-voyage[14]. Aujourd'hui, de telles aventures seraient condamnées comme des folies.

Samuel Mazzuchelli naquit en 1806 dans une riche famille milanaise. Quelle ne fut pas la surprise de sa famille quand, à peine âgé de dix-sept ans, il rejoignit l'ordre des Dominicains, que Napoléon avait anéanti au point de n'en laisser quasiment nulle trace tant en France qu'en Italie ! À seulement vingt-deux ans, pas même ordonné, il fut envoyé en mission par le maître de l'Ordre dans les territoires les plus reculés des nouveaux États-Unis. Il fut le fondateur de l'Église du Haut Mississippi, la plupart du temps sans personne avec lui, sans aucun frère sur des centaines de kilomètres à la ronde. Il passa des mois entiers loin des autres colons, vivant avec les autochtones, dont il apprit la langue. Il était là avant l'arrivée de mineurs irlandais, pour qui il construisit des écoles et des églises qui subsistent encore. Il était connu d'eux sous le nom de « Père Matthew Kelly ». Il écrivit :

> Qu'attendons-nous pour nous réveiller ? Ouvrons les yeux dans la charité apostolique et, si nous sommes appelés, partons pour tout lieu où le travail est exaltant et la tâche ardue, mais où aussi, avec l'aide de celui qui nous a envoyés, nous ouvrirons la voie à l'Évangile[15].

C'était pure déraison d'envoyer un tel garçon, un jeune frère n'ayant pas fait ses preuves, dans un endroit aussi sauvage. Puisse-t-il nous avoir légué quelque peu de son courage et de sa sainte folie !

Pensez à Serge de Laugier de Beaurecueil, né en 1917 dans une famille française de l'aristocratie. Ce qui l'attira vers l'ordre des Dominicains, ce fut la joie que montraient les frères. Envoyé au Caire, il y fonde le Centre d'études islamiques de l'ordre et se spécialise dans l'étude du mysticisme soufi. Son affectation suivante fut Kaboul, en Afghanistan, où il enseigna le soufisme à de jeunes musulmans, hébergeant je ne sais combien d'enfants des rues qu'il avait adoptés. Des années durant, il fut le seul prêtre catholique du pays, « un hôte dans la maison islam ». À l'arrivée des Russes, expulsé du pays, il dut regagner la France à son corps défendant. Il a écrit ces mots : « Après tout, je Lui appartiens et Il est libre de faire ce qu'il veut. "Votre Dieu est un Dieu jaloux..." Quand Il vous met la main dessus, ce n'est pas toujours drôle[16]. » Mais quand je l'ai rencontré à Paris, chargé d'ans et vidé de ses forces, sa joie avait encore tout de la décharge électrique. Il aimait citer un confrère du XIVe siècle, Fra Angelico : « L'obscurité du monde n'est qu'une ombre. Par-derrière, et néanmoins saisissable, attend la joie. Dans cette obscurité, il y a une splendeur et une joie ineffables. Si seulement nous pouvions les voir ! »

Toutefois, ce n'est pas d'aller affronter des dangers à l'autre bout du monde qui fait le noyau de pareille aventure, mais bien d'être emporté dans l'infini de l'amour de Dieu et de la transfiguration qu'il opère. Pour s'engager dans cette voie, nul besoin de sortir de chez soi. Saint Jean de la Croix, que les autorités de son ordre, les Carmes, avaient un temps puni d'enfermement, a su se faire le poète de cette dangereuse histoire d'amour menée sans qu'il ait eu à quitter son prieuré.

> À l'ombre d'une obscure nuit,
> D'angoisseux amour embrasée,
> Oh l'heureux sort qui me conduit,
> Je sortis sans être avisée
> Le calme tenant à propos
> Ma maison en un doux repos.

À l'obscur mais hors de danger
Par une échelle fort secrète
Couverte d'un voile étranger,
Je me dérobai en cachette,
(heureux sort !) Quand tout à propos
Ma maison était en repos [17].

Appartenant au même ordre, sainte Thérèse de Lisieux, née en 1873, était tourmentée par un désir de martyre insatisfait. Elle en fut guérie le jour où elle comprit qu'elle pouvait vivre la même grande aventure en aimant, à commencer par les sœurs de sa communauté.

> L'amour est en réalité la vocation qui inclut toutes les autres ; il constitue par lui-même un univers, englobant la totalité du temps et de l'espace – il est éternel. La joie m'ayant fait perdre tout contrôle, je m'écriai : « Jésus, mon amour. J'ai trouvé ma vocation et ma vocation est l'amour [18] ! »

Voilà qui semble avoir des accents doucereux, mais aimer ses sœurs en religion s'est révélé une tâche herculéenne, une mort et une résurrection. Je me demande s'il n'aurait pas mieux valu pour elle affronter le martyre au sens littéral du terme !

Être pleinement vivant, c'est aimer infiniment. Le bonheur mortel ne suffit pas. S'ouvrir à cet amour infini qu'est Dieu opère une métamorphose. Un de mes amis, un scientifique d'Oxford, a épousé une jeune femme brillante et pétillante. Mais le jour est venu où, atteinte par une maladie d'Alzheimer, elle a peu à peu perdu la mémoire, au point de ne même plus se rappeler qui il était. Quand ils se sont mariés, il n'aurait jamais pu imaginer que son amour signifierait laver et habiller quelqu'un qui vous regarderait avec des yeux vides qui ne savaient plus rien. Chaque amour est risqué.

Être en vie, dans la conception chrétienne, l'idée n'est pas exempte d'une certaine folie, elle réclame un penchant pour l'impossible, l'infini, le démesuré, comme si nous refusions d'être confinés dans ce que le monde juge accessible à l'action et à la pensée. Le poète irlandais Pádraig Pearse a proclamé :

J'ai consumé les splendides années que le Seigneur Dieu a données à ma jeunesse ;
à me mesurer à des choses impossibles, les seules qui me paraissaient valoir la peine.
[...]
Seigneur, si j'avais les années, je recommencerais,
Oui, je n'en ferais pas le moindre cas[19].

Et saint Richard de Chichester :

> Ce que j'ai dépensé, je l'avais, ce que j'ai gardé, je l'ai perdu, mais ce que j'ai donné, je l'ai[20].

Dans l'amour qu'on voue à autrui, dans son travail, dans sa vie de tous les jours, les signes de l'infini surviennent lorsque l'on s'attache à faire le maximum, l'impossible. Abraham Verghese, professeur à la faculté de médecine de l'université de Stanford, a écrit un roman sur la pratique de la médecine en Éthiopie et en Amérique, *Cutting for Stone*. Marion Stone, un futur chirurgien y raconte comment il a découvert sa vocation :

> Nous entrons dans cette vie sans y être invités, et si nous avons de la chance nous trouvons un but qui permette de dépasser la famine, la misère, la mort précoce, lesquelles, au cas où nous l'aurions oublié, demeurent le lot commun... Si j'ai choisi de me spécialiser en chirurgie, je le dois à Matron, qui a constamment accompagné mes années d'enfance et d'adolescence. « Quelle est la chose la plus difficile que vous puissiez faire ? » a-t-elle demandé ce jour-là, le plus sombre de la première moitié de ma vie, où je suis allé la trouver en quête d'un conseil. Je rougis. Elle avait mis le doigt sur le gouffre qui

> séparé l'ambition de l'opportunisme. « Pourquoi dois-je faire le plus difficile ? – Parce que, mon cher Marion, tu es un instrument de Dieu. Ne laisse pas l'instrument dormir dans son étui, fiston. Joues-en ! N'en laisse pas une seule parcelle inexplorée. Pourquoi te contenter de Frère Jacques quand tu peux jouer le Gloria[21] ? »

W. H. Auden était hanté par l'idée que lors du Jugement dernier Dieu réciterait « les poèmes que vous auriez écrits si votre vie avait été bonne[22] ». Mais ce n'est pas le succès qui compte. Vous vous ouvrez à l'impossible, à l'éblouissant don de la grâce, qui vous pousse vers l'avant et vous relève quand, inévitablement, vous avez trébuché. Pierre et Paul, les piliers jumeaux de l'Église, représentent tous les deux, en un sens, de grands échecs, pour avoir l'un renié le Christ et l'autre assassiné les premiers chrétiens, mais ils se sont lancés. Tout ce qu'on peut faire, c'est se lancer d'un pas hésitant et malhabile. Le reste est entre les mains de Dieu.

Au-delà des petites identités

L'appel de Jésus a poussé ces pêcheurs galiléens non seulement au-delà du monde qu'ils connaissaient, mais encore au-delà de ce qu'ils pensaient jusque-là être leur identité : ils devront pêcher désormais non plus du poisson mais des êtres humains, et alors, seront-ils encore eux-mêmes ? À un tournant de l'aventure, à Césarée de Philippe, Jésus leur pose une question difficile : « Pour vous, qui suis-je ? » (Mt 16, 15). Simon répond fort justement : « Tu es le Christ, le Fils du Dieu vivant. » Jésus dit alors à Pierre qui il est, lui, Pierre :

> Tu es heureux, Simon, fils de Jonas, car cette révélation t'est venue, non de la chair et du sang, mais de mon Père qui est dans les cieux. Eh bien ! moi je te dis : Tu es Pierre, et sur cette pierre je bâtirai mon Église, et les Portes de l'Hadès ne

> tiendront pas contre elle. Je te donnerai les clés du Royaume des Cieux : quoi que tu lies sur la terre, ce sera tenu dans les cieux pour lié, et quoi que tu délies sur la terre, ce sera tenu dans les cieux pour délié [Mt 16, 17-19].

Il y a tant à prendre là-dedans ! Le nouveau Pierre, LA pierre, n'en est qu'aux balbutiements de sa compréhension de Jésus, mais de ce qu'il est lui, il n'a pas la moindre notion. Cela, il le découvrira lors de son voyage avec Jésus à Jérusalem, puis quand il ira aux extrémités du monde. Pour l'instant, s'il y a quelqu'un qui n'a rien d'une pierre, c'est bien lui. Découvrir son identité est renvoyé à plus tard. Son nouveau nom incarne seulement un espoir pour l'avenir, son destin. Il y a un précédent : le nouveau nom d'Abram, *Abraham,* qui veut dire le « père des multitudes », donné à un homme qui n'avait encore nulle postérité et ne semblait pas destiné à en avoir une.

Jean écrit, dans mon texte favori du Nouveau Testament : « Bien-aimés, dès maintenant, nous sommes les enfants de Dieu, et ce que nous serons n'a pas encore été manifesté. Nous savons que lors de cette manifestation nous lui serons semblables, parce que nous le verrons tel qu'il est » (1 Jn 3, 2). Nous ne savons pas encore qui nous sommes. Nous devenons plus profondément vivants à mesure que nous nous défaisons lentement d'identités trop restrictives. Terry Eagleton affirme que « ce sont ceux qui se cramponnent à leur identité comme un homme qui se noie à un morceau de bois flotté qui trouvent difficile ou impossible de mourir[23] ».

En 2010, un film français, *Des hommes et des dieux,* réalisé par Xavier Beauvois, a remporté le Grand Prix du festival de Cannes. Plus de 350 000 billets ont été vendus dans les cinq premiers jours de sa sortie en France. Je l'ai vu à Oxford avec un de mes amis, un athée, même si j'ose espérer le voir se muer en agnostique les bons jours. Le cinéma était bondé d'étudiants et de personnel enseignant du cru. La projection terminée, un silence absolu s'installa, comme s'il était impossible de rompre le charme de l'histoire. Tout le monde restait là à attendre que le générique lui apprît qui était le factotum et comment s'appelait le coiffeur. À ce jour, j'ai vu le film au moins cinq fois. Pourquoi cette histoire d'une poignée de moines a-t-elle envoûté un public si nombreux ?

C'est l'histoire authentique d'une petite communauté de moines vivant à une heure au sud d'Alger. Ces hommes étaient profondément intégrés dans la vie des villageois musulmans locaux. Ils les aimaient et étaient aimés d'eux. Dans les années 1990, la violence commence à envahir le pays, une violence infligée tant par les terroristes que par l'armée. Ces moines d'Algérie découvrent lentement qui ils sont appelés à devenir. Le plus jeune, qui clame avec force qu'il ne s'est pas fait moine pour mourir, s'attire cette réponse du prieur : « Mais tu as déjà donné ta vie ! » Juste avant la fin du film, le prieur dit à un moine de retour d'un déplacement :

> Je pense que chacun de nous a découvert ce à quoi Jésus-Christ nous appelle : à naître. Nos identités en tant que personnes vont d'une naissance à l'autre. Et à force d'aller de naissance en naissance, nous finirons par mettre au monde l'enfant de Dieu que nous sommes.

Le paradoxe est que plus ils se conforment au Christ, plus ils deviennent eux-mêmes, de même que Pierre a pris peu à peu la consistance minérale qui était son identité promise. Nombreux sont ceux qui craignent que devenir un chrétien n'aboutisse plus ou moins qu'à faire de vous un saint en toc, inauthentique, inhumain, avec un sourire figé et de pieuses platitudes plein les poches. Pas du tout ! C'est une gestation longue et pénible qui finira par accoucher de la personne que vous seul serez appelé à être. Moins vous vous souciez de la personne que vous êtes, plus vous devenez vous-même.

Thomas Merton a déclaré aux novices de l'abbaye Notre-Dame de Gethsémani :

> Si vous êtes ici, c'est pour devenir vous-même, pour découvrir intégralement votre identité, pour être vous. Mais ce que nous découvrons chemin faisant est que naturellement notre identité intégrale en tant que moines et chrétiens est le Christ. Le Christ en chacun de nous... J'ai à devenir moi de manière que je sois le Christ qui ne peut être que le Christ en moi. Il y a un Louis Christ [Louis était son nom de baptême] qu'il reste à amener à l'existence et qui n'a pas encore mûri. Il y a du pain sur la planche[24].

Les premiers sages juifs l'avaient compris :

> Fondre la monnaie, pour un homme, c'est faire sortir mille pièces identiques d'un moule unique ; mais le Très-Haut, le Roi des rois, fait chaque homme à la même image, et pourtant ils sont tous différents[25].

Dans toute l'Antiquité, on n'aurait pas trouvé esprit plus exigeant, plus acéré que saint Paul, personnage sensible et passionné au-delà de tout, bref, un être unique en son genre. C'est pourtant lui qui a écrit : « Et ce n'est pas moi qui vis, mais le Christ qui vit en moi » (Ga 2, 20). S'étant conformé au Christ, il est plus lui-même que jamais. Il en va de même avec ces moines qui sont chacun le Christ, mais à leur façon vraiment spécifique. Chacun devient le verbe unique qui l'a appelé à exister. Et donc l'aventure du christianisme comporte le devenir soi-même par l'oubli de soi-même. Nous voilà libérés des identités étriquées que nous avons échafaudées pour repousser les autres et les tenir à distance.

Le jésuite Gregory Boyle exerce son ministère à Los Angeles en s'occupant de membres de gangs. Il a fondé une organisation à but non lucratif appelée Homeboy Industries où ils acquièrent des compétences de base pour se préparer à la vie hors des gangs. Quand il leur a demandé ce dont ils avaient le plus besoin, il s'attira une réponse surprenante : être débarrassés de leurs tatouages[26]. Un homme avait « Va te faire foutre ! » tatoué sur le front. Il éprouvait quelque difficulté, comme on s'en doute, à trouver un emploi. On leur ôtait des tatouages qui représentaient des identités d'autrefois, souvent agressives, les liant à leurs gangs. Pour se lancer dans l'aventure de leur vie, ils se libèrent de leur passé au fur et à mesure qu'on nettoie leur peau, dévoilant leur vrai visage.

Un autre jésuite, Gerry W. Hughes, n'en a pas cru ses oreilles quand il s'entendit lancer par un étudiant en médecine : « Je ne pense pas que vous sachiez qui vous êtes. » Il remâcha la phrase tout au long de son pèlerinage à pied à Rome et aboutit à cette conclusion : « Tant mieux que je ne sache pas ! »

> Dieu est un mystère. En Lui nous vivons, bougeons, sommes ce que nous sommes. Nous avons été créés à l'image de Dieu et, de même que nous ne pouvons définir clairement Dieu, nous ne pouvons pas nous définir clairement. Prière de saint Augustin : *Noverim te, noverim me* [Puissé-je te connaître, puissé-je me connaître moi-même !]. Se connaître soi-même est un travail d'exploration qui n'en finit pas. Du fait que tout est dans tout en ce monde, une connaissance claire et complète de notre personne nécessiterait la connaissance du tout[27].

Cela ne veut pas dire avoir une identité vague, mais une identité ouverte, prête à être élargie.

À une époque où xénophobie et populisme gagnent du terrain, où l'on se bat toujours plus âprement, voire violemment, au nom de l'identité – nationale aussi bien qu'ethnique –, le christianisme devrait proposer une aventure consistant à jeter par-dessus bord tout ce qui tient l'autre à distance, débouchant sur l'exploration jamais achevée d'une identité pleine et entière, toujours et encore à explorer. Qui nous sommes, nous ne le savons pas encore pleinement, et nous n'avons pas à nous en soucier pour grandir et nous épanouir.

Éduquer leur progéniture fait découvrir aux parents leur identité de parents. Je vis dans une communauté où l'on forme de jeunes frères. Tous les ans, il en arrive une nouvelle fournée, et je dois non me borner à découvrir qui ils sont, mais inlassablement, à mesure que je les rencontre, découvrir qui je suis, moi, avec eux. Les bernard-l'hermite, quand ils deviennent trop grands pour leur coquille, sont vulnérables le temps d'en trouver une plus spacieuse, eh bien, nous aussi nous sommes fragilisés quand notre mue nous dépouille d'une compréhension de nous-mêmes devenue trop petite. J'ai vu aux Philippines une pancarte qu'un maître des novices avait posée sur sa porte et qui portait ces mots : « Je suis en chantier. » Nous vivons avec des identités provisoires tout au long de notre voyage. Je réfléchis avec un embarras amusé aux postures de mon moi essayant dans sa jeunesse de nouvelles identités, jusqu'au jour où je me suis mis à ne me pas soucier le moins du monde de savoir qui j'étais.

Toutes les relations profondes dévoilent une dimension de l'identité jusqu'alors inconnue. Dans le roman de Madeleine Thien sur les immigrants chinois aux États-Unis, un des personnages donne ce conseil :

> Renoncez à tout effort pour être une chose d'un seul tenant, un être humain compact. Si tant de gens vous aiment, pouvez-vous en toute honnêteté être une chose une et indivisible[28] ?

Je rapporterai ici la légende de « l'édifiante conversation qu'eut Maître Eckhart avec une sainte femme » :

> Une fille [de Dieu], se présentant à un prieuré dominicain, demanda à parler à Maître Eckhart. « Et qui dois-je annoncer ? s'enquit le portier. – Je ne sais pas. – Pourquoi cela ? fit l'autre. – Parce que, répondit-elle, je ne suis ni une jeune fille ni une

épouse, ni un homme ni une femme, ni une veuve ni une vierge, ni une maîtresse, une servante ou une domestique. » Maître Eckhart s'entretint avec elle, puis déclara : « J'ai rencontré la personne la plus pure de ma vie, en tout cas à ce qu'il me semble[29]. »

Le courage des timides

Les disciples sont donc invités à mettre leurs pas dans ceux de Jésus et à prendre une route dont ils ignorent où elle les mènera. Ils devront abandonner leurs anciennes identités et être envoyés au bout du monde, où ils mourront. Ils sont invités à partager la liberté de Jésus et à entrer dans le mystère de l'amour infini, qui est Dieu. Il n'y aurait rien d'étonnant à voir monter, chez eux comme chez nous, la crainte de se mettre en route ou de devoir constater qu'avec le temps leur enthousiasme va s'éroder voire disparaître. Lorsque Pierre reçoit l'appel à suivre Jésus, sa première réaction, si nous en croyons Luc, est négative : « Éloigne-toi de moi, Seigneur, car je suis un homme pécheur ! » (Lc 5, 8). Lorsque Jésus appelle l'homme riche à vendre tout ce qu'il a et à le donner aux pauvres, il s'en alla contristé (Mc 10, 17-27).

Beaucoup de convertis au christianisme ou de jeunes personnes ralliant un ordre religieux se lancent hardiment sur le chemin de la sainteté. Moi, j'étais convaincu que je n'aurais plus jamais une pensée impure ! La perfection m'attendait au coin de la rue. Je serais aussi pur que mon aube blanche. Il ne m'a pas fallu longtemps pour découvrir que je n'étais pas si différent des autres. Ce serait un long chemin, et il est facile de succomber à des rêves moins héroïques. Un membre d'un autre ordre religieux m'a prévenu : « Nous ne prononçons qu'un seul vœu, celui d'être à l'aise. » De nombreux mariages ont lieu sous le signe d'un amour qu'on rêve infini, je suppose, d'un plaisir dans l'autre qui ne connaît pas de fin, d'une générosité parfaite, oui, mais combien de temps cela dure-t-il ? Se lancer dans l'aventure de la transcendance, recevoir ce don que sont la liberté et l'amour de Jésus, exige du courage et de la persévérance.

Nous aspirons à la liberté de Jésus et tout à la fois nous la craignons. Les Israélites avaient été appelés à sortir d'Égypte, où ils connaissaient l'esclavage, pour rejoindre le désert, mais ils furent vite nostalgiques de la servitude, avec son confort : « Qui nous donnera de la viande à manger ? Ah ! quel souvenir ! le poisson que nous mangions pour rien en Égypte, les concombres, les melons, les laitues, les oignons et l'ail ! Maintenant nous dépérissons, privés de tout ; nos yeux ne voient plus que de la manne ! » (Nb 11, 4-5.) La liberté fait peur. Fiodor Dostoïevski raconte l'histoire du Grand Inquisiteur, qui assure que « pour l'homme et pour la société humaine, rien n'a jamais été aussi insupportable que la liberté [...]. En fin de compte, ils déposeront leur liberté à nos pieds et ils nous diront : "Asservissez-nous, pourvu que vous nous donniez à manger" [30] ».

Tout au long de son histoire, l'Église s'est réclamée de l'appel de Jésus à la liberté et en a eu peur ; peur des prophètes et des non-conformistes, peur de ceux qui posent des questions difficiles et lancent de nouvelles idées. L'Église, tout ensemble, produisait une théologie de la libération et en était agitée. Pas étonnant que nous n'ayons pas séduit l'imagination de nos contemporains.

Serait-ce que ce qui nous touche le plus est le courage des timides ? Lorsque des gens timorés accomplissent des exploits, ce qui nous émeut, c'est de les voir comme nous, comme le prêtre imbibé d'alcool de *La Puissance et la Gloire*, de Graham Greene. On y voyait une Église mexicaine souffrant de persécution. La plupart des membres du clergé étaient en fuite, en prison ou avaient été massacrés. Notre prêtre, qui n'a pas de nom, a eu une vie scandaleuse, avec maîtresse et enfant, de plus il boit. Dans les débuts de son ministère, il s'est montré plein de morgue et sectaire. Il est à présent traqué comme une bête, bien conscient d'avoir presque tout raté, mais il n'abandonne pas ses ouailles. Il est capturé, emprisonné et la nuit précédant son exécution, il a peur :

> Seule l'eau-de-vie, qu'il a terminée vers les deux heures du matin, avait pu lui fournir un semblant de sommeil. La peur lui donnait la nausée, il avait mal au ventre et le gosier asséché à cause de l'alcool. Il commença à se parler à voix haute, car il ne supportait plus le silence. Il se plaignait lamentablement : « Tout est au mieux... pour les saints », et aussi : « Comment [le lieutenant] sait-il que cela [la mort du prêtre] ne dure qu'une seconde ? Ça dure combien, une seconde ? » Puis il fondit en larmes, se tapant doucement la tête contre le mur[31].

Le lendemain matin, on vient le chercher pour procéder à l'exécution.

> Il ne ressentait qu'une immense déception de devoir se présenter devant Dieu les mains vides, parce qu'il n'avait rien fait du tout. Il lui sembla alors qu'il eût été très facile d'être un saint. Il n'était besoin que d'un peu d'empire sur soi, d'un peu de courage. Il avait le même sentiment qu'un homme qui a laissé fuir le bonheur en arrivant quelques minutes trop tard à un endroit fixé. Il savait maintenant qu'en fin de compte une seule chose importe vraiment : être un saint[32].

Voilà que cet homme, qui tremble de tout son corps, désigne à son insu Dieu comme serait incapable de le faire quelqu'un de courageux par nature, et c'est de là que le livre tire son titre, lequel reprend la fin du Notre Père : « Car c'est à toi qu'appartiennent le règne, la puissance et la gloire. »

De frêles témoins comme celui-là sont plus stimulants que des super-héros. Alors pourquoi retouche-t-on parfois les portraits de saints en les débarrassant de leurs faiblesses et de leurs combats, et les modèle-t-on en plâtres édifiants au lieu de les représenter sous les traits d'êtres humains avec leurs imperfections, répondant timidement mais bravement au Seigneur ? L'hagiographie risque d'ôter toute chair à la vie réelle des saints. Entendant des gens les encenser, elle et ses collègues, Dorothy Day a déclaré : « Ne nous appelez pas des saints. Vous ne vous débarrasserez pas de nous si facilement[33] ! »

Le vrai courage ne consiste pas à ne pas avoir peur, mais à ne pas être prisonnier de ses peurs. De même que John Wayne, vedette de cent westerns, a déclaré avec la simplicité qui fait son charme : « Le courage, c'est crever de trouille mais sans jamais démonter pour autant. » Un de mes frères, un Canadien, était basé au Rwanda et travaillait à des projets de développement. Il était en visite dans un camp de réfugiés en République démocratique du Congo lorsque le pays est tombé dans le chaos et la violence. Il se savait recherché par les militaires, mais malgré cela il est retourné à Kigali, la capitale. Un soir, voulant mettre la main sur lui, des soldats font irruption au prieuré. Les frères, qui appartenaient aux deux groupes ethniques, furent forcés à s'allonger sur le sol et on leur demanda, le revolver sur la tempe, où se trouvait le frère canadien. Personne ne le trahit. Allongé lui aussi sur le sol, il craignait d'être dénoncé, non par l'un de ses frères mais par ses tremblements d'effroi. Tel est le courage qui pointe vers Dieu.

Dans le film *Des dieux et des hommes*, les moines doivent décider s'ils restent ou s'ils s'en vont. Un des moines dit à leurs voisins musulmans : « Nous sommes comme des oiseaux sur la branche qui ne savent pas s'ils vont s'envoler ou rester sur place », à quoi les autres répondent : « C'est nous qui sommes les oiseaux, et vous qui êtes la branche. Si vous partez, nous ne saurons plus où poser le pied. » Les moines prennent la décision de rester, bien conscients qu'ils ont peu de chances de survivre à ce choix.

C'est un cas de figure fréquent avec l'aventure : rester sur place est un pari plus risqué que de prendre la fuite. Quand les gens ont fui l'Irak en masse, souvent pour de bonnes raisons, je ne peux que tirer mon chapeau à mes frères et mes sœurs irakiens qui sont restés. Quelle marque de confiance dans le Seigneur et dans sa promesse : « Et voici que je suis avec vous pour toujours, jusqu'à la fin du monde » (Mt 20, 20) ! Le plus courageux peut être de rester dans une relation qui s'effondre, de se montrer fidèle à un ami en disgrâce ou de conserver un emploi peu rémunéré, mais utile à la communauté. Nous-mêmes aurons peut-être besoin de courage pour rester dans une Église devenue, avec ses échecs et ses trahisons, une source de honte et de scandale. Tenir bon peut être la chose la plus courageuse. Le mot du Père du désert Abba Moïse a fait florès : « Asseyez-vous dans votre cellule et celle-ci vous apprendra tout[34]. »

Lorsque le prieur des moines de l'Atlas, Christian, convoque une réunion de la communauté, lui est convaincu que celle-ci doit rester, mais les autres ont peur. L'un des moines récrimine : ils ne l'ont pas élu pour décider seul. Une autre protestation se fait jour : « Quelle conduite adopter s'ils viennent ici ? Nous laisserons-nous massacrer sans rien dire ? » Le prieur répond : « En effet, c'est un risque. Mais nous avons été appelés à vivre ici, dans ce pays, avec des gens qui ont peur eux aussi. Nous allons devoir vivre avec cela, j'en conviens. » Christophe, le plus jeune des moines, fait valoir cet argument : « Oui, mais moi, je ne suis pas venu ici avec l'intention de participer à un suicide collectif. » Nous pouvons nous identifier à ces moines parce qu'ils professent une foi qu'ils sont effrayés de vivre. Ils ont consenti à suivre leur Seigneur, qui les appelle à affronter la mort, mais devant la triste échéance ils se raidiront, comme tout le monde. J'ai été plus ému par l'assentiment progressif des moines réticents que par le courage sans faille du prieur. Je ne m'identifie pas à lui, mais il se pourrait bien que je sois comme eux. C'est une aventure héroïque pour les gens ordinaires, qui chancellent et claudiquent en voulant avancer ou, en cas de besoin, restent sur place. Eux ont été béatifiés le 8 décembre 2018 à Oran, en Algérie.

Évolution

Un dernier mot : le christianisme a perdu la mainmise sur l'imagination populaire quand il a cessé d'être le drame cosmique de Dieu et de l'humanité, de la Création au Royaume. Chez beaucoup, la foi s'est réduite à l'histoire individuelle et à l'espoir de guère plus qu'une félicité mortelle. Nous avons perdu le fil. On s'est mis à raconter l'histoire cosmique en termes scientifiques, du Big Bang à une agonie glaciale. Si le christianisme tente d'orienter l'imaginaire de notre société vers une histoire d'amour cosmique où les deux partenaires seraient Dieu et l'humanité, ce récit pourra-t-il interagir avec l'autre histoire, celle de la science, que quasi tous les chrétiens acceptent ?

Paradoxalement, notre culture contemporaine est tiraillée entre une perception limitée du temps – la « Now Generation [a] » – et un récit qui s'étend sur des milliards d'années. La science ne pourrait-elle pas aider l'imaginaire chrétien à s'ouvrir une nouvelle fois à la *longue durée* ?

> À voir ton ciel, ouvrage de tes doigts,
> la lune et les étoiles, que tu fixas,
> qu'est donc le mortel, que tu t'en souviennes,
> le fils d'Adam, que tu le veuilles visiter ? [Ps 8, 3-4]

Nous vivons pour le *hic et nunc*, avec une attention qui ne dépasse guère celle du poisson rouge, mais habitons une

a. La traduction « les jeunes d'aujourd'hui » sonnerait un brin paternaliste. Et elle manquerait surtout l'allusion à l'album du groupe The Black Eyed Peas, dont le titre *Now Generation* peut être écouté sur Youtube.

vaste histoire qui remonte à 13 milliards d'années. Le sang rouge dans nos veines contient du fer né dans les étoiles. Arthur Peacocke a écrit que « chaque atome de fer dans notre sang n'y serait pas s'il n'avait pas été produit lors d'une explosion de galaxie il y a des milliards d'années et ensuite condensé pour former le fer de la croûte terrestre dont nous sommes issus[35] ». La substance même de notre corps est incroyablement ancienne.

Le christianisme ne pourrait-il pas à son tour élargir l'imaginaire scientifique en affirmant que l'émergence dynamique de la vie complexe et de la conscience, telle que la théorie de l'évolution tend à la cerner, ne se termine pas dans un univers épuisé mais trouve son épanouissement au-delà de ce que la science peut concevoir ? Si nous sommes, comme le pense le personnage du roman de Boyd, rien de plus qu'une « certaine espèce de singe sur une petite planète tournant autour d'une étoile insignifiante dans un système solaire qui fait partie d'un univers en expansion incroyablement vaste », est-ce que quelque chose a le moindre sens ? Suivrons-nous Macbeth, pour qui la vie n'est qu'« une histoire racontée par un idiot, pleine de bruit et de fureur, et qui ne signifie rien[36] ».

L'évolution nous aide à mieux comprendre l'énergie du vouloir-vivre dans une histoire qui couvre des milliards d'années. Par conséquent, soutient Elizabeth Johnson, les chrétiens ne devraient pas avoir peur des théories de l'évolution. Darwin nous aide à comprendre la vitalité inhérente à l'évolution de notre planète, avec son étonnante capacité à produire de nouvelles formes du vivant. Nous autres chrétiens pouvons endosser la théorie scientifique de l'évolution et la placer dans un récit plus vaste qui ne lui fait pas concurrence ni ne la subvertit mais lui donne un sens plus profond qu'elle n'a pas les moyens d'exprimer seule. Toute cette créativité vibrante a une destination, un accomplissement qui dépasse tout langage. Comme les disciples qui se mettent en route derrière Jésus, l'ensemble de la création s'achemine vers un but dépassant ce que nous saurions en dire.

Chaque fois que nous récitons le credo, nous confessons notre foi en l'Esprit saint, « qui est Seigneur et qui donne la vie ». Johnson écrit :

> Le mot latin traduit par « qui donne la vie », affiche son dynamisme concerté. L'Esprit est le donnant-vie, celui qui stimule, anime, remue, imprime un élan, insuffle l'existence, donne la vie à chaque instant, à mesure qu'il engendre la vie du monde à venir[37].

« L'activité créatrice de Dieu fait exister un univers capable d'évoluer spontanément par ses mécanismes internes, ce qui en fait un partenaire libre au sein de sa propre création[38]. » L'histoire du cosmos n'est pas une simple mutation aléatoire succédant à une autre, mais l'aventure de l'émergence de la vie, qui transcende les limites et atteint un plus grand épanouissement.

> Le vrai devenir implique que la nature se dépasse elle-même, atteigne une plus grande plénitude d'être, une croissance interne qui lui soit propre, et que ce processus ne résulte pas de l'adjonction de quelque élément étranger, mais vienne de l'intérieur. C'est ainsi que Dieu a créé le monde, conférant aux créatures une extraordinaire capacité à croître et à se transcender[39].

Ainsi, l'histoire chrétienne approfondit notre compréhension de la puissante capacité qu'a la création d'innover et de dépasser les limites. Saint Paul y fait allusion dans son épître aux Romains : « Nous le savons en effet, toute la création jusqu'à ce jour gémit en travail d'enfantement. Et non pas elle seule : nous-mêmes qui possédons les prémices de l'Esprit, nous gémissons nous aussi intérieurement dans l'attente de la rédemption de notre corps » (Rm 8, 22-24).

Si la science nous éclaire sur le « comment », l'étonnante aptitude de la nature à se renouveler, à faire évoluer l'organe de la vue et celui de l'ouïe, l'enchevêtrement des relations mutuelles de tout avec tout, le christianisme laisse entrevoir le « pourquoi », la finalité de tout cela. Rien là-dedans qui heurte si peu que ce soit la façon dont Thomas d'Aquin voit la grâce providentielle de Dieu agir en nous : « La grâce ne détruit pas la nature, mais la parachève[40]. » La grâce est à l'œuvre, non pas comme une cause extérieure et mécanique, mais dans le déploiement à partir du dedans d'une vie inattendue et toujours croissante. « Voici que je vais faire toutes choses nouvelles » (Is 43, 19). Mon aventure est une infime participation à l'aventure de la Création.

En conclusion, les disciples sur la grève de Galilée sont conviés à une grande et périlleuse aventure. Est lancée là une invitation à prendre part à l'histoire d'amour entre Dieu et l'humanité. En fin de compte, je crois que chaque cœur humain recèle le désir d'un amour infini, divin même. Si nous nous montrons audacieux, fidèles à cet appel radical et résistons à la tentation de nous faire les partisans d'un christianisme frileux et recroquevillé, nous pourrons toucher l'imagination de nos contemporains séculiers qui ont la même soif de vie que nous.

Ce pari aventureux de la foi nous demande tantôt de nous lancer dans de nouvelles entreprises, tantôt d'avoir, à l'instar de ces moines en Algérie, le courage de rester où nous sommes. La sagesse consiste à faire le bon choix. Il nous entraîne bien au-delà de nos repères familiers, bien au-delà de toute mesquine identité, innée ou construite. Qui nous sommes doit encore advenir au grand jour. À mesure que nous marcherons avec les disciples aux côtés de Jésus, nous en apprendrons davantage sur ce que signifie être en vie – imaginairement, émotionnellement, mentalement et spirituellement vivant. Je ne tenterai pas d'explorer tous les moyens par lesquels la foi nous appelle à vivre à plein, il me faudrait plusieurs livres. Ce que ses disciples ont découvert en premier de Jésus, c'est qu'il est quelqu'un d'ordinaire au sein de cette société, mais quelqu'un qui guérit.

4

Un Dieu pour nos douleurs et nos maux

Les disciples ont donc suivi Jésus mais, dans les premiers temps, ils n'ont pas de grands drames à affronter. Les premiers jours de leur appel sont quasiment de la routine : lui guérit les malades et chasse les démons, eux l'accompagnent. Guérisseurs et exorcistes courent les rues dans la Palestine du Ier siècle. Celui que les chrétiens reconnaîtront un jour comme le « vrai Dieu né du vrai Dieu » ne lève pas d'armée ni n'a en vue de réforme politique. Il se contente d'aller d'un endroit à l'autre pour répondre aux plaintes des malades. Il commence bien à prêcher (Mc 1, 38), mais ce qui intéresse les gens, c'est la guérison, et c'est cela qu'il fait. Il guérit la belle-mère de Simon, et elle leur sert à manger.

Quand il rencontre un malade, il commence souvent par la question : « Que veux-tu ? » Il demande au lépreux : « Veux-tu recouvrer la santé ? » (Jn 5, 6) et, quand l'aveugle Bartimée se fraie un chemin à travers la foule pour attirer l'attention de Jésus, celui-ci lui demande : « Que veux-tu que je fasse pour toi ? » (Mc 10, 50). Ce n'est pas pour se gagner des disciples qu'il guérit les gens. Le plus souvent il soigne, puis congédie. S'il les guérit, c'est parce qu'ils demandent d'aller mieux pour continuer leur vie ordinaire. La guérison n'entre pas dans une stratégie de recrutement pour sa nouvelle communauté.

N'est-ce pas un brin décevant ? Dans le précédent chapitre, j'ai affirmé qu'être disciple du Christ consistait à se lancer dans l'aventure de la transcendance, à se mettre en route vers l'amour infini qu'est Dieu. Alors, pourquoi tout cela commence-t-il de manière aussi prosaïque, un homme qui soigne les souffrances et les maladies des gens ? Mais pour l'imaginaire chrétien l'infini se rapproche toujours de nous dans le fini. Dieu s'est incarné en une personne en particulier, un Juif d'un bas-fond quelconque. Il est dans l'ordre des choses que celui qui offre la plénitude de la vie apparaisse d'abord sur la scène de l'histoire en proposant en toute humilité ce qui répond au souci le plus répandu, les douleurs et les maladies qui scandent la vie de tous les jours.

William Lynch recourt à une métaphore animale pour faire comprendre de façon imagée la raison de l'ancrage dans le fini de l'imaginaire chrétien :

> Le poisson doit prendre l'air qu'il respire (l'infini) dans l'eau (le fini) ; s'il devait s'atteler à son objectif sans médiation et troquer le milieu aquatique contre l'atmosphère, il n'y arriverait pas, ce serait l'agonie puis la mort[1].

Ainsi, Dieu fait d'abord une apparition modeste, en répondant à des besoins ordinaires. Notre imagination s'élève jusqu'aux cieux en étant ramenée sur terre.

> Voir un Monde dans un Grain de Sable
> Et un Paradis dans une Fleur Sauvage
> Fait tenir l'infini dans la paume de votre main
> Et l'Éternité dans une heure[2].

La thèse de Thomas Mathew est que, si le christianisme a converti l'Empire romain, c'est entre autres raisons à cause de l'art chrétien, qui nous a donné un aperçu saisissant d'un Dieu devenu vraiment proche de nous dans nos souffrances :

> Ces images dans les catacombes, ces mosaïques éblouissantes faisaient un choc : Dieu était mis à portée de regard.

> Il se montrait en personne comme un dieu des « gens de peu », « authentiquement populaire », qui prend soin, soucieux du fait que vous soyez en train de perdre la vue, que l'arthrite vous plie en deux, que vous ayez des règles douloureuses... Soudain, on voyait Dieu marcher parmi son peuple, toucher, caresser, réconforter, poser sur les gens ses mains chaudes et qui dispensent la vie... C'était un pouvoir tout ce qu'il y avait d'inédit, et la concurrence n'avait qu'à déclarer forfait[3].

Un de mes frères, dans son prêche sur le texte « Vos cheveux même sont tous comptés » (Mt 10, 30), a décrit l'épouillage du cuir chevelu auquel se livrent les enfants de la rue à Glasgow, cheveu par cheveu. Compter les cheveux sur nos têtes, tâche de plus en plus facile dans mon cas, n'est pas une image de l'inutile omniscience divine, mais de la tendresse et de la patience infinies dont il nous entoure. Rien n'est trop petit pour son intérêt.

Lorsque nous disons les prières universelles au cours de l'Eucharistie, nous pouvons avoir l'impression d'implorer l'aide d'une divinité lointaine qui se préoccupe sûrement de choses beaucoup plus importantes, de catastrophes naturelles et de guerres violentes. Pourquoi déranger Dieu avec nos petits soucis ? Mais dans les évangiles, il est celui qui a le plus envie d'entendre ce qui nous mine : « Que puis-je faire pour toi ? » Dans sa chanson « L'un d'entre nous », Joan Osborne[a] n'a qu'une envie, c'est que Dieu soit ordinaire :

> Et si Dieu était l'un d'entre nous ?
> Juste un plouc comme l'un d'entre nous
> Juste un inconnu dans le bus
> Essayant de rentrer chez lui ?

---

a. Auteur-compositrice-interprète née le 8 juillet 1962 à Anchorage (Ky). Ici, un couplet de sa chanson « One of Us » (dans l'album du même titre).

Mais cette façon de présenter Dieu comme un personnage commun n'est jamais allée sans engendrer de malentendu. Les dieux ne devraient-ils pas être des personnages majestueux, aussi grands que lointains ? À l'époque, la *Madone de Lorette* du Caravage avait choqué les habitants, avec ses paysans aux pieds sales et en loques vénérant Jésus dans les bras de sa mère[4]. Lorsque Max Ernst exposa la toile où il met en scène *Marie corrigeant l'enfant Jésus*, l'indignation publique obligea à mettre l'œuvre sous clé des années. Les gens n'avaient rien contre la fessée, la punition n'avait aucun aspect scandaleux, c'était même monnaie courante, simplement on ne supportait pas que Dieu fût représenté comme un enfant ordinaire, comme l'un de nous. Il est plus facile de vivre avec un Dieu qui garde ses distances et ne soit pas constamment sur notre dos. L'intimité avec Dieu est trop dérangeante. Comme Pierre, nous pourrions être tentés de dire : « Éloigne-toi de moi » (Lc 5, 8). Retourne à tes cieux et laisse-moi tranquille. Écoutez Job se plaindre : « [Il] ne me laisse même pas reprendre mon souffle » (9, 18).

Les chrétiens aspirent à apprécier un Dieu qui se fait proche. Au XIIIe siècle, les franciscains ont popularisé la dévotion à la crèche et ainsi rapproché Dieu des pauvres et des sans-abri. Margaret Kempe avait des visions où elle préparait à Marie « une bonne soupe chaude de gruau arrosée de vin épicé » pour la remonter après la crucifixion de son fils[5]. Mais parfois nous reléguons Dieu en son ciel. Comme les disciples ne tarderont pas à s'en rendre compte, laisser Dieu venir trop près, c'est en un rien de temps avoir sa vie chamboulée et mettre le doigt dans un engrenage d'aventures inquiétantes.

Comment soigne le christianisme

Être disciple signifiait d'abord prendre soin des malades. Comment pouvons-nous prêcher la proposition de vie divine que fait Dieu si nous ne nous préoccupons pas de la vie humaine ordinaire ? Il y a de grandes chances que l'évangéliste Luc ait été médecin (Col 4, 14) et son évangile est rempli de guérisons. Après la Pentecôte, la mission de l'Église s'ouvre sur une guérison, celle du paralytique par Pierre (Ac 3, 1-10). Le monde païen d'alors avait deux sujets de stupéfaction : à côté du courage que montraient à Rome les martyrs chrétiens, les soins attentifs dont ces mêmes chrétiens entouraient les malades qui n'étaient pas de leur confession.

Au cours de la terrible épidémie de peste de 260, qui vit mourir un tiers de la population, Denys, évêque d'Alexandrie, rapporte dans sa lettre de Pâques l'impression qu'en retirèrent les gens.

> La plupart de nos frères, par un excès de charité et d'amour fraternel, ne s'écoutaient pas eux-mêmes mais s'attachaient les uns aux autres, visitant sans précaution les malades, les servant sans cesse, leur donnant leurs soins dans le Christ et ils étaient heureux d'être emportés avec eux ; ils puisaient le mal chez les autres, faisant passer en eux la maladie de ceux qui étaient proches et prenant volontiers leurs souffrances. Beaucoup, après avoir soigné et réconforté les autres, périssaient après avoir transféré en eux-mêmes la mort de ceux-là et le mot connu de tous, qui semblait être regardé comme un simple compliment, ils le réalisaient à la lettre, ils s'en allaient « devenus leur balayure ». Les meilleurs de nos frères quittaient ainsi la vie ; c'étaient des prêtres, des diacres, des fidèles très en renom parmi le peuple ; et ce genre de mort, dont une grande piété et une foi robuste étaient la cause, semble n'être pas inférieur au martyre[6].

Il aimait à mettre en regard ce comportement et celui des païens :

> Ceux qui commençaient à être malades on les chassait, on fuyait ceux qui étaient le plus chers, on jetait sur les routes des

gens à demi morts et on envoyait au rebut les cadavres sans sépulture ; on évitait toute communication et contact avec la mort, mais il n'était pas facile, même à ceux qui prenaient de grandes précautions, de s'en garder[7].

C'est le christianisme qui inventa les hôpitaux, qu'érigèrent saint Samson à Constantinople et saint Basile, évêque de Césarée. Le mot vient du latin *hospes*, terme ambigu, comme *hôte*, désignant qui reçoit et qui est reçu. Les malades étaient accueillis, mais aussi, en tant qu'ils représentaient le Christ, ils accueillaient. Écoutons la règle de saint Benoît : « Avant tout et par-dessus tout, on prendra soin des malades, et on les servira comme s'ils étaient le Christ en personne ; car c'est lui-même qui a dit : "J'ai été malade et vous m'avez visité"[8]. » Tout au long de son histoire, l'Église a placé cette sollicitude « avant tout et par-dessus tout ». Choisir la vie d'abord, c'est prendre soin de ceux dont le corps et l'esprit demandent à être guéris. Lorsque Florence Nightingale créa les soins infirmiers modernes, elle s'inspira des sœurs catholiques travaillant auprès des pauvres dans les nouvelles villes industrielles. Elle demanda à un médecin américain en visite : « Pensez-vous qu'il soit inapproprié, voire malséant, pour une jeune Anglaise de se consacrer à des œuvres de charité dans des hôpitaux et ailleurs, comme le font des sœurs catholiques ? Pensez-vous en pareil cas : "quelle chose terrible !" ? » En 1854, à son arrivée en Crimée, elle embaucha trente-huit infirmières qu'elle avait formées, dont quinze sœurs catholiques, avec l'appui du cardinal Manning[9].

Aujourd'hui, les Églises chrétiennes contribuent davantage aux soins de santé que toute autre organisation, en particulier dans les pays en développement. On estime que globalement l'Église catholique gère 26 % de tous les établissements de soins de santé[10], y compris 5 500 hôpitaux. Si ceux-ci existent, ce n'est pas pour gagner des âmes à la religion. Comme sous le ministère de Jésus, les gens sont pris en charge simplement parce qu'ils sont malades. Un employé de CRS[a] a déclaré : « Aider les autres nous requiert, non pas parce qu'ils croient ou pourraient croire un jour, mais parce que nous, nous croyons[11]. »

Récemment, j'ai visité, au sud d'Alger, dans les montagnes de l'Atlas, le monastère du film *Des dieux et des hommes*. C'est devenu un lieu de pèlerinage tant pour les chrétiens que pour les musulmans. Le moine le plus vénéré est le vieux frère Luc, le médecin qui soignait tout le village voisin. C'était celui que chacun venait voir pour être guéri. Même les terroristes le consultaient ou cherchaient à repartir avec des médicaments. À cette dernière demande, il opposait une fin de non-recevoir, ne voulant pas priver de remèdes les habitants du village. Mais il accordait la même qualité de soins à tous ses visiteurs, terroristes y compris. Les villageois musulmans venaient voir frère Luc pour être soignés physiquement, mais moralement aussi. Dans le film, on voit une jeune fille faire part à Luc de son inquiétude de tomber amoureuse et lui poser la question de savoir si lui a déjà été amoureux. Oui, répond-il, et plusieurs fois encore, « et puis, ajoute-t-il, j'ai rencontré un autre amour, plus grand... C'est à celui-là que j'ai répondu. Cela fait un moment maintenant – plus de soixante ans ». Les villageois se rendent toujours au monastère, surtout pour faire un pèlerinage sur sa tombe.

La vocation de soigner les malades, quels que soient leurs convictions et leur statut social, est peut-être la contribution la plus évidente du christianisme à notre monde d'aujourd'hui. Hospitalisé pour des opérations requises par mon cancer, j'ai été bouleversé de voir quels soins attentionnés, professionnels nous avons reçus, tous les autres patients du service et moi-même. Jeunes et vieux, riches et

---

a. Le sigle se lit: Catholic Relief Services et désigne une association humanitaire de l'Église catholique des États-Unis d'Amérique fondée en 1943.

pauvres, nous avons tous bénéficié de la même attention sans faille, simplement parce que nous sommes des êtres humains, indépendamment de la foi, ou de l'absence de foi, du personnel soignant.

Le neurochirurgien Henry Marsh rentrait chez lui après une journée épuisante au bloc opératoire. Il fit un saut au supermarché pour acheter de quoi dîner, mais à la caisse une longue queue s'était formée qui le bloquait.

> « Qu'avez-vous fait aujourd'hui ? » fus-je tenté de leur demander, ennuyé qu'un important neurochirurgien comme moi fût tenu d'attendre après le brillant travail fourni dans la journée. Mais j'ai tout de suite réfléchi à l'instrument qui permet d'évaluer mon travail de médecin : il se mesurait en dernière analyse à la valeur de la vie des autres, y compris les personnes qui se trouvaient devant moi dans la file d'attente des caisses. Alors je me suis morigéné et me suis résigné à attendre. En outre, je devais m'avouer que je serais bientôt vieux et à la retraite et que je ne compterais plus pour grand-chose ici-bas. Autant m'y faire dès maintenant[12].

Isolement

Comment pouvons-nous, nous autres qui ne sommes ni médecins ni infirmiers mais de simples chrétiens, témoigner encore de cette belle vocation qui doit, comme dit saint Benoît, se trouver avant tout et au-dessus de tout ? Dans ce monde où la thérapeutique est sophistiquée à l'extrême, demande aux professionnels des années et des années de formation et repose sur des soins encadrés par une réglementation complexe, qu'avons-nous à offrir ? La guérison des malades par Jésus offre quelques indices. Tout d'abord, il nous faut vaincre l'isolement qui affecte de nombreuses personnes malades.

Être malade au temps de Jésus était beaucoup plus affreux qu'aujourd'hui. Il fallait vraiment être fortuné pour empêcher le mal de conduire au dénuement et à l'isolement. Les malades vivaient marginalisés, n'existant qu'à moitié pour les autres, et encore. Rappelez-vous Lazare gisant à la porte du riche, avec des chiens léchant ses plaies (Lc 16, 19-31).

> Les malades que Jésus a rencontrés, écrit José Pagola, souffraient des maux endémiques en terre pauvre et sous-développée, cécité, paralysie, surdi-mutité, dermatoses de toutes sortes, désordres mentaux. Incurables pour beaucoup, ils étaient abandonnés à leur sort, sans moyens de subsistance, si bien qu'ils traversaient la vie en mendiant, à affronter en permanence misère et la faim. Jésus les voyait allongés sur les talus, à l'entrée du village ou dans les synagogues, implorant la pitié des passants [13].

Encore aujourd'hui, dans ce qu'on appelle par euphémisme les « pays en voie de développement », maladie et marginalisation sont profondément liées. Les malades n'ont guère les moyens d'éviter la pauvreté, et les pauvres souvent ne survivent pas à la maladie. En 2014, un Monégasque avait une espérance de vie de 89,52 ans, un Tchadien de 49,81 ans. Dans le roman de Katherine Boo sur les pilleurs de poubelles dans les bidonvilles de Mumbai, juste à côté de l'aéroport international flambant neuf, les enfants fouillent les ordures pour survivre, mais Abdul sait que son gagne-pain le mène inexorablement à la mort :

> S'il voulait vraiment lancer une affaire, il voyait bien qu'il avait à faire des progrès comme récupérateur. Cela impliquait de ne pas se laisser arrêter par une évidence : avec ce métier il brûlait sa chandelle par les deux bouts. Plus il fouillait dans les poubelles, plus il risquait de voir la moindre égratignure se transformer en pustule et finir par s'infecter. Dans les crevasses de sa peau s'étaient glissés des vers. Les poux colonisaient les cheveux, la gangrène s'infiltrait entre les doigts, les mollets enflaient, si bien qu'Abdul et ses frères plus jeunes faisaient des paris pour savoir qui serait le prochain à y passer [14].

Dans le film *Moi, Daniel Blake*, dont l'action se déroule à Newcastle, un accident de santé jette un type tout à fait comme il faut dans une pauvreté et une humiliation dont, au bout du compte, il ne se sortira pas vivant.

Au temps de Jésus on isolait d'autant plus volontiers les malades que l'idée était répandue que la maladie, punition du péché, devait conduire à une quarantaine civile et religieuse : « Aveugles et boiteux n'entreront pas dans la Maison » (2 S 5, 8). Quand Jésus voit un aveugle de naissance, ses disciples lui demandent : « Rabbi, qui a péché, lui ou ses parents, pour qu'il soit aveugle de naissance ? » (Jn 9, 1). Les malades étaient couverts d'opprobre.

Nul n'était plus marginalisé au temps de Jésus que le lépreux. Il ne s'agissait pas nécessairement de la lèpre au sens moderne du terme, qui est dite aussi maladie de Hansen, mais de toute dermatose présentant des furoncles, des éruptions, des dépigmentations, et capable d'attaquer l'enveloppe corporelle qui sauvegarde la vie. Les lépreux étaient mis au ban de la société, criant « Impur ! Impur ! » à l'approche de quiconque (Lv 13, 45). Ils étaient perçus comme une menace pour la pureté et la sainteté du peuple de Dieu. Même aujourd'hui que la lèpre est facilement guérie, on craint et on met à l'écart ceux qui en sont atteints.

Lors de ma visite à la province dominicaine du Nigéria, en 2000, on m'a fait parcourir une grande partie du pays, d'Ibadan à Port Harcourt. La lèpre était monnaie courante. On reconnaissait ceux qui en souffraient, des milliers d'enfants y compris, à leurs chapeaux de paille particuliers. Les innombrables nids-de-poule de la piste nous obligeaient à faire presque du surplace et du coup la voiture était assiégée par une foule de gens passant par les portières aux vitres baissées ce qui leur restait de bras et implorant l'aumône. Je demeure hanté par les yeux des enfants. Un seul mois de recettes pétrolières pourrait éradiquer la lèpre du Nigeria. Mais c'étaient des pauvres, et donc qui s'en soucie ? Les petits charognards du roman de Boo apprennent très vite que leur vie n'a de valeur pour personne. Un enfant a une révélation soudaine au moment où il s'en faut de peu qu'il ne tombe d'un toit :

> Mais s'il y avait une chose qu'il avait fini par comprendre là-haut, penché, réfléchissant à ce qui adviendrait s'il se penchait trop, c'était que la vie d'un gamin pouvait encore avoir du prix pour lui [15].

Même pour ceux d'entre nous qui vivent dans des pays occidentaux prospères, la maladie entraîne parfois l'isolement. Elle enferme les gens chez eux. La maladie mentale peut se transformer en prison. Il arrive que la douleur rende la relation avec les autres difficile. Qu'on manque de confiance en soi, d'énergie ou de force, et c'est l'enfermement à domicile. Dans l'indifférence générale. Virginia Woolf fait finement observer que souvent les personnes en bonne santé ont peu de compassion pour les malades, qui pensent, eux, que leurs symptômes sont pour tout un chacun d'un intérêt insigne. Les bien portants ont d'autres chats à fouetter.

> Mais pour la commisération, ne comptez pas sur nous. Destinée Toute-sage dit Non [a]. Si ses enfants, déjà encombrés de chagrin comme ils le sont, devaient également supporter ce fardeau, ajoutant en pensée d'autres peines aux leurs, alors adieu les cités, adieu les routes, devenues sentiers herbeux ; adieu aussi la musique et la peinture [16].

Nous n'avons plus le temps d'éprouver de la compassion envers les malades, écrit-elle.

---

a. Allusion littéraire : dans l'« Ode on the Morning of Christ's Nativity », de Milton, v. 149, on peut lire : *But wisest Fate says No*. Chez le poète, la formule vise la Rédemption par le Christ qui, alors que celui-ci est encore dans les langes, viendrait trop tôt pour l'humanité pécheresse. L'expression semble être passée en proverbe.

Clive James, le poète et critique australien, est un malade en phase terminale mais il continue à créer, avec une étonnante énergie. « La fin est proche, mais pas tant que cela. » Il relève le défi de l'isolement, même si la surdité lui rend difficile de « suivre les conversations »,

Mais juste adresser avec mon visage des signaux silencieux
Affirmer ainsi que je n'ai pas succombé à la solitude
Et que je pourrais qui sait entrer dans la danse avec à-propos [17].

Il y a quarante ans, j'ai été opéré des deux oreilles. Pendant quelques semaines je n'ai pu percevoir aucun son. Je craignais de ne jamais recouvrer l'ouïe. J'avais apporté à l'hôpital un imposant réveil qui faisait un bruit terrible. À plusieurs reprises dans la journée, je le mettais en route dans l'espoir d'entendre au moins un son ténu, mais pendant longtemps, je n'ai eu que le silence. Seules les vibrations ressenties par mes doigts m'assuraient que la sonnerie était en marche. Mes frères de l'ordre faisaient tous les jours le voyage d'Oxford à Londres et prenaient place près de mon lit. C'était affreux d'être avec eux sans pouvoir communiquer. Au moins quand il n'y avait personne, ma surdité était moins désolante. Seul, je ne me sentais pas si isolé.

Alors, comment ceux d'entre nous qui ne sont ni infirmières ni médecins peuvent-ils vivre selon le ministère de guérison de Jésus ? En refusant l'isolement des malades. Dans la scène du Jugement dernier, dans Matthieu 25, lorsque le Fils de l'homme sépare les brebis des boucs, les bienheureux sont ceux qui ont rendu visite aux malades et aux prisonniers. Peut-être n'avaient-ils rien d'autre à offrir que leur présence : « J'étais malade et vous m'avez visité, prisonnier et vous êtes venus me voir. »

Au XVIIe siècle, à Lima, au Pérou, vivait un frère convers du nom de Martin de Porrès, un dominicain qui fut sanctifié, né d'un noble père espagnol et d'une mère autochtone. Il traitait les malades avec des simples, mais surtout il les faisait entrer au prieuré, au grand dam de certains de ses frères. Le prieur ordonna à Martin de cesser de remplir le cloître de malades[18]. Un jour, il trouva un lépreux dans le lit de Martin. « Tu m'as désobéi ! » Martin répliqua qu'il faisait passer la compassion avant l'obéissance – ce qui ne l'a pas empêché d'être canonisé ! Notre présence auprès des malades est un signe qu'au moment où ils se sentent le plus seuls au monde Dieu est toujours proche. Maître Eckhart a dit : « Même si vous ne pouvez pas vous concevoir comme proche de Dieu, vous devez tout de même considérer Dieu comme proche de vous[19]. » « Une femme oublie-t-elle son petit enfant, est-elle sans pitié pour le fils de son ventre ? Même si les femmes oubliaient, moi je ne t'oublierai pas. Vois, je t'ai gravée sur les paumes de mes mains » (Is 49, 15).

Dans les évangiles, ceux qui cherchent la guérison refusent souvent l'isolement qui leur est imposé. La femme atteinte d'un flux de sang, qui est rituellement impure et doit donc se garder à distance, joue des coudes à travers la foule pour toucher Jésus par-derrière, comme si elle craignait d'être repoussée (Mc 5, 25) ; l'aveugle Bartimée refuse de se laisser réduire au silence par les disciples qui s'acharnent contre lui et il s'écrie : « Fils de David, aie pitié de moi ! » (Mc 10, 48). Nous devons rejoindre le camp des malades dans le refus du silence et de la marginalisation.

Jean-Dominique Bauby, journaliste français, rédacteur en chef du magazine *Elle*, fut un jour la victime d'une attaque très invalidante. Dans *Le Scaphandre et le papillon*[20], il raconte qu'en sortant d'un coma de sept semaines, il s'aperçut qu'il ne pouvait plus communiquer qu'en se servant de son œil gauche. Avec l'aide de l'orthophoniste, il mit au point un moyen de s'exprimer. C'est au prix de 200 000 clins d'œil qu'il est venu à bout de son livre, chaque mot prenant en moyenne deux minutes. Il est mort deux jours après la publication. Je ne me plaindrai plus jamais de l'effort que cela demande d'écrire un livre !

Un premier pas consiste donc à être là pour les malades, en refusant leur isolement et leur marginalisation. Citons l'épître de saint Jacques : « Quelqu'un parmi vous est-il malade ? Qu'il appelle les presbytres de l'Église et qu'ils prient sur lui après l'avoir oint pour eux, en les oignant d'huile au nom du Seigneur » (Jc 5, 13-14). Nous faisons cercle autour du lit du malade, le patient au centre. Les malades peuvent rassembler la communauté et nous offrir leurs cadeaux.

Le toucher de guérison

Face à ces enfants de Dieu auxquels le monde tourne le dos, Jésus fait quelque chose de dangereux et même d'interdit : il les touche. Il enjambe le gouffre créé par l'horreur et la peur et pose ses mains sur leur peau. C'est le début de leur retour à la maison. Il ne les recrute pas, il n'exige pas qu'ils le suivent. Son toucher les rend à leurs communautés.

Les plus sages des infirmières et des médecins savent que le toucher est au cœur de leur vocation. Paul Kalanithi, le jeune neurochirurgien américain hautement qualifié et universellement reconnu que j'ai déjà mentionné, avait suivi un cursus de lettres et humanités en même temps qu'il étudiait la médecine. Le monde était à ses pieds. Il avait à peine passé la trentaine qu'il se découvrit en proie à un cancer en phase terminale. Que pouvait-il faire de ce qu'il lui restait à vivre ? En profiterait-il pour avoir un enfant tant qu'il était encore temps, formerait-il les autres, voire continuerait-il à opérer ?

> Je ne savais pas. Mais si j'ignorais quel était mon désir, j'avais au moins appris quelque chose, quelque chose qu'on ne trouvait ni chez Hippocrate, ni chez Maïmonide, ni chez Osler[a] : nous autres médecins n'avons pas pour devoir de repousser la mort ni de ramener les patients à leur vie d'avant,

a. Sir William Osler (1849-1919) est un des pères de la médecine moderne.

mais de prendre dans nos bras un malade et sa famille, tout ce monde dont la vie s'est désintégrée, et de travailler jusqu'à ce que tous puissent se mettre debout et regarder droit devant eux, et enfin donner un sens à leur propre existence[21].

Abraham Verghese, professeur de médecine à Stanford et romancier, insiste sur le fait que le toucher est au cœur de toute guérison[22]. La palpation du patient par le médecin n'est pas seulement un geste médical. C'est un rituel qui lie les deux. Notre auteur dit que « c'est cathartique pour le médecin et nécessaire pour le patient. Tant pis pour nous si nous n'y prenons pas garde ». C'est une alliance qui scelle la relation. Il faut percuter la poitrine, ausculter le cœur, soulever un peu la paupière et palper l'abdomen, en étant attentif à la personne. Il raconte avoir rendu visite à un homme à l'article de la mort, qui avait porté un de ses doigts squelettiques en direction de sa poitrine, comme pour dire : Examine-moi, touche-moi. Brise la solitude qui menace de m'engloutir.

La pratique médicale moderne court le grand risque de perdre cette proximité dans l'acte de guérison. Souvent, de nos jours, l'équipe examine le cas, rassemblée autour de l'écran d'un ordinateur plutôt qu'au pied du lit du patient. Nous sommes en danger, affirme Verghese, de ne nous intéresser qu'au *I-Patient*, celui de l'écran de l'ordinateur, au détriment du patient en chair et en os. Une Texane qui avait développé un cancer du sein a recherché sur Internet le meilleur centre de traitement, s'y est rendue, mais en est revenue déçue. Elle a trouvé une expertise inégalée, « mais, ajouta-t-elle, ils ne m'ont pas palpé les seins ». Soigner, c'est se pencher sur l'individu mortel et unique : c'est être touché par la souffrance qu'il ou elle ressent, c'est aussi toucher. L'infini de l'amour s'incarne dans le moindre geste d'une main touchant la peau.

Après ma deuxième opération, je pouvais à peine me regarder dans le miroir : j'avais une joue insupportablement enflée et le cou barré d'une cicatrice rubiconde jalonnée de dix-neuf points de suture style bande dessinée. J'avais tout d'un écureuil à une seule joue sorti des mains d'un Dr Frankenstein épuisé. Une jeune infirmière fraîchement débarquée de sa Roumanie natale m'a gentiment oint le cou. Ce contact curatif, l'Église l'inclut dans le sacrement des malades. À Blackfriars, avant l'opération, on avait versé sur moi l'huile sainte : « Grâce à cette sainte onction, puisse le Seigneur, dans son amour et sa miséricorde, t'aider de la grâce de l'Esprit-Saint. » Infirmières et médecins sont aussi des ministres, à leur façon, de cette sainte onction.

> Honore le médecin pour ses services,
> car lui aussi, c'est le Seigneur qui l'a créé.
> C'est en effet du Très-Haut que vient la guérison
> Comme un cadeau qu'on reçoit du roi [Si 38, 1-2].

De nos jours, il ne faut plus guère s'attendre à des cadeaux du roi ni même du gouvernement, mais chacun de nous peut être le ministre de ce contact salvateur.

Les cadeaux des malades

En dernier lieu, nous pouvons tous être ouverts aux cadeaux que les malades nous offrent. Ils remarquent des choses qui échappent à ceux qui ont la santé. Virginia Woolf note que les bien portants souvent ne voient pas le ciel, mais que les malades ont le temps et le loisir de le faire. Leurs yeux sont ouverts. Clive James : « Aucun oiseau ne peut se poser dans les arbres sans que je le voie. » Quand il se demande ce qui est donné pendant ces années de déclin physique, il répond :

> Ceci, et ce n'est pas rien : vous pouvez voir s'embraser le cosmos
> Et sentir comme il est grandiose, même contre votre volonté,
> Car il vous rappelle, juste par sa présence,
> Que c'est ici que nous vivons et nulle part ailleurs[23].

Ici encore, nous voyons la complémentarité des cadeaux. James nous invite à vivre ici « ou nulle part ailleurs ». Je présume qu'il rejette ce qu'il considère comme les consolations illusoires d'une vie après la mort. En tant que chrétien, je voudrais lui dire : « Merci. Comme tu as raison ! Nous devons en effet vivre ici et maintenant car ce n'est qu'ainsi que nous embrassons la vie éternelle. La vie éternelle commence maintenant et nous acceptons ce don en vivant dans ce lieu et dans ce temps, le présent de Dieu. »

J'ai vécu de nombreuses années avec le frère dominicain Vincent Cook, aveugle de naissance. Quand il était jeune, il pouvait dire si les lumières étaient allumées ou non, pas plus, mais il n'a jamais vu un visage humain. Il était l'un des frères les plus aimés de notre province. Il a été un catalyseur pour la communauté qui se rassemblait autour de lui. Il était indépendant dans le meilleur sens du terme. Une fois, il est allé à Liverpool, une ville où il n'avait jamais mis les pieds. Il adorait raconter comment à l'aide de sa canne blanche il s'était dirigé vers une artère très fréquentée et avait demandé à quelqu'un s'il pouvait traverser avec lui, ce que la personne accepta avec empressement. Les voilà donc qui s'engagent sur la chaussée, dans un tintamarre de coups de freins et de klaxons forcenés. Et lui de remercier le quidam pour son aide, mais il s'entendit répondre : « Mais non, merci à vous de l'aide, je suis aveugle ! »

Vincent nous a rassemblés dans la communauté parce qu'on ne peut pas vivre avec quelqu'un qui est complètement aveugle sans toujours l'avoir présent à l'esprit. Chaque fois que l'on poussait une porte, Vincent pouvait être derrière. Les différentes sortes de lait devaient être placées au bon endroit dans le réfrigérateur pour qu'il puisse trouver ce qu'il cherchait. Ne pas penser à Vincent aurait représenté un grave échec de la charité fraternelle. Plus que cela, il nous a montré qu'avoir besoin d'autres personnes était bon et même excellent ! Il a remis en cause l'absurde théorie qui a cours en Occident et prétend que nous pouvons être autosuffisants.

Nous avons besoin les uns des autres, et Dieu bénit notre dépendance mutuelle. Dieu a dit à sainte Catherine de Sienne :

> Il était en mon pouvoir de doter les hommes de tout ce qui leur était nécessaire pour le corps et pour l'âme ; mais j'ai voulu qu'ils eussent besoin les uns des autres et qu'ils fussent mes ministres pour la distribution des grâces et des libéralités qu'ils ont reçues de moi[24].

Qui est alors Jésus le guérisseur ?

Il y avait beaucoup de guérisseurs en Palestine à l'époque de Jésus. Pourquoi alors les gens ont-ils été surpris par lui – comme lorsqu'il guérit le paralytique amené à lui à travers le toit : « Tous étaient stupéfaits et glorifiaient Dieu en disant : "Jamais nous n'avons rien vu de pareil" » (Mc 2, 12) ? C'est parce qu'il ne se lance pas dans des rituels magiques. Il n'utilise ni incantations, ni envoûtement, ni formule ésotérique. Il prononce simplement un mot de guérison avec autorité. Quand il guérit l'esclave du centurion (Lc 7, 2-10), il ne dit même rien. « Jésus avait la vie et la santé contagieuses[25]. » Les guérisons de Jésus ne sont pas simplement le fait d'une gentille personne s'occupant de certains problèmes de santé. Ses mots en imposaient, et cela perturbait. Et donc, lorsque l'ultime confrontation avec le pouvoir religieux en place se produit, on l'interpelle : « Par quelle autorité fais-tu cela ? ou qui t'a donné cette autorité pour le faire ? » (Mc 11, 28). Ses disciples viennent constater qu'il n'est pas un simple guérisseur comme il y en a tant, mais qu'il est lié à Dieu qui est le dispensateur de toute vie : « Je suis Yahvé, celui qui te guérit » (Ex 15, 26) ; « C'est moi qui fais mourir et qui fais vivre ; quand j'ai frappé, c'est moi qui guéris » (Dt 32, 39), sa parole de guérison appartient à Dieu. Ses guérisons sont le premier signe qu'advient le Royaume de Dieu. La guérison promet la plénitude et la sainteté. Un paralytique qui se met en marche est le premier signe que la plénitude de la vie est proche.

Cela saute aux yeux de la plus belle façon à propos de la guérison de l'aveugle de naissance (Jn 9). Jésus dit aux disciples que, s'il est aveugle, ce n'est pas parce que lui ou ses parents ont péché, c'est « pour que soient manifestées en lui les œuvres de Dieu » (v. 3). La maladie et l'invalidité n'étaient pas simplement des problèmes physiques qu'il fallait résoudre. Ils étaient un signe que le Royaume n'était pas venu. La création n'avait pas atteint son objectif. Dans le Royaume, il n'y aura plus de maladie. Dans le monde à venir, « aucun habitant ne dira plus : "Je suis malade" » (Is 33, 24). Dans le cas de l'aveugle, Jésus ne dit pas un mot. Il crache à terre puis fait une glaise dont il enduit les yeux de l'homme. Ce n'est pas une pratique magique. Le mot hébreu pour glaise est *adamah*, l'origine du nom *Adam*, de même qu'*humain* vient de *humus*. Nous sommes des terriens.

Jésus guérit de manière créative l'Adam inachevé, qui est chacun de nous. Jésus accomplit cet acte le jour du sabbat, jour de repos que prit Dieu au terme de la Création. Dans le monde de la Palestine du Ier siècle, l'homme né aveugle était un homme à moitié. Jésus achève alors ce que son Père avait commencé. Les chercheurs en médecine qui découvrent de nouveaux médicaments ou de nouveaux traitements contre la maladie sont au service du Royaume, en donnant la vue aux aveugles, l'ouïe aux sourds et en faisant marcher les paralysés. Ils sont des collaborateurs de Dieu, les instruments du Royaume.

Jésus ne lui donne pas seulement la vue. Il lui donne une voix. L'homme vient dire « je suis ». Quand commence l'épisode, les disciples parlent de l'aveugle, mais ils ne lui parlent pas. Seul Jésus le fait. Après la guérison, les voisins parlent de lui, mais ils ne lui disent rien jusqu'à ce qu'il parle et dise : « C'est moi » l'homme en question. Ensuite, il est emmené chez les pharisiens et, encore une fois, ils commencent par parler de lui plutôt qu'à lui directement. Les pharisiens convoquent ses parents, mais ceux-ci refusent de parler en son nom. Ils disent : « Il a l'âge ; lui-même s'expliquera sur son propre compte. » Et il le fait, de plus en plus fort, atteignant le sommet dans sa confession de foi : « Je crois, Seigneur. »

Jean raconte l'histoire de quelqu'un qui trouve la voix qui est la sienne. Il cesse d'être l'objet de conversation et devient un sujet. C'est *son* histoire. Les premiers mots qu'il prononce, « C'est moi », sont encore plus significatifs dans le texte grec : *Ego eimi*, « Je suis », nom divin révélé à Moïse dans le buisson ardent. Il en vient à être quelqu'un qui peut dire « Je suis » à part entière. Iago, l'antagoniste pervers et destructeur de l'Othello de Shakespeare, est la « négation du bien » ; défaisant son ennemi, il dit fièrement : « Je ne suis pas ce que je suis[26]. »

En tant qu'enfants de Dieu, nous partageons sa dignité et disons même avec lui : « Je suis. » Nous ne sommes pas seulement l'objet des opinions des autres, des statistiques dans les analyses gouvernementales, des cibles pour les manipulations des campagnes publicitaires. Comme Daniel Blake, dans l'époustouflant film homonyme, on peut dire :

> Je ne suis pas un client, je ne viens pas réclamer, je ne fais valoir aucun droit. Je ne suis pas un tire-au-flanc ni un parasite, je ne fais pas la manche, je ne fais pas les poches. Je ne suis pas un numéro pour les caisses sociales ni quelques pixels sur un écran. Je ne me prosterne devant personne, je regarde mon voisin droit dans les yeux. Je n'accepte ni ne quémande la charité. Mon nom est Daniel Blake, je suis un homme, pas un chien. C'est à ce titre que je revendique mes droits, que j'exige d'être traité avec respect.

J'ai regardé le film dans l'avion qui m'emmenait en Australie en mai et j'ai pleuré, au grand désarroi de l'hôtesse de l'air !

Nous disons avec la confiance des enfants de Dieu : Je suis ! À l'heure où j'écris ces lignes, des manifestants ont enfilé des gilets très visibles qui portent l'inscription : « Regardez-moi ! Je suis. » En Amérique latine, l'Église a mis en place d'innombrables stations de radio afin que la voix des silencieux puisse être entendue. L'Agence catholique pour le développement outre-mer (CAFOD) enregistre le moment merveilleux où une paysanne andine trouve sa voix et parle à la radio :

> Oui, c'était sa voix qui sortait de l'appareil magique ! Toute sa vie, on lui avait dit de se taire : son père, son institutrice, son mari, les prêtres, ses enfants même. Comme on dit ici, les femmes sont faites pour être vues, pas pour être entendues. Pendant des années, ils l'avaient convaincue qu'elle n'était bonne qu'à travailler, qu'à cuisiner et qu'au lit. Mais toujours en silence, et obéissante. Maintenant, sa voix se faisait entendre sur les ondes, et son amie Hipólita, ses voisins et toute sa famille écoutaient[27].

La Création n'est pas simplement ce que Dieu a fait au commencement. C'est le travail de Jésus et notre travail aussi. C'est l'achèvement de la construction par Dieu d'un monde juste. La création n'est pas vraiment un big-bang mais notre tâche commune. Jésus a dit à ses disciples : « En vérité, en vérité, je vous le dis, celui qui croit en moi fera, lui aussi, les œuvres que je fais ; et il en fera même de plus grandes, parce que je vais vers le Père » (Jn 14, 12). Le soin des malades, qu'il soit le fait d'infirmières et de médecins ou qu'il vienne des amis et des parents, n'est pas simplement un acte de compassion. C'est un petit signe de l'irruption du Royaume, où il n'y aura plus ni coups ni plaies, ni solitude, ni isolement, ni mépris.

5

Premières escarmouches

«Je te propose la vie ou la mort, la bénédiction ou la malédiction. Choisis donc la vie» (Dt 30, 19). L'offre de vie surabondante de Jésus commence presque modestement, par des soins apportés aux gens qui souffrent, par la guérison d'une femme qui a un flux de sang depuis des années, par l'ouverture des yeux d'un aveugle, en rendant la marche au boiteux. Ce sont les premiers petits signes augurant du futur, la victoire de Pâques, la plénitude de la vie dont tous les êtres humains ont soif.

Choisir de vivre implique le combat contre tout ce qui va à l'encontre de la vie, de tout ce qui la détruit et pompe la joie de vivre, de tout ce qui est mesquin, oppresse et nie la vie. Or Jésus ne part pas en campagne à cor et à cri contre tout ce nihilisme, mais en chassant un démon par-ci par-là. Guérir et exorciser étaient les deux faces de la même médaille, pour ce qui est vie, contre ce qui est du côté de la mort. Mais ces guérisons, ces exorcismes ne sont que les premières escarmouches dans la grande bataille qui se déroulera le vendredi saint et le dimanche de Pâques, lorsque le Seigneur de la vie triomphera. Ce que cela signifie, nous le verrons lorsque nous examinerons la vie ressuscitée. Pour l'instant, tenons-nous-en à ces premiers accrochages avant de plus chauds affrontements.

Les guérisons se comprennent assez facilement. Les visites chez le médecin et à l'hôpital font partie de la vie quotidienne. Mais qu'en est-il des exorcismes ? La maladie est une limitation évidente de nos vies, mais pour la plupart d'entre nous, qui respirons l'air laïque de notre société, que nous soyons religieux ou non, ces exorcismes peuvent poser problème. Le pape François est aimé par des milliards de personnes, mais quand il parle du démon, comme il le fait souvent, certains sont gênés aux entournures : cela leur fait le même effet que si le vieil oncle qu'on aime tant se mettait tout d'un coup à lâcher qu'il croit aux fées. Quel sens donner aux combats de Jésus contre les démons [1] ?

L'exorcisme n'est pas commun dans l'expérience chrétienne contemporaine. On l'associe à des films d'horreur, tel *L'Exorciste*, conçus pour donner la chair de poule. Pourtant, dans l'évangile de Marc, le premier acte de Jésus, après avoir appelé les disciples, consiste à chasser un démon. Dans l'Antiquité tardive, aux yeux de beaucoup, Jésus passait au premier chef pour un exorciste. Il est mentionné dans des papyrus magiques du Ier au Ve siècle. On se servait de son nom, à la lettre, pour conjurer. Comment une imagination profane peut-elle se frayer un chemin dans ce monde qui lui est si étranger ? Qu'est-ce que cela a à voir avec le fait d'être vraiment en vie ? Commençons par définir le contexte de l'engagement de Jésus avec le monde démoniaque.

Une ère d'anxiété

Les démons et les mauvais esprits sont à peine mentionnés dans l'Ancien Testament. Ils se cachaient dans le désert et dans les ruines. Tant qu'on ne traînait pas dans de tels endroits, ils ne constituaient pas un problème majeur. Ils rôdaient dans les marges de la civilisation, périphériques à l'imaginaire religieux. Mais à l'époque de Jésus, on assista, tout autour de la Méditerranée, à une extension de leur domaine d'influence. Pour Peter Brown, on se référait aussi couramment à eux qu'on le fait s'agissant des microbes aujourd'hui. On leur mit sur le dos jusqu'aux mauvaises critiques de livres. Le même Brown affirme que « l'odeur pénétrante d'une invisible bataille planait sur le monde intellectuel et religieux de l'homme de l'Antiquité tardive. Pécher n'était plus simplement sortir de la voie droite, c'était s'autoriser à être le jouet de forces occultes. Sortir de la voie droite n'était pas tant se fourvoyer qu'être manipulé à son insu par quelque force maligne invisible[2] ». Les démons étaient partout. Un rabbin a affirmé que chaque zone produisant une demi-mesure de blé abritait quatre mesures de démons.

Sans vouloir un instant nier la réalité du démoniaque, dont j'ai une expérience directe, cette obsession tenace des démons s'appuyait sur un sentiment d'impuissance. C'était, selon l'expression d'E. R. Dodds, un « âge d'angoisse[3] ». Les gens voyaient leur vie leur échapper. Cela découlait de l'expansion de l'Empire romain, et de son corollaire l'éloignement sans cesse grandissant entre centres de décision et organes traditionnels du pouvoir. Les sujets, majoritairement, se sentaient des pions aux mains des puissants. On n'avait pas voix au chapitre.

Dans le monde de Jésus, le degré d'attention aux démons était *grosso modo* fonction de l'incapacité que l'on ressentait d'agir sur le cours des choses. Les sadducéens, la riche classe sacerdotale aristocratique, tout surveillés par Rome qu'ils étaient, avaient du poids : ils ne frayaient guère avec les esprits malins. À l'autre bout du spectre se trouvaient les Esséniens, marginaux complets, vivant dans le désert, n'ayant nullement leur mot à dire dans la sphère citoyenne. On ne surprendra personne en révélant leur profond intérêt pour le démoniaque et leur conviction que l'histoire était une titanesque bataille entre esprits du bien et du mal. Les pharisiens se situaient quelque part entre les deux.

Sans surprise, dans le judaïsme du temps de Jésus, le démoniaque est associé à la peur de forces incontrôlables, d'éléments dont on n'est pas maître, du chaos. Les démons étaient particulièrement associés au désordre, à la saleté et aux excréments. Dans le Talmud, nous rencontrons un démon, une femelle particulièrement méchante appelée Shibetta ou Shbita, qui se jetait sur les enfants ayant négligé de se laver les mains en se levant. Si l'on faisait en marchant dans la nuit la rencontre d'une horreur sans nom, il fallait avoir le bon réflexe et dire : « la chèvre qu'il y a chez le boucher est plus grasse que moi », en espérant voir le démon se ruer à toutes jambes vers une proie plus consistante. Ma chambre, un vrai capharnaüm en temps ordinaire, pourrait être un abri rêvé pour une multitude de démons.

Les exorcistes du temps de Jésus étaient engagés dans une opération défensive, pour l'essentiel. Ils repoussaient les démons, tenaient les défenses aux murailles et protégeaient la communauté. Parfois, les limites bougeaient quelque peu, sans faire reculer le mal fondamentalement. Le tout était de vivre avec les démons, comme nous cohabitons, nous, avec les virus. Ils sont « impurs ». Le commun des mortels prenait toutes les précautions qui s'imposaient, récitait des incantations, les chassait des latrines et comptait sur l'avènement du Royaume de Dieu pour leur éradication. Comme avec un nouveau virus, on pouvait limiter et pour un temps repousser une infestation de la redoutable Igrat[a] et de ses 180 000 anges destructeurs, mais on était loin d'en avoir fini pour autant.

Jésus n'était pas comme ces exorcistes. Il rejette les démons d'un mot, les écrasant comme des mouches. Après tout, ils sont les sbires de Sa Majesté des mouches. Après son premier exorcisme, le peuple dit : « Qu'est cela ?

---

a. Dans la démonologie juive et notamment le Zohar mystique, Lilith, le « brouillon » de la femme dans la Genèse, est tenue pour la mère d'une descendance maléfique. Elle règne avec trois de ses compagnes, dont Igrat, sur l'empire des succubes. Cette dernière, notamment, est censée avoir visité de nuit la couche de Salomon, lequel aurait avec elle engendré Asmodée.

Un enseignement nouveau, donné d'autorité ! Même aux esprits impurs, il commande et ils lui obéissent ! » (Mc 1, 27). Il ne touche jamais les possédés, contrairement aux malades. Il se contente de dire aux démons de s'en aller. Lorsqu'il libère l'homme possédé au pays des Gérasémiens (Mc 5, 1-13), il ordonne simplement : « Sors de cet homme, esprit impur ! » du ton dont il dirait « Loin de ma vue, sale gamin ! ». Détail intéressant, le nom du démon est légion, une unité de l'armée d'occupation romaine. Jésus n'est pas sur la défensive, il met l'ennemi en déroute. En lui, le Royaume est venu : « Si c'est par le doigt de Dieu que j'expulse les démons, c'est donc que le Royaume de Dieu est arrivé jusqu'à vous » (Lc 11, 20). Bien sûr, le combat décisif contre le mal n'est pas encore tout à fait livré. Il attend, pour avoir lieu, le vendredi saint, quand Jésus sera suspendu à la croix. Ces rencontres sont des prodromes de ce qui est à venir. Pour le moment, Jésus gagne les batailles, mais la guerre est loin d'être terminée.

Telle est la raison de la réaction étrange des autorités religieuses face à Jésus. Celui qui chasse les démons avec la plus grande facilité tombe lui-même sous l'accusation de tenir son pouvoir du grand esprit maléfique, Béelzéboul, le Seigneur des mouches, hôtes fréquents des immondices et autres souillures (Luc 11, 15). Celui qui défait les démons est accusé d'être démoniaque ! Ce n'est pas aussi étrange que cela peut paraître. Les démons étaient vus comme des fauteurs de chaos, un danger pour le bon ordre des choses. Mais Jésus lui-même menace d'une autre manière cet ordre légitime, lui qui défie les autorités, interprète la loi pharisaïque sans grand rigorisme, met tout sens dessus dessous. L'irruption du Royaume désoriente les esprits et sème la panique, de sorte qu'il n'y a pas de quoi s'étonner qu'il ait été personnellement tenu pour démoniaque par ses adversaires. Il bouleverse l'ordre établi. La peur pouvait facilement créer la confusion et muer le big bang créateur du Royaume en chaos délétère.

Une nouvelle ère d'anxiété

Quand la société vit des changements radicaux, l'intense angoisse qui les accompagne a besoin d'être déchargée sur ceux que l'on redoute, sur les étrangers, sur les esprits diaboliques. Au XVIe siècle les boucs émissaires étaient ceux qu'on accusait de sorcellerie. Au Moyen Âge, les gens croyaient aux sorcières, mais elles ne jouaient pas un rôle central dans leur imaginaire, ce qui rappelait tout à fait la situation de l'ancien Israël, où l'on croyait aux démons sans y attacher plus d'importance que cela. La tourmente de la Réforme inaugura une ère nouvelle : 1560 marqua l'escalade de la chasse aux sorcières. On notera avec intérêt que là où l'Inquisition était forte, comme en Espagne et au Portugal, on s'acharna moins contre elles, les inquisiteurs exigeant des preuves qui la plupart du temps ne pouvaient être fournies[4].

Nous connaissons aujourd'hui une nouvelle vague d'anxiété. S'il faut en croire l'Institut national de la santé mentale, les troubles dus à l'angoisse affectent désormais 18 % de la population adulte des États-Unis, soit environ 40 millions de personnes. Le Xanax, un anxiolytique, y est l'un des médicaments les plus fréquemment prescrits. Nos vies nous échappent. Des forces mondiales sont à l'œuvre qui nous dépassent. Les géants de la Silicon Valley, avec leurs algorithmes mystérieux, modèlent nos désirs et façonnent nos vies sans notre consentement. Éric Schmidt, P.-D.G. de l'Alphabet Inc., la société mère de Google, a déclaré : « Pour nous, vous pouvez vous passer totalement de vous servir de votre clavier. Nous savons où vous êtes et connaissons toutes vos allées et venues. Nous savons à peu de chose près ce que vous avez en tête[5]. » De puissantes multinationales délocalisent leurs activités là où le profit est rapide à réaliser et les déplacent inlassablement dès qu'une main-d'œuvre moins chère devient disponible. Même les gouvernements sont relativement impuissants quand il s'agit de contrôler les nouveaux détenteurs des rênes à l'échelon planétaire.

Depuis le 11 septembre, on vit en Occident sous la menace du terrorisme. Les migrants arrivant sur nos côtes ont fait grimper en flèche xénophobie et populisme. On voit grandir la peur et la haine de l'étranger. Comme d'habitude en ces temps troublés, l'antisémitisme montre sa hideuse face, et les Juifs se demandent si l'Europe n'a pas cessé d'être un lieu sûr pour eux. La peur de l'islam mène à la violence contre les musulmans pacifiques.

Partout la classe politique, tous partis confondus, suscite une méfiance croissante. Les politiciens promettent et ne peuvent pas tenir. Sans promesses, ils ne seraient jamais élus. Les médias les obligent à se présenter comme des sauveurs, ce qui les voue à un échec inévitable. Aux quatre coins de la planète, on assiste à la montée de partis contestataires, se faisant ainsi les porte-parole de la colère des sans-droits et des laissés-pour-compte. L'élection de Donald Trump aux États-Unis, Ukip en Grande-Bretagne, le mouvement Cinq-Étoiles en Italie, l'AFD en Allemagne, etc., attirent des travailleurs qui jusque-là votaient pour la gauche. La montée du populisme exprime le désespoir de ceux qui se sentent oubliés ou objets de mépris.

Notre âge n'est donc pas sans rappeler celui de Jésus. Les forces de la mort et de la violence semblent avoir le vent en poupe. Dans un monde aussi fébrile, on ne s'étonnera pas que les allégations de possession démoniaque se multiplient et que les évêques doivent faire face à des demandes croissantes d'exorcisme. Toutefois, l'anxiété choisit le plus souvent d'autres modes d'expression. Un souci obsédant de santé et de sécurité, le désir de tout mesurer, la peur de l'imprévu sont autant de signes de profonde insécurité. Isabella Tree s'inquiète de voir qu'on sape la liberté et la joie de l'enfance :

> Les enfants d'aujourd'hui, même s'ils vivent à la campagne, sont sous une surveillance quasi constante qui les préserve des dangers de l'aventure et de l'indépendance. Un facteur peur est

> entré dans nos vies, en l'absence de toute preuve, pourtant, d'une dangerosité plus grande pour eux qu'il y a cinquante ans. En 1971, 80 % des enfants de huit et neuf ans allaient tout seuls à l'école. En 1990, ce chiffre était tombé à 9 %, et il n'a pas fini de baisser[6].

Elle parle de « mise en veilleuse du vécu ». On exige d'être protégé, on veut que les dangers soient écartés, que la vie soit assainie. Là où les contemporains de Jésus faisaient appel à des exorcistes, nous désignons des administrateurs et des gestionnaires pour parer à la menace du chaos. Non pas que les gérants soient mauvais, mais dans ces conditions les exorcistes non plus !

Comment pouvons-nous choisir la vie et rejeter la mort dans ce contexte ? Je suggérerai seulement trois manières de suivre Jésus et de participer à ces escarmouches contre les forces du mal. Nous en explorerons d'autres à mesure que le livre avancera : nous devons résister à la pulsion destructrice qui se tapit en chacun de nous ; nous pouvons opposer à la banalité du mal des actes de bonté gratuits ; et nous pouvons refuser de rejoindre la populace quand elle veut du sang.

La pulsion destructrice

Dans son ouvrage *On Evil,* Terry Eagleton s'intéresse à *Pincher Martin*[a] et à *Sa Majesté des mouches,* de William Golding, à l'horrible Pinkie de *Brighton Rock,* de Graham Greene[b], au *Docteur Faustus* de Thomas Mann, etc. L'essence du mal, conclut-il, est qu'il est nihiliste. C'est la soif de destruction portée à son paroxysme. Le mal est lié à la

a. Le roman de William GOLDING portant ce titre (New York, Harcourt Inc., 1956), a été traduit en français par M.-L. Marlière sous le titre *Chris Martin* (Paris, Gallimard, 1985).
b. Ce roman de 1938 a été publié en français en 1947 par les éditions Robert Laffont dans une traduction de M. Sibon, sous le titre *Le Rocher de Brighton.*

destruction à plusieurs titres : l'un d'eux est que la destruction est vraiment le seul moyen de l'emporter sur l'acte de création de Dieu. Le mal préférerait en réalité qu'il n'y ait rien du tout, puisqu'il ne voit pas l'intérêt des choses créées. Il les déteste parce que, comme l'affirme Thomas d'Aquin, l'être est en soi une sorte de bien. Plus l'existence est riche, plus le monde prend de valeur... Oui, mais le mal voit les choses autrement. « "Car tout ce qui existe est digne d'être détruit", fait observer Méphistophélès dans *Faust* de Goethe[7]. » Nous renonçons lors de la veillée pascale à la séduction et à la tromperie du diable, la première consistant à nous tendre le miroir aux alouettes de la destruction, le second à prétendre qu'il n'existe pas.

Un de mes amis, de retour du Nord du Nigéria où il avait pu mesurer en direct la perversité de la violence avec laquelle Boko Haram se déchaînait contre les communautés chrétiennes locales, savait qu'il avait vu le démoniaque à l'œuvre. Ce besoin irrépressible d'écraser et de réduire à néant trouve de nos jours sa forme la plus diabolique dans le culte que voue Daech à la mort. Crucifixions, décapitations, homosexuels jetés du haut des toits, cette organisation se nourrit d'un insatiable désir d'éteindre la vie. Ayant passé du temps au Rwanda pendant le génocide, au Burundi, au Congo et en Angola pendant les guerres civiles, ainsi qu'en Syrie et en Irak, je ne doute pas de l'existence et de la présence de forces du Mal opposées à Dieu.

Il est tentant de vouer aux gémonies ces affreux terroristes islamistes qui inspirent un désir furieux de les effacer de la surface de la terre. Mais ce serait faire preuve du même nihilisme qui est le leur et qui se tapit aussi dans notre culture occidentale. Daech, l'État islamique en Irak et au Levant, lance une campagne audiovisuelle inspirée des médias occidentaux :

> L'E.I. recycle, en allant du simple clin d'œil au clonage, plus fréquemment, ce qui circule comme schèmes culturels sur le

Net en Occident, personnages, scènes et thèmes présents dans les films, les jeux vidéo et la musique hollywoodiens : ce sont parfois de simples allusions positives, mais plus souvent de fidèles reproductions. *Grand Theft Autoy, Call of Duty, American Sniper*[a] servent d'exemples à imiter pour la propagande du groupe. En s'appropriant la culture occidentale, l'E.I. réussit à parler directement au public qu'il essaie d'influencer au premier chef : des jeunes Occidentaux vulnérables, privés de droits civiques et enclins à la violence[8].

La violence de Daech exprime de façon hautement spectaculaire quelque chose que nous portons en nous nous aussi : l'appétit de détruire.

Signés Daech, Boko Haram, Al-Qaïda, les génocides de notre époque peuvent sembler lointains à la plupart d'entre nous, mais ils représentent les manifestations extrêmes d'une pulsion de destruction logée au creux de chaque cœur humain. Jean Vanier, le fondateur de L'Arche, est la personne la plus douce et la plus pacifique que j'aie jamais rencontrée ; il n'en affronte pas moins, avec le courage et l'honnêteté qui le caractérisent, la violence qui vient parfois hanter les êtres les plus exquis. Écoutons-le décrire sa réaction aux hurlements incessants de Lucien, un jeune homme handicapé mental :

> Je pouvais sentir la colère, la violence et même la haine monter en moi. J'aurais été capable de lui faire du mal pour qu'il se taise. [...] Moi qui étais appelé à partager ma vie avec les faibles, je me découvrais un potentiel de haine envers un d'eux[9].

Assis à mon bureau, à écouter le baragouin de quelqu'un qui n'en finit pas d'enfiler des perles à vous faire demander

---

a. *Grand Theft Auto, Call of Duty* sont des séries de jeux vidéo sur la guerre apparues respectivement en 1997 et en 2003 ; la seconde a pour particularité de proposer des tirs à la première personne. Quant à *American Sniper*, il s'agit d'un film de guerre américain, coproduit et réalisé par Clint EASTWOOD, sorti en 2014.

grâce, j'ai su ce que c'était que d'avoir envie d'exploser, au lieu de quoi, un vague sourire flottant sur ma face, j'attends avec impatience que mon visiteur disparaisse de ma vue. Parfois, c'est à peine si je peux réprimer le désir de crier quelque grossièreté. Mais je me défoule sur mon classeur à dossiers dès qu'il a tourné le dos.

Jésus répond au démoniaque d'un seul mot. Il n'a pas besoin d'utiliser des rituels et des incantations. C'est ainsi que nous pouvons tous commencer la lutte contre les forces du nihilisme. Nous prononçons des mots qui donnent la vie, des mots qui mettent du baume au cœur et donnent de la force. Nous offrons des mots qui chérissent et ravissent. Le démoniaque infecte le langage de mépris. Aux États-Unis, le premier objectif du Mouvement des droits civiques consistait à purger le langage de ses forces de destruction.

Martin Luther King Jr. raconte que, enfant, il roulait en voiture avec son père quand un policier blanc fit arrêter le véhicule :

> « Allez, mon gars, tu coupes le contact et tu me montres le permis. » Et mon père de répliquer tout à trac : « Laissez-moi vous faire comprendre une chose : vous ne parlez pas à un gamin. Si vous continuez sur le même ton, je serai obligé de faire celui qui n'entend rien de ce que vous dites[10] ».

Le policier se hâta de rédiger sa contravention et tourna les talons.

Chaque fois que nous prononçons des paroles de mépris, nous nous faisons les suppôts des puissances des ténèbres. Nous détruisons le monde créé par la Parole de vie. Mgr Desmond Tutu, un jour qu'il marchait sur un trottoir étroit, en Afrique du Sud, croisa un homme blanc qui prenait toute la place et qui lui lança : « Je ne m'efface pas devant les gorilles. » Tutu a alors fait un pas de côté : « Ah ! mais moi si ! » lança-t-il en accompagnant ses mots d'une grande courbette. À se tordre ! Au chapitre IX, dont le thème est

« C'est ma paix que je vous donne », j'explorerai comment nous pouvons libérer nos cœurs de la violence démoniaque et recevoir la tranquillité que le monde est incapable d'offrir.

La banalité du mal et l'inutilité du bien

La perversité, que ce soit en acte ou en parole, ne rime à rien, en un sens. Nous nous déchaînons à l'aveugle. Le dénigrement, le ridicule, les commérages malveillants sont vains, ne débouchent sur rien. Comme Hannah Arendt l'a montré dans son reportage sur le procès d'Adolf Eichmann, le mal est banal et terne [11]. Une des façons de répondre à la banalité inutile du mal consiste à se livrer à des actes de bonté qui peuvent à leur tour sembler inutiles, mais qui sont commis uniquement pour eux-mêmes. Saint Paul écrit : « Nous sommes en effet son ouvrage, créés dans le Christ Jésus en vue des bonnes œuvres que Dieu a préparées d'avance pour que nous les pratiquions » (Ep 2, 10). La voie à suivre, la « poussée de vie », comme l'appelait Martin Luther King, consiste à faire les bonnes actions qu'il nous est possible d'accomplir, même si elles semblent vouées à l'impasse, pour la seule et unique raison qu'elles sont bonnes. Terry Eagleton affirme que « les actes les mieux venus sont ceux qui sont accomplis comme s'ils étaient les derniers, autrement dit sans que l'on se soucie de ce qu'ils rapporteront, bref ceux qui se suffisent à eux-mêmes [12] ».

À Bagdad, les Sœurs de la charité s'occupent des enfants handicapés abandonnés par leurs familles. Je ne peux pas oublier le visage grave de Nora, née sans jambes ni bras, nourrissant les plus jeunes enfants à l'aide d'une cuillère qu'elle tenait dans sa bouche. Un autre jour, nous avons visité un foyer pour femmes âgées, chrétiennes, musulmanes et yézidies, elles aussi abandonnées, que dirigeaient deux vierges consacrées. Nous avons ri et prié avec elles.

Deux lieux d'amour palpable au milieu d'une zone de guerre. Quel est leur apport spécifique ? Alentour, le meurtre continue. Se contentent-elles d'appliquer des pansements sur les blessures infligées par notre monde violent ? Est-ce qu'elles effectuent quoi que ce soit ? Voici comment se termine le *Middlemarch* de George Eliot :

> Le bien croissant du monde dépend en partie d'actes non historiques ; et si les choses s'acharnent moins contre vous et moi qu'on aurait pu l'attendre, le mérite en revient en partie à la masse de ceux qui après avoir vécu attachés à une vie obscure reposent dans des sépulcres non visités.

N'oublions pas les bonnes actions dont s'acquittent les musulmans envers les chrétiens. Au pied du monastère où j'ai séjourné en Syrie en 2015, à mi-chemin entre Damas et Homs, se trouve le village de Qara. Il y a quelques années, il a été soumis par Daech. On a vandalisé les icônes de notre église, profané les tombes du cimetière chrétien, jonché de cadavres le sol de l'édifice pour le souiller. Encore une fois, le démoniaque se vautrant dans l'impureté. On a repris le village à l'envahisseur, mais les chrétiens n'avaient plus la possibilité de célébrer Noël nulle part, et l'imam leur a proposé : « Venez le fêter à la mosquée. »

Ce sont là de bonnes actions réalisées pour elles-mêmes et non pas en tant qu'étapes pour le Royaume. Ce ne sont pas des moyens orientés vers une fin ou des éléments d'un programme politique. Il n'y a derrière elles aucun calcul utilitaire. La plus belle réponse aux actes absurdes inspirés par la violence est là, dans des actes d'amour apparemment sans rime ni raison. Ils fructifieront entre les mains du Seigneur, voilà qui est sûr ; comment ? notre imagination, le savoir de quiconque déclarent forfait. Nous les accomplissons parce qu'il faut les accomplir. Le Seigneur les fera fructifier comme bon lui semble. C'est lui, comme saint Oscar Romero aimait à le dire, le « protagoniste de l'histoire ».

Thomas Merton tentait de remonter le moral d'un ami dont la campagne pour la paix n'avait pas marché du tout :

> Ne soyez pas l'esclave, lui écrivit-il, des résultats ; n'espérez rien. Dans le genre de tâche à quoi vous vous êtes attelé [...], il faut compter avec le risque d'avoir fait un travail apparemment nul et non avenu et d'avoir même donné un coup d'épée dans l'eau [...]. À mesure que l'on se fait à cette idée, au lieu de se laisser hypnotiser par les résultats, on s'attache à la valeur, à la justesse, à la vérité du travail lui-même[13].

Si nous croyons que c'est Jésus qui a définitivement remporté la victoire sur le mal, alors chaque acte d'amour est du côté gagnant. Que nous luttions pour la justice ou contre nos instincts mauvais, nous sentons le flux nous porter. Même s'il semble que nous n'allions nulle part, il n'en reste pas moins que la victoire future éclaire notre monde. En 1945, le dimanche de Quasimodo, celui qui suit Pâques, Dietrich Bonhoeffer mettait un terme à la célébration d'un service ordinaire quand il vit arriver deux membres de la Gestapo habillés en civil. Il n'eut que le temps de gribouiller un message pour son ami Mgr Bell, l'évêque de Chichester avant d'être pris et emmené à la mort :

> C'est la fin, mais le début pour moi. Avec lui, je crois au principe de la fraternité chrétienne universelle qui prime tous les intérêts nationaux. Notre victoire est certaine.

On a jeté à bas l'accusateur de nos frères

Pointer un index vengeur, notre société s'en délecte. H. G. Wells a qualifié l'indignation morale de « jalousie nimbée d'un halo ». La presse à scandales, en particulier, est toujours prompte à accuser. Chaque péché doit être consigné, rappelé, répété, amplifié. On passe au crible le passé, histoire d'en exhumer le moindre échec, les gens sont définis par leurs péchés. Quelqu'un qui ment – et qui n'a jamais menti ? – est dit à jamais « menteur ». Rien ne peut être pardonné. L'indignation est attisée. À en croire Erich Fromm, « il n'y a peut-être aucun phénomène qui recèle autant de sentiments destructeurs que l'indignation morale[14] ».

Jésus l'exorciste peut-il offrir un remède plus efficace que le xanax à notre âge aussi inquiet qu'indigné ? L'évangile de Jean nous parle de la femme surprise en adultère (Jn 8, 1-11). Elle est traînée devant Jésus par la foule en colère et accusée de son péché. Ce n'est pas à elle qu'on s'intéresse, on veut juste l'utiliser pour piéger Jésus. Va-t-il ignorer la loi et refuser de l'accuser ? Mais s'il choisit de l'accuser, quid de sa fameuse miséricorde ? Mais on dirait que tout cela glisse sur Jésus. Penché en avant, il écrit avec son doigt dans le sable pendant un moment. Puis il laisse tomber la sentence : « Que celui d'entre vous qui est sans péché lui jette le premier une pierre ! [...] Personne ne t'a condamnée ? [...] Moi non plus, je ne te condamne pas. Va, désormais ne pèche plus. » Il affranchit de leur ruée vers la violence ce ramassis de lyncheurs en puissance. Son silence les calme. En arrivant, c'était une harde, quand ils repartent, ce sont des individus. « Mais eux, en entendant cela, s'en allèrent un à un, en commençant par les plus vieux. » Pourquoi les Anciens d'abord ? G. K. Chesterton l'a dit : « Les enfants sont innocents et aiment la justice, alors que la plupart d'entre nous sont méchants et préfèrent la miséricorde[15]. »

L'accusation est l'arme principale du démoniaque. C'est le sens du nom *Satan* : l'« accusateur ».

Dans *Undergoing God* James Alison montre comment un culte peut devenir satanique :

> Vous réunissez des gens qui célébreront un culte ensemble ; vous leur passez une musique dont le rythme est régulier et entraînant ; vous leur offrez la possibilité de voir une multitude de gens en uniforme, des gens ayant déjà abdiqué une part de

> leur individualité et accédé au statut de symboles ; vous leur distribuez des chants qu'ils vont chanter en chœur, autant d'incitations à sortir d'eux-mêmes, de sorte que le caractère renfermé se débride, que des voisins qui s'entendaient comme chien et chat se retrouvent à se jeter mutuellement des regards nouveaux à la lumière de cette fraternité en marche[16].

Puis, embrasés par cette expérience extatique, ils commencent à regarder leurs semblables différemment :

> En rentrant chez eux ce soir-là, ils vont se défaire, même si c'est à leur insu, d'une partie de la magie de la journée. Ils vont regarder le Juif du trottoir d'en face sous un jour différent. Leur regard ne discernera plus en lui la personne pour ne trouver en lui que le spécimen de cette catégorie définie pour eux par le Führer. Ils seront bien plus enclins à fermer les yeux sur sa disparition, bien convaincus de la réelle menace que faisait planer sur la société le vieux cordonnier M. Silberstein. À la divinisation de l'un [le Führer] correspond la diabolisation de l'autre, laquelle est la déshumanisation de tous.

Toutes les attaques que les hommes se lancent entre eux retombent sur Jésus. Chaque fois que nous traitons quelqu'un de dégoûtant, d'odieux, de déchet humain, le Christ prend sur lui l'insulte : « Car le Christ n'a pas recherché ce qui lui plaisait ; mais, comme il est écrit : *Les insultes de tes insulteurs sont tombées sur moi* » (Rm 15, 3, citant Ps 69, 10). Ainsi, en un temps de montée du populisme, notre foi devrait nous libérer de la séduction de la foule indignée, de gauche ou de droite, et exiger que nul ne soit expulsé, que nul ne soit diabolisé, même en cas de désaccord profond. Nous croyons qu'en Jésus la victoire sur le mal a été gagnée et qu'il n'y a donc pas lieu de céder à la panique ni de rechercher des boucs émissaires.

À Bagdad, cela m'a fait chaud au cœur de voir tant de chrétiens et de musulmans refuser de se « diaboliser » mutuellement. En dépit de la violence, des amitiés ont été maintenues, qui étaient une sorte d'exorcisme du fatalisme démoniaque. Dans un restaurant musulman de Bagdad qui avait à sa carte du « poulet badigeonné », du « mouton rempli de riz », du « poulet inversé », on pouvait voir une reproduction de *la Dernière Cène du Christ avec ses disciples* et une lumière allumée devant une icône de la Vierge à l'Enfant. Brian Pierce, un dominicain, et moi-même avons donné, toujours à Bagdad, une conférence publique devant trois cents personnes, dont 70 % de musulmans. Ils suppliaient les chrétiens de ne pas quitter le pays. Un jeune homme a dit : « Quelle idée de débattre de la question du départ ou pas des chrétiens ! Des gens qui étaient là avant l'arrivée des musulmans ! » Le démon de l'accusation est mis en déroute. Rappelons-nous le cri de victoire de l'Apocalypse : « On a jeté à bas l'accusateur de nos frères » (12, 10).

6

Grandir

L'apparition sur la scène publique du Seigneur de la vie connaît des débuts modestes. Il guérit des malades. Il est un Dieu pour nos maux et nos douleurs. C'est un premier signe de la plénitude de la vie qu'il est venu apporter. Il se livre à une première escarmouche contre tout ce qui relève de la mort en chassant les démons, ces forces de destruction que nous hébergeons, tant à titre individuel que collectivement dans nos sociétés. Puis la lutte devient plus chaude. Luc nous le dit : « Il prit résolument le chemin de Jérusalem » (Lc 9, 51) pour endurer sa passion. Les disciples vont derrière, sans se faire une idée trop précise de la situation, tout entiers à leurs stupides querelles de prééminence, refusant de voir ce qui se prépare. Jean nous dit bien que certains prennent le large en entendant les étranges discours de Jésus se proclamant le pain de la vie : « Dès lors, beaucoup de ses disciples se retirèrent, et ils n'allaient plus avec lui » (Jn 6, 66).

Ce voyage à Jérusalem est pour eux un parcours pédagogique. Ceux qui tiennent bon commencent à grandir. Leurs progrès sont exponentiels. Le temps presse. À mesure que décroît la popularité de Jésus comme guérisseur et exorciste, on sent monter une vive opposition à sa personne. Les ennemis se mettent à faire passer le mot : « L'homme doit mourir ! » Jésus doit se hâter de faire tout ce qu'il lui reste à faire avant que la crise ne l'oblige à se séparer d'eux. Quand ce moment arrive, ils en sont toujours à se demander ce qui se passe. Sur le chemin d'Emmaüs, Jésus dit aux disciples :

« Ô cœurs sans intelligence, lents à croire à tout ce qu'ont annoncé les prophètes » (Lc 24, 25).

Nous autres disciples – mot à prendre en son sens littéral d'« étudiants » – en sommes toujours aux rudiments de ce que peut bien signifier « être vivant en Dieu ». Les crises successives nous font mûrir en tant qu'hommes, de la naissance jusqu'à la mort en passant par le sevrage, la puberté, le départ du foyer, le compagnonnage avec autrui, le démon de midi et enfin la mort. Devenir vivant avec la grâce de Dieu implique une série de moments critiques équivalents au fur et à mesure que la plénitude de la vie se déploie en nous.

Pierre est particulièrement lent. Il tente d'empêcher Jésus d'accéder à Jérusalem, refusant d'accepter que Jésus doive souffrir et mourir ; il est incapable de comprendre le lavement des pieds des disciples la dernière nuit avant sa mort ; trois fois il renie Jésus. Même après la Pentecôte, il ne comprend toujours pas. Paul ne fait qu'une bouchée de lui à Antioche (Ga 2, 11-14) quand il lui reproche de ne pas avoir fondé sa liberté sur la loi en Christ. Selon une légende, il s'enfuit de Rome lors de la persécution des chrétiens par Néron. Il croise alors son Seigneur et lui demande où il va : *Quo vadis ?* Jésus répond qu'il veut gagner Rome pour y mourir à nouveau. Pierre alors, revenant sur ses pas, accomplit enfin son vœu fait lors de la Dernière Cène d'être fidèle à son Seigneur jusqu'à la mort. Pierre est le saint patron de tous les lambins. Il réconforte mes semblables, ceux à qui il faut du temps pour mûrir.

L'être humain est en devenir. La vie se vit au devant. On comprend à quoi ressemble une vie en voyant les étapes qu'elle franchit pour arriver à maturité. Grandir est différent pour un canard, un babouin ou un papillon. Les sociétés ont chacune leur compréhension propre de ce que signifie mûrir et faire le voyage de la petite enfance à la vie adulte. Donc, l'invitation à choisir la vie implique une vision de ce qui signifie grandir et devenir adulte, humainement et spirituellement.

Jésus bouscule les hypothèses à propos de l'âge adulte. Dans l'Ancien Testament, l'homme mûr est celui qui est loué par ses pairs sous le portique où l'assemblée des anciens délibère : « Qu'ils l'exaltent dans l'assemblée du peuple, dans le conseil des anciens qu'ils le louent » (Ps 107, 32). La femme adulte dirigeait l'économie domestique et sa gloire était de voir son nom loué par les hommes. « Qu'aux portes ses œuvres fassent son éloge » (Pr 31, 31). Jésus a l'idée de génie que pour être vraiment grand il faut devenir enfant.

Quand les disciples essaient de détourner les enfants, Jésus leur dit : « Laissez les petits enfants venir à moi ; ne les empêchez pas, car c'est à leurs pareils qu'appartient le Royaume de Dieu. En vérité je vous le dis : quiconque n'accueille pas le Royaume de Dieu en petit enfant n'y entrera pas. Puis il les embrassa et les bénit en leur imposant les mains » (Mc 10, 13-16). Le monde antique [1] voyait surtout les enfants comme des êtres incomplets, n'ayant pas encore pleinement accédé au statut d'humains [2]. Jésus agissait de façon scandaleuse en leur donnant la priorité. En effet, notre Dieu ne s'est-il pas rendu visible en bébé vulnérable et sans défense ? Être authentiquement adulte, c'est être un enfant du Royaume.

Voilà qui prête aisément à équivoque. Une accusation fréquente contre le christianisme est que notre foi nous infantilise. Hélas, il est souvent vrai que les chrétiens restent fixés au stade d'une foi adolescente nourrissant des idées infantiles sur Dieu, le Super-Papa dans le ciel. John Hooper estime que l'adage italien rendant le mieux « Ça finira par s'arranger », *Qualche santo providerà,* à savoir « il y aura toujours un saint pour y pourvoir », illustre fort bien la chose [3]. Être un enfant du royaume ne signifie pas être puéril. Le christianisme ne sera un témoin convaincant du Seigneur de la vie que si nous incarnons une maturité qui a quelque chose de la joie et de la spontanéité de l'enfant.

Il est urgent aujourd'hui de revenir à cette vision, étant donné la crise de l'enfance que vit notre société. Les enfants sont souvent propulsés prématurément dans le monde des adultes et beaucoup d'adultes ne grandissent pas. Les sociétés traditionnelles pratiquaient envers les jeunes l'initiation au rôle d'homme ou de femme adulte. Ils y recevaient un enseignement sur ce qu'ils devaient être et sur ce qu'ils devaient faire. Neil MacGregor déplore cette perte :

> Nous avons quitté le modèle où les aînés initient leurs enfants pour les faire accéder à un monde d'adultes, les enfants endossant un nouveau rôle pour rejoindre leurs parents, après un transfert intergénérationnel de sagesse. La fête traditionnelle des vingt et un ans offerte par les parents à la famille et aux amis, concomitante avec le droit de vote et celui de recevoir tous les « sésames » qui s'imposent comme marqueurs de l'âge adulte tant dans la sphère publique que dans la sphère privée, cette fête-là est largement en voie de disparition. À la place, les jeunes s'initient mutuellement au monde des adultes avec les moyens du bord, baptêmes de la bière, chants et danses[4].

L'auteur cite Linda Woodhead : « Je pense que notre société ne sait plus comment transmettre les valeurs pérennes. »

Ce qui manque souvent à la jeunesse, outre les rituels de passage, ce sont les pères, qui ont disparu, effrayés par les responsabilités ou tout simplement parce qu'ils ignorent qu'ils ont des enfants, à moins que le modèle de la famille, tout simplement, n'ait pas tenu le coup devant le divorce et la séparation.

> Beaucoup de garçons aujourd'hui ne savent pas ce que signifie être un homme, faute d'en avoir un dans leur existence. Quelle tristesse pour un enfant d'aller au lit sans dire bonne nuit à papa, pour la simple raison que de papa il n'y a pas[5] !

La jeunesse est jetée prématurément dans le monde des grandes personnes. En Occident, des adolescents de onze ou douze ans envoient et reçoivent des sextos et connaissent des expériences sexuelles avant même d'avoir seulement traversé la troublante époque de la puberté.

Ces dernières années, on a mis au jour dans à peu près toutes les institutions l'ampleur des abus sexuels commis sur des enfants : associations caritatives, écoles, foyers, clubs de sport, sphères de l'industrie cinématographique et surtout, à notre honte, Église et ses filiales. C'est la pire crise du christianisme depuis la Réforme. Ce n'est que petit à petit que nous constatons les ravages causés par ces abus, qui durent souvent toute la vie. Un médecin qui avait été abusé par son père pendant son enfance m'a expliqué que la maltraitance sexuelle réduit à néant l'identité de l'enfant.

À l'échelle mondiale, des millions d'enfants voient la violence et la pauvreté leur confisquer leur jeunesse. Rami Adham s'était gagné comme sobriquet le « trafiquant de joujoux d'Alep ». Il fit passer en contrebande des milliers de jouets aux enfants de la ville assiégée.

> La première fois, nous visitions un camp de réfugiés près de la frontière. Nous avions apporté de la nourriture mais, lorsque nous sommes passés à la distribution des jouets, ce fut une indescriptible pagaïe. Des gosses, il en venait de partout. J'ai compris que ce n'était pas tant la nourriture que les jouets qui les intéressait. Tous voulaient un jouet, un point c'est tout. Ils voulaient une enfance.

Nous devons à Dave Eggers l'autobiographie romancée d'un garçon soudanais[6], Valentino Achak Deng, qui fuit avec des centaines d'enfants la zone de guerre du Soudan, évitant les milices et les lions, cherchant la sécurité au Kenya : « Je sais, dit le héros, tout ce que l'on peut savoir sur la dévastation de l'enfance, sur les mille et une façons dont les garçons peuvent être utilisés. »

Ainsi, en cette période où le chemin menant à l'âge adulte est jonché de pièges, et où si nombreux sont ceux qui ne s'en sortent pas, le christianisme peut-il proposer une vision qui aide au parcours ? Malgré toutes les carences de l'Église concernant la protection des jeunes et des personnes vulnérables, comment pouvons-nous promouvoir la vision bouleversante qu'a Jésus du véritable adulte, qui est l'enfant du Royaume ?

Je creuserai la question en m'appuyant sur le Fils prodigue. Ce n'est pas directement le thème de la parabole, laquelle constitue la réponse de Jésus à ceux qui étaient choqués de le voir manger et boire avec des pécheurs. Ce point, nous l'examinerons dans le chapitre suivant. Mais il y est question d'un jeune garçon qui revêt avant d'y être prêt les habits de l'âge mûr, se fourvoie, revient à la maison, de sorte que le voilà libre de repartir sur le chemin de la vie adulte authentique. Rien n'empêche qu'il soit un jour le digne fils de son père, un adulte qui a conservé en lui les traits de l'enfance.

Le fils prodigue 1

> Un homme avait deux fils [Lc 15, 11].

Trois hommes ! Un conte aussi phallocentrique peut-il vraiment nous aider à devenir des personnes mûres ? Aucun personnage de femme, excepté peut-être des servantes. Mais une parabole n'est pas une narration ayant une distribution plausible, encore que celle qui nous occupe – la plus longue du Nouveau Testament – ait tous les caractères d'un récit. Une parabole est un feu d'artifice qui jaillit en un éclair dans le ciel noir et explose, illuminant tout d'une manière nouvelle. Elle n'est pas pensée pour être un drame réaliste, mais pour bousculer nos hypothèses et remettre en question notre vision du monde. Les paraboles ouvrent une fenêtre dans l'étroit cabinet de notre imagination et nous invitent à mettre le nez dehors, dans l'air frais de Dieu.

Angela Leighton affirme que lorsque nous écoutons de la poésie, nous « évoluons dans des mondes non réalisés[7] ». Tel est le mécanisme des paraboles.

Celle-ci s'intègre dans une démonstration pyrotechnique où Jésus lance une fusée après l'autre dans la nuit. La parabole précédente parle de la femme qui a perdu puis retrouvé une drachme et a battu le rappel de ses voisines pour fêter l'événement. Nous lirons cette parabole du fils prodigue presque comme s'il s'agissait d'une histoire, en nous interrogeant sur les motivations et le vécu des personnages, comme font quasiment tous les exégètes de nos jours. Notre culture est marquée par le récit : elle interprète le vécu en l'intégrant dans des récits, qu'il s'agisse de romans, de films, de chansons ou de podcasts, mais il n'est pas mauvais de se rappeler de quel genre tout cela relève au départ.

Le féminin n'est pas entièrement absent de l'interprétation de la parabole. Henri Nouwen a signalé que, quand Rembrandt s'empare du thème de l'enfant prodigue, il a soin de centrer sa composition sur les mains du père, qu'il peint, l'une large, puissante et virile, l'autre plus délicate, féminine :

> Le Père n'est pas simplement un grand patriarche. Il est le couple parental tout ensemble. Il touche le fils de la main masculine et de la main féminine. Il serre, elle caresse. Il renforce, elle console. C'est qu'en réalité il est Dieu, en qui les deux principes, masculin et féminin, sont pleinement présents[8].

Le garçon, allongé dans le giron paternel, a la tête rasée et il fait penser à un enfant qui se blottit contre sa mère, encore très proche du nouveau-né lové non loin de la matrice qui l'a porté. Voilà comment peut être lu le texte : l'histoire de tout enfant luttant pour grandir.

Le fils prodigue 2

> Le plus jeune dit à son père : « Père, donne-moi la part de fortune qui me revient. » Et le père leur partagea son bien. Peu de jours après, rassemblant tout son avoir, le plus jeune fils partit pour un pays lointain et y dissipa son bien en vivant dans l'inconduite [Lc 15, 12-13].

Il ne demande pas seulement son dû au titre de la succession. Il exige d'être pris pour un adulte séance tenante ! Selon Kenneth Bailey, il dit au père : « Je ne peux pas attendre ta mort[9]. » « Écarte-toi de mon chemin ! » Au cours de notre croissance, il arrive fréquemment que nous nous jetions la tête la première sur une maturité pour laquelle nous ne sommes pas prêts. La plupart des gens, à un moment de leur jeunesse, ressentent le besoin de se rebeller, de fuir le foyer parental, de revendiquer une identité qui leur soit propre et peut-être de se frotter à un brin de dévergondage. Regardez-moi : j'ai bien laissé pousser mes cheveux et rejoint les Dominicains !

Le Cercle des poètes disparus, de Peter Weir, en 1989, raconte l'histoire d'un professeur, interprété par Robbie Williams, qui vient d'être nommé dans une école traditionnelle et enthousiasme une classe de garçons par sa devise, *Carpe diem*, « cueille le jour ». Il les pousse à se montrer libres et à envoyer par-dessus bord les étouffantes traditions de l'établissement. Ils créent un club, le Cercle des poètes disparus, qui se met sous le signe d'une phrase d'Henry David Thoreau : « Je voulais vivre profondément et sucer toute la moelle de la vie. » Mais pour eux, la moelle de la vie n'est guère plus que se rebeller contre leurs parents, tout en levant le coude et en courant après les femmes, encore que pour un d'eux l'aventure se termine par un tragique suicide. De même que le fils prodigue, ils veulent vivre pleinement, mais ils ne sont pas encore assez grands pour savoir comment s'y prendre, et le désastre emportera tout...

Dans le roman de Jennifer Egan qui a la croissance pour thème, *A Visit from the Goon Squad*, Stephanie revient sur ses années de jeunesse sauvage et d'irresponsabilité,

> [marquées par] le prémariage, la préparentalité, le pré-argent, le prérenoncement aux drogues dures, la pré-implication tous azimuts, quand ils traînassaient, Bosco et elle, dans Lower East Side, se couchant quand il faisait déjà bien jour, débarquant chez des inconnus, faisant l'amour quasi en public, se mettant dans des situations à risque qui impliquaient plus d'une fois (pour elle) le recours à l'héroïne, car rien de tout cela n'était sérieux. Ils étaient jeunes et forts, la vie leur souriait, à quoi bon se faire du souci ? Ils rataient la cible ? Qu'à cela ne tienne, ils repartiraient de zéro [10].

C'est précisément ce qu'a fait le fils prodigue.

Philip Larkin, dans un fameux distique, a expressément jeté l'opprobre sur les parents :

> Ils [*tes parents*] te farcissent de défauts, tous ceux qu'ils avaient
> Et quelques autres en prime, juste inventés pour toi.

La seule solution est de partir et de recommencer, peut-être en pays lointain.

> L'homme passe à l'homme le relais de la misère.
> Elle s'accroît telle une plaine alluvionnaire.
> Quitte sans tarder cette chaîne,
> Et ne donne vie à aucun enfant [11].

Cette rébellion juvénile, qui consiste à boire la coupe de la vie jusqu'à la lie, sonne apparemment le début d'une grande aventure. *Carpe diem !* Mae West a eu un mot célèbre : « Entre deux maux, j'ai choisi celui auquel je n'ai jamais goûté. » Toutefois vous vous leurrez si vous pensez résoudre quoi que ce soit en échappant à l'emprise parentale. Ce désir de s'approprier l'âge adulte avant l'heure, s'il est aussi vieux que l'humanité, est particulièrement enraciné dans la culture contemporaine, s'il faut en croire Neil Postman. Dans *The Disappearance of Childhood*[12], sa thèse est qu'il existait autrefois une notion précise de l'enfance comme stade intermédiaire marqué entre les débuts de la vie et l'âge adulte. En témoignent les expressions comme « jeux d'enfants », « chansons enfantines », « vêtement pour enfants » :

> Il y avait cent façons de définir qualitativement la différence avec les adultes ; il y avait cent pratiques où ils bénéficiaient d'un statut préférentiel et se voyaient offrir une protection contre les aléas de la vie adulte[13].

Les enfants étaient protégés du monde des adultes, surtout du sexe. On ne parlait pas de sexe devant des enfants ; on les tenait à l'écart de cet univers secret réservé aux grandes personnes jusqu'au moment où ils auraient l'âge.

C'est sur la fin des années soixante que cette idée de l'enfance en tant que phase distincte de la vie a commencé à perdre du terrain. Les enfants se mirent à regarder les mêmes programmes que les adultes, à porter les mêmes vêtements, à jouer aux mêmes jeux et ils apprirent les choses du sexe bien avant les enfants de ma génération. La puberté ne cessait de se manifester plus précocement. En 1860, les filles étaient nubiles vers 16,6 ans. En 2010, cette moyenne était descendue à 10 ans et demi à peu près. La courbe a connu la même évolution chez les garçons, qui accusaient sur elles un retard d'environ un an[14].

Les jeunes ont été expulsés du jardin de l'enfance. Parallèlement, bien entendu, les adultes cessèrent de grandir. De plus en plus, ils parlaient comme des enfants, utilisaient leur jargon, portaient le même jean que leur progéniture et peut-être, bien que le fait ne soit pas assuré, ils se livraient de plus en plus fréquemment à des exactions pédophiles. Postman écrit : « Comment l'expliquer [l'accroissement des abus sexuels] sinon par la diminution en flèche des avantages liés au statut de l'enfant, à son image, à son aura ? » Ces adultes ne sont en rien de simples répliques des enfants. Ils ne sont qu'infantiles, voilà tout.

La rébellion de la jeunesse inclut souvent le rejet de la religion des parents. Il se peut que les parents s'en veuillent de voir leurs enfants déserter l'église. Il est rassurant de se souvenir qu'Israël était l'enfant de Dieu en état de rébellion permanente contre le divin père : « Vous avez été rebelles à Yahvé depuis le jour où il vous a connus » (Dt 9, 24). Israël ne parvient à maturité que par des actes de défi constants, choisissant d'autres dieux, fuyant celui qui l'aime. Ce n'est qu'ainsi, en testant à plusieurs reprises l'amour de Dieu, qu'il pourra apprendre l'amour fidèle de Dieu qui jamais n'abandonne son peuple. Israël est comme un enfant qui teste ce que valent les limites, boude et trépigne jusqu'à ce qu'il se soit assuré de l'amour durable et sûr de ses parents.

Quand Israël était jeune, je l'aimai
et d'Égypte j'appelai mon fils.
Mais plus je les appelais, plus ils s'écartaient de moi ;
aux Baals ils sacrifiaient,
aux idoles ils brûlaient de l'encens.
Et moi, j'avais appris à marcher à Éphraïm,
je le prenais par les bras,
et ils n'ont pas compris que je prenais soin d'eux !
Je les menais avec des attaches humaines,
avec des liens d'amour ;
j'étais pour eux comme ceux qui soulèvent un nourrisson
tout contre leur joue,
je m'inclinais vers lui et le faisais manger.
[...] Comment t'abandonnerais-je, Éphraïm,
te livrerais-je, Israël ?
Comment te traiterais-je comme Adma,
te rendrais-je semblable à Çeboyim ?
Mon cœur en moi est bouleversé,
toutes mes entrailles frémissent.

Je ne donnerai pas cours à l'ardeur de ma colère,
je ne détruirai pas à nouveau Éphraïm,
car je suis Dieu et non pas homme,
au milieu de toi je suis le Saint,
et je ne viendrai pas avec fureur [Os 11, 1-4, 8-9].

Les premiers théologiens ne voyaient pas la chute d'Adam et Ève comme la rébellion arrogante d'adultes forts contre Dieu. Ils étaient comme deux jeunes enfants qui se jetaient sur tout ce que Dieu avait l'intention de leur donner, mais en temps voulu. On aurait dit des enfants qui courent au pied du sapin et se saisissent sans attendre de leur paquet ou encore un enfant qui prend le volant de la voiture des parents sans prendre garde que ses pieds n'arrivent pas à la pédale de frein.

Au IIe siècle, saint Irénée de Lyon comparait Adam et Ève à des enfants qui n'avaient pas encore atteint la maturité sexuelle :

> Ayant été créés peu de temps auparavant, nos premiers ancêtres ignoraient tout de la reproduction ; ils devaient d'abord grandir, et alors, oui, ils se multiplieraient convenablement [15].

Le Christ est venu parmi nous de manière que nous puissions de nouveau recevoir de Dieu l'enfance et alors nous acheminer sur la bonne voie vers la maturité. Nous ne sommes pas irrémédiablement marqués par nos efforts bâclés à grandir.

Le fils prodigue s'enfonce dans une vie dissolue, une vie de luxure. Même cela peut être une sorte de tâtonnement à la recherche d'une plénitude de la vie qu'il croit à tort que son père lui a refusée. Une personne à la sexualité débridée peut en réalité, en recourant à une méthode inadaptée, rechercher désespérément le véritable amour. Dans *À l'est d'Éden*, John Steinbeck a écrit :

L'église et le lupanar ont fait une entrée conjointe au Far West. Et chacun aurait été horrifié de penser que c'étaient l'avers et le revers de la même médaille. Mais ne doutons pas qu'ils étaient l'un et l'autre destinés à servir le même but : les cantiques, la dévotion, la poésie des églises tiraient pour un temps un homme de la tristesse ; les bordels faisaient-ils autre chose [16] ?

Bien entendu, la maison close implique la marchandisation radicale de la femme, mais peut-être Steinbeck est-il dans le vrai quand il dit que certains hommes cherchent faussement dans l'amour tarifé la chaleur et la poésie qu'ils étaient en droit de trouver à l'église – en vain.

Le dominicain Simon Tugwell écrit :

Dans son hymne sur la femme autrefois pécheresse, Romain le Mélode insinue avec délicatesse que c'est le Christ qui peut véritablement lui donner ce dont elle a été frustrée dans sa quête antérieure, amant après amant. Si la rupture qu'implique la conversion est importante, la continuité l'est aussi. L'amour lascif était une expérience manquée pour découvrir l'amour : avec le Christ, la même réalité, fondamentalement, apportera la réussite [17].

Lorsque son fils fait main basse sur son héritage et s'en va, rien n'indique qu'on est en plein drame. Le père ne fait pas de scène, n'exige pas qu'il reste. La vie continue. Il le laisse partir. En quittant son fils à l'école, Cecil Day Lewis découvre « comment l'autonomie commence avec l'éloignement/Et comment l'amour se prouve en laissant faire [18]. » Aimer, c'est donner de l'espace, même quand il faut endurer la peine de voir l'autre prendre du champ, comme le savent bien tant de parents d'adolescents.

Un chrétien adulte, lui, sait que le grand drame a déjà eu lieu. « Le Christ est mort, le Christ est Ressuscité, le Christ reviendra. » Si la victoire est certaine, comme le prétend Bonhoeffer, pourquoi faire un drame de tout ? D'accord, un incendie a ravagé l'église, d'accord, le trésorier a levé le pied avec la caisse, d'accord, un des prêtres a changé de sexe. Restons calme, inutile de nous frapper : Christ est ressuscité d'entre les morts.

Nous aidons les jeunes à grandir en gardant notre calme, quoi qu'ils fassent. C'est le propre de la jeunesse de se montrer pagailleuse, mais la pagaille peut aussi être féconde. Thoreau a pu écrire : « Y a-t-il meilleure façon pour les jeunes d'apprendre à vivre que de faire sans tarder l'expérience de la vie[19] ? » Le pape François estime que des embarras à petite dose ne doivent pas nous effrayer. Lors de la Journée mondiale de la jeunesse à Rio, après les trombes d'eau qui s'étaient abattues, il a déclaré : « Je m'attends à ce que ce soit le bazar, cette Journée mondiale de la jeunesse. Mais je veux que dans les assemblées ce soit un bazar excitant. » Au commencement, le Saint-Esprit planait au-dessus du chaos, et la création advint. L'Esprit plane sur le bazar que nous pouvons mettre dans nos vies et apporte quelque chose de régénérateur.

Le fils prodigue 3

> Quand il eut tout dépensé, une famine sévère survint en cette contrée, et il commença à sentir la privation. Il alla se mettre au service d'un des habitants de cette contrée, qui l'envoya dans ses champs garder les cochons. Il aurait bien voulu se remplir le ventre des caroubes que mangeaient les cochons, mais personne ne lui en donnait. Rentrant alors en lui-même, il se dit : « Combien de mercenaires de mon père ont du pain en surabondance, et moi, je suis ici à périr de faim ! Je veux partir, aller vers mon père et lui dire : Père, j'ai péché contre le ciel et envers toi ; je ne mérite plus d'être appelé ton fils, traite-moi comme un de tes mercenaires » [Lc 15, 14-19].

« Rentrant en lui-même. » Il est libre de regagner le foyer paternel parce qu'il est rentré en lui, peut-être pour la première fois. Le retour à la maison commence par l'acceptation de qui il est, le fils de ce père. Il ne cherche plus d'identité en dehors de sa filiation ou contre elle. Son père n'est pas son rival, mais celui qui veille à ce que tous les membres de sa famille aient « du pain en suffisance et de quoi épargner ». Mais dès qu'il reconnaît son statut de fils, il renonce à tout droit que cela lui conférerait : « Je ne mérite plus d'être appelé ton fils. » Il accueille et chasse du même mouvement son identité en tant que fils. Qu'importe ce qu'il est, dès l'instant qu'il est de retour chez lui. Plus haut, j'ai formulé l'idée que cela faisait partie intégrante de l'aventure d'être appelé que de savoir et de ne pas savoir à la fois qui on est, voire de ne pas s'en soucier. Grandir, c'est s'échapper de la chrysalide que faisait le soi. C'est ce qu'il y a de plus difficile.

Ainsi, « venir à soi » implique qu'on se décentre de son identité. Le propre-à-rien apprend qu'il n'est pas le pivot autour duquel tourne le monde. Dans *Swing Time*, de Zadie Smith, une jeune femme se rend compte que les autres n'existent pour elle qu'à travers la relation qu'ils ont avec elle :

> [Car] telle était mon idée à l'époque, et peut-être celle de la plupart des jeunes : je me trouvais au centre de l'univers, seule personne au monde jouissant d'une authentique liberté. Je papillonnais, observant la vie telle qu'elle se présentait à moi, mais tous les autres personnages de ces scènes, tous les comparses, n'existaient que dans les cases où je les avais placés[20].

Venir à soi-même, c'est regagner son foyer chez les autres. C'est l'expérience d'Abra dans *À l'est d'Éden* de Steinbeck :

> Quand on est un enfant, on est au centre de tout. Tout ce qui arrive arrive pour soi. Les autres ? Ce ne sont que des fantômes qu'on a mis là pour les besoins de la conversation[21].

C'est l'histoire de l'homme qui voulait traverser la rivière, et qui voit un quidam sur l'autre rive allongé sous un arbre.

Il le hèle : « Comment puis-je gagner l'autre rive ? » Et l'homme de lui crier en guise de réponse : « L'autre rive ? Mais vous y êtes déjà ! »

Andrew Halls, directeur du King's College de Wimbledon, y voit le défi fondamental de l'éducation dans le monde de l'iPad, de l'iPhone, de l'iPod, du I, I, I[a] :

> Les enfants, écrit-il, s'enferment dans un monde d'incompréhension où le déchiffrage de l'autre est de plus en plus bidimensionnel et ne sont pas en mesure de nouer de vraies relations dans le monde de chair et de sang : témoin ce couple du Far East *[sic]* qui laisse, faute de soins, mourir son propre enfant pendant qu'il s'occupe d'un bébé « virtuel » sur son ordinateur[22].

Emmanuel Kant disait que le « cher moi était toujours en train de refaire surface[23] ». Il est pénible de renoncer à ce qu'Iris Murdoch appelle la « farandole familière des rêveries égoïstes[24] ». Selon saint François de Sales, mourir au souci de soi ne serait-ce qu'une demi-heure avant la mort, quelle belle mort ! Échapper à l'attraction gravitationnelle du moi est du même ordre que soustraire une fusée à la gravitation terrestre : toute cette énergie dépensée pour la mettre sur orbite et la rendre libre d'être attirée par d'autres masses ! Telle est la liberté des saints oublieux d'eux-mêmes. Gisant à terre, Robert Kennedy, le frère assassiné du président des États-Unis, prononça ces mots dans son dernier soupir : « Tout le monde va bien ? »

Robert Cole commence sa biographie de Dorothy Day, active militante pour la paix et fondatrice du mouvement des Travailleurs catholiques, par le récit de leur première rencontre. Cela s'était passé dans un foyer, où Dorothy s'entretenait avec une femme en détresse. Elle avait fait

---

a. Lire ces trois lettres comme les lirait un lecteur anglophone : à la fois l'indice de l'informatique répété, et « moi, moi, moi ». Libre au lecteur français d'y ajouter « aïe, aïe, aïe ! ».

signe au visiteur de s'asseoir tout en continuant sa conversation avec son interlocutrice, à l'évidence ivre et surexcitée. Finalement, quand l'autre se fut calmée, Dorothy s'approcha de Cole et lui demanda : « Souhaitiez-vous parler à l'une de nous deux ? » Une des personnalités les plus en vue d'Amérique n'avait pas pensé un seul instant que ce fût elle qui devait retenir l'attention, et pas davantage n'avait exclu l'idée que c'était à la femme ivre qu'on voulait parler. Toute sa sainteté est dans le *nous* qu'elle avait employé. Qu'était-elle de plus qu'un simple membre de la maison de Dieu ou de la communauté humaine ? Elle n'est pas la personne à s'encombrer du fardeau de l'importance, qu'Emily Dickinson raille gentiment :

> Je suis Personne ; et vous ?
> Êtes-vous Personne aussi ?
> Dans ce cas, nous faisons la paire !
> Chut ! On pourrait nous trahir – qui sait ?
>
> Être Quelqu'un, que c'est morne !
> Que c'est commun de coasser son nom
> Tout au long de juin
> Au marais béat[25] !

Saint Dominique a incarné une telle spiritualité. Il était connu, quoique ayant été ordonné, sous le nom de frère Dominique. Il était un de la confrérie, un *frater*. Il est normal que sa première biographie se trouve dans *Vitae fratrum*, « Les Vies des frères », lui qui n'en est qu'un parmi d'autres. Devenir frère ou sœur, seuls titres qui comptent en christianisme, c'est apprendre à dire « nous ».

Le fils prodigue 4

> Il partit donc et s'en alla vers son père. Tandis qu'il était encore loin, son père l'aperçut et fut pris de pitié : il courut se jeter à son cou et l'embrassa tendrement. Le fils alors lui dit :

« Père, j'ai péché contre le Ciel et envers toi, je ne mérite plus d'être appelé ton fils. » Mais le père dit à ses serviteurs : « Vite, apportez la plus belle robe et l'en revêtez, mettez-lui un anneau au doigt et des chaussures aux pieds. Amenez le veau gras, tuez-le, mangeons et festoyons, car mon fils que voilà était mort et il est revenu à la vie ; il était perdu et il est retrouvé ! [Lc 15, 20-24].

Le père voit son fils « alors qu'il est encore loin ». Il savait qu'il finirait par rentrer à la maison, et donc il attend. Grandir est une affaire qui prend du temps. On ne peut pas forcer le pas, pas plus qu'on ne peut forcer la croissance d'un arbre ou l'arrivée du printemps. Dans la Bible, Dieu fait preuve d'une grande patience pour restaurer l'amitié avec l'humanité. Après le déluge, des années et des années s'écoulent avant qu'Abraham entende l'appel à se rendre en Terre promise. Des siècles passent avant que Moïse tire le peuple élu de l'esclavage qu'il subit en Égypte ; c'est après une éternité qui se compte en millénaires que le Fils de Dieu devient l'un de nous en Jésus. Et nous attendons toujours son retour.

La culture du continent numérique fait fleurir l'impatience. Notre fragile communauté ne tient que par ce lien ténu, la communication en temps réel. Des messages frénétiques, à moitié pensés, sont expédiés sur un coup de tête, exigeant des réponses à la minute, tout aussi peu mûries. Il est difficile de grandir dans un environnement aussi chahuté. On n'a pas le temps. Je suis par nature impatient. Je reconnais que cela fait partie de mon immaturité. Quand j'étais maître de l'ordre, si j'étais mécontent d'un provincial, j'écrivais immédiatement une lettre. Ne pas apaiser la tension me semblait insupportable. Il arrivait au secrétaire général de la mettre de côté, d'attendre le retour au calme de ma part et de me poser la question : « Toujours décidé à l'envoyer ? » La patience est une sorte de participation à la vie de Dieu. Saint Cyprien, martyr du IIIe siècle, a écrit : « Patience a en Lui son origine, c'est à Lui qu'elle doit sa brillance et sa dignité. Dérivent de Dieu son auteur et la patience et sa grandeur[26]. » Quand on mûrit, on gagne en patience. L'adolescent, l'adolescente qui n'ont pas mûri font main basse sur l'âge adulte avant d'y être prêts, tels Adam et Ève, s'il faut en croire Irénée. Dieu, qui est, a été et toujours sera, attend.

Le père était patient parce qu'il avait confiance en son fils. Le jeune garçon se réveillera de l'hibernation mentale une fois passé l'hiver de sa folie. Quand saint Dominique envoya ses jeunes novices prêcher l'Évangile, les moines cisterciens le prirent pour un fou. À tout coup, ces novices se mêleraient à des femmes déchaînées et on ne les reverrait jamais. Mais saint Dominique répondit : « Je tiens pour assuré que mes jeunes gens à moi iront et reviendront, seront envoyés et feront retour ; les vôtres, enfermés à double tour, sortiront encore[27]. »

Avant la Journée mondiale de la jeunesse à Rio, le pape François a exhorté les jeunes à la confiance :

> Vos jeunes cœurs veulent construire un monde meilleur. J'ai suivi de près les reportages sur les nombreux jeunes qui, dans le monde entier, sont descendus dans la rue pour exprimer leur désir d'une société plus juste et plus fraternelle. Ce sont les jeunes qui veulent être les protagonistes du changement. Je vous en prie, ne laissez pas les autres être les protagonistes du changement. Vous êtes ceux qui détiennent l'avenir ! À travers vous, le futur se réalise dans le monde[28].

Nos églises et nos paroisses devraient faire confiance aux jeunes, les laisser expérimenter, essayer des idées audacieuses et avancer par essais et erreurs.

Si nous avons grandi spirituellement, nous préparerons les jeunes à nous dépasser et à être ce qui va au-delà même de notre imagination. Le dominicain Ian Hislop, notre provincial écossais qui a son franc-parler, a prêché lors d'une profession solennelle :

J'arrive à la fin de ma vie religieuse et vous commencez la vôtre. Quand je jette sur elle un regard rétrospectif, et Dieu sait qu'elle en compte, des années, je repense à tout ce que j'ai contribué à construire et à soutenir. J'ai souvent travaillé d'arrache-pied pour bâtir quelque chose, pour laisser une trace quelconque, quand, le contraire eût été étonnant, il s'est trouvé un abruti pour venir après moi mettre à bas tout mon édifice au nom du progrès. Laissez-moi vous donner un bon conseil : vous en tirerez, des plans, vous en formulerez, des projets, mais soyez sûrs d'une chose, Dieu saura les contrecarrer[29] !

Son point de vue était que nous devons exercer l'*ars moriendi*, l'art de mourir, qui comporte une composante consistant à laisser le présent mourir afin de laisser entrer l'avenir. C'est la façon de créer un espace où les jeunes pourront faire ce que nous ne pouvons ni imaginer ni anticiper, de desserrer l'emprise du présent, de relâcher le contrôle, de manière que l'Esprit, qui souffle dans les têtes et les cœurs jeunes, puisse nous emmener dans des endroits au-delà de notre imagination.

Le père revêt son dévoyé de fils de la meilleure robe. Le grec dit de la « première robe[30] ». À l'origine, les théologiens voyaient là une allusion à la première robe qu'Adam portait avant la chute et avant d'être pris de honte. Même s'il y a peu de chances qu'il en soit ainsi[a], on peut y lire à bon droit le déroulement d'un rituel visant à débarrasser le jeune homme de la honte. Rembrandt a représenté le garçon revenant habillé d'un manteau en loques et chaussé de sandales disloquées.

Le père recouvre, au sens propre, la honte de son fils. Il met également par-dessus un voile de silence. Il ne répond même pas à son aveu de culpabilité. Au lieu de cela, il fait apporter des vêtements. Et quand le fils aîné formule ses objections en pointant les péchés de son frère, le père fait le

---

a. En effet, il n'y a pas à forcer le sens du grec *prôtos (tèn prôtèn stolèn)* pour y trouver dès Homère le sens de « fameux entre tous, excellent ».

sourd : il était mort et est vivant ; il était perdu et est retrouvé. Il n'y a rien à ajouter. Et qu'une chape de silence occulte les péchés du jeune homme.

Il existe une vieille tradition chrétienne selon laquelle on doit autant que possible passer sous silence les manquements d'un tiers. La règle était au cœur de la spiritualité des Pères du désert.

> Un frère interrogeait un jour Abba Poemen : « Si je vois mon frère en train de commettre un péché, devrai-je cacher la chose ? – Au moment, répondit le vieillard, où nous cachons la faute d'un frère, Dieu cache la nôtre. Au moment où nous révélons la faute d'un frère, Dieu révèle la nôtre[31]. »

Saint Thomas d'Aquin a enseigné que chacun, même s'il a péché, a droit à un nom sans tache. C'est notre bien le plus précieux dans ce monde[32]. Cela contredit notre culture occidentale, qui montre tout et accuse, en se réclamant de la transparence. Les médias regorgent de révélations sur les défaillances des gens, surtout quand ce sont des gens en vue. Mais notre condamnation de cette soif justicière ne saurait en aucun cas justifier qu'on couvre les membres du clergé qui ont abusé sexuellement de mineurs. L'Église a tardé à comprendre qu'il s'agissait d'une grave négligence de notre devoir de sollicitude envers les plus vulnérables, ce qui est tout à fait inacceptable. La mansuétude pour l'agresseur ne peut pas se manifester aux dépens des victimes d'abus, à qui on a volé leur enfance et gâché leur développement. Donc, pour grandir, les jeunes ont besoin de notre patience et de notre confiance, de manière qu'ils ne soient pas écrasés par les erreurs que nous faisons tous. Ils ont besoin que nous prenions soin de leur dignité, sous peine de voir la honte leur infliger une blessure fatale. Ils prendront soin de notre dignité en temps voulu.

Le père a quelque chose de l'enfant en lui. Il incarne plus ou moins, avec son mélange de gravité et d'enjouement, un compromis entre Démocrite rieur et Héraclite pleureur. Platon écrit que « plaisanterie et gravité sont sœurs[33] ». Le seul adulte que l'on puisse dire mûr est celui qui a de l'enfant en lui. Bruno Schulz, poète juif abattu par la Gestapo en 1942, a déclaré : « Mon rêve est de "mûrir" pour accéder à l'enfance. Ce serait cela, la maturité véritable[34]. »

C'est ce qui ressort de deux éléments du récit, la spontanéité du père et la fête qu'il donne. Sans hésiter, sans attendre un mot de son fils, il se précipite et l'embrasse. Il n'y a que les très jeunes, les innocents et ceux qui sont vraiment arrivés à maturité pour être oublieux d'eux-mêmes au point d'être spontanés. C'est un trait qui disparaît vite. Je me souviens de mon malaise quand, âgé de huit ans, je craignais de voir ma tante débouler à l'école avec un de ses affreux chapeaux.

Se conformer à ce qu'il imagine être les attentes paternelles accable l'aîné ; le cadet, lui, se rebelle contre elles. Ni l'un ni l'autre n'est encore assez grand. C'est le père avec son côté enfantin qui est libre d'être spontané. Celui des trois qui est adulte moralement retrouve la spontanéité du tout jeune enfant. Les bonnes actions naissent du plus profond de l'être humain. Après des décennies d'entraînement et de pratique, Novak Djokovic[a] est capable d'effectuer spontanément un revers magique sur le court de tennis. Vieux, Picasso aimait à dire : « J'ai passé toute ma vie à apprendre à peindre comme un enfant », soit en appliquant des touches sans repentir. La discipline de la calligraphie zen forme l'artiste à appliquer son pinceau avec un naturel qui est le fruit d'un apprentissage. « On y parvient généralement dans des moments de clarté obtenue sans intervention de la conscience, quand s'incarnent l'ingénuité, la spontanéité et la concentration maximale pour se fondre dans l'instant[35]. »

Le père et le fils font le premier pas l'un vers l'autre. Celui du fils consiste à regagner le foyer sans attendre l'assurance

---

a. Champion de tennis, né le 22-5-1987 à Belgrade (Serbie).

qu'il sera bien reçu, celui du père à se précipiter vers lui sans attendre d'excuses. Une authentique grande personne ose faire le premier pas vers autrui, dans l'affection ou la réconciliation. Elle s'expose à la rebuffade, voire à l'humiliation. Elle est la première à s'avancer à découvert, à dépouiller l'armure et à présenter des excuses, même lorsqu'elle est convaincue que c'est l'autre qui aurait toutes les raisons de s'aplatir.

On ne peut pas avoir la liberté de l'enfant adulte du Royaume si l'on se soucie trop de sa dignité. Le fils montre qu'il se soucie de la sienne comme d'une guigne. Il est prêt à revenir même en tant que journalier ; le père dépose sa dignité patriarcale, galope comme un fou à travers champs pour embrasser son fils avant qu'il ait eu le temps d'ouvrir la bouche. Qu'on cherche à se draper dans sa dignité, et on fait rire tout le monde. Pensez à Peter Sellers interprétant le ridicule inspecteur Clouseau dans la série des *Panthère rose*, renversant les meubles, brisant les vases, se tirant une balle dans le pied tout en essayant de paraître grandiose et d'en imposer.

Le pape François s'attaque sans cesse au cléricalisme, cette fausse croyance que le clergé constitue une caste d'élite supérieure aux simples laïcs et revêtue d'une dignité qu'on doit toujours respecter avec soumission. Peut-être que la crise actuelle de l'Église nous libérera des illusions qu'elle entretient. Louise Erdrich raconte de façon hilarante comment une femme se déguise en prêtre pour se cacher dans une réserve amérindienne. Elle doit apprendre à donner du personnage une image crédible. Voici les règles horribles, mais trop plausibles, hélas, qu'elle a adoptées afin qu'on la prenne pour un clerc :

1. Formuler ses requêtes sous forme d'ordres ;
2. Délivrer ses compliments sous forme de concessions ;
3. Poser ses questions sous forme d'affirmations ;
4. Exercices pour fortifier les muscles du cou ;

5. Admirer le travail féminin avec un luxe d'exclamations étonnées ;

6. Marcher à grandes enjambées, balancer les bras, s'arrêter brusquement, se caresser le menton ;

7. Affûter son rasoir quotidiennement ;

8. Ne pas avancer d'explications ;

9. Ne pas accepter d'explications ;

10. Fredonner de temps à autre une marche résolue[36].

Hélas, le cléricalisme ne se limite pas aux prêtres masculins. Si l'on agit avec la spontanéité enfantine du père, on est forcément incompris. Jésus énonce cette parabole parce que les scribes et les pharisiens sont scandalisés de le voir festoyer à la même table que collecteurs d'impôts et prostituées. C'est qu'il doit avoir de l'indulgence pour le péché. Imaginez les gros titres si un évêque d'aujourd'hui allait donner une fête pour les prostituées du cru. Mes frères du Brésil ont organisé des retraites pour les travailleuses du sexe. Si l'on préside une messe particulièrement accueillante pour les gays, la twittosphère bourdonnera de dénonciations.

Dans notre société prudente jusqu'à la phobie du risque, on nous met en garde contre « l'envoi du mauvais message ». Il ne faut pas pratiquer l'amalgame. Mais si on prêche l'évangile, on sera inévitablement mal compris. Le malentendu a cloué Jésus sur la croix. Nous n'aurons probablement à supporter que des mots empoisonnés sur les blogs. Si on ne prend pas le risque d'être mal compris, on se condamne à ne jamais rien dire du tout.

Le fils prodigue 5

Et ils se mirent à festoyer. Son fils aîné était aux champs. Quand, à son retour, il fut près de la maison, il entendit de la musique et des danses. Appelant un de ses serviteurs, il s'enquérait de ce que cela pouvait bien être. Celui-ci lui dit : « C'est ton frère qui est arrivé, et ton père a tué le veau gras, parce qu'il l'a recouvré en bonne santé. » Il se mit alors en colère, et il refusait d'entrer. Son père sortit l'en prier. Mais il répondit à son père : « Voilà tant d'années que je te sers, sans avoir jamais transgressé un seul de tes ordres, et jamais tu ne m'as donné un chevreau, à moi, pour festoyer avec mes amis ; et puis ton fils que voici revient-il, après avoir dévoré ton bien avec des prostituées, tu fais tuer pour lui le veau gras ! » Mais le père lui dit : « Toi, mon enfant, tu es toujours avec moi, et tout ce qui est à moi est à toi. Mais il fallait bien festoyer et se réjouir, puisque ton frère que voilà était mort et il est revenu à la vie ; il était perdu et il est retrouvé » [Lc 15, 25-32].

Ils ont commencé à festoyer. La réaction spontanée du père au retour de son fils est d'organiser un festin. C'est la vraie fête que le fils n'avait pas trouvée dans sa vie dissolue en pays lointain. Grandir consiste aussi à apprendre à banqueter dans la joie sans finir misérablement dans le caniveau ou dans le lisier d'une bauge à cochons. C'était là la fête que le garçon cherchait en quittant la maison, et qu'il n'a trouvée qu'en y revenant. C'est la joie extatique de ceux qui sont portés, au-delà d'eux-mêmes, vers les délices de la réciprocité.

Dans *New Wine of Dominican Spirituality*[37], Paul Murray montre que les premières communautés de frères et de sœurs ont souvent parlé de l'Évangile comme étant le « vin nouveau ». Lors du prêche, le tonneau est mis en perce, nous nous enivrons un brin à la source de l'Évangile, et la fête commence. Jourdain de Saxe, le successeur de Dominique, appelait l'Évangile le « vin de l'espoir », le « bon vin » qui nous met à l'aise, qui nous remonte le moral et nous rend heureux[38]. Saint Dominique réalisa son plus célèbre miracle lorsque, arrivant à une heure avancée de la nuit dans un couvent, il réveilla les religieuses et se mit à leur prêcher. Quand il eut terminé, il déclara : « Il serait bon qu'il y ait de quoi boire ! » La coupe de vin circula à la ronde sans jamais se vider de tout le temps que Dominique pressa les nonnes de faire cul sec[39]. Les frères étaient évidemment ravis de leur vin. Un des premiers chapitres généraux a statué que s'ils boivent trop de vin après complies, ils doivent recommencer le service.

Les mots attribués à sainte Brigitte d'Irlande reflètent un goût plus nordique pour la célébration :

Je voudrais un grand lac de bière pour le Roi des Rois
Je voudrais que les anges du ciel le boivent jusqu'à la fin des temps[40].

Le fils aîné « entendit de la musique et des danses », mais refusa d'y participer. C'est la plainte de Jésus contre ceux qui le critiquent : « Mais à quoi vais-je comparer cette génération ? Elle ressemble à des gamins qui, assis sur les places, en interpellent d'autres, en disant : "Nous vous avons joué de la flûte, et vous n'avez pas dansé" » (Mt 11, 16-17). Son frère cadet a fui le cercle familial, et le fils aîné lui rend la pareille en refusant d'entrer dans la ronde de la communauté. Il boude comme un adolescent. Il accuse son jeune frère de gaspiller son argent avec les filles, même si rien ne dit que ce soit le cas : c'est plutôt lui qui est hanté par l'idée du sexe, et que taraude probablement le désir ardent d'aller voir les filles de plaisir[41]. Il en est à lui refuser le nom de frère : « Ton fils », dit-il en parlant de lui !

Les deux enfants traversent la crise de la croissance. Leur père veut partager sa vie avec eux, mais aucun des deux ne sait comment recevoir ce cadeau. Le fils cadet a pris ce qu'il voulait, tandis que le fils aîné n'ose pas accepter le cadeau. H. Nouwen, lui-même fils aîné, s'identifie à lui :

> Je me demande souvent si ce ne sont pas spécialement les fils aînés qui veulent être à la hauteur des attentes de leurs parents et passer pour obéissants et respectueux. Ils veulent souvent faire plaisir. Ils craignent souvent d'être une déception pour leurs parents. Mais ils éprouvent aussi souvent, très tôt dans la vie, une certaine envie envers leurs puînés, qui semblent moins soucieux de plaire et beaucoup plus libres de « faire leur propre truc »[42].

Il éprouve une indignation mêlée de colère, une émotion caractéristique de notre époque. C'est un substitut peu coûteux à la vertu. Dans le roman de Gabriel Chevallier, *Clochemerle*, on dit du maître d'école qu'il était « un de ces hommes pour qui une indignation vertueuse était une nécessité[43] ». C'est une façon d'être du côté du bien sans lever le petit doigt pour le faire avancer. C'est une émotion essentiellement puérile, le grand cri qu'on pousse à tout âge : « C'est pas juste ! » Telle avait été la réaction fâchée des frères de Joseph quand leur père offrit en cadeau une tunique multicolore à son favori, qu'eux ne portaient pas dans leur cœur. Rappelez-vous les paroles de H. G. Wells citées plus haut : « L'indignation morale est une jalousie nimbée d'un halo. »

Le fils aîné reste à l'extérieur et prête l'oreille à la liesse. Ce qui le tient à l'écart, c'est un caprice de gamin. Peut-il abandonner sa bouderie narcissique et se joindre à la fête ? Écoutons le dominicain Brien Pierce :

> Plutôt que de s'en tenir à l'idée traditionnelle selon laquelle la conversion est avant tout affaire de mode de vie pénitentiel, comme c'était le cas des disciples de Jean, Jésus montre à ses adeptes que la conversion requiert qu'on fasse un pas en direction de la pratique radicale de la joie évangélique[44].

La Préface du Carême parle de « saison joyeuse ». Tous les vendredis, à laudes, nous chantons le grand psaume de repentance : « Rends-moi le son de la joie et de la fête : qu'ils dansent, les os que tu broyas ! » (Ps 50).

Jésus nous invite à grandir et à partager la joie de Dieu. Il ne s'agit pas d'une gaieté sinistre, mais de la joie incommensurable qui est la vie de Dieu, assez grande pour rassembler toute la douleur et la dépasser. La joie du père de la parabole envahit le fils qui est revenu, avec toutes ses souffrances et sa douleur, et prête à s'étendre à l'aîné, avec ses colères de gamin. C'est plus qu'une émotion. C'est la vie surabondante de Dieu :

> (Car le figuier ne bourgeonnera plus ;
> plus rien à récolter dans les vignes.
> Le produit de l'olivier décevra,
> les champs ne donneront plus à manger,
> les brebis disparaîtront du bercail ;
> plus de bœufs dans les étables.)
> Mais moi je me réjouirai en Yahvé,
> j'exulterai en Dieu mon Sauveur !
> Yahvé mon Seigneur est ma force,
> Il rend mes pieds pareils à ceux des biches,
> Sur les cimes il porte mes pas [Ha 3, 7-19].

C'est la joie spontanée de l'adulte enfantin, libre de danser et de jouer. Il nous met au défi de réinventer l'enfance et le passage à la vraie maturité. Le dominicain Richard Finn a écrit :

> Bien entendu, la joie peut à l'occasion nous faire peur, et non sans raison. Après tout, il y a ceux qui sont tentés de s'y laisser aller, sans aucune considération d'autrui et de sa souffrance. Le *ghetto-blaster*[a] et l'iPod peuvent chacun à sa façon symboliser une joie recherchée dans l'indifférence à l'entourage, qu'on l'assourdisse ou qu'on l'ignore. Certains cherchent la joie dans l'oubli qu'apporte l'excès d'alcool ou dans l'euphorie induite par la drogue, en sortant d'un monde trivial, qu'ils trouvent vide ou insuffisant. Ce faisant, ils deviennent de moins en moins capables de vivre dans le monde réel [...]. Mais la joie du Saint-Esprit est omniprésente, insinuant vraies souffrances et vrai chagrin, comme un courant souterrain qui, au bon moment, fait surface et déborde, apportant un nouvel espoir à la place du désespoir. Elle est jaillissement de la foi, de la confiance en la bonté infinie de Dieu, Sa providence. Elle nous offre aujourd'hui [jour de Noël] dans un joyeux festival une liturgie qui se pratique pour la joie sans fin et parfaite du ciel[45].

---

a. Radiocassette de la décennie 1970-1980, de dimensions respectables et capable de « rugir » *(blast)*, comme son nom l'indique (pour *ghetto*, la traduction appropriée dans ce contexte serait « quartier »).

Tout en cheminant vers Jérusalem où l'attendent Passion, mort et résurrection, Jésus n'a que le temps d'enseigner à ses disciples comment être vivant en Dieu, comment croître en maturité humaine et spirituelle. Il les presse de dépasser la rivalité enfantine et les bouderies adolescentes, et de pardonner, à l'image de son Père, ce qui les rendra aussi libres et joyeux que le père de la parabole. Mais les disciples ont la tête dure. Dans l'Église de Corinthe, nous voyons une communauté que déchirent encore, une bonne vingtaine d'années après la Résurrection, rivalité et immaturité. Saint Paul n'avait qu'une envie : apporter à la communauté de Corinthe une nourriture de grandes personnes, mais elle n'avait pas atteint l'âge adulte : « C'est du lait que je vous ai donné à boire, non une nourriture solide ; vous ne pouviez encore la supporter. Mais vous ne le pouvez pas davantage maintenant » (1 Co 3, 2).

Notre société, si affectée par la crise qui la fait retomber en enfance aujourd'hui, trouverait une consolation dans l'enseignement de Jésus. Les enfants sont propulsés dans le monde des adultes avant d'être prêts et tant d'adultes ne grandissent jamais. Être en vie, c'est mûrir, quand la modernité, pour une bonne part, enserre les hommes dans les rets de l'infantilisme. Mais nous ne pourrons partager cette bonne nouvelle que si les gens voient que nos communautés chrétiennes sont des pépinières de maturité où l'on apprend à s'épanouir humainement et spirituellement avec la grâce de Dieu. Nous devons comprendre la soif de vie des jeunes – *Carpe diem !* Même si, à suivre la devise, ils quittent la route, il faut qu'ils sachent qu'ils peuvent rentrer chez eux, toute honte ravalée. Nous devrions avoir confiance dans les jeunes, de manière qu'ils puissent se préparer à affronter un avenir que nous ne saurions imaginer et à vivre une vie chrétienne dans un monde qui nous dépasse. Prenons modèle sur le père, vraiment adulte et vraiment enfant, maître en liberté spontanée comme en joie, et nous toucherons l'imagination de nos contemporains, qui en retour, peut-être, souhaiteront entrer dans notre ronde.

7

Péché et pardon

Si Jésus énonce la parabole du fils prodigue, c'est pour répondre aux Pharisiens et aux scribes qui murmuraient : « Cet homme fait bon accueil aux pécheurs et mange avec eux » (Lc 15, 1). Tout en cheminant vers Jérusalem, les disciples s'efforçaient de comprendre cet homme étrange, et ils se heurtaient au plus difficile à saisir chez lui : son infinie capacité de pardonner. Tout le monde se voyait offrir le pardon, toutes les fois qu'il fallait. « Alors Pierre, s'avançant, lui dit : "Seigneur, combien de fois mon frère pourra-t-il pécher contre moi, et combien de fois devrai-je lui pardonner ? Irai-je jusqu'à sept fois ?" Jésus lui dit : "Je ne te dis pas jusqu'à sept fois, mais jusqu'à soixante-dix-sept fois" » (Mt 18, 21-22). Comment survivre, pour une société, si elle pratique un pardon illimité ? Il y a sûrement une ligne à tracer quelque part.

Encore plus extraordinaire, Jésus se présente comme celui qui nous lave de nos péchés : « Aussi bien, le Fils de l'homme lui-même n'est pas venu pour être servi, mais pour servir et donner sa vie en rançon pour une multitude » (Mc 10, 45). Dans l'évangile de Jean, aux tout premiers temps de son ministère, Jean-Baptiste le montre à la foule et s'exclame : « Voici l'agneau de Dieu, qui enlève le péché du monde » (Jn 1, 29).

Énigme pour les adeptes, scandale pour les ennemis ! J'ajoute qu'un imaginaire profane trouvera l'affirmation dénuée de bon sens. Jésus, celui qui offre la plénitude de la vie ? Voilà qui au moins est séduisant. Qui parmi les hommes ne souhaite pas vivre pleinement ? « Je te propose la vie ou la mort [...]. Choisis donc la vie. » Tout le monde peut accepter que choisir la vie soit la clé d'une existence digne d'être vécue, aussi m'y suis-je arrêté pour intituler ce livre. Mais affirmer que la vie abondante vient de la mort affreuse qu'a connue l'homme de la croix apparaît bizarroïde si ce n'est cinglé. Quelle espèce de Dieu sadique pourrait exiger cela ?

Le judaïsme, le christianisme et l'islam vénèrent tous un Dieu miséricordieux. Dieu proclame sur la montagne du Sinaï : « Yahvé, Yahvé, Dieu de tendresse et de pitié, lent à la colère, riche en grâce et en fidélité ; qui [...] tolère faute, transgression et péché » (Ex 34, 6). Chaque sourate du Coran commence par le *Bismillah* : « Au nom d'Allah, clément et miséricordieux. » Mais seul le christianisme a logé pour de bon la miséricorde au cœur de ce qu'il est foncièrement, avec cette image au centre de tout : un homme torturé à mort. On dirait qu'il met au cœur de notre foi la mort et non la vie, la culpabilité plutôt que la joie. Si c'est le cas, il n'y a pas lieu de s'étonner que le christianisme ne touche guère l'imagination de nos contemporains. Aussi voyons si nous pouvons donner une signification vivifiante à ce vocabulaire du péché et du pardon.

Péché

La plupart de nos contemporains éprouvent une certaine gêne face au langage du « péché ». Autant notre société est douée d'un fort sens moral, qui s'inspire des droits de l'homme, du « vivre-ensemble », du souci de l'environnement et de la sollicitude envers les plus vulnérables, autant, dès qu'on parle de péché, on en met plus d'un mal à l'aise. Le mot heurte l'imaginaire d'aujourd'hui, avec sa connotation malsaine de rumination coupable. Mais dans ma Bible traduite, *péché*, qui rend toute une variété de mots hébreux et grecs, est attesté près de quinze cents fois. On ne saurait faire le premier pas dans l'imaginaire chrétien sans avoir déverrouillé ce lexique du péché et du pardon.

Le lendemain du baptême de mon dernier filleul, je reçus de son père un courriel où il laissait libre cours à son irritation :

> À mon avis, le père X serait bien inspiré d'aller faire un brin de sieste dans un champ de campanules ou quelque chose du genre, je me demande si ces histoires de Péché ne lui sont pas montées à la tête. Le Péché, le Péché et encore le Péché ! Je m'étais mis dans la tête que vous autres chrétiens, vous aviez jeté aux orties ce discours du complexe de culpabilité que nous devrions tous trimballer, et cessé de vous torturer les méninges à chercher des formes de plus en plus sophistiquées de flagellation pour en venir à bout !

Il a mis le doigt sur quelque chose de vrai. Il est plutôt étrange de commencer chaque célébration eucharistique en demandant aux gens de penser à leurs péchés. Ce n'est pas un début prometteur pour une fête joyeuse ! Imaginez qu'on ouvre un anniversaire en demandant à tous les invités de se repentir de leurs péchés. Il me semble que cela jetterait un froid. Peut-être sommes-nous moins à l'aise avec le langage du péché qu'avec les mauvaises actions car il renvoie à une perfection inatteignable. « Vous donc, vous serez parfaits comme votre Père céleste est parfait » (Mt 5, 48). « Celui donc qui violera l'un de ces moindres préceptes, et enseignera aux autres à faire de même, sera tenu pour le moindre dans le Royaume des cieux » (Mt 5, 19). Francis Spufford affirme que le christianisme « demande carrément l'impossible [...]. Il pense que vous devriez céder vos biens, refuser de vous défendre, aimer les étrangers autant que votre famille, vous comporter comme s'il n'y avait pas de lendemain. Ces principes ne constituent pas un programme tenable[1]. »

Cela a tout l'air d'une éthique intolérable et inhumaine. La mère de Jeanette Winterson, une évangéliste de stricte obédience, perd son sang-froid face à un chœur qui chante des hymnes de Noël :

> J'ai eu beaucoup à encaisser, explosa-t-elle en me regardant d'une façon qui en disait long. Je sais que la Bible nous dit de tendre l'autre joue, mais il n'y a qu'un certain nombre de joues par jour[2].

Pareille poursuite de l'impossible perfection peut mener à un incessant examen de conscience, à une mélancolie, à une culpabilité dévastatrice qui n'en finissent pas. Dans *À l'est d'Éden*, Samuel a épousé « son petit bout d'Irlandaise, sèche et dure comme une trique, avec l'humour d'une poule. Elle avait un esprit presbytérien raide comme la justice et un code de moralité qui clouait au pilori et démolissait quasiment tout ce qui était agréable dans l'existence. » H. L. Mencken, le rédacteur en chef d'un journal américain, définissait le puritanisme comme « la crainte lancinante que quelqu'un, quelque part, ait une chance d'être heureux[3] ».

J'ai rarement rencontré la fameuse « culpabilité catholique » dans mon enfance. Le catholicisme dans lequel j'ai grandi n'étouffait pas sous le scrupule. Pour moi, la chose à craindre par-dessus tout, c'était la honte. Tout ce qui comptait, c'était de ne pas être découvert. Certaines formes de catholicisme irlandais, en revanche, étaient minées par la rumination janséniste. Bien souvent, le point focal en était le sexe. Timothy Egan rapporte ces souvenirs d'enfance :

> Le sexe était sale. Le sexe était honteux. Le sexe n'était pas naturel. C'était mal d'y penser. Ne faire que s'y préparer était un péché, au même titre que le flirt. Le sexe avait une finalité, une seule : la procréation, se reproduire sans plaisir[4].

Une des premières histoires qu'écrivit Brian Moore commence ainsi : « Au commencement était le verbe, et le verbe, c'était NON. »

Ainsi, impute-t-on communément la « libération » que nous connaissons de nos jours à notre affranchissement de l'obsession catholique pour le péché. Le récit canonique en est le *Portrait de l'artiste en jeune homme*, de James Joyce. Le héros, Stephen Dedalus, est tourmenté par la culpabilité et par la menace de rôtir à jamais en enfer, jusqu'au jour où il s'affranchit de son personnage de « serf loyal et attardé[5] ». Le livre se termine presque sur une formule que j'ai déjà citée, son cri de liberté : « Bienvenue, ô vie, je vais pour la millionième fois rencontrer la réalité de l'expérience et façonner dans la forge de mon âme la conscience incréée de ma race. » La « conscience incréée » était, peut-on penser, celle qui s'est déchargée du fardeau de la culpabilité catholique.

Edna O'Brien a déclaré dans une interview : « Je suis une catholique irlandaise et mon iceberg de culpabilité a une hauteur respectable. » Certes, existe aussi une culpabilité protestante. Vous connaissez sans doute l'histoire du ministre écossais qui a pris pour thème de son prêche les flammes épouvantables de l'enfer, où se produiront des pleurs et des grincements de dents. Un membre de la congrégation l'arrête : « Mais moi, je n'ai pas une seule dent ! – Les dents seront fournies ! » lui est-il répondu. Et puis, à n'en pas douter, existent aussi la culpabilité juive et celle de l'islam.

Pourquoi exiger une impossible perfection ? Il semble bien que ce soit la première étape pour rendre les gens coupables, après quoi ils ne voudront plus qu'une chose, obtenir ce qu'offre la religion, à savoir le pardon. C'est comme si un fabricant de lessive en poudre venait vous convaincre que votre pantalon, qui mon Dieu n'en demandait pas tant, est repoussant de crasse et qu'il n'y a plus qu'à acheter son produit. Dans notre cas, c'est le sang de l'Agneau qui lave nos vêtements (Ap 7, 14).

Dans le roman d'une effroyable franchise de Stephen Hough sur un prêtre qui se compromet avec de jeunes prostitués, celui-ci avoue « qu'une large part de la dévotion catholique traditionnelle s'échafaude à partir d'un genre de processus de vaccination : dans un premier temps, vous faites en sorte que les gens soient atteints de culpabilité, puis vous fournissez le contrepoison ; vous infligez une blessure et, abracadabra, vous avez l'onguent magique ; vous créez une chambre froide, vous regardez les gens bleuir d'hypothermie théologique, puis vous allumez le chauffage. "Vos péchés sont pardonnés. Allez en paix." Et eux d'obéir. Les joues roses de bonheur, un sourire de félicité aux lèvres. Si un placebo guérit le patient, le docteur ira-t-il se plaindre[6] ? » Le dossier contre le langage du péché semble sévère. Existe-t-il un moyen de montrer qu'il ouvre au contraire notre imagination à la plénitude de la vie ? Ou ne sera-t-il jamais qu'un moyen d'opprimer et de produire une vaine culpabilité ? Est-ce l'abri de jardin du roman d'Emma Donoghue, ou ouvre-t-il une porte sur la transcendance et l'infini de l'amour ?

Amitié divine

Au chapitre III, j'ai cité l'affirmation de Charles Taylor selon laquelle l'une des sources de l'imaginaire laïque était le rejet de la recherche de la sainteté radicale. Une convenable honnêteté suffit. La participation à l'être même de Dieu, si fondamentale pour les quinze premiers siècles du christianisme, n'était plus imaginable à ses yeux. Selon Taylor, « proposer des objectifs allant au-delà de l'épanouissement humain passait pour une négation du droit au bonheur[7] » ; « ainsi, par diverses voies, on pouvait finir par rejeter le christianisme, parce que, dans l'appel à quelque chose de plus que l'épanouissement humain, celui-ci se montrait l'implacable ennemi du bien humain ». Pourquoi nous torturer en cherchant une impossible sainteté ? N'est-il pas suffisant pour nous d'être de bons citoyens qui aiment leurs familles, sont gentils avec les animaux et ne font aucun mal ?

Nous arrivons ici au paradoxe qui se loge au cœur de l'imaginaire chrétien. Jésus réserve un accueil inconditionnel aux publicains et aux prostituées. Il ne leur demande pas de se repentir et de repartir à nouveaux frais avant que de venir festoyer en sa compagnie. Manifestement il se réjouit d'être avec eux, et il leur offre son amitié indépendamment de ce qu'ils ont fait et ont été. Il est bien avec les prostituées. Comment cela peut-il s'accorder avec ce qu'il exige de tout ce monde : être parfait comme son Père céleste est parfait ? Comment peut-il simultanément les accepter sans condition et demander la sainteté ?

Pour répondre, il nous faut faire un énorme saut imaginatif et bien observer que, pour la tradition biblique, la sainteté ne consiste pas à se soumettre à des contraintes extérieures. Comme je l'ai expliqué en détail dans un livre précédent[8], les exigences morales des dix commandements ont éduqué Israël à l'amitié avec Dieu. Pour être un ami de Dieu, on doit partager sa liberté. Les commandements étaient une charte de liberté moyennant laquelle on s'affranchissait du culte des autres dieux, ces despotes qui asservissaient leurs adorateurs mis sous le joug du travail et des passions destructrices menant à la violence et à l'explosion du cadre familial[9]. Dieu parle à Moïse comme à un ami. Les commandements sont une déclaration d'amour et une discipline pour grandir. Si les Israélites chérissaient les commandements de Dieu, c'est qu'ils nous enseignent à partager la compagnie de Dieu et à être son peuple :

> [...] désirables plus que l'or,
> qu'une masse d'or fin ;
> savoureux plus que le miel,
> que le suc des rayons [Ps 19, 11].

Avec la perte du rêve de transfiguration, la religion se fit moralisatrice, ce qui fit que la loi de Dieu fut réinterprétée : le code de vertu où elle se coulait se mua en réglementation contraignante des comportements. L'obéissance, de réponse qu'elle était à celui qui nous invitait à vivre devint soumission aveugle au policier céleste. Un jour on m'a demandé de donner une conférence sur l'éthique sexuelle devant cinq cents adolescents mauriciens. Je m'échinai à expliquer, mais sans succès, que l'éthique sexuelle n'avait pas pour objectif premier de dire « Faites ceci, ne faites pas cela », pas plus qu'on ne joue au football pour obéir aux règles, si indispensables soient-elles. L'éthique sexuelle, dis-je, apprenait à vivre avec amour. Je n'avais pas plus tôt fini de parler que, avec maints gloussements, les questions fusèrent, toutes sur le modèle : « Ai-je le droit de faire ci ou ça ? » Si nous voulons comprendre ce que signifie le langage du péché, nous avons d'abord à nous représenter une éthique qui nous apprenne l'amitié, entre semblables, et avec Dieu.

Toute amitié digne de ce nom est transformatrice. J'espère qu'il n'est pas présomptueux d'appeler ami Jean Vanier, le fondateur des communautés de L'Arche. Sa présence, son regard, sa façon de parler, l'homme qu'il est, tout vous conviait à dépasser le nombrilisme trivial, les demi-vérités qu'on raconte, l'insipide médiocrité. Au regard de mon expérience, je peux assurer que Jean ne disait jamais à personne d'en finir avec l'égoïsme, mais on ne pouvait l'approcher sans avoir le désir de laisser derrière soi tout ce qui est mesquin. Devant sa magnanimité, on s'ouvrait en cherchant à se libérer de la bulle de ce qu'Iris Murdoch appelle « l'encombrant et implacable ego ». C'est l'être de Jean qui nous touchait. Son regard était une invitation à grandir. Chaque amitié met en lumière des aspects de notre existence qui jusque-là étaient méconnus, ce qui explique que nous ayons besoin de beaucoup d'amis.

Sur la recommandation de Jean, je suis allé voir *Intouchables*, un film d'Olivier Nakache et Éric Toledano, sorti en

2011. Un homme d'affaires extrêmement riche, resté tétraplégique après un accident de parapente, embauche pour s'occuper de lui un Sénégalais, Dris, ancien détenu sans formation professionnelle. Dris vole un œuf de Fabergé lors de l'entretien d'embauche, ce qui ne laisse pas augurer que du bon. L'histoire, inspirée de celle que vécurent Philippe Pozzo di Borgo et son soignant Abdel Sellou, est fort amusante : l'amitié que se vouent les deux protagonistes les libère, l'un des limitations imposées par le handicap, l'autre du monde de la drogue et de la violence. Le riche ose aimer de nouveau, et son auxiliaire de vie se mettre en quête du bien. Quand on demande au premier ce qui l'a poussé à embaucher ce personnage brut de décoffrage, il répond que Dris le regarde sans pitié, voilà pourquoi. Il n'y a pas de condescendance. Son regard libère. Leur amitié les affranchit de ce qui les a emprisonnés. La porte s'ouvre.

La véritable amitié incarne ce qui semble irréconciliable, l'acceptation totale de l'autre et l'invitation à devenir davantage. Il est difficile de trouver le juste équilibre. *Lady Bird*, un film sorti en 2018, traite de la relation tendue entre une mère et sa fille, Lady Bird. La mère aime sa fille mais d'un amour écrasant. En toutes choses, elle demande la perfection. Quand Lady Bird dit : « Je souhaite juste... ah ! apprécie-moi, voilà tout », sa mère répond : « Bien sûr que je t'adore. – Mais est-ce que tu m'aimes ? » insiste la fille. La réplique maternelle exprime un amour qui passe à côté de sa fille dans sa maladresse angoissée. « Je veux que tu sois la meilleure version de toi-même que tu puisses donner. – Et si la meilleure version, tu l'avais en face de toi ? » Un amour qui n'accepte pas totalement l'autre personne dans toute sa fragilité blessée est dévastateur. Mais une véritable amitié ne souhaite qu'une chose : voir autrui s'épanouir – sa sainteté dans le vocabulaire chrétien. Si ce n'était pas le cas, elle serait tout aussi écrasante, puisqu'elle n'espérerait rien.

Cette tension hante également les célèbres romans napolitains d'Elena Ferrante. Dans *L'Amie prodigieuse*, une amitié intense se noue entre deux filles d'un quartier pauvre de Naples, Lila et Elena, la narratrice. Lila est brillante et audacieuse. Elle met Elena au défi d'échapper à la pauvreté par le biais de l'éducation. Elle incite constamment Elena à faire plus, à lire plus, à viser plus haut. Mais leur affection réciproque n'empêche pas Elena de ressentir ses manques :

> Je la laissai m'enseigner à danser le quadrille. Je la laissai me montrer qu'elle savait écrire tous les mots italiens avec l'alphabet grec. Elle voulut que j'apprenne moi aussi cet alphabet avant de commencer le lycée, elle m'obligea à l'écrire et à le lire. J'eus de plus en plus de boutons. J'allais danser chez Gigliola avec un sentiment permanent d'infériorité et de honte[10].

Aucune amitié humaine ne peut vraiment garder parfaitement en équilibre les deux plateaux de la balance. Il est difficile de concilier le respect de l'autre tel qu'il est et la demande qui lui est faite d'être plus qu'il n'est. Le mieux qu'il nous reste à faire est souvent de passer de l'un à l'autre, comme le cycliste qui s'efforce de rester droit.

Imaginez alors l'amitié avec le Fils de Dieu. Ceux qui dans les évangiles ont rencontré Jésus s'ingénient à comprendre ce que cela signifie. Son accueil des pécheurs jette les pharisiens et les scribes dans une indignation de bien-pensants, mais lorsque Jésus invite le jeune homme riche à tout quitter et à le suivre, il s'en va contristé (Mc 10, 22). Quand Jésus a fait savoir qu'il était difficile pour un riche d'entrer dans le Royaume de Dieu, ses disciples « restèrent interdits à l'excès et se disaient les uns aux autres : "Et qui peut être sauvé ?" » (Mc 10, 26).

Cependant, ceux qui acceptent cette amitié aussi accueillante qu'exigeante sont transformés. Dans *Jésus-Christ Superstar*, l'opéra-rock de 1970 réalisé par Andrew Loydd Weber et Tim Rice, Marie-Madeleine, l'ancienne prostituée, se demande pourquoi avoir été proche de Jésus l'a changée :

Je ne suis plus la même
Je me perds en problèmes
Dans ces quelques jours tout a bougé,
Le monde est transformé
Je ne suis plus la même
Et pourtant, ce n'est qu'un homme.
Juste un homme[a].

Toute amitié se nourrit d'une réciprocité dans le regard. On regarde et on se laisse regarder. Pendant toutes les années de son ministère les disciples ont vécu sous le regard de Jésus. C'est de cela qu'ils ont témoigné. Il y a dans Marc un passage que je ne peux pas lire sans quelque angoisse : « Car il n'y a rien de caché qui ne doive être manifesté et rien n'est demeuré secret que pour venir au grand jour » (Mc, 4, 22). Mon père saura qui attendait de le savoir au lit pour sortir du placard la bouteille de whisky, en siffler une lampée, puis refaire le niveau avec de l'eau en espérant qu'il n'y verrait que du feu... Des années plus tard, j'ai été soulagé de découvrir que tous mes frères avaient fait la même chose.

Si le regard de Jésus est difficile à supporter, ce n'est pas parce que chacun de nos péchés est consigné. Au contraire, il voit notre bonté invisible. John Milbank et Catherine Pickstock prétendent que la manière dont connaît Dieu rappelle un peu celle du *rusticus*, de l'homme de la glèbe qui connaît et aime ses tomates, même quand elles ont des défauts. « Dieu les [nous !] connaît en artisan, pour les avoir fabriqués. Dieu les connaît en *rusticus* parce que Dieu est intimement présent dans leur singularité[11]. » Dieu se délecte de notre être, de notre bonté, même s'il lui arrive d'être cachée. Il voit en chacun de nous le saint qu'il deviendra, sa grâce aidant. Saint Jean dit que « nous apaiserons notre cœur si notre cœur venait à nous condamner, car Dieu est plus

---

a. La « Chanson de Marie-Madeleine » (musique A. L. WEBER) est citée dans la version française de l'opéra-rock (paroles P. DELANOË), Paris, Continentales, 1972.

grand que notre cœur » (1 Jn 3, 19-20). Le pape François a écrit : « Au-delà de toute apparence, chaque être est infiniment sacré et mérite notre affection et notre amour[12]. »

Être en vie pour le chrétien consiste à croître en amitié avec le Dieu vivant et avec ceux qu'il a créés. « Reste en compagnie de lui et tu sauras[13]. » Prier, selon sainte Thérèse d'Avila, c'est parler à Dieu comme à un ami. L'acte propose une acceptation plus radicale que nous ne pouvons l'imaginer, car le fondement même de notre existence est soutenu par Dieu à chaque instant. Le plaisir qu'il prend à notre être est sans limite. Gregory Boyle présente en ces termes Dieu à ses enfants des rues : « Voyez Celui qui ne peut vous quitter des yeux. »

Sainte Thérèse aussi savait qu'il s'agit d'une amitié extrêmement exigeante. L'anecdote est probablement apocryphe, en tout cas on raconte qu'après une terrible journée de voyage Thérèse se plaignit longuement à Dieu et s'attira cette réponse : « Mais c'est ainsi que je traite mes amis ! », ce qui lui arracha cette remarque : « Ah ! je comprends, Seigneur, que vous en ayez si peu[14]. » L'amitié nous transfigure et nous façonne pour ce qui est au-delà de notre portée et de notre nature, la sainteté de Dieu. C'est éprouvant parce que c'est un tel don !

Spufford a raison : Jésus exige l'impossible. Cette perfection ne peut être atteinte ni par une détermination farouche ni par l'autoflagellation. C'est un cadeau qui se dévoile au moment où l'on vaque en sa compagnie, où l'on habite sa parole, où l'on partage sa vie dans les sacrements. Tous les autres animaux, à ma connaissance, trouvent leur accomplissement en étant eux-mêmes. Un lapin satisfait a une vie de lapin, mangeant de la laitue et procréant de petits lapins. Un chien heureux a une vie canine, à mastiquer des os et à poursuivre des lapins. C'est ainsi qu'ils sont eux-mêmes. D. H. Lawrence célèbre le lézard parce qu'il n'est pas autre chose que lui-même, contrairement à nous : « Si les hommes étaient aussi hommes que les lézards sont des lézards/ça vaudrait la peine qu'on les regarde[15]. » Dans un des romans de Walter Percy, le héros contemple son chat qui paresse :

> Et immédiatement il comprit d'où venait l'erreur pour lui. Voilà un chat cent pour cent chat avec sa façon de se tenir sur son séant au soleil ; et lui qui n'avait jamais été cent pour cent quoi que ce soit[16] !...

C'est vrai de nous tous, parce qu'être cent pour cent soi-même, c'est être plus que soi-même. La nature humaine est faite pour un amour qui se situe au-delà de notre nature – un amour supranaturel –, pour le partage du bonheur divin et de la liberté de Dieu. Les vertus nous enseignent à vivre au-delà de ce qui semble possible, en amis de Dieu.

Le langage du péché ne devrait pas susciter le dégoût de soi, mais l'infinité de l'amour auquel nous sommes appelés. L'essence de la repentance ne consiste pas à nous sentir mal dans notre peau mais à nous ouvrir à l'amitié de Dieu. Il est normal que nous nous sentions mal lorsque nous avons blessé autrui. Mais le chagrin est un signe que déjà la grâce de Dieu agit en nous et que Dieu est proche. Le remords d'avoir péché est plus que le regret. Il consiste à savoir que nous n'avons jamais voulu pécher pour de bon. Nous avons succombé à de petits désirs. Nous avons dévoré un sandwich rassis, fermant nos esprits à l'incroyable festin que Dieu nous offre gratuitement.

Le pardon

Certaines personnes sont également mal à l'aise avec le langage du pardon, car notre âge est moraliste, et le pardon passe pour faire peu de cas des charges et accusations. On dit souvent qu'aujourd'hui « tout est permis, rien n'est pardonné ». Nous vivons dans une société permissive et en même temps implacable. Les tabloïds affichent en première page des photos de femmes nues et remplissent leurs colonnes de bouillantes récriminations pour un contact déplacé. Les médias accumulent les accusations de tous ordres. Nos manquements sont gravés dans le Web à jamais, ineffaçables. Mais Hamlet dit : « Traitez chacun d'après son mérite, qui donc échappera au fouet[17] ? »

Le pardon banaliserait nos exactions s'il ne s'agissait que d'oublier. Souvent, la Bible parle comme si c'était le cas. Dans Isaïe, Dieu dit : « C'est moi, moi, qui efface les crimes par égard pour moi, et je ne me souviendrai plus de tes fautes » (43, 25). « Tu [Dieu] as jeté derrière toi tous mes péchés » (38, 17). L'oubli est parfois un élément de pardon. Si un ami me blesse, le pardon peut consister à ne pas laisser mon esprit demeurer fixé sur le mal. Je dois le jeter derrière moi si nous devons passer à autre chose. Mais faire de l'oubli l'essence du pardon risquerait de rabaisser notre dignité d'êtres moraux. L'incommensurable compassion de Dieu se retrouverait au bout du compte simple amnésie divine. Si j'assassinais l'un des frères dans un accès de colère, je me sentirais diminué si Dieu me disait : « N'y pense plus ! Ça peut arriver à tout le monde. » Si je reçois l'ordre en revanche d'aller pieds nus en pèlerinage en Terre sainte, je saurai au moins que le poids moral de mes décisions quant au bien et au mal est reconnu. J'aurai l'impression d'être pris au sérieux.

Qu'est-ce donc alors que le pardon ? Le pardon commence avec le refus d'infliger une vengeance. La réaction en chaîne de la violence est brisée. Nous tendons l'autre joue. Terry Eagleton appelle cela « féconde inaction » et cite la remarque que fait un chef africain dans *Le Faiseur de pluie* de Saul Bellow :

> [Un homme courageux] ne passera pas sa vie à vouloir laisser en héritage le courroux [consécutif à une offense]. A a frappé B ? B a frappé C ? Nous n'avons pas assez de lettres

dans l'alphabet pour représenter l'ensemble de la situation... Il gardera pour lui le coup. Nul ne le recevra de lui, et cela, c'est une sublime ambition[18].

Antoine Leiris, dont l'épouse, Hélène Muyal, fut assassinée à Paris par les terroristes en novembre 2015, a écrit une lettre ouverte à ses meurtriers :

> Vendredi soir vous avez volé la vie d'un être d'exception, l'amour de ma vie, la mère de mon fils, mais vous n'aurez pas ma haine. Je ne sais pas qui vous êtes et je ne veux pas le savoir, vous êtes des âmes mortes. Si ce dieu pour lequel vous tuez aveuglément nous a faits à son image, chaque balle dans le corps de ma femme aura été une blessure dans son cœur. Alors non, je ne vous ferai pas ce cadeau de vous haïr. Vous l'avez bien cherché pourtant, mais répondre à la haine par la colère, ce serait céder à la même ignorance qui a fait de vous ce que vous êtes. Vous voulez que j'aie peur, que je regarde mes concitoyens avec un œil méfiant, que je sacrifie ma liberté pour la sécurité. Perdu[19].

On a là une « féconde inaction ». Le pardon renonce au plaisir de la vengeance et brise la logique mécaniste du monde. Premier acte : ne rien faire. La Création a lieu *ex nihilo,* à partir de rien. C'est à partir de ce néant qu'est l'absence totale de riposte qu'on ouvre une fenêtre sur le nouveau. Un espace est venu se ménager dans le maillage serré des échanges humains pour qu'advienne de l'inattendu. Chaque fois qu'on se retient de se venger, la créative grâce de Dieu rend fertile le vide qui en naît. Dans l'espace confiné où les représailles succédaient aux représailles une porte a été ouverte par où je peux filer vers la liberté et l'air frais de la miséricorde.

Le pardon de Dieu est révélé dans une tombe vide le matin de la Pâque. Il n'y a personne à l'intérieur. Le vendredi saint, l'humanité a crucifié celui que nous croyons être l'amour de Dieu incarné. Cette haine brutale a concentré en elle tous les refus d'amour de tous les temps. La résurrection de Jésus d'entre les morts est l'irruption de la grâce créative de Dieu dans notre monde, le début de la nouvelle création. C'est le seul acte divin de pardon, plus que suffisant pour nous laver de tout ce que nous pourrons jamais faire. Chaque acte de pardon est une participation à la divine miséricorde pascale. Eagleton écrit :

> Le pardon radical est probablement au-dessus de nos forces. Il n'est pas de ce monde. L'inconditionnel est la prérogative du divin. Une des raisons pour lesquelles le pardon est si difficile, c'est que les tout jeunes enfants n'en ont pas encore acquis la capacité, et nous restons toute notre vie, pour une bonne part, de petits enfants[20].

Le pardon est symptôme de la croissance. Être pardonné, c'est prendre vie en Dieu.

Nous osons nous souvenir de ce vendredi et l'appeler « Bon[a] ». On expose la croix de la défaite apparente dans chaque église, dans la moindre chapelle. Le pardon est un acte créateur qui porte les marques du talent artistique de Dieu. Au XVe siècle au Japon, quelqu'un cassa un beau vase appartenant à un général. Le propriétaire le fit réparer, mais le résultat le déçut, de sorte qu'un nouvel artisan, l'ayant recassé, recolla les morceaux à l'aide d'une laque riche en or, donnant ainsi naissance à un art, le *Kintsugi*, littéralement « réparation en or ». L'objet brisé y gagna une beauté toute nouvelle. En recherchant le pardon, nous apportons à Dieu les fragments de notre vie, nos manquements et nos péchés, et, la grâce divine aidant, nous sommes restaurés, la laideur de nos fautes se fond dans la beauté et l'absurdité dans le sens.

Un prêtre grec de Tripoli, au Liban, le père Ibrahim Sarouj, se passionne pour les livres. Au fil des ans, il a

---

a. C'est *Good* en effet l'épithète qui est traditionnelle dans la liturgie des Anglo-Saxons pour qualifier le vendredi saint *(Good Friday).*

construit une bibliothèque de 80 000 ouvrages, qu'il a mise à la disposition de tous. Il voulait que cette bibliothèque fût le bien de tous. Mais un des livres, à l'insu du père, contenait un réquisitoire contre l'islam. On purifia le bâtiment par le feu, et les deux tiers des livres brûlèrent, nihilisme à l'état pur, mal à pied d'œuvre.

Tous ses amis, musulmans et chrétiens, viennent le voir avec des livres. Il a pardonné aux incendiaires: «Je les cherche pour leur dire que je les aime.» La bibliothèque est en train de renaître. Elle n'aura jamais connu pareil état. C'est la créativité du vrai pardon.

L'année dernière, je suis allé visiter la tombe de mon frère Pierre Claverie, évêque d'Oran, en Algérie, assassiné en 1996 en raison de son opposition à la violence. Le cortège funéraire comptait un millier de musulmans. À la fin, une jeune femme avait livré son témoignage, où elle disait que c'était Pierre qui l'avait fait revenir à l'islam. Il était aussi l'évêque des musulmans. Lentement, la cathédrale s'est emplie d'un murmure en arabe. Sur ma demande, on m'a traduit: «C'était aussi notre évêque. Il était l'évêque des musulmans.» Aujourd'hui sa tombe est enfouie sous les fleurs qu'y déposent chrétiens et musulmans. L'acte odieux que fut son meurtre a porté ce fruit inattendu.

Il m'est arrivé de marcher dans le Sahara algérien juste après une pluie. Spectacle stupéfiant, les dunes étaient constellées d'innombrables pousses d'une végétation naine perçant le sable. Le pardon est la grâce persistante de Dieu: «Que soient pleins d'allégresse désert et terre aride, que la steppe exulte et fleurisse; comme l'asphodèle qu'elle se couvre de fleurs, qu'elle exulte de joie et pousse des cris [...]. Parce qu'auront jailli des eaux dans le désert et les torrents dans la steppe» (Is 35, 1. 6). Le désert aride de nos vies fleurit avec la pluie de la fertilité de Dieu. Le grand chant de Pâques, l'*Exultet*, exulte, précisément, de la chute d'Adam et Ève en tant que *felix culpa*, péché heureux, car il a eu pour effet de faire venir le Christ parmi nous. Aucune vie humaine n'a besoin de se retrouver dans une impasse, si tragique que soit son échec apparent. C'est le triomphe de la vie sur la mort.

J'ai une amie, sœur Pauline Quinn, dominicaine, née à Hollywood dans une riche famille non chrétienne, qui a subi de terribles abus sexuels[21]. On l'a placée dans de nombreuses institutions, où elle a été violée à plusieurs reprises, y compris par les médecins. Elle a commencé à se taillader les chairs. Ses bras sont encore couverts de cicatrices. Elle a basculé dans le vagabondage, vivant dans les rues de nombreuses années durant. C'est alors qu'elle a rencontré une sœur catholique et aussi un chien, un berger allemand du nom de Joni, qui lui a procuré sécurité et affection. Elle a été reçue dans l'Église et finalement acceptée comme sœur dominicaine. Sa vie est devenue merveilleusement fructueuse. Elle a travaillé avec les victimes des guerres qui sévissent un peu partout dans le monde, s'arrangeant pour leur faire avoir des prothèses, leur trouvant du travail. Elle s'est occupée de prisonniers, leur donnant une formation de dresseurs de chiens auxiliaires de handicapés. La grâce a triomphé de la laideur du péché, et la vie de Pauline est une belle vie. Pour lors, on la traite pour un cancer.

Le matin de Pâques, Jésus souffle sur ses disciples et leur dit : « Recevez l'Esprit Saint. Ceux à qui vous remettrez les péchés, ils leur seront remis ; ceux à qui vous les retiendrez, ils leur seront retenus » (Jn 20, 22). Telle est l'origine de la tradition dans les anciennes Églises chrétiennes d'aller confesser nos péchés à un prêtre, qui représente toute la communauté. Beaucoup de chrétiens sont embarrassés, voire scandalisés par cette pratique. Au nom de quoi devraient-ils supporter pareille humiliation ?

Ce sacrement rappelle solennellement que dans notre communauté le pardon est devenu chair et sang, humain en un mot. Il s'inscrit dans la texture même de nos vies communes. Ce n'est pas un pur acte mental : il s'incarne dans cette rencontre, dans ces paroles prononcées et entendues, ici et maintenant. Nous sommes désormais le Corps du Christ, qui offre la joie de la rémission des péchés en ce jour. En dépit de toutes les façons dont nous choisissons les impasses, la porte reste ouverte dans nos vies sur l'infinité de Dieu.

De passage à Dublin, Herbert McCabe s'était rendu à confesse. Inutile de dire que je n'ai pas la moindre idée de ce qu'il avait raconté, toujours est-il qu'il s'était fait remonter les bretelles par le prêtre. Une fois dehors, il avait attendu de voir son confesseur pour le prendre au collet : « Vous allez changer votre manière de confesser, avait-il explosé, et plus vite que ça ! Vous trahissez le sacrement ! » Mon expérience m'a appris que les confessions sont des occasions de joie. Elles peuvent commencer par des larmes, mais souvent le rire vient ensuite.

Comment pouvons-nous pardonner ?

« Oui, si vous remettez aux hommes leurs manquements, votre Père céleste vous remettra aussi ; mais si vous ne remettez pas aux hommes, votre Père non plus ne vous remettra pas vos manquements » (Mt 6, 14). C'est une perte de temps que de demander le pardon à moins que l'on ne soit prêt soi-même à pardonner. Comment pouvons-nous recevoir la guérison de la grâce créatrice de Dieu en nous si nous refusons de la partager avec d'autres ?

Mais si les blessures que l'on a subies ne sont toujours pas cicatrisées, comment alors pardonner ? Si quelqu'un a enduré de mauvais traitements, en particulier de la part d'un parent, d'un oncle ou d'un prêtre, si son conjoint a été infidèle ou si un terroriste a assassiné son enfant, un pardon immédiat peut sembler impossible. Forcer à pardonner serait rajouter une violence à la violence. Ce serait se perdre dans ce que Stephen Cherry appelle le « désert de souffrance[22] ». Si la victime ressent la blessure comme une attaque menée contre sa vie par une force étrangère, s'entendre dire qu'il *faut* pardonner redouble l'offense. « Après un tel savoir, quel pardon[23] ? »

Cherry dit que « le pardon émerge[24] ».

> Le pardon sera quelque chose qui émerge lentement du cœur prêt à faire l'expérience de la tension entre les deux postulations simultanées qu'il implique : impossibilité et nécessité de pardonner[25].

Il vient à son heure, comme les fleurs dans le désert. Il faut se plier au rythme. On ne peut arracher des fleurs sans casser leurs racines. Nous pouvons demander à Dieu de pardonner même lorsque le pardon n'a pas encore émergé dans le printemps de nos cœurs. Sur la croix, Jésus disait : « Père, pardonne-leur : ils ne savent ce qu'ils font » (Lc 23, 34). Nous pouvons le dire nous aussi, en espérant que le moment viendra où nous pourrons leur pardonner nous-mêmes.

La tâche concerne aussi, comme toujours, l'imagination. Dans le désert, l'auteur de l'offense peut sembler un monstre, sans rien d'humain en partage. Il n'est pas exclu que vienne le temps où le monstre sera vu comme un être humain, ayant à son tour plaies et blessures. Terry Eagleton évoque à ce propos Patrick Melrose, le protagoniste du roman d'Edward St. Aubyn's *At Last*[a]. Patrick a été agressé sexuellement par son père quand il était enfant et il est toujours plongé dans « le désert de souffrance ». Petit à petit, l'image qu'il a de ses parents se transforme.

---

a. Roman publié en français dans une traduction d'A. Damour, *Enfin*, Paris, Christian Bourgois, 2011.

> Alors que grandissait la compassion, il se voyait sur un pied d'égalité avec ses supposés persécuteurs, il voyait ses parents, auxquels il imputait toutes ses souffrances, comme des enfants malheureux ayant des parents auxquels ils imputaient toutes leurs souffrances : il n'y avait personne à critiquer, personne à aider, et ceux qui semblaient mériter le plus le blâme étaient ceux qui avaient le plus besoin d'être aidés[26].

Ce qu'Eagleton commente ainsi : « Patrick peut enfin pardonner à ses parents quand il reconnaît le péché originel. Eux aussi étaient prisonniers d'une toile d'araignée anonyme de dommages, de dettes, de culpabilité et de reproches, sans commencement ni but. »

Ce n'est pas pour les exonérer ou les excuser. Le péché est inexcusable mais il est pardonnable. Ouvrir notre imagination à leur humanité blessée peut nous aider à faire face à notre propre besoin de pardon. Les médias populaires sont altérés de sang. Le monstre doit être dénoncé et expulsé de la communauté humaine. Lui et ses semblables doivent être humiliés et ridiculisés. Mais lors de leur expulsion, une partie de nous-mêmes est rejetée avec eux, et notre incomplétude demeure.

L'ouverture de notre cœur et de notre esprit à ceux qui nous ont causé grand dommage peut arriver en son temps, un temps qui ne dépend pas de nous, pas plus que ne dépend de nous que le printemps arrive en hiver. La tâche consiste à acquérir ce que Cherry appelle un « cœur qui pardonne ». En commençant par les simples égratignures, qui ne tirent pas trop à conséquence, on finit par devenir quelqu'un qui pardonne volontiers. On apprend progressivement à ne pas gratter ses plaies, à ne pas entretenir non plus de ressentiments, et puis un beau jour le pardon devient une réaction spontanée et notre plus grande liberté. « Mais avant tout c'est au cœur/À porter la plus grosse part[27]. »

Eagleton attire notre attention sur une scène merveilleuse d'*Anna Karenine*. L'héroïne avait quitté son ennuyeux bureaucrate de mari pour le fringant comte Vronsky. Au début, tout ce que Karénine souhaitait, c'était une revanche, mais à la voir si faible, il sent ses dispositions changer :

> Il se sentit le cœur empli d'amour et de pardon envers ses ennemis. Il s'agenouilla et posa sa tête sur sa manche, il sanglotait comme un enfant [...]. Sa pitié pour elle, son remords d'avoir voulu sa mort et, surtout, la joie du pardon lui procurèrent soudain non seulement le soulagement de ses propres souffrances, mais encore une paix intérieure telle qu'il n'en avait jamais connu de semblable jusque-là. Il sentit soudain que ce qui était à l'origine de ses souffrances était devenu la source de sa joie spirituelle ; que ce qui lui avait paru insoluble tant qu'il se laissait aller à la réprimande, aux récriminations et à la haine était devenu simple et clair lorsqu'il s'adonnait au pardon et à l'amour[28].

Alors que Jésus se rend à Jérusalem, ses ennemis et même ses disciples sont scandalisés par son discours sur le pardon inconditionnel et sans limite des péchés. Pis encore, il apparaît qu'il est celui dont la mort est à l'origine de ce pardon, car il est « l'agneau de Dieu qui ôte les péchés du monde. » Je n'ai pas creusé la question de savoir comment cette mort guérit. Des milliers de livres ont été écrits sur l'expiation. Ce à quoi celui-ci s'intéresse est un imaginaire chrétien qui se centre sur le pardon des péchés. Cela ne signifie pas que nous sombrions dans la culpabilité et la haine de soi. Le langage du péché révèle l'infini de l'amour auquel nous sommes appelés, un amour au-delà de notre portée naturelle, mais qui est donné librement. Nos cœurs sont ouverts à l'invitation que nous fait Jésus de partager la vie même de Dieu. La simple décence ne nous suffit pas. Et le langage du pardon ne consiste pas à effacer perpétuellement les péchés, comme si le sacrement de la réconciliation, ainsi que l'appellent les confessions catholiques, était une blanchisserie divine. Ce n'est pas l'amnésie de Dieu, mais la créativité de Dieu qui rend nos vies belles, quelle que soit leur laideur passée. Cela débloque la voie lorsque nous sommes enfermés dans notre passé. Nous sommes libérés de l'emprisonnement.

Maintenant les disciples sont arrivés à Jérusalem, et maintenant, dans l'évangile de Jean, ils commencent un voyage d'une autre sorte. Jésus leur enseigne.

Enseigner

8

Enseigner : l'imagination dogmatique

« Moi, je suis venu pour qu'on ait la vie et qu'on l'ait surabondante » (Jn 10, 10). Jusqu'à présent, nous avons vu que choisir la vie signifie s'engager dans la périlleuse aventure de suivre le Christ, être soulagé de son mal, renoncer à la pulsion agressive visant à détruire, vivre l'épineuse aventure de la croissance, être à l'abri enfin du faux pas. Les évangiles traitent l'accès à la vie sous la forme du voyage à Jérusalem.

Nous approchons du point crucial. Jésus a rejoint l'endroit où il va souffrir, mourir et ressusciter. Mais c'est à ce moment-là que dans l'évangile de Jean quelque chose d'étrange se produit : Jésus enseigne. On a affaire à un bloc de texte d'un seul tenant, qui couvre quatre chapitres, le plus long du Nouveau Testament (Jn 13-17). On l'appelle souvent « Le dernier discours », mais « La dernière classe de théologie » lui conviendrait aussi bien comme titre. N'est-il pas étrange que Jésus, au moment d'affronter la torture et le meurtre, tienne un séminaire théologique ? On emploie fréquemment le mot *théologique* pour l'appliquer à une spéculation sans réel fondement, comme le légendaire problème du nombre d'anges pouvant être placés sur une tête d'épingle.

Pour comprendre ce qui est en jeu ici, nous devons nous mesurer, si rapidement que ce soit, à cette idée reçue dans l'imaginaire contemporain que tout enseignement, si l'on met à part les disciplines expérimentales ou « objectives », est un endoctrinement. Après quoi, nous devons examiner la façon dont cet enseignement de Jésus dispense la vie, si bien qu'il se révèle dans toute sa vitalité au regard de son contraire, le silence et l'apparente absurdité de la mort violente. En dernier lieu, nous verrons comment l'enseignement est une forme d'amour. Il ouvre à la transcendance la porte de l'imagination.

Endoctrinement ?

Les trois religions abrahamiques *enseignent*, en quoi elles viennent se fracasser contre l'idéologie dominante, laquelle jette la suspicion sur quiconque prétend dire le vrai. On présuppose que l'enseignement consiste à faire adhérer à toute force à ses vues des sujets qu'on devrait laisser libres de penser par eux-mêmes. Qui es-tu pour m'endoctriner ? La question n'a nulle part plus de pertinence que dans l'enseignement de la religion. D'où la méfiance envers les écoles religieuses, où beaucoup ne voient que des creusets à préjugés et à vues étriquées. C'est vrai qu'il leur arrive d'en être, mais c'est qu'alors ils ont trahi leur vocation.

Nicholas Lash a caractérisé ce soupçon de la manière suivante :

> Les Lumières nous ont laissés aux prises avec ce qu'on pourrait appeler une crise de la docilité. À moins d'avoir le courage de nous débrouiller seuls, de ne tenir pour vrai que ce que nous avons personnellement touché ou, encore mieux, inventé, il ne nous reste plus qu'à nous sentir freinés, asservis, liés à des fables et des contre-vérités d'autrefois par les significations, valeurs, descriptions et instructions imposées par d'autres, trop utiles qu'elles sont à nourrir leur pouvoir. Même, et peut-être surtout, la vérité de Dieu n'échappe pas à cette règle. On devrait réserver l'enseignement, ou la soumission, aux seuls esclaves et enfants[1].

Les dogmes définissent le noyau de l'identité des religions abrahamiques, mais les adultes rejettent le dogme, nous dit-on. Steve Jobs, cofondateur d'Apple, a résumé cela dans le discours qu'il a prononcé à Stanford en 2005, lors de la Cérémonie de remise des diplômes :

> Votre temps est limité, ne le gâchez pas à vivre la vie de quelqu'un d'autre. Ne vous laissez pas prendre au piège du dogme – lequel ne vit que nourri des résultats de la pensée des autres. Ne laissez pas le bruit que font les opinions des autres couvrir votre propre voix intérieure. Et, surtout, ayez le courage de suivre votre cœur et votre intuition.

Bien sûr, pris au pied de la lettre, les conseils de Jobs aboutiraient à nous faire dire non à l'apprentissage de tout langage, vu les hypothèses qui forcément le saturent et qu'on doit à d'autres avant soi. On communierait avec sa vérité intérieure dans une vacuité muette et sans mots. G. K. Chesterton a affirmé :

> Les gens se répartissent en deux catégories : ceux qui acceptent les dogmes et le savent, ceux qui acceptent les dogmes et ne le savent pas. Les arbres n'ont pas de dogmes. Les navets sont singulièrement larges d'esprit[2].

Voici ce qu'écrit Terry Eagleton :

> La plupart des critiques modernes se révoltent contre le mot dogme, mais c'est fou ce qu'il peut y avoir de poèmes traditionnels dogmatiques, au sens premier et non péjoratif, au sens de l'adhésion à un système de croyance. Dante et Milton, pour ne citer qu'eux. C'est une erreur de penser avec certains critiques modernes qu'un excès de croyance cause toujours du tort, comme ferait un excès de sel. Cela dépend du type de croyance qui est en cause. Et les critiques pensent généralement aux croyances des autres plutôt qu'aux leurs. Mes croyances à moi sont extrêmement souples, alors que les vôtres sont absurdement arthritiques[3].

Face à cette perception négative du dogme on peut proposer une foi non dogmatique. Si nous « étiquetons » notre religion plutôt comme une spiritualité douce que comme une matière à enseigner, elle semblera peut-être moins tyrannique. Pleine conscience, techniques de méditation, parcours de labyrinthes, allumage de bougies et apprentissage d'une respiration lente sont autant de moyens de trouver le calme dans notre monde trépidant. Il n'y a rien de mal à cela, mais le christianisme, comme le judaïsme et l'islam, est une religion qui enseigne. Qu'il y renonce, et voilà notre foi vidée de sa substance.

Chaque chrétien est à la fois enseignant et étudiant. L'historien de l'Église à Cambridge Eamon Duffy écrit :

> En fait, l'enseignement catholique prend trente-six formes différentes : mère enseignant leurs prières à ses enfants, catéchiste préparant des jeunes aux sacrements, groupe paroissial d'étude biblique discutant des évangiles, sermons, conférences ou discussions dans un séminaire, cours d'université ou session de formation continue, livres ou articles traitant de la religion, lettres pastorales, documents conciliaires, encycliques papales. Dans cet inventaire, il y a à boire et à manger, mais l'ensemble constitue un enseignement catholique, et toutes les personnes impliquées dans de telles activités sont des maîtres qui partagent l'œuvre prophétique du Christ[4].

Enseigner et guérir, telles sont les deux vocations chrétiennes fondamentales.

L'enseignement chrétien ne met pas un point d'arrêt à notre recherche de la vérité, au contraire : cela stimule l'aventure de l'esprit. J'ai rejoint l'ordre des Dominicains en 1965, alors que s'achevait le concile Vatican II et que les manifestations étudiantes de 1968 allaient mettre le feu aux poudres. Ces temps étaient déroutants et passionnants. Tout était suspendu, rien ne semblait assuré. Beaucoup de mes frères quittèrent l'ordre. Si certains d'entre nous, à

Blackfriars, restèrent, le mérite en revient aux merveilleux professeurs que nous avions, des Herbert McCabe, des Fergus Kerr, des Cornelius Ernst, qui nous ont montré que les doctrines de notre foi libéraient le cœur et l'esprit et nous ont lancés dans une exploration sans fin de son mystère.

Les vagues et chaleureuses émotions nées de la conviction que Jésus est bon ne peuvent suffire à donner de l'assise à la vie chrétienne. Les expériences charismatiques de l'Esprit sont merveilleuses, mais qu'est-ce qui nous soutiendra en période de vaches maigres ? Les doctrines nous nourrissent même lorsque nos sentiments sont taris et que tombe la nuit noire. Étudier est une réponse tout aussi dynamique à la promesse de la vie que le voyage à Jérusalem. C'est l'avers et le revers de la même quête. Nous devons donc partager avec nos contemporains séculiers un soupçon d'« imaginaire dogmatique » qui nous propulse sur la voie ouverte de l'esprit. Admettre que Jésus est revenu de la mort ne signifie pas que nous ayons résolu le casse-tête du tombeau vide. « C'est réglé. » Voilà qui ferait de la croyance en la Résurrection un dogme au sens négatif et non chrétien. Disons plutôt, avec Grégoire de Nysse, que la foi va de début en début pour toute l'éternité. Dieu est pour toujours insaisissable, il est juste devant nous. Voyez R. S. Thomas : « Quel jeûne/Dieu toujours devant nous et/s'en allant quand nous approchons[5]. » C'est tout juste si nous pouvons apercevoir son dos, comme faisait Moïse là-haut sur sa montagne.

Les doctrines de l'Église – l'immaculée conception, la divinité du Christ, la résurrection de Jésus, etc. – ne sont pas des croyances en des événements isolés, mais tous les moments du grand drame de l'histoire d'amour de Dieu avec l'humanité. McCabe affirme que, « s'il était possible de convaincre un homme de la résurrection du Christ comme fait isolé, sorti de tout contexte, il s'agirait simplement pour lui d'un de ces prodiges qui se produisent parfois. Cela n'aurait aucune signification religieuse[6] ». La tombe vide était grosse d'un nouveau moment de l'histoire, qui est le drame de nos vies.

Qualifier une opinion d'hérétique lui donne du piquant, comme s'il s'agissait d'une personne courageuse sortant des sentiers battus. Mais pas du tout : une vision hérétique est une vision qui court-circuite l'histoire merveilleuse et inépuisable de notre transfiguration en Christ et la réduit à une histoire conventionnelle et ennuyeuse. C'est un exemple du réductionnisme que stigmatise Mary Midgley en parlant du « ce n'est jamais que... » généralisé[7]. Nier la divinité du Christ revient à aplatir le récit racontant comment nous a saisis la vie divine : ne reste plus alors que l'histoire d'un maître charismatique comme il y en a des milliers. À l'inverse, refuser son humanité sape notre foi en l'absolue proximité de Dieu, qui est allé jusqu'à se faire l'un de nous. Nous serait alors laissé en partage un spectre céleste revêtu d'oripeaux humains. Donc, le credo nous appelle toujours à poursuivre notre voyage au sein du mystère infini de Dieu plutôt que de nous égarer sur un sentier abandonné menant à une impasse. Il nous avertit : « Itinéraire essayé. Ne mérite décidément pas la mention : *Vaut le détour** ».

La doctrine nous libère de tout ce qui est étroit et ennuyeux. Reprenons ici ce qui se passe dans *À la Maison-Blanche*, au moment où la secrétaire du président, une très chère amie d'enfance, perd la vie dans un accident de voiture. Le président se rend à la cathédrale nationale de Washington pour assister aux funérailles, après quoi il fait fermer le bâtiment afin de se laisser aller seul à une explosion de rage devant Dieu. « Un bon à rien doublé d'un criminel, voilà ce que tu es ! » hurle-t-il. De retour au Bureau ovale, il a l'impression de la croiser et de l'entendre lui dire : « Tu sais, Dieu n'a pas la haute main sur les accidents de voiture ! » Bien sûr qu'il le sait, mais il s'était laissé un instant allé à voir Dieu en grand contrôleur du monde, gérant tout ce qui se passe, à la façon du joueur d'échecs bougeant ses pièces. Vision infantile et piètre théologie qui réduit Dieu à un être très puissant, pure projection céleste de son propre statut, président de l'Univers ! Alors qu'une doctrine saine ouvre la lucarne de notre imagination à la lumière divine. Et l'air de purifier jusqu'aux moindres recoins d'une religiosité étriquée, les inondant du souffle frais de l'infini divin.

Notre foi parle de la façon dont nous embrasse le mystère infini de l'amour de Dieu, de l'amour qu'est Dieu. Herbert McCabe, qui n'était rien moins qu'un penseur mièvre, écrivait :

> Toute notre foi est la conviction que Dieu nous aime ; je veux dire par là qu'il n'y a rien d'autre. Toute autre croyance à laquelle nous déclarons adhérer n'est jamais qu'une façon de dire que Dieu nous aime. Toute proposition, tout article de foi n'exprime véritablement celle-ci que si c'est une façon de dire que Dieu nous aime[8].

Ce que cela signifie, nous ne cesserons jamais de le découvrir, et tous ceux qui s'efforcent de comprendre le prix et la beauté de l'amour sont nos alliés, qu'ils croient en Dieu ou non.

En conséquence, l'enseignement chrétien n'entraîne nullement que l'adepte voie son esprit se fermer et s'éteindre ses facultés critiques. Il est poussé au contraire vers le saisissement et la vénération. Flannery O'Connor, la romancière catholique américaine, écrivait à un ami :

> Pour moi, un dogme n'est qu'une passerelle vers la contemplation et un instrument de liberté, non un frein. Il préserve le mystère pour l'esprit humain[9].

McCabe a fait valoir que pour certains, le mystère indescriptible passe par une étude aussi ardue que rigoureuse, mais pas pour tout le monde. C'est un chemin de sainteté que nous trouvons notamment dans saint Thomas d'Aquin :

> Quelles que soient ses nombreuses autres vertus, la sainteté centrale de saint Thomas était une sainteté de l'esprit, et cela se voit moins aux nombreuses questions auxquelles il apporta des réponses merveilleuses et stimulantes qu'à celle, unique, où il a déclaré forfait, la question qu'il ne résolut pas et ne pouvait résoudre, la question à laquelle il refusa de prétendre répondre[10].

Et naturellement, il s'agit de la question qu'on dit qu'enfant il avait commencé par poser : « Qu'est-ce que Dieu ? »

Nous n'instillerons chez les autres la liberté contagieuse de « l'imaginaire dogmatique » que s'ils voient que les chrétiens n'ont pas peur de s'attaquer à des questions complexes auxquelles ils sont incapables de répondre, d'apprendre aussi bien que d'enseigner, d'explorer des voies qu'ils n'avaient jusque-là jamais frayées. Pour affronter le fondamentalisme aveugle et la violence qui en découle, la meilleure réponse est de penser.

Enseigner face à la mort

La pensée est une voie d'épanouissement : les uns y parviennent grâce à une réflexion qui obéit à des règles rigoureuses, les autres par des méthodes moins académiques. Si l'on veut entrevoir ce que peut être l'exubérance joyeuse des études, on lira ce qu'écrivait le jeune Érasme à son ami Christian Northoff de Paris, où il étudiait les prodigieux apports littéraires de la toute jeune Renaissance :

> À table, à l'heure du déjeuner, nous parlons littérature. Nos dîners sont délicieusement relevés à l'assaisonnement littéraire. Dans nos promenades, nos conversations roulent sur les lettres, et jusqu'à nos échanges frivoles en portent la marque ; nous en parlons jusqu'à l'heure du coucher, nous en rêvons, et c'est la littérature qui nous réveille pour inaugurer un jour nouveau[11].

Jeune frère, j'ai rallié Munich en auto-stop avec un exemplaire d'*Être et Temps* de Heidegger dans mon sac à dos, et je l'étudiais entre deux voitures qui s'arrêtaient me prendre. Ce n'était pas pour moi un texte clair comme de l'eau de roche, mais la pose était agréable à souligner. Je me disais : « Voilà qui s'appelle vivre ! »

Si l'étude est un des moyens de s'épanouir, l'éclat de sa beauté vitale se renforce encore quand la mort est proche. Par exemple, Jésus n'a plus qu'un jour à vivre, et il enseigne. Il défie la férocité barbare qui l'attend le lendemain. Il enseigne l'amitié à ses disciples alors qu'il a déjà été trahi par l'un d'entre eux et qu'il ne va pas tarder à être renié par Pierre. Il est sur le point d'être englouti par la violence quand il leur enseigne la paix que le monde ne peut pas donner. Il leur enseigne qu'ils doivent ne faire qu'un quand ils vont sous peu se disperser. Cet enseignement répond par le défi à l'insupportable absurde de ce qui se prépare. Le matin de Pâques le valide. « Où la parole est sans effet, prévaut la violence[12]. »

La mort infligée semble vider de leur sens toutes nos vies. Lorsque saint Oscar Romero, l'archevêque de San Salvador, se rendit sur les lieux d'un massacre perpétré par l'armée salvadorienne, ses pas le menèrent auprès du corps d'un jeune garçon gisant dans un fossé :

> Ce n'était qu'un enfant, au fond de ce trou, la face tournée vers le ciel. On pouvait voir les impacts de balle, les contusions laissées par les coups, le sang séché. Il avait les yeux grands ouverts, comme s'il demandait la raison de sa mort et ne comprenait pas[13].

À la suite de cette intense expérience, lourde d'une violence insensée, se produisit pour le prélat une conversion du cœur qui le mena aux côtés des plus pauvres, à la résistance au régime des militaires du Salvador, puis à la mort violente. De deux choses l'une : soit rien n'avait de sens, soit la vie avait un sens dépassant la mort et qui valait la peine de mourir.

Le dramaturge Vaclav Havel, président de la République tchèque, a affirmé que « l'espoir n'est pas la conviction que notre action aboutira, mais la certitude qu'elle a un sens, quel qu'en soit le résultat[14] ». L'étude exprime notre espoir que tout ce que nous vivons, nos joies et nos peines, se révélera au bout du compte avoir une plénitude de signification que nous sommes pour l'instant loin d'entrevoir. Saint Paul rassure les Corinthiens : « Car nous voyons, à présent, dans un miroir, en énigme, mais alors ce sera face à face. À présent, je connais d'une manière partielle ; mais alors je connaîtrai comme je suis connu » (1 Co 13, 12).

Dans les zones de guerre de notre monde, l'enseignement et l'étude incarnent notre espoir que le dernier mot ne sera pas à la violence. À Bagdad, les Dominicains publient un magazine intitulé *Pensée chrétienne*, que lisent des milliers de musulmans. Il ne publie pas de réflexions sur le christianisme, mais partage une tradition chrétienne de pensée critique. Il incite à aller plus loin que les hypothèses simplistes sur les croyances des chrétiens et des musulmans. Il évoque l'époque où Bagdad était un grand centre de la vie intellectuelle, du IXe au XIIe siècle – l'âge d'or de l'islam –, lorsque des fidèles issus de toutes les confessions y cherchaient la vérité. Une piste pour l'avenir ? acceptons-en l'augure.

Le dominicain Yousif Tomas Mirkis, avant d'être nommé archevêque de Kirkouk, a fondé l'Académie des sciences de l'homme de Bagdad, dont 80 % des élèves sont musulmans. Son emblème est un bouclier dominicain avec un grand point d'interrogation. Ici, aucune question n'est interdite. Il m'a dit : « Nous avons besoin d'endroits où les gens puissent respirer l'oxygène du débat. » La raison est un don de Dieu !

Je suis retourné en Irak en décembre 2017 avec un dominicain américain, Brian Pierce. Nos sœurs avaient été chassées de la plaine de Ninive par Daech. La première chose que les terroristes ont faite a été de démolir les écoles. La première chose que les sœurs firent à leur retour fut de les reconstruire, avant même d'avoir trouvé un endroit où vivre. Les étudiants musulmans, chrétiens et yézidis sont assis côte à côte dans la salle de classe et apprennent ensemble, en camarades d'étude. Un jour qu'une sœur dominicaine avait été empêchée, pour cause de rendez-vous médical, de faire le cours de catéchisme aux élèves chrétiens, elle fut ravie de voir en revenant la maîtresse musulmane qui l'avait remplacée. Elle avait trouvé le catéchisme sur l'étagère et avait fait la leçon aux enfants sur leur foi chrétienne : « Je ne voulais pas, avait-elle expliqué, qu'ils perdent un cours ».

Lors de ma visite à Homs, en Syrie, quelques mois plus tôt, j'avais connu une ville en ruine. Nous nous sommes recueillis devant le tombeau du jésuite hollandais Frans van der Lugt, qui avait refusé de quitter la ville lorsque les violences avaient éclaté en 2014. Après un bombardement, il avait organisé la liturgie du dimanche des Rameaux, à laquelle avaient assisté catholiques, orthodoxes et musulmans. Le 7 avril, quelqu'un était entré dans le jardin et l'avait abattu. Nous avons trouvé là-bas un vieux jésuite fatigué, qui, fidèle au poste, enseignait aux enfants. L'enseignement continue. Ce qui a du sens aura le dernier mot. Les maîtres d'Europe, qui se lèvent de grand matin et se cassent la tête à préparer leurs cours, surtout dans les régions déshéritées qui semblent sans avenir, sont des ambassadeurs de l'espoir.

C'est peut-être pour cette raison que les juifs placent l'étude au cœur de leur vie religieuse. Ils ont si souvent été menacés par des tsunamis de violence absurde ! L'antisémitisme est de nouveau en hausse aujourd'hui. H. G. Wells a soutenu que c'est le judaïsme qui a proposé l'éducation universelle pour chaque enfant, car être juif, c'est étudier. L'étude est encore plus sacrée que la prière, car dans la prière, nous parlons à Dieu, mais dans l'étude, nous l'écoutons. En Europe centrale, périodiquement anéanti par des pogroms, le judaïsme a survécu grâce à l'étude. Le lieu de culte s'appelle en yiddish *shul*, « école ».

> Les frais de scolarité qui doivent être payés chaque trimestre au maître de l'école du plus jeune garçon constituent la ligne la plus lourde du budget familial. « Les parents plieront le ciel pour éduquer leur fils. » La mère, qui tient les cordons de la bourse, réduira à la portion congrue la part des dépenses alimentaires s'il le faut afin de pouvoir faire face à l'échéance de la scolarité. Le garçon doit étudier, le garçon doit devenir un bon juif ; pour elle, les deux sont synonymes[15].

L'étude comme amour

Lorsque le philosophe Peter Geach rencontra sa future femme, une autre philosophe, Elizabeth Anscombe, il lui massa l'épaule et lui dit : « Miss Anscombe, j'aime votre esprit[16]. » Les philosophes ne sont pas les seuls à avoir de beaux esprits. Une chose que m'a fait manquer ma vie de frère, c'est la paternité : j'aurais aimé suivre le développement mental des enfants. J'aurais adoré les voir explorer le langage. Nous appartenons à l'espèce *Homo sapiens*, l'« homme sage », et, lorsque nous avons l'esprit étriqué et émoussé, nous ne parvenons pas à vivre pleinement.

Enseigner est une forme d'amour : l'amour de la vérité et l'amour entre maître et élève qui se rencontrent dans la vérité. Saint Thomas d'Aquin aimait cette expression léguée par Aristote : *anima est quodammodo omnia* « en un certain sens, l'âme est tout ». L'âme humaine est ouverte à toutes les formes d'être et ne fait plus qu'un avec elles dans la connaissance.

La connaissance est une sorte d'achèvement s'accompagnant de l'abolition des barrières. Lorsque nous aimons autrui, nous sommes conjoints jusqu'à ne faire qu'un. La connaissance la plus profonde de l'autre dans l'Ancien Testament est l'union sexuelle. « Adam connut sa femme », l'expression revient en Gn 4, 25 quand Seth est conçu. Nous avons vu que cette connaissance est la mutation qui me fait advenir à moi-même, cet amour ou cette amitié engendrant des aspects de moi-même qui ne s'étaient jamais développés auparavant.

Il m'est arrivé d'accueillir le pape Jean-Paul II dans notre université romaine, l'Angelicum, en le saluant d'une longue formule polonaise que j'avais essayé de mémoriser. Quand je fus au bout de ce que je me rappelais, à mon grand soulagement il compléta la phrase. « J'espère, dis-je alors en italien, que je prononce moins mal le polonais que l'italien. – Si le cœur est ouvert, répondit-il tout de go, l'esprit comprend. » L'étude rend les esprits plus aimants et notre amour plus perspicace.

Le dominicain Dominique Pire, un Belge qui a reçu le Prix Nobel de la paix après la Seconde Guerre mondiale, a écrit :

> On doit littéralement s'emplir de l'autre. L'opération requiert que l'on place son être intime, avec son identité et ses opinions, entre parenthèses pour ainsi dire, de manière à apprécier positivement l'autre, ce qui ne signifie pas obligatoirement partager son point de vue. La démarche comporte une dose importante d'autosacrifice[17].

Tel est l'ascétisme de l'étude.

Par l'étude, l'on s'ouvre à ce qu'est l'autre. Quand mes études m'ont mené un an à Paris, j'ai dû m'ouvrir à la manière française d'être vivant. Je laissai la France me pénétrer de part en part. Je m'affranchissais autant que possible de mon indéracinable côté britannique et devenais un brin français. En passant maître de l'ordre, obligé d'apprendre l'espagnol, j'habitai longtemps l'Amérique latine, où je lus les romanciers du continent, goûtai la cuisine locale, m'ouvrant, en un mot, à la façon du cru d'être un humain. Thomas d'Aquin a une expression pour désigner cela : la *latitudo cordis*, l'« expansion du cœur ».

« En un certain sens, l'âme est tout. » Serge de Beaurecueil, qui a passé de nombreuses années en Afghanistan, a appris à être un invité dans la maison de l'islam. « Pour comprendre l'autre, il ne faut pas se l'annexer, mais devenir son hôte[18]. » Peu à peu, Serge en vint à penser que l'Afghanistan était son pays, sa terre promise[19]. Ce qui n'implique nullement un relativisme convenu ; il est resté un disciple du Christ, mais avec un cœur et un esprit dilatés et un imaginaire encore plus catholique.

À une époque où chancelle la vérité, la tentation est de se replier sur soi-même dans une autoanalyse infinie. Philip Roth a parlé de « la pure donnée du soi, de la vision de soi comme une forteresse puissante et déterminée, du soi comme la seule chose réelle dans un environnement non réel[20] ». Nombreux parmi les livres les plus marquants de notre époque sont en effet les mémoires ; je pense à celui de Dave Eggers[21], ou encore au roman autobiographique de Karl Ove Knausgaard en six volumes[22], une étude minutieuse de chaque moment de sa vie. Mais la discipline de l'étude chrétienne rompt l'attraction gravitationnelle du soi et obtient que l'on se laisse toucher et métamorphoser par la question de l'autre. L'infranchissable, l'agaçante différence qui sépare deux êtres fait éclater la bulle de l'ego. Que j'étudie saint Augustin, la physique ou le système digestif d'un ver, cela vaut dans tous les cas.

Dans le poème de Ted Hughes intitulé « Le renard-esprit », le poète en un certain sens *(quodammodo !)* devient le renard. Il ouvre son être plus profond à la « renardise » du renard. Le poème est une tentative visant à enjamber l'abîme qui sépare le renard de l'homme.

Au hasard des clairières, un œil,
Un vert qui va s'élargissant, se creusant,
Avec éclat et concentration,
S'occupe à ses propres affaires.

Puis, dans une soudaine puanteur puissante de renard
S'introduit dans la cavité obscure de la tête,
La fenêtre demeure sans étoiles, calme ; l'horloge fait tic-tac,
La page est écrite[a].

Dans le poème, ils ne font plus qu'un. Le noir sur blanc du poème dans la page est une sorte de consommation. Wendell Berry nous donne un aperçu d'une transformation similaire dans sa contemplation d'une fauvette à gorge jaune.

Mon esprit devint
Beau à sa vue. Il n'avait que la beauté
De lui-même en vie dans le seul moment de sa vie[23].

Regarder ce qui est beau embellit l'esprit. Regarder ce qui est laid, pornographique, sadique, méprisant, étouffe l'esprit. Qu'en est-il de la science ? Peut-elle transformer celui que vous êtes ? Peut-on être attiré par une molécule et subir un changement ? Je m'en suis enquis auprès de Robert Gilbert, professeur de biochimie à Oxford et prêtre anglican ordonné. La science est alimentée, selon lui, par un amour de la beauté : « Comprendre une chose dans le mouvement qui fait l'apprécier implique qu'on se donne à elle, qu'on s'y plonge. Cela suppose qu'on l'aime[24]. »

Si étudier les oiseaux et les molécules nous fait gagner en humanité, alors imaginez combien fructueuse est l'étude du Verbe divin, lui qui ouvre tout notre être à cet infini qui nous parle en amitié. Une étude étroitement académique qui considère les textes comme des objets à disséquer ne donnera pas ce fruit, mais si nous nous attardons sur la Parole de Dieu, la savourons, la questionnons et la laissons nous

---

a. T. Hughes, *The Hawk in the Rain, New Selected Poems, 1957-1994*, Londres Faber and Faber, 1995, p. 3, « The Thought-Fox », ici dans la trad. de V. Rouzeau, « Le renard-esprit » (tiré de *Le Faucon dans la pluie*), *Poèmes, 1957-1994*, Paris, Gallimard, 2009, p. 17-18.

questionner, notre amitié avec le Christ changera et notre être et notre manière d'être.

« En un certain sens, l'âme est tout. » Comme maîtres nous nous ouvrons à nos étudiants, nous nous glissons en eux, nous voyons avec leurs yeux. Saint Paul a dit qu'il devenait tout pour tous, de manière à enseigner : « [...] je me suis fait l'esclave de tous afin de gagner le plus grand nombre. Je me suis fait Juif avec les Juifs, afin de gagner les Juifs ; sujet de la Loi avec les sujets de la Loi – moi qui ne suis pas sujet de la Loi – afin de gagner les sujets de la Loi [...]. Je me suis fait tout à tous, afin d'en sauver à tout prix quelques-uns » (1 Co 9, 19-21).

De son propre aveu, il arrivait fréquemment à saint Grégoire le Grand de devoir faire un avec sa congrégation s'il voulait comprendre les Écritures[25]. Saint Dominique désirait si passionnément communiquer avec les Albigeois ou les Cathares qu'il a sauté littéralement de son grand cheval pour être près d'eux, faire un bout de chemin en leur compagnie et partager leur pauvreté. Il devint l'un d'entre eux autant qu'il put sans se trahir, de même que Dieu est devenu un avec nous, car, pour compatir à nos faiblesses, nous avons quelqu'un « qui a été éprouvé en tout, d'une manière semblable, à l'exception du péché » (He 4, 15).

Être un maître, c'est devenir tout pour tous. Si vous enseignez à des soldats, vous devez entrer dans l'esprit militaire. Lorsque je donnais des conférences aux séminaristes de Milan, je devais m'imaginer être l'un d'entre eux, en lisant sur leurs visages pendant que je parlais. Si l'on enseigne aux sœurs féministes américaines, il faut se rapprocher le plus possible d'elles et entendre chaque mot par leurs oreilles, anticiper ce qui va ébranler et ce qui va ravir. L'amour n'en demande pas moins. Enseigner aux jeunes, c'est devenir jeune dans un sens (encore *quodammodo* !), tout en sachant que ce n'est pas le cas. Cela signifie connaître leurs chansons et leurs rêves.

Que se passe-t-il si le public comprend des traditionalistes et des progressistes, chaque groupe ayant son propre vocabulaire et sa propre sensibilité ? J'ai prêché dans une université de Cambridge à une congrégation de chrétiens libéraux qui comptait aussi une religieuse férocement conservatrice, laquelle avait dégainé son stylo pour enregistrer mes erreurs. C'est alors que l'on prie désespérément pour que le Verbe, qui soutient tout et tout le monde, les libéraux comme les conservateurs, envoie un mot qui ratisse large.

Il faut être si désireux de partager la vérité qu'à l'instar de saint Philippe Neri on fera quasi n'importe quoi, quitte à passer pour un fou, comme lorsqu'il rasait la moitié de sa barbe pour montrer la futilité d'essayer de paraître important ! Une fois que l'on a fait un avec ses étudiants et qu'on a pénétré leur langue, rien n'empêche de leur proposer de nouveaux mots, d'enrichir leur langue. Je me souviens d'un étudiant néerlandais qui m'avait dit qu'il aimait venir dans notre église parce qu'il y apprenait de nouveaux mots, comme *gloire* et *sainteté*. Mais d'abord il faut s'approcher, comme Dieu le Verbe s'est fait chair.

Est-ce que tout est vrai ?

Si près que nous nous approchions des gens, si poussée que soit notre sympathie pour leur façon d'être, le christianisme enseigne toujours des vérités qui semblent insensées pour une culture laïque. Nous enseignons qu'un être humain est divin, qu'il est né d'une vierge, qu'il est ressuscité d'entre les morts et qu'il nous donne son corps. Comment pouvons-nous oser partager une telle foi alors que celle-ci sera sûrement rejetée comme absurde ?

Si nous le faisons, c'est uniquement parce que nous croyons que notre foi est vraie et que les êtres humains sont faits pour la vérité : oui, *homo sapiens*. Ainsi, nos doctrines ne peuvent être totalement étrangères à aucun esprit humain. Elles doivent susciter une étincelle, si minime soit-elle, d'approbation. Selon les constitutions dominicaines, qui régissent notre vie de frères, les êtres humains possèdent la *propensio ad veritatem*[26], une inclination au vrai. Les êtres humains la flairent, même si c'est à l'état de traces dans notre culture laïque. Rien d'humain n'est étranger au Christ, et le Christ n'est jamais complètement étranger à aucun être humain : « [...] la lumière véritable, qui éclaire tout homme venant dans le monde » (Jn 1, 9).

Nous sommes faits pour la vérité, comme les poissons sont faits pour l'eau et les oiseaux pour l'air. Sans elle, nous nous flétrissons. Si nous enseignons avec imagination, les gens peuvent se réveiller, comme les ours après une longue hibernation, capter l'effluve printanier et ressentir une faim de loup. Quand saint Paul a prêché à Athènes sur la résurrection des morts, « les uns se moquaient, les autres disaient : "Nous t'entendrons là-dessus une autre fois" » (Ac 17, 32). Nous enseignons notre foi avec l'espoir que dans un recoin caché de l'esprit de celui qui écoute un « oui » s'extirpera de son sommeil.

Vers la fin de sa vie, Dorothy Day écrivit dans son journal :

> Je me moque de l'âge que j'ai... je peux bien être faible, avoir l'haleine courte, ne pas être fichue d'aller plus loin que quelques pâtés de maison, je me moque des souffles au cœur, des défaillances cardiaques, de l'emphysème, pourquoi pas, de l'arthrite aux pieds et aux genoux, de tous ces symptômes de vieillesse et de décrépitude, mon cœur peut encore bondir de joie lorsque je lis et acquiesce à telle grande vérité proférée par tel grand esprit et grand cœur à la fois[27].

Leonard Cheshire, qui a servi pendant la Seconde Guerre mondiale comme pilote dans la RAF, a fondé des foyers pour handicapés et personnes en fin de vie. Dans un dîner qu'il faisait avec des amis pendant la guerre, il suscita, en niant toute croyance en un Dieu personnel, l'objection d'un des convives : « Absurde, au dernier degré ! Dieu est une personne, et vous le savez fort bien. »

Cheshire a écrit :

> Il n'avait pas plus tôt fini sa phrase que j'étais pénétré de sa vérité. Ce n'était pas que je l'eusse su de toujours, et que seule manquât la pichenette pour me le faire admettre ouvertement, ce n'était pas non plus que j'eusse suivi tout un raisonnement dont le déroulé me semblait définitif, non, c'était tout simplement que ce qui m'avait semblé absurde jusque-là était devenu porteur d'une puissance de conviction imparable[28].

Cela peut même arriver aux universitaires. Edith Stein naquit en octobre 1891 dans une famille juive pratiquante, et se tourna à l'adolescence vers l'athéisme. Elle obtint son doctorat de l'université de Fribourg, puis fut l'assistante du grand philosophe Edmund Husserl. Une brillante carrière universitaire l'attendait :

> Un soir, Edith prit l'autobiographie de sainte Thérèse d'Avila et ne la lâcha pas de la nuit. « Quand j'eus fini le livre, je me dis : c'est la vérité. » Plus tard, faisant retour sur sa vie, elle écrivit : « Mon désir de vérité n'était qu'une prière »[29].

Elle fut reçue dans l'Église catholique, devint carmélite, en religion sœur Thérèse-Bénédicte de la Croix. Avec sa sœur Rosa, une autre religieuse, elle fut déportée à Auschwitz, où elles moururent en 1942 dans une chambre à gaz. C'est donc parce que nous croyons que les êtres humains sont des « animaux qui cherchent du sens », pour reprendre les mots de Jonathan Sacks, que nous osons enseigner notre foi et ainsi reconnaître dans notre enseignement le sens dont nous sommes tous si assoiffés.

Mais pourquoi la théologie est-elle si compliquée ? La *Somme de théologie* de saint Thomas d'Aquin contient des centaines de questions obscures et il ne s'agit que d'un sommaire – *somme* – pour débutants[30]. Lorsque Karl Barth, peut-être le plus grand théologien protestant des cent dernières années, se rendit en Amérique en 1962 et qu'on lui demanda de résumer les millions de mots qu'il avait écrits, il fit cette réponse : « Jésus m'aime, je le sais, car la Bible me le dit. » De quoi d'autre avons-nous besoin ? Pourquoi des théologiens comme Barth ou Thomas d'Aquin s'embarrassent-ils d'épais volumes explorant des questions qui n'effleurent jamais l'esprit du commun des mortels ? Est-ce que tout cela n'est pas aussi simple : aimer Dieu et son prochain comme soi-même[31] ?

G. K. Chesterton raconte qu'une « dame de [s]a connaissance, ayant mis un jour la main sur une anthologie commentée de saint Thomas d'Aquin, se lança pleine d'espoir dans la lecture d'une section au titre innocent : "Simplicité de Dieu", puis reposa l'ouvrage avec un soupir en disant ces mots : "Eh bien, si c'est là Sa simplicité, je me demande à quoi ressemble Sa complexité"[32] ». La théologie est complexe non pas parce que Dieu est complexe, mais parce que nous, nous le sommes. Nous avons une foule de façons de donner du sens au monde. Dieu est on ne peut plus simple, d'une simplicité qui dépasse notre compréhension. Plus nous approchons de Dieu en foi, espérance et charité, plus nous devenons simples, mais c'est une renaissance longue et difficile, où se détricotent les labyrinthes tortueux de nos cœurs et de nos esprits, tandis que nous mûrissons lentement en direction d'une clarté radieuse pour devenir des individus cohérents au lieu de ces sujets dont s'affrontent les multiples personnalités.

La simplicité de la réponse de Karl Barth était le fruit de longues années d'étude et de prière. Bien sûr, tout le monde peut *dire* les mêmes mots, mais il faut toute une vie pour le faire avec autorité. Conrad Pepler, un sage dominicain et ami de Wittgenstein, a souvent prêché sur l'amour comme seule nécessité. Nombreux sont ceux qui dans leur prêche ressassent à peu près le même thème, et nous de jeter un coup d'œil à nos montres en nous demandant quand cessera de couler ce robinet d'eau tiède. Quand c'était Conrad, nous écoutions parce qu'il parlait avec l'autorité de celui dont la vie était enracinée dans l'inimaginable simplicité de Dieu. Tel était le fruit d'années passées avec celui qui a dit : « Je vous appelle amis. »

9

Amitiés impossibles

Friends, la sitcom américaine qui met en scène un groupe de New-Yorkais, reste le programme télévisé préféré des jeunes de Grande-Bretagne entre cinq et seize ans, selon une étude de février 2019. La diffusion de la série a débuté il y a un quart de siècle et a cessé avant la naissance du plus vieux de cette tranche d'âge. La « génération écran » la regarde de préférence sur ses Smartphones. J'adore la série, mais quel est le secret de sa popularité auprès d'une autre génération, à qui je rends une soixantaine d'années ? *I'll be there for you*, dit la chanson du générique, « Je serai là pour vous » : un titre bien trouvé pour une série restée dix ans durant à leur disposition ! Simon Leggett, qui a dirigé l'enquête, dit :

> Ce sont les enfants qui sont le plus connectés numériquement de toutes les générations, et ils le sont plus que l'année dernière. Pourtant, plus ils se connectent, moins ils se sentent reliés à leurs pairs, et plus au contraire ils ressentent solitude et isolement [1].

Ils ont soif d'amitié, mais les émissions qui parlent d'amitié, ils les regardent seuls. On peut avoir un millier d'amis sur Facebook sans qu'un seul ait un visage en chair et en os.

Face à la mort, Jésus appelle amis ses inconstants disciples. Peut-être qu'incarner cette amitié est le moyen d'éveiller l'imagination non seulement de cette jeune génération, mais encore des millions de personnes qui habitent dans nos villes anonymes, souvent en solitaires.

Plus ce livre progressait, plus se faisait jour l'idée que l'amitié de Jésus est une clé de l'imaginaire chrétien. Au chapitre VII, nous avons vu que la vie morale ne consiste pas à se soumettre à des règles qui imposent du dehors des contraintes à notre comportement. On se laisse transformer par l'amitié du Seigneur. Le chapitre VIII a montré que l'étude est la discipline qui consiste à s'ouvrir à d'autres manières d'être. « En un certain sens, l'âme est tout. » Creuser l'esprit et l'humanité d'une autre personne, imaginer ses espoirs et ses peurs fait également partie de l'amitié. Là, dans la nuit qui précède sa mort, Jésus l'enseignant appelle amis ses disciples, y compris ceux qui le trahissent et l'abandonnent.

Une longue tradition remontant au moins à Socrate accouple enseignement et amitié. Les enseignants partagent avec leurs élèves ce qu'ils ont de plus précieux, leur amour du sujet. Enseignant et élève sont assis côte à côte, à regarder dans la même direction, comme le font des amis. Mais il y a des limites. L'amitié implique une égalité totale, chose impossible entre un maître et un jeune élève. De nombreux films contemporains sur les enseignants et leurs élèves explorent la beauté et les pièges de cette relation, mettant les frontières à l'épreuve : *L'Éducation de Rita, Les Belles Années de miss Brodie, History Boys, Une éducation, A Single Man, Le Cercle des poètes disparus, Les Choristes* [a], etc. Le thème est présent partout, du Dumbledore d'*Harry Potter* au Gandalf et au Frodo du *Seigneur des anneaux* en passant par le

a. Les références cinématographiques ont dans le texte le titre donné par la distribution française. Les œuvres originales qui leur correspondent sont les suivants (est indiquée, outre le nom du réalisateur, l'année de sortie dans le pays d'origine et en France) : L. GILBERT, *Educating Rita* (G.-B. 1983, Fr. 1984) ; R. NEAME, *The Prime of Miss Jean Brodie*, (G.-B. et Fr. 1969) ; N. HYTNER, *The History Boys*, (G.-B. 2006, Fr. 2007) ; L. SCHERFIG, *An Education* (E.-U. 2009, Fr. 2010) ; T. FORD, *A Single Man* (E.-U. 2009, Fr. 2010) ; P. WEIR, *The Dead Poets Society*, (E.-U 1989, Fr. 1990) ; C. BARRATIER, *Les Choristes* (Fr. 2004.)

Obi-Wan Kenobi et le Skywalker de *Star Wars*. Alors qu'est-ce que Jésus enseigne à ses disciples quand il les appelle ses amis ? Il dit : « Je vous appelle amis, parce que tout ce que j'ai entendu de mon Père, je vous l'ai fait connaître » (Jn 15, 15). Qu'a-t-il entendu ?

Amitié biblique

La Bible regorge d'histoires d'amitié[2]. Il existe des amitiés entre Ruth et Naomi, entre Élisée et la Shunamite (2 R 4), David et Jonathan, les ennuyeux amis de Job, etc. L'amitié la plupart du temps relie les gens de biens, que distingue leur vertu. On est ceux que l'on fréquente[a]. Il n'y a pas plus grave accusation que de traiter quelqu'un d'ami des méchants. Ceux qui composèrent les Psaumes tiennent particulièrement à avertir tout un chacun de ne pas traîner avec les méchants.

> Je n'ai pas été m'asseoir avec le fourbe,
> Chez l'hypocrite je ne veux entrer ;
> J'ai détesté le parti des méchants,
> Avec l'impie je ne veux m'asseoir [Ps 26, 4-5].

Les méchants n'ont pas vraiment d'amis. Ils se rassemblent pour des raisons égoïstes, avant tout pour abattre les justes. L'amitié, quasi par définition, relie ceux qui craignent le Seigneur.

> Un ami fidèle n'a pas de prix,
> on ne saurait en estimer la valeur.
> Un ami fidèle est un baume de vie,

---

a. L'auteur reprend librement et en le résumant de façon percutante le propos de Pr 13, 20 : « Qui chemine avec les sages devient sage, qui hante les sots devient mauvais. »

le trouveront ceux qui craignent le Seigneur.
Qui craint le Seigneur règle bien ses amitiés,
car tel on est, tel est l'ami qu'on a [Si 6, 15-17].

Mais Dieu a tendance à se lier d'amitié avec des personnages douteux, par exemple Abraham (Jc 2, 23), qui tente de sauver sa peau en faisant passer sa femme pour sa sœur. Dieu considère même David, l'adultère et le meurtrier, comme « un homme selon [s]on cœur » (Ac 13, 22), celui qu'il accompagne de son amour (Ps 89, 25). L'amour de Jonathan pour David est également une exception. Au XIIe siècle, le cistercien saint Ælred de Rievaulx écrivait : « Jonathan, l'ami de la vertu, a été amené à éprouver de l'amour pour un vertueux jeune homme[3] », à ceci près que David n'est guère un modèle de vertu. Cela nous donne une idée de ce qui arrivera avec son descendant, Jésus.

Jésus était un homme aux chaudes amitiés. Il était un ami intime de Lazare et de ses sœurs Marie et Marthe, et a risqué sa vie pour visiter la tombe de Lazare où il a pleuré (Jn 11). L'évangile de Jean est presque à coup sûr le témoignage du Disciple bien-aimé, qui reste fidèlement au pied de la croix lorsque les autres s'enfuient. Jusqu'ici, ce n'est que ce qui se fait depuis toujours.

Mais Jésus a brisé le moule de la tradition en se liant d'amitié avec les pécheurs, surtout les prostituées et les percepteurs d'impôts méprisés qui gagnaient leur vie en étranglant les plus pauvres et en collaborant avec les oppresseurs détestés, les Romains. Cette amitié avec ceux que bannit la morale ne dénotait pas l'ouverture d'esprit du brave type heureux de fréquenter un peu tout le monde. Elle allait plus loin que la générosité d'une gentille personne affligée de voir le cercle des gens de bien prononcer ces exclusions. De telles amitiés suscitaient-elles le scandale ? Même pas, elles étaient impensables, pour la bonne raison qu'un individu est défini par les liens qu'il noue. Ceux-ci constituent la trame de son existence, le cœur de son identité. Il faut que nous mesurions clairement l'impossibilité absolue d'une telle amitié pour commencer à entrevoir pourquoi la déclaration d'amitié de Jésus la nuit de sa mort pouvait à ce point électrifier. Dans l'évangile de Jean, il la fait précisément à ce moment-là, tout en sachant pertinemment que ces mêmes amis le trahiront, le renieront et l'abandonneront. La bonne nouvelle est celle des impossibles amitiés de Dieu.

La grâce de l'amitié

Au XIIIe siècle, saint Thomas d'Aquin mena une réflexion poussée sur la nature de cette amitié. Auparavant, la plupart des théologiens pensaient à l'amour de Dieu pour l'humanité dans les termes du Cantique des cantiques. Cet amour érotique, conjugal, a captivé leur imagination, en particulier celles du théologien cistercien saint Bernard de Clairvaux, puis de saint Jean de la Croix. Thomas d'Aquin a préféré le langage, plus calme et moins fébrile, de l'amitié, à la fois pour décrire la vie trinitaire de Dieu et notre relation avec Dieu.

Peut-être que c'était parce qu'il était un frère. Il menait une vie fraternelle qui mettait l'accent sur les relations horizontales entre égaux dans notre ordre démocratique plutôt que sur les relations hiérarchiques des moines avec leurs pères abbés[4]. Cette spiritualité était un cadeau pour le monde urbain tout neuf du XIIIe siècle, où s'effondraient les anciennes hiérarchies du monde féodal et où un parfum de démocratie commençait à se faire sentir. Les marchands voyageaient de plus en plus nombreux entre les villes, comme le père de saint François d'Assise. On croisait sur les places de la ville des inconnus au statut incertain. Une spiritualité de l'amitié se mit à imprégner le climat de l'époque et les fidèles affluèrent vers les prieurés des *fratres*, des « frères » donc, sans compter qu'il y avait aussi des sœurs. La spiritualité de l'amitié est également bénéfique pour notre époque, qui voit révolu l'âge de la déférence. La plupart des gens vivent dans des villes et se heurtent à des inconnus. Ils recherchent chaleur et reconnaissance dans le désert urbain. L'offre d'amitié de Jésus peut aussi parler à notre monde.

Dans le monde antique, qu'il soit biblique et classique, occidental ou oriental, l'amitié n'est possible qu'entre égaux. Il doit y avoir au moins une égalité approximative en termes de statut et de vertu. Il y avait des exceptions : lorsque Ponce Pilate tente de libérer Jésus, il est menacé par les chefs religieux : « Si tu le relâches, tu n'es pas un ami de César » (Jn 19, 12). Ce n'est pas l'amitié dont il est question chez Aristote et dans les évangiles. C'est une relation de soumission qui fait de chacun un client d'un puissant patron. Hérode le Grand avait le titre d'*Amicus Caesaris*, « ami de César », roi client mais non un pair. Toutefois l'amitié de Jésus n'est pas du clientélisme. L'Église a fini par y voir l'offre inimaginable d'une sorte d'égalité avec Dieu.

Encore plus impensable que l'amitié avec les pécheurs était l'amitié entre Dieu et ses créatures : plus grande inégalité ne saurait se concevoir. Dieu, loin de représenter une version d'être humain à la puissance infiniment supérieure, lui est pleinement transcendant. Comment alors Dieu peut-il devenir notre ami ? Pour Thomas d'Aquin, cela doit être simplement le cadeau de Dieu ; qu'il soit offert à un saint ou à une prostituée, cela ne fait aucune différence. Denys Turner l'exprime ainsi :

> Par conséquent, si Jésus proclame que ses disciples doivent désormais s'appeler ses « amis », cela ne peut avoir lieu que parce que, peu ou prou, l'inégalité radicale du Créateur et de la créature a été surmontée, et que, pour ainsi dire se produit une nouvelle création, établissant un nouvel ordre de relation entre Dieu et les êtres humains. Cependant, comme il n'y a aucune possibilité laissée à la créature de pouvoir corriger cette

inégalité, il faut bien que Dieu ait pris l'initiative, de manière toute gratuite, pour mettre par là sur un pied d'égalité divin et créatures humaines et du même coup rendre possible le lien d'amitié. Autrement dit, pour reprendre la formulation de Thomas dans la Somme, *solus Deus deificat*, « seul Dieu divinise »[5].

Donc, en appelant amis ses disciples, Jésus ne se contente pas d'être gentil et large d'esprit : « Vous pouvez bien former une jolie bande de méchants, je vous aime comme vous êtes. » Il ne se borne pas à leur donner le nom d'amis, il les *rend* amis. Ils sont hissés au cœur de la vie de Dieu, cet amour éternel et parfaitement égal qui est la vie de la Trinité. Une porte du monde de la finitude s'ouvre sur l'infini.

C'est ce que nous appelons la grâce. L'amour de Dieu nous rend dignes d'être aimés et libres d'aimer en retour. Nous sommes aimés parce que nous sommes bons, et nous sommes bons parce que nous sommes aimés. Étant déjà un partage de la vie éternelle de Dieu, l'amitié défie la mort. Aussi est-ce pour Jésus le moment rêvé, quand la mort est si proche, pour déclarer amis ses adeptes vacillants. L'amitié avec Dieu comme défi lancé à la mort. Cela a le goût de la vie ressuscitée.

Même les personnes qui ne professent aucune foi l'éprouvent parfois : les liens d'amitié brillent de manière radieuse lorsqu'on se trouve face au fait de la mort. En juin 2001, Alain Jacques, qui fouillait avec son équipe le champ de bataille d'Arras, en 1918, mit au jour une tombe contenant les corps de vingt soldats[6] qui gisaient les bras entrelacés, parfois même les doigts joints. Il s'agissait probablement de « Copains de Grumsby ». Au cours de la Première Guerre mondiale, de nombreux bataillons étaient formés d'amis qui, espérait-on, se soutiendraient pendant les horreurs de la guerre. On les désignait souvent sous le nom de « copains de », en ajoutant le nom de leur ville d'origine.

À cet endroit, les Grimsby Chums sont toujours unis dans la mort. Ils ont dû être enterrés avec un soin extraordinaire. Alain Jacques déclara :

> Pouvez-vous imaginer l'amitié et le dévouement qu'il a fallu pour réarranger les dépouilles comme elles le sont ? Aller chercher une jambe et la placer précisément dans son axe – quel geste remarquable ! Ils doivent être morts à quelques heures les uns des autres.

Je n'ai pas la moindre idée de la foi que professaient ces hommes et les amis qui les ont ensevelis, mais cette tombe est une sorte de témoignage implicite de cette amitié éternelle qu'offrit Jésus, ainsi que le croient les chrétiens. Il y a un seul corps légèrement séparé, ne touchant aucun autre. Peut-être s'agissait-il d'un officier, considéré comme supérieur et non comme l'un des leurs, hélas. L'amitié peut toujours faire un petit pas de plus...

L'amitié touchée par la grâce qui renverse les murs

On tombe amoureux, mais on se fait des amis. Un amour passionné est vécu comme une sorte de destin irrésistible. Nous sommes bouleversés. Les amitiés, elles, se nouent, se maintiennent et se cultivent parce qu'on le veut. À la fin de la parabole du Bon Samaritain, Jésus demande : « Lequel de ces trois, à ton avis, s'est montré le prochain de l'homme tombé aux mains des brigands ? » (Lc 10, 36). C'est le Bon Samaritain qui vient en aide et se trouve à la base de la relation. Se lier d'amitié est un acte créatif. Les obstacles volent en éclats, les préjugés tombent. Il y a en lui une touche de la puissance créative de Dieu qui a réuni juifs et gentils dans le Christ, lequel « de deux réalités n'a fait qu'une, détruisant la barrière qui les séparait, supprimant en sa chair la haine » (Ep 2, 14). Établir des amitiés inattendues est l'un des moyens par lesquels nous participons à l'œuvre de rédemption du Christ. C'est pourquoi les chrétiens sont chargés de nouer des amitiés que le monde considère comme impossibles. C'est notre tâche divine.

Je donnerai deux exemples de la nature créatrice de cette amitié chrétienne, de sa beauté et de l'enthousiasme qu'il suscite, l'un contemporain et l'autre qui date de près de cinq cents ans. Les deux montrent comment l'amitié de Dieu brise les barrières afin de créer des relations qui semblent impossibles.

L'Occident se lie d'amitié avec l'Orient

Prenons le temps d'examiner l'un des exemples les plus extraordinaires et les plus prophétiques d'amitié créatrice, incarné par la vie du jésuite italien Matteo Ricci. J'hésite à parler de lui, en en sachant si peu sur son compte, mais, comme un de mes frères me l'a déjà fait remarquer, ce n'est pas l'ignorance qui m'a retenu jusqu'à ce jour ! Je reconnais ici ma dette envers deux personnes, Ana Carolina Hosne[7] et James V. Schall, s. j[8].

Ricci et son compagnon, accompagnés de leurs interprètes, commencèrent leur périple dans la Chine de la rivière des Perles en septembre 1583. À leurs vêtements on reconnaissait leur mission : robes grises à la façon des moines bouddhistes, bonnets carrés ressemblant à des barrettes catholiques. La société chinoise les accueillit en son sein au titre d'érudits et de sages à la fois.

Le premier livre de Ricci, le premier d'un Occidental en chinois, avait pour titre *Jiaoyou lun*, « De l'amitié ». Sa dernière édition comptait cent maximes d'amitié empruntées à des auteurs païens et chrétiens. L'amitié était à la fois le sujet et l'objectif. Il obtint vite un accueil empreint de sympathie. De prestigieux amis lui écrivirent des préfaces, le légitimant et lui apportant de la crédibilité. La Chine montrait alors un vif intérêt pour la question de l'amitié, et Ricci n'eut aucun mal à montrer que l'Occident dont il était issu n'était pas barbare et partageait les mêmes valeurs que les Chinois et ainsi il put ouvrir leurs esprits et leurs cœurs non pas seulement à l'amitié qu'ils pouvaient lui porter mais à l'Évangile qu'il proclamait.

Ce père jésuite, contrairement à Aristote mais comme beaucoup de sages chinois, pensait qu'il fallait avoir beaucoup d'amis. Témoin la toute dernière maxime du florilège de Ricci, qui raconte :

> Un jour que Wo-mo-pi [un célèbre érudit du temps passé] ouvrait une grosse grenade, quelqu'un lui ayant demandé : « Maître, de quoi voudriez-vous avoir en grande quantité, à l'image de ces graines ? », il répondit : « Des amis fructueux »[9].

Ricci disait quant à lui :

> J'ai des amis partout, en si grand nombre qu'ils finiront par avoir raison de ma vie, et je suis du matin au soir dans des salons à répondre à toutes sortes de questions, sans compter tout ce que j'ai à faire sur place...

Ricci et ses lecteurs partageaient cette idée que l'amitié était liée à la vertu, qui est une âme incarnée dans différents corps. Les deux traditions mettaient l'accent sur l'affection réciproque et le partage des biens, toutes deux rejetaient la flatterie, aux antipodes de la véritable amitié. Malgré tout, une différence considérable les distinguait. Dans la tradition confucéenne, l'amitié était une relation parmi cinq : entre mari et femme, entre enfant et parents, entre enfant et frère ou sœur, entre souverain et sujet et enfin entre ami et ami. On s'intéressait particulièrement à la dernière, ce qu'Ana Carolina Hosne expliquait ainsi :

> Celle-ci, parmi les cinq du confucianisme, était unique. Les autres s'attachaient ouvertement à maintenir la Chine dans son

statut de *guojia*, littéralement un « État-famille ». Mais l'amitié, elle, était le seul lien social librement choisi ; et le potentiel qu'elle recelait rendait dangereuse la création d'une relation humaine non hiérarchique[10].

Oui, les amitiés se fabriquent !

Or Ricci a mis ces liens-là au cœur de sa vie et de son œuvre, à la fois déroutant et stimulant les Chinois. Aussi bien lui que les autres jésuites avaient quitté les royaumes qui les avaient vus naître, leurs familles, les amis au milieu desquels ils avaient grandi. Ils venaient en pays étranger pour se faire des amis. Les jésuites avaient coupé avec tout de manière à créer cette nouvelle forme d'amitié presque scandaleuse. Voici ce qu'en dit A. C. Hosne :

> L'un des plus vifs reproches qui leur fut adressé était de ne pas être entrés dans le *wulun* : ne convolant pas, ils ne cultivaient pas la relation conjugale *[fu fu]* ; ayant quitté leur foyer, ils n'entretenaient plus de rapports avec leurs parents *[fu mu]* ni avec leur fratrie ; et, comme ils avaient quitté leur patrie, les ponts étaient rompus avec leur souverain *[jun chen]*, bref, il ne restait plus que les liens amicaux *[pengyou]*.

À certains égards, professait Ricci, l'amitié était supérieure aux autres relations, car elle ne pouvait persister que dans l'amour. Si vous avez cessé d'aimer votre famille, celle-ci n'en reste pas moins votre famille. L'amitié telle qu'il la décrivait était donc à la fois familière et étrange, rassurante et subversive. Écoutons-le :

> Il est possible pour les membres de la famille de ne pas s'aimer les uns les autres. Mais ce n'est pas le cas avec des amis. Si un membre de la famille n'en aime pas un autre, la relation de parenté demeure. Mais à moins d'amour entre amis, le principe essentiel de l'amitié existe-t-il ? [Maxime 50]

Ricci était à la recherche d'une manière subtile de parler du Très-Haut des chrétiens qui fût aussi compréhensible que stimulante. Il parla du Seigneur des Hauteurs *(Shang di)* qui commandait aux gens d'être amis. Cet appel à une amitié universelle, au-delà des frontières de l'Empire chinois, était implicitement subversif. L'Empire du Milieu n'était pas le centre du monde.

Si Ricci avait constamment à l'esprit la mission de l'Église, offrait-il vraiment l'amitié ? L'amitié peut-elle avoir un motif inavoué ? J'imagine qu'il aurait répondu : Toute véritable amitié est fondée sur la vérité. On doit la vérité à ses amis, y compris la vérité de celui qui a dit : « Je suis le chemin, la vérité et la vie » (Jn 14, 6). Comme il était harcelé par des visiteurs, un ami éminent lui suggéra de dire simplement qu'il n'était pas à la maison, mais Ricci refusa parce que c'eût été dire un mensonge. L'amitié dépend de la véracité, qu'il a trouvée déficiente en Chine. Il était connu comme l'homme qui n'a jamais menti [11]. Les liens d'amitié pour Ricci étaient fondés sur la vérité, alors que pour ses contemporains chinois, ils étaient soumis aux liens de la société.

En nouant des relations d'amitié avec les Chinois, Ricci mettait en œuvre les paroles créatrices de Jésus quand, affrontant la mort, il disait : « Je vous appelle amis. » L'amitié selon Ricci n'était pas sans rien évoquer de connu chez ses interlocuteurs, mais en même temps elle remettait en question certains de leurs postulats les plus assurés, avec cette façon de relâcher en filigrane les liens de la famille et de l'empire et d'ouvrir sur une communauté humaine universelle que lui-même comme ses auditeurs commençaient tout juste à découvrir. C'était une amitié à la fois humaine et évangélique. Cette notion d'amitié pourrait bien exciter l'imagination des citadins d'aujourd'hui.

Une amitié qui brise les barrières du handicap

Un autre exemple nous retiendra, totalement différent, mais tout aussi intéressant. Ici, les différences surmontées ne viennent pas des cultures, mais du handicap, profond chez certains, moins visible chez le reste d'entre nous.

J'ai mentionné plus haut Jean Vanier, citoyen canadien né en 1928, issu d'un milieu privilégié. Son père, ancien ambassadeur du Canada à Paris, avait été gouverneur général du Canada. Jean a servi dans la marine pendant la guerre, a étudié en Angleterre et à Paris et a obtenu un doctorat sur la conception du bonheur chez Aristote. Comme Thomas d'Aquin, il avait été frappé par la belle vision qu'avait de l'amitié le philosophe grec. Mais Jean vit sa vie bouleversée par une histoire d'amitié qu'Aristote aurait trouvée choquante.

Voici le récit qu'en fait Jean :

> Dans un asile proche de Paris, j'ai fait la rencontre de deux handicapés mentaux, Raphaël Simi et Philippe Seux. Raphaël, victime dans son jeune âge d'une méningite, en était sorti presque incapable de parler, et totalement empêché de bouger librement. Philippe, lui, pouvait parler, mais une encéphalite lui avait laissé un membre supérieur et un membre inférieur paralysés. Après la mort de leurs parents, sans avoir été consultés par personne, les deux hommes avaient été placés dans cet asile. Mon premier geste fut d'acheter une petite maison plutôt délabrée à Trosly et, après avoir obtenu l'autorisation nécessaire des autorités locales, j'invitai Raphaël et Philippe à venir y vivre avec moi. C'est ainsi qu'en août 1964 L'Arche est née. Nous faisions tout ensemble : cuisine, travaux ménagers, jardinage, promenades[12].

Au cœur de L'Arche, qui compte maintenant des maisons-filles dans le monde entier, était tout simplement le mot *amitié* :

> En accueillant Raphaël et Philippe, j'ai découvert quelque chose au sujet de la communion. Raphaël et Philippe ne voulaient pas vivre avec un officier de marine à la retraite commandant à tout le monde et se croyant supérieur. Ils ne

voulaient pas non plus vivre avec un ancien professeur de philosophie qui pensait en savoir long. Ils voulaient vivre avec un ami. Et qu'est-ce qu'un ami, sinon quelqu'un qui ne me juge pas, ne m'abandonne pas lorsqu'il découvre mes faiblesses, mes limites, mes blessures, mes défauts, tout ce qui est en mille morceaux en moi ? Un ami est quelqu'un qui voit ma vraie beauté, mon vrai potentiel et qui veut m'aider à les développer. Un ami est heureux d'être avec moi. Il ressent de la joie d'être avec moi[13].

La description que Philippe donne de la fondation de L'Arche évoque le roman d'Emma Donoghue, *Room*, que j'ai cité dans le premier chapitre, l'histoire d'une femme et d'un enfant enfermés dans un abri de jardin et la jubilation de l'enfant qui se libère et découvre le monde réel avec ses couleurs et ses sons éclatants, son air pur.

Jean m'a sorti, a écrit Philippe, d'un centre où j'avais été placé par des travailleurs sociaux. C'était vraiment désolant là-bas : pas de village à proximité, aucun moyen de communiquer avec le monde extérieur, toujours enfermés entre nos quatre murs. Quand il m'a fait sortir de là, je me suis senti tellement soulagé ! « Ouf ! » Quand je suis arrivé à L'Arche, il n'y avait pas d'électricité, pas du tout. Nous nous éclairions à la bougie, qu'est-ce qu'on s'amusait ! Pas de toilettes, pas de douches, mais j'avais l'impression que la joie me faisait exploser – ouf ! –, j'étais tellement heureux d'être là... Jusque-là, pour moi, il n'y avait pas eu de vie du tout : vingt-quatre heures sur vingt-quatre, le derrière sur une chaise, entre mes quatre murs[14] !

L'amitié divine dont Jean est l'intermédiaire déverrouille les portes, perce un trou dans le plafond, fait entrer la lumière et l'air. Il conduit les gens hors des limites étroites à l'intérieur desquelles nous nous réfugions, qu'elles soient culturelles, sociales, ethniques ou religieuses, après un accident de santé ou une erreur de parcours. Nous respirons librement le souffle enivrant du Saint-Esprit, sans savoir où il nous portera. C'est la tâche qui nous est assignée : aller nouer des amitiés, moins elles seront attendues, mieux ça vaudra !

L'appel à l'amitié aujourd'hui

L'amitié divine est donc créatrice. Elle renverse les barrières culturelles qui se dressent entre Orient et Occident et ouvre grand les prisons de la maladie et du handicap. Celle qui liait Pierre Claverie, l'évêque d'Oran, à son chauffeur Mohamed faisait fi de l'obédience confessionnelle. L'amitié va jusqu'à faire fi de la différence par excellence, celle qui sépare Dieu de la création. La théologie de l'amitié de saint Thomas d'Aquin a inspiré la nouvelle culture urbaine du XIIIe siècle, ses nouvelles universités et l'ouverture sur un monde plus vaste. Une nouvelle spiritualité parlait à un nouvel âge. Et si elle parlait au nôtre aussi ?

Nous avons tendance à nous représenter l'amitié comme une affaire privée avant tout. Mais nos ancêtres, païens et chrétiens confondus, avaient bien mesuré la nature avant tout sociale de l'homme et en avaient déduit la nécessité, pour le gouvernement de nos vies communes, de se placer sous le signe de la plus humaine des relations, l'amitié. Le dominicain Servais Théodore Pinckaers a écrit :

> La justice n'atteint toutefois pas sa perfection tant qu'elle n'a pas réussi à créer des liens d'amitié aux différents étages du lien civil, de la relation interpersonnelle et familiale jusqu'à l'affinité politique et sociale. Aristote et saint Thomas convergent : la loi civile a pour objectif de façonner une amitié entre citoyens qui s'appuie fermement sur la justice et les autres vertus et ne se contente pas d'une sentimentalité floue [15].

Aristote et Thomas vivaient dans des microsociétés, comparées aux mégapoles que nous connaissons. À l'époque, on pouvait connaître la plupart des gens avec lesquels on était en rapport, ce qui est exclu de nos jours. Et pourtant, même nos vastes communautés sont tissées d'échanges en tous sens qu'on pourrait appeler sinon des amitiés, du moins des relations amicales et justes. Le séisme social que vit aujourd'hui l'Occident vient en partie de la perte de l'amitié comme composante d'une société civilisée. Les relations sociales dans les affaires et la politique, pour ne pas parler de la conduite – la fameuse rage au volant –, sont conflictuelles et compétitives. Nous nous parquons dans nos silos de pensée semblable, accordant à peine le trait d'humain à ceux qui ne sont pas de la tribu.

À la St. John's University, dans le Minnesota, j'ai pu entendre un observateur politique relier, dans une conférence, la polarisation radicale de la politique américaine à l'effondrement des amitiés entre représentants des deux partis. Il y a quelques décennies, expliquait-il, les élus avaient coutume d'élire domicile à Washington pour plusieurs mois d'affilée, de sorte que démocrates et républicains finissaient par bien se connaître. Les enfants fréquentaient les mêmes écoles, on se voyait à l'église, on s'invitait à dîner, si bien que des amitiés se nouaient, qui aidaient à la compréhension réciproque, au respect de l'adversaire, facilitant ainsi le compromis. Aujourd'hui, ces mêmes élus s'engouffrent dans un avion pour aller voter et se rapatrient séance tenante. Ils composent leurs discours en ayant en tête leurs électeurs locaux. Il n'y a pas de place dans le calendrier pour un rendez-vous avec l'adversaire, ce qui explique que la recherche de compromis avorte et que l'Amérique tend à devenir ingouvernable. Même dans l'univers plus étroit de la politique britannique, la terrible absence de débat sur le Brexit fait que l'on se demande si l'amitié est toujours vivante à Westminster. Jusqu'aux familles sont divisées et incapables de soulever la question. Sommes-nous en mesure d'avoir au moins des échanges amicaux les uns avec les autres ?

En cette période de montée du populisme, il n'y a pas de question plus importante que celle de savoir si l'on peut se lier d'amitié avec des étrangers. L'avenir de notre civilisation dépend de la conviction que nous le pouvons. Notre monde est déchiré par le terrorisme et la guerre ; des millions de personnes se nomadisent, et la planète fait face à des déplacements d'une ampleur inconnue depuis des millénaires. La peur des étrangers nous mènera-t-elle à fermer nos esprits et nos cœurs ou oserons-nous les voir comme de proches amis de Dieu ?

C'est la question qui hante le roman d'E. M. Forster, *Passage to India*, publié en 1924. L'amitié est-elle possible entre les races peuplant la colonie britannique ? Vers la fin du livre, Ralph Moore et le Dr Aziz se rencontrent : celui-ci a vu sa vie ruinée par une amitié avec la mère de Ralph, au point d'avoir dû faire de la prison.

> « Peux-tu toujours dire, demande Aziz, si un étranger est ton ami ? – Oui, répond Ralph. – Alors, c'est que tu es un Oriental. » Il se dégelait en parlant, un petit frisson le parcourut. Ces mots, il les avait dits à Mrs. Moore dans la mosquée au début du cycle dont il était sorti après mille souffrances. Ne soyez jamais amis avec les Anglais ! Mosquée, grottes, mosquée, grottes. Et le voilà qui recommençait... « Ta mère t'a-t-elle parlé de moi ? – Oui. » Puis, avec un tressaillement de la voix et même du corps qu'Aziz ne remarqua pas, il ajouta : « Dans ses lettres, dans ses lettres. Elle t'aimait. – Oui, ta mère était ma meilleure amie au monde. » Il se réfugia dans le silence, ne comprenant rien à cette immense gratitude qu'il ressentait. À quoi rimait cette bonté éternelle de Mrs. Moore ? À rien[16].

Voilà presque un siècle que ce livre est sorti, et la question est encore plus aiguë aujourd'hui : des étrangers peuvent-ils être des amis ? Il y a cinq cents ans, Ricci et ses compagnons croyaient qu'une amitié qu'on estimait impossible entre l'Est et l'Ouest pouvait être nouée, la grâce de Dieu aidant. À l'amitié divine qu'offre Jésus, rien n'est impossible.

Notre Dieu qui nous appelle ses amis a l'habitude de s'approcher de nous sous les traits d'un étranger. Abraham et Sarah vaquent tranquillement à leurs affaires lorsque trois étrangers se présentent qu'ils régalent d'une somptueuse hospitalité. C'est l'épiphanie du Dieu qui traite Abraham d'ami. À la fin de l'évangile de Jean, le Seigneur ressuscité apparaît comme un étranger à Marie-Madeleine dans un jardin ; pour les disciples en train de pêcher, il est un étranger sur la plage : « Les disciples ne savaient pas que c'était Jésus » (Jn 21, 4). Pour les disciples qui se dirigent vers Emmaüs, il est l'étranger qu'ils rencontrent sur la route (Lc 24, 16). Il s'ensuit que, si nous souhaitons le rencontrer, établissons des liens d'amitié avec des étrangers.

Bien sûr, nous ne pouvons pas être amis avec tout le monde. Mais l'Évangile nous appelle à offrir de l'amitié à ceux dont nous croisons le chemin. Le Bon Samaritain cheminant de Jérusalem à Jéricho tomba sur l'homme dépouillé allongé sur le bord de la route. Leurs vies se croisèrent. À ce moment-là, au lieu de passer son chemin comme le prêtre et le lévite, il entre en relation avec l'étranger. Jésus pose la question : « Lequel de ces trois, à ton avis, s'est montré le prochain de l'homme tombé aux mains des brigands ? » (Lc 10, 36). Le grec est plus emphatique : qui est *devenu* le prochain de cet homme ? Qui s'est fait son prochain ?

Rowan Williams reconnaît qu'aucun d'entre nous ne peut porter la responsabilité sans limite d'être le prochain de tous. Nous ne sommes pas Dieu. « Mais chacun de nous porte une responsabilité qui va s'animer sous des formes que nous ne pouvons prédire[17]. » Nous ne savons jamais à l'avance quand nous tomberons sur une personne couchée au bord de la route, mendiant dans la rue ou sonnant désespérément, et à laquelle nous serons invités à répondre. Alan Bennett, dans un de ses romans[18], raconte comment il a trouvé une femme dans une camionnette garée dans son allée. Elle y est restée quinze ans. « Dieu sait que je la connaissais peu, écrit-il. Mais je savais comment elle était. » Cette rencontre fortuite forgea une sorte de lien.

L'homme mit toute son intelligence émotionnelle à créer cette relation qu'il n'aurait jamais pu prédire.

Nous ne pouvons jamais deviner le moment où nous serons appelés à nouer des liens d'amitié avec une personne qui professe une autre religion que la nôtre ou pas de religion du tout, qui proclame d'autres opinions politiques, qui relève d'une autre génération. Mais quand surgira ce moment inattendu, ayons l'audace d'y donner suite, car l'amitié de Christ crée des liens que nous n'aurions pas pu imaginer.

La discrétion de l'amitié

L'idée que les chrétiens devraient être les porteurs de l'amitié du Christ a de quoi inquiéter. Nous n'aimons pas à être l'objet de pressions folles venant de gens déterminés, le couteau entre les dents, à être nos amis, ou proclamant que Jésus est notre ami. Il y a là quelque chose d'envahissant, voire d'oppressant. « Je vais t'aimer, bon gré mal gré ! » Ma réaction serait de prendre mes jambes à mon cou et, peut-être, de regarder un épisode de *Friends*. Aussi, souvenons-nous de la discrétion inhérente à l'amitié. De toutes les relations, c'est la moins tyrannique.

Nous ne pouvons pas exiger que nos amis nous racontent tout sur leur compte, comme nous le ferions de nos conjoints, même si ceux-ci ne se laissent pas totalement faire. Nous laissons les gens révéler ce qu'ils peuvent et ce qu'ils souhaitent quand ils sont prêts. Le premier volume de l'autobiographie du cardinal Heenan s'appelait « Pas toute la vérité[19] ». Dans l'amitié, nous n'avons pas le droit de demander toute la vérité, même si nous pouvons espérer qu'il n'y aura pas de masques.

Les amis entre eux se laissent être. On ne tente pas entre amis de prendre le contrôle de la vie de l'autre et encore moins d'en revendiquer la possession exclusive. Lors de ce dernier repas avec Jésus, chaque disciple se sent d'abord en relation à cet homme qui les a appelés amis, mais son commandement est qu'ils s'aiment entre eux. Nous partageons nos amis avec nos autres amis, en les laissant créer leurs propres liens les uns avec les autres. L'amitié ne consiste pas à se montrer possessif, à la différence de l'amour conjugal, qui l'est à juste titre dans une certaine mesure.

Ce non-interventionnisme est enraciné dans le mystère même de la création, le don du Dieu dont la vie est amitié. Le dominicain Herbert McCabe a écrit :

> Le pouvoir de Dieu est avant tout le pouvoir de laisser les choses être. « Que la lumière soit » – la puissance créatrice est simplement celle qui, parce qu'elle aboutit à ce que les choses soient ce qu'elles sont et les personnes qui elles sont, ne peut interférer avec les créatures. À l'évidence, créer ne fait aux choses ni chaud ni froid, créer les laisse être elles-mêmes. La création consiste simplement et uniquement à laisser les choses être, et notre amour en est une faible image[20].

Lorsque nous laissons les autres être en amitié et que nous leur donnons l'espace qu'il faut pour respirer et s'épanouir à leur guise, nous vivons à une échelle minuscule l'effacement de lui-même auquel procède Dieu. Encore de McCabe :

> Ce qui nous laisse une marge de manœuvre, ce qui nous donne un espace pour grandir et devenir nous-mêmes, c'est l'amour qui nous vient d'autrui. L'amour est l'espace dans lequel se développer, et c'est toujours un cadeau... Donner de l'amour, c'est offrir le précieux cadeau du rien, l'espace. Donner de l'amour, c'est laisser être[21].

Dans un recueil d'articles en hommage au père McCabe, le P. Fergus Kerr, de l'ordre des Dominicains, a commenté en termes similaires la conception de l'amitié de Thomas d'Aquin :

> [Les amis] se laissent mutuellement être : chacun se délecte de l'existence de l'autre, et plus l'un contribue à la liberté de l'autre, plus leur révélation mutuelle est pleine et vraie. Ce qui est essentiel, selon moi, c'est qu'il n'est pas question qu'un des deux partenaires perde dans l'identité de l'autre celle qu'il ou elle avait. L'amant n'est pas épris de l'aimé. Il n'y a pas d'anéantissement de soi dans la soumission ou la submersion dans l'autre absolu. La forme que prendra la relation dépend du type d'« espace » que s'accordent les amis : *koinonia* [communion], conversation, voire symposium[22].

On aura soin de prendre ce dernier mot dans son sens premier, et cher aux amis de Herbert, de soirée bien arrosée.

Nous avons commencé ce chapitre avec les cinq New-Yorkais de *Friends*. Terminons-le avec quatre autres tirés du roman pour lequel la romancière Hanya Yanagihara reçut le Prix Man Booker 2015[23] : ils sont avant tout unis par leur amour pour Jude, brillant mais profondément blessé par des abus sexuels subis dans son enfance, dont ceux que lui infligea, hélas, un religieux catholique, le frère Luke. Notre quatuor ne souhaite rien tant que partager la vie de Jude et lui insuffler de la force, mais apprend avec douleur que l'amitié exige parfois d'en passer par un apparent rejet. Willem, le plus proche ami de Jude, découvre qu'il doit refréner l'excès de soin qu'il apporte à « explorer tous ces placards que Jude avait pris pour cachettes » :

> Te voilà instruit, la preuve de l'amitié consiste à garder ses distances, à accepter le discours de l'autre, à tourner le dos à la porte qu'on te referme au nez et à prendre tes cliques et tes claques sans essayer de la forcer de nouveau[24].

Jésus aima l'homme riche, l'invita à le suivre, mais le laissa partir (Mc 10, 22), comme le père laissant aller son fils prodigue.

Ils sont là pour partager ce que Jude souhaite partager, ce qui est souvent beaucoup et parfois rien :

> Pourquoi l'amitié n'était-elle pas aussi bonne qu'une simple relation ? Pourquoi même n'était-elle pas meilleure ? Voilà deux personnes qui étaient restées côte à côte, jour après jour, que ne liaient ni la sexualité ni même une attirance physique, pas plus que des intérêts matériels, des enfants ou des biens, mais la pure volonté d'aller de l'avant, l'engagement réciproque envers une union qui ne peut être codifiée. Être ami, c'était assister au lent écoulement des misères qui assaillaient l'autre, aux longues plages d'ennui qu'il traversait, aux victoires qu'il remportait parfois. C'était se sentir honoré par le privilège de pouvoir être là quand l'autre touchait le fond tout en sachant qu'on avait le droit d'inverser les rôles[25].

Quand Willem meurt dans un accident de voiture, Jude est abandonné. Avant que sa vie s'effondre en ruine, ce qui lui manque le plus, c'est la présence de Willem, sa simple présence muette :

> C'étaient précisément ces scènes [le compagnonnage sans histoire qu'il observait avec ses parents] qui lui avaient le plus manqué dans sa propre vie avec Willem, l'inoubliable, ces moments d'entre-deux où rien ne semblait se passer mais qui laissaient un vide étrangement impossible à combler[26].

C'est un livre empli de silence. S'il y a celui, massif, de Jude concernant une enfance où il avait dû endurer ce qui prend des centaines de pages à purger, il y a aussi parfois ce cheminement des amis vers un silence de bonne compagnie, celui qui accompagne les moments où l'on se sent à l'aise entre soi. Anne Michaels le dit bien : « Le silence : la réponse au vide et au plein à la fois[27]. » Du fait qu'ils comprennent si bien l'amitié, ces romanciers nous aident à cerner la présence fréquente du silence au centre vivant de notre amitié mutuelle en Dieu. Nos amis les plus proches sont ceux avec lesquels nous n'éprouvons pas le besoin de parler sans relâche. C'est ce que saint Jean de la Croix appelait la « musique silencieuse », autrement dit la présence du Bien-aimé. Dans ma vie, m'asseoir avec les frères dans le silence de la prière instaure une intimité profonde.

Le dominicain Bruno Hussar rêvait depuis longtemps de fonder un village en Terre sainte où juifs, chrétiens et musulmans pourraient vivre ensemble dans l'amitié. Quand je me trouvai à ses côtés en 1970, le rêve était sur le point de devenir réalité. Le nom de la localité, *Neve Shalom*, ou *Wahat as-Salami* en arabe, venait d'Isaïe 32, 18 : « Mon peuple habitera dans un séjour de paix. » On édifiait le village sur un terrain prêté par le monastère cistercien de Latroun, également proche d'un kibboutz juif et d'un village musulman. Bruno racontait que, lors de la première messe que quelques amis et lui y célébrèrent, ils avaient pris pour texte Is 62, 4 : « On ne te dira plus : "Délaissée" [...] Mais on t'appellera : "Mon plaisir est en elle". » Après la messe, le calice, qu'on avait fait en verre à Hébron, fut malencontreusement brisé, ce qui dans un premier temps contraria fortement Bruno, lequel se rendit vite compte que c'était le signe que Dieu donnait sa bénédiction au projet. Un peu comme dans le mariage juif, avec le verre qu'on brise du pied.

Au cours de l'année 2010, le village était devenu un foyer pour soixante familles juives, chrétiennes et musulmanes. Il existe une école pour environ deux cent cinquante enfants, originaires des villages environnants, où l'enseignement est dispensé en hébreu et en arabe. Il existe une école de la paix qui organise des séminaires et des conférences sur le dialogue interreligieux et la pacification. Au centre se dresse Doumia, la Maison du silence si chère au cœur de Bruno, nommée en référence au psaume 65, 2, qu'il traduisait comme suit : « Pour toi, le silence est louange. » En ce lieu les trois religions peuvent se retrouver dans l'intimité d'un silence partagé, d'une amitié impossible et d'une oasis de paix.

10

L'imaginaire non violent

À la veille de voir la violence l'avaler, Jésus donna la paix à ses disciples : « Je vous laisse ma paix ; c'est ma paix que je vous donne ; je ne vous la donne pas comme le monde la donne. Que votre cœur ne se trouble ni ne s'effraie » (Jn 14, 27). Après Gethsémani, il va à la rencontre des soldats armés qui sont venus pour le prendre de force. Il refuse de répondre à la violence par la violence. Pierre est prêt à se battre et coupe l'oreille de l'esclave du grand prêtre, mais Jésus se tiendra en dehors de cela. « Rengaine ton glaive : car tous ceux qui prennent le glaive périront par le glaive. Penses-tu donc que je ne puisse faire appel à mon Père, qui me fournirait sur-le-champ plus de douze légions d'anges ? » (Mt 26, 52-53). Mobiliser trente-six mille anges, voilà de quoi tenir en échec n'importe quel escadron de soldats romains.

Si les chrétiens se mettaient à adopter la non-violence radicale du Christ, cela choquerait tout le monde. Ce rejet sans appel de la violence passait encore plus mal auprès des contemporains. Terrence Rynne a écrit :

> Jésus naquit dans un pays effervescent à force de violence. Les Galiléens du temps de sa naissance étaient dans une rage meurtrière : contre l'occupant romain qui les étranglait d'impôts pour financer ses guerres, contre Hérode et ses fils qui les saignaient à blanc afin de construire leurs villes et leurs bâtisses prestigieuses, contre leurs prêtres pour avoir envoyé

des voyous à la campagne piller leur grain, la seule source de leur maigre richesse[1].

Jésus était tout enfant lorsque Judas le Galiléen se révolta contre cette oppression et attaqua Sepphoris, à quelque six kilomètres de chez lui, à Nazareth. La rébellion fut écrasée par les Romains, qui condamnèrent à la croix deux mille Juifs. On ne saurait douter que le jeune Jésus a vu les corps en décomposition sur les arbres. Durant sa vie et pendant des décennies encore après sa résurrection éclatèrent révoltes et soulèvements, que les Romains réprimaient sauvagement, jusqu'à détruire Jérusalem et le Temple en l'an 70, mettant ainsi un terme à l'État juif pour deux millénaires.

Jésus grandit dans un monde féroce, vivant sous l'atroce férule des Romains, où il entendait prier pour le renversement par la force des oppresseurs. Les disciples qui l'accompagnaient à Jérusalem devaient se dire qu'il attiserait la révolte. Mais au pied du mur, il refusa, les laissant perplexes et déçus. C'est peut-être cela qui a poussé Judas à la trahison. Les disciples sur le chemin d'Emmaüs se lamentent auprès de l'étranger qu'ils croisent en route : « Nous espérions, nous, que c'était lui qui allait délivrer Israël » (Lc 24, 21). Ils ne pouvaient pas comprendre son enseignement et aujourd'hui peu de chrétiens y parviennent.

Dans les premiers siècles du christianisme, se convertir à cette religion entraînait le rejet de toute violence. Les chrétiens refusèrent de prendre part à la rébellion de l'an 70. Au cours des trois premiers siècles, à quelques exceptions près, ils refusèrent de servir dans l'armée ou d'accepter toute fonction pouvant entraîner la mort d'autrui. Les soldats baptisés déposèrent les armes, ce qui les conduisit fréquemment au martyre. Justin Martyr, qui mourut vers 165, a raconté :

> Nous qui étions emplis de guerres, de massacres infligés ou subis, d'exactions de toutes sortes, avons jusqu'au dernier sur

> cette terre changé nos panoplies guerrières, nos glaives en charrues, nos javelots en instruments aratoires, et cultivé la piété, la justice, l'amour de l'humanité, la foi et l'espérance[2].

En 295, on décapita saint Maximilien pour avoir refusé d'être enrôlé dans l'armée romaine. Lors de son procès, il fit cette déclaration : « Je ne peux pas servir. Je ne peux pas faire le mal. Je ne serai pas un soldat de ce monde. Je suis un soldat du Christ. » Un oui au Dieu de la vie signifiait un non sans équivoque à la violence.

Au milieu du IIIe siècle, ou au plus tard après la conversion de Constantin en 312 – les spécialistes divergent sur la date exacte –, le christianisme commença à prendre de la distance face au principal enseignement le plus scandaleux de son fondateur. Non seulement les chrétiens se mirent à rejoindre les rangs des combattants, mais encore, au bout de quelques siècles, ils le firent sous les enseignes des évêques et des papes. Ce qui ne veut pas dire que les chrétiens furent subjugués par la violence, mais à partir de saint Augustin, au Ve siècle, on débattit de la guerre juste, de ses fondements et des moyens de la mener en toute légitimité ; on fit des tentatives pour limiter la guerre et négocier des trêves. Mais l'attachement de l'imaginaire chrétien à la non-violence radicale de Jésus était perdu.

Jusqu'au début du XXe siècle on n'avait même pas de mot pour désigner la chose. Il fallut qu'en 1906 le Mahatma Gandhi lançât un concours pour qualifier la lutte qu'il menait contre les Britanniques. Finalement, il forgea un mot, *satyagraha*, la « force *[graha]* née de la vérité ou de l'amour *[satya]* », qu'il appela également « non-violence[3] ». Ce fut un Hindou inspiré par Jésus qui fit cadeau aux chrétiens d'un nom pour ce que beaucoup parmi eux recommencent à mettre au cœur de la vie et de l'enseignement de notre fondateur.

Dorothy Day a déclaré que « le grand combat à mener concerne plus la violence que l'athéisme[4] ». « Les chrétiens, lorsqu'ils cherchent à défendre leur foi au moyen des armes, de la force et de la violence, sont comme ceux qui ont dit à Notre Seigneur : "Descends de la Croix. Si tu es le Fils de Dieu, sauve-toi toi-même[5]". » L'auteure s'est rendue au Vatican pour plaider son dossier contre la guerre. Elle commença par rencontrer de la résistance, mais à la fin elle l'emporta. S'adressant aux Nations unies en 1965, le pape Paul VI a quasi repris les paroles de Jésus à ses disciples à l'approche des soldats romains : « Plus de guerre, plus jamais de guerre. Si vous souhaitez être frères, déposez les armes. » Ce rejet de la guerre a été répété par chacun de ses successeurs. Le pape Benoît XVI a déclaré :

> La non-violence, pour les chrétiens, n'est pas un simple comportement tactique, mais bien une manière d'être de la personne, l'attitude de celui qui est tellement convaincu de l'amour de Dieu et de sa puissance qu'il n'a pas peur d'affronter le mal avec les seules armes de l'amour et de la vérité. L'amour pour l'ennemi constitue le noyau de la « révolution chrétienne »[6].

Tout se passe comme si deux mille ans après cette nuit dans le jardin, les successeurs de Pierre avaient à nouveau entendu Jésus leur parler et nous avaient tous appelés à faire de même. Comme Pierre dans le feu de l'affrontement, nous avons encore du mal à imaginer ce que cela signifie. J'ai prêché une mission dans une paroisse dynamique voisine de Los Angeles. La congrégation était bourrée de catholiques intelligents et engagés, attentifs à la Parole du Seigneur, ouverts à tous les arrivants, même un Anglais comme moi. Pourtant, ils n'avaient jamais remarqué l'incongruité qui consistait à placer un panneau d'avertissement devant leur église au su et au vu de tout un chacun : « Danger – Site en autodéfense. » Un lieu saint dédié au Prince de la Paix avait-il besoin d'afficher pareille menace de violence ? Comment avons-nous pu rester si longtemps envoûtés par la violence et comment être touchés de nouveau par l'appel du Christ à lâcher nos armes ?

Le siècle dernier a été le plus violent de l'histoire de l'humanité : les terribles massacres de deux guerres mondiales ; le massacre de peuples entiers, des Arméniens de Turquie aux Rwandais. Le mot *génocide* a même été inventé pour décrire la machine à exterminer les Juifs qui a lors de la Shoah utilisé toute l'efficacité de la technologie moderne ; les bombes atomiques de Nagasaki et d'Hiroshima ; le « bombardement de saturation » de Dresde ; l'assassinat de centaines de millions de personnes par Staline, Mao Tse Toung et Pol Pot. Nous assistons aujourd'hui à la montée d'un djihadisme forcené, au culte de la mort de Daech, à la fureur aveugle de Boko Haram, au massacre de musulmans et de chrétiens en Inde, au massacre d'enfants dans les bidonvilles misérables des États-Unis. Ces flambées de violence hideuse sont souvent qualifiées de « médiévales ». Hélas, elles sont plus typiques de la modernité.

Si le christianisme souhaite reconquérir l'imaginaire de nos contemporains, cela passera forcément par la réappropriation de la non-violence radicale de Jésus. Ce qui ne veut pas dire forcément pacifisme. Gandhi, le représentant par excellence de la non-violence du XXe siècle, refusa de condamner la résistance armée au nazisme. Ce n'est pas ici le lieu d'entrer dans le détail de la différence[7]. Notre souci est plutôt de jeter sur le monde, « cette petite aire qui nous rend si féroces[8] », un œil pur de toute violence toxique.

Cela revient à purger notre être des poches de violence qui bouillonnent en nous. Même si nous n'allons pas jusqu'à l'agression physique ni à plus forte raison jusqu'au meurtre, nous vivons dans une culture saturée d'agression. Qu'il vous suffise de penser à toute la violence des mots échangés chaque jour dans les médias, au mépris et à l'arrogance dont suintent tant de conversations du quotidien, aux jurons, à la rage au volant. Ajoutez-y la façon dont les points de vue de nos contradicteurs sont réputés ne pas tenir debout et balayés, ce qui équivaut à mettre leurs auteurs à la poubelle, des créatures pourtant à l'image et à la ressemblance de Dieu.

Pensez au rythme de bêtes des vies que nous menons, nous précipitant d'un événement à l'autre, agités et anxieux, vérifiant nos courriels, envoyant des SMS, penchés sur nos Smartphones. Thomas Merton estimait que

> la vie moderne impose des cadences folles et un niveau de stress qui sont une forme, peut-être la plus répandue, de sa violence consubstantielle. Se laisser emporter par une multitude de préoccupations contradictoires, se plier à trop de demandes, s'engager dans trop de projets, vouloir aider tout le monde en tout, c'est succomber à la violence. Pire, c'est coopérer à la violence. Militer avec frénésie pour une cause neutralise ce qu'on a de capacités à la paix de l'âme, détruit la fécondité de son travail en tuant les racines de la sagesse intérieure qui rend le travail fructueux[9].

Gandhi refusait de prendre l'avion pour se rendre n'importe où, non pour l'empreinte carbone, mais parce que voler va trop vite. C'est de la précipitation. Un jour, deux journalistes américaines qui au cours d'une interview avaient posé cette question à Gandhi : « Confirmez-vous que vous vous opposez aux chemins de fer, aux bateaux à vapeur et autres moyens de locomotion rapides ? » s'entendirent répondre : « Oui et non », mais s'en allèrent avant qu'il pût aller plus loin, car elles avaient un train à prendre[10].

Pensez à la violence qui imprègne le traitement que nous infligeons aux autres animaux. Dans le monde où vivait Jésus, le culte chrétien constituait quasiment la seule exception au massacre d'animaux. On pouvait sentir le sang versé dans le Temple de Jérusalem bien avant d'y être arrivé. Léon Tolstoï a déclaré : « Tant qu'il y aura des abattoirs, il y aura des champs de bataille[11]. » Il ne fait pas l'ombre d'un doute que nos descendants, constatant la brutalité avec laquelle nous traitions les animaux, en auront honte pour nous.

Examinons quatre manières, qui interfèrent, dont l'imaginaire violent nous tient sous son empire, et le moyen par lequel l'Évangile pourrait, dans chaque cas, libérer notre esprit de sa séduction. La violence semble inévitable ; seules les armes peuvent nous sauver ; la violence a un charme fou et, de toute façon, elle n'est pas réelle.

La violence est inévitable

De tout temps ou presque, la guerre a semblé inévitable. Il est dans l'ordre des choses qu'une bataille vienne après l'autre. David part en guerre « au retour de l'année, au temps où les rois se mettent en campagne » (2 S 11, 1). C'était une activité qui, tout comme l'ensemencement et la récolte, faisait partie du rythme naturel de l'année. À en croire l'historien Will Durant, sur l'ensemble de l'histoire documentée, on ne compte que vingt-neuf ans sans guerre aucune[12]. Interrogé sur ce qui nous attendait après la fin de la guerre froide, Colin Powell répondit : « Nous nous préparons pour la prochaine guerre. Nous ne savons ni où ni quand elle aura lieu, tout ce nous savons, c'est qu'elle aura lieu[13]. » Nous n'avons d'autre choix que de nous remettre des guerres passées et de nous préparer à celles à venir.

On a prétendu que le mot grec pour « paix », *eirenè*, signifiait simplement une pause dans la guerre.

> Le terme renvoie à un intermède à l'intérieur de la condition humaine normale : la guerre. *Eirenè* a donc davantage le sens d'une trêve entre deux guerres que de la fin de la guerre. *Eirenè* est une « paix » qui accepte la malédiction de la fatalité de la guerre. Le mot latin de même sens, pax, a un sens légèrement plus positif : il suggère un « pacte », un « accord » suspendant les hostilités pour un temps. C'est un état précaire qui prend place à titre provisoire au milieu de luttes et de dissensions n'ayant jamais cessé. Le terme adhère également à l'idée que la guerre est inévitable[14].

Dans *Another Day in the Death of America*, Gary Younge examine la vie et la mort de dix jeunes hommes et enfants tués le 23 novembre 2013. Les enfants, pris dans le massacre d'innocents qui s'abat tous les jours sur les rues de bidonvilles américains, ont le même sentiment d'être embourbés dans une guerre qui n'en finira jamais : « On aurait dit qu'ils avaient perdu un être cher dans une guerre sans but, sans fin ni ennemi, une guerre sur laquelle ils n'avaient pas de prise[15]. » Nulle situation de rechange ne se présente à leur imagination. Leur seul espoir est de survivre le plus longtemps possible, sans perdre de vue un instant qu'ils risquent d'être à leur tour anéantis :

> Loin de faire la une, ces morts quotidiennes s'inscrivent dans l'irréparable ordinaire. C'est un fait divers qui se produit en bruit de fond, suffisamment sourd en tout cas pour ne pas gêner un pays qui vaque tranquillement à ses occupations : la civilisation, la politique et l'économie se sont donné rendez-vous pour garantir que chaque matin de nombreux enfants se réveilleront mais n'iront pas se coucher à l'heure où le reste du pays dort à poings fermés[16].

Le père Greg Boyle, un jésuite qui s'occupe de gamins impliqués dans les guerres entre gangs qui sévissent à Los Angeles, affirme que « les membres des gangs forment un club fermé de jeunes qui préparent leurs funérailles et non leur avenir[17] ».

L'imaginaire de la violence dans notre culture a des racines profondes, qui remontent au début du récit biblique, quand Abel est tué par Caïn. L'histoire de l'humanité découle de la rivalité meurtrière entre membres d'une même fratrie. John Steinbeck exploite l'éternité de ce mythe dans *À l'est d'Éden*. Le titre fait référence à l'endroit où s'installe Caïn après son acte meurtrier : « Caïn se retira de la présence de Yahvé et séjourna dans le pays de Nod, à l'est d'Éden » (Gn 4, 16). C'est là que, selon Steinbeck, nous vivons tous.

Lee, le serviteur chinois avisé, pense que c'est l'histoire durable de l'humanité :

> Cette histoire n'est connue des hommes que parce que c'est la leur. C'est l'histoire symbolique de l'âme humaine. Je crois être sur le bon chemin... ne m'arrêtez pas si je manque de clarté. La plus grande terreur de l'enfant est de ne pas être aimé : il craint plus que tout au monde d'être repoussé. Chacun l'a été, à un degré plus ou moins grand. De là naît la colère, et la colère pousse à un crime quelconque pour se venger, et avec le crime naît la faute : c'est l'histoire de l'humanité. Si l'homme n'était pas repoussé par ceux qu'il aime, il ne serait pas ce qu'il est [18].

Le roman est plein de personnages dont les noms commencent soit par C, soit par A, faisant écho aux acteurs originaux, dont l'histoire est rejouée encore et encore avec de légères variations au fil des pages. Si nous voulons trouver la paix d'un imaginaire non-violent, nous devons nous libérer de l'enchantement de cette histoire. Sommes-nous condamnés à être à jamais pris au piège dans ses mailles meurtrières, comme ces enfants qui se battent dans les quartiers pauvres américains ? La guerre est-elle le moteur de nos histoires, avec des pauses occasionnelles pour se préparer aux prochaines hostilités ?

Dans la Genèse, la rivalité féroce qui oppose Abel et Caïn se reconduit effectivement de génération en génération. Ismaël, né de l'esclave de Sarah, est chassé avec sa mère et manque de périr dans le désert tandis qu'Isaac, son demi-frère, est l'élu ; Ésaü et Jacob se disputent la bénédiction d'Isaac, mais c'est le plus jeune qui est choisi et Ésaü est berné. Le jeune Joseph, le bien-aimé de Jacob, est détesté par ses frères qui, de jalousie, le jettent dans un puits pour qu'il y meure. La rivalité fraternelle est le fil qui relie les épisodes du récit, avec l'élection du plus jeune à la grande fureur du ou des aînés.

L'ex-grand rabbin Jonathan Sacks pense que cette rivalité fraternelle dans les Écritures des religions abrahamiques a alimenté la violence de l'Occident :

> On comprend parfaitement la raison pour laquelle le judaïsme, le christianisme et l'islam se sont depuis si longtemps bloqués dans un corps-à-corps violent, parfois mortel. Leur relation est une rivalité fraternelle, pleine de désir mimétique : le désir de la même chose, la promesse d'Abraham... Ce sont des frères concurrents. Chacun a besoin de voir l'autre comme une menace existentielle profonde[19].

La règle s'applique toujours, le jeune réclame la bénédiction. Le christianisme l'a réclamée du judaïsme, l'islam des deux religions antérieures.

> Chaque foi se tient pour l'unique héritière de l'alliance avec Abraham. Le conflit est dès l'origine une composante du scénario. Il peut rester en sommeil des siècles durant, mais ses graines sont intactes, prêtes à jaillir à la vie dès que les circonstances favorisent le réveil religieux. Chaque foi se définit et se défend en niant les autres[20].

Pendant des siècles, le christianisme a été tenté de considérer le judaïsme comme l'ennemi du dedans et l'islam comme celui du dehors. Tout se passe comme si nous demeurions effectivement à l'est d'Éden, reproduisant à jamais les dissensions de Caïn et d'Abel, nous tournant le dos, tournant le dos à Dieu.

Cependant, J. Sacks soutient brillamment que, si l'on étudie le texte de près (il se réfère également à des interprétations rabbiniques ultérieures), tel n'est pas le message de la Genèse. Caïn assassine Abel, c'est vrai, mais il reste sous la protection de Dieu. Isaac était l'élu, mais Ismaël reçut sa bénédiction personnelle. Les rabbins ont enseigné qu'Abraham avait si bien cherché Ismaël qu'Ismaël sut que son père l'aimait toujours. Dans les premiers siècles de nombreux rabbins recevaient le prénom Ismaël, qui n'était donc frappé d'aucun tabou. En Gn 25, 9 on voit les deux frères enterrer leur père ensemble. Le choix d'Isaac ne signifie pas l'exclusion d'Ismaël.

J. Sacks démontre admirablement que, bien que la lignée descende de Jacob, Ésaü reçoit la bénédiction que lui avait initialement destinée Isaac. Jacob souhaitait ardemment être Ésaü et lui prendre sa place, mais il apprend à accepter sa propre bénédiction et à ne plus ronger son frein. L'histoire de Joseph montre qu'il finit également par surmonter une rivalité dans la fratrie qui manqua lui être fatale. La bénédiction de Dieu transforme sa malédiction en une bénédiction pour sa famille : « Je suis Joseph, votre frère, que vous avez vendu en Égypte. Mais maintenant, ne soyez pas chagrins et ne vous fâchez pas de m'avoir vendu ici, car c'est pour préserver vos vies que Dieu m'a envoyé en avant de vous » (Gn 45, 5). Lue de près, l'histoire de la Genèse nous libère de l'illusion qui nourrit l'imaginaire de la violence, lequel professe que rivalité et conflit sont aussi inévitables qu'éternels.

La croix a tout l'air d'une victoire inévitable de la violence. À quoi peut s'attendre quelqu'un qui enjoint aux soldats de déposer leurs épées ? Le jour de Pâques, la victoire revient à celui que Dan Berrigan qualifiait de « perdant insupportable, qu'on ne saurait ni former ni réformer[21] ». Nous sommes du côté des vainqueurs. On pourrait croire que la violence l'emporte, mais, comme l'a dit Martin Luther King, « l'arc que décrit l'univers moral prend son temps mais tend vers la justice[22] ».

Après l'interdiction d'un rassemblement politique contre l'apartheid, un détachement de policiers et de soldats fut dépêché, baïonnette au canon, pour interrompre le service que présidait l'archevêque Desmond Tutu dans la cathédrale de Saint-Georges du Cap. « Vous êtes peut-être puissants – très puissants –, leur dit Tutu, mais vous n'êtes pas Dieu. On ne peut pas se moquer de Dieu. Vous avez déjà perdu. » Puis, descendant de la chaire, il s'approcha d'eux en souriant : « Par conséquent, puisque vous avez déjà perdu, nous vous invitons à rejoindre l'équipe gagnante. » Toute l'assistance, eux compris, se mit à danser.

Apaiser la peur

La peur fait vendre des armes, et le lobby des marchands de canons doit veiller à ce qu'on ne se sente jamais en sécurité. Après le tragique massacre d'enfants à Sandy Hook en décembre 2012, le mantra était : « Les armes à feu ne tuent pas. Ce sont les gens qui tuent » ou encore : « La seule protection contre un méchant qui a une arme est un bon gars qui a une arme. » G. Younge fait état de l'allocution du grand patron de la NRA [a], Wayne La Pierre :

> Devant un rassemblement gigantesque, il dressait le sombre tableau d'une hydre menaçante dont les tentacules enserraient tout le pays, ne laissant derrière elle ni âme qui vive ni un pouce carré qui ne soit infecté par la suspicion. « Nous savons que dans le monde qui nous entoure il existe des terroristes, des cambrioleurs, des narcotrafiquants, des pirates de la route, des tueurs en bande organisée, des violeurs, des cyberharceleurs, des assassins de campus, des assassins d'aéroports, des assassins de centres commerciaux, des assassins qui projettent de détruire notre pays en déchaînant de véritables ouragans contre nos réseaux électriques ou de vicieuses attaques chimiques, ou un agent pathogène capable de faire s'effondrer la société qui nous soutient tous. Je vous le demande : faites-vous confiance à ce gouvernement pour vous protéger ? Nous ne pouvons compter que sur nous » [23].

Le président Trump a exacerbé cette peur des immigrants comme justification du mur qu'il voulait construire sur la frontière sud des États-Unis.

L'évangile de saint Matthieu est une invitation constante à ne pas avoir peur. Il s'ouvre sur l'apparition d'un ange à saint Joseph dans un rêve : « Joseph, fils de David, ne crains pas de prendre chez toi Marie, ta femme : car ce qui a été

---

a. Sigle de la National Rifle Association, qui s'est donné pour objectif de défendre le droit de porter une arme.

engendré en elle vient de l'Esprit Saint» (Mt 1, 20) et il se termine avec ce même Fils s'adressant aux femmes de la tombe: «Ne craignez point; allez annoncer à mes frères qu'ils doivent partir pour la Galilée, et là ils me verront» (Mt 28, 10). Il demande aux disciples qui luttent contre la tempête sur la mer de Galilée: «Pourquoi avez-vous peur, gens de peu de foi ?» (Mt 8, 26); plus tard, il leur dit: «Soyez donc sans crainte; vous valez mieux, vous, qu'une multitude de moineaux» (Mt 10, 31); l'homme de la parabole des talents enterre son talent dans le sol, parce qu'il a peur (Mt 25, 25). La croyance libère de la peur ou du moins nous libère de la prison que nous font nos peurs.

C'est parce que Jésus n'avait pas peur qu'il pouvait accueillir les gens comme ils étaient. Les bons et les mauvais étaient les bienvenus à sa table; pharisiens de stricte observance et agents d'une fiscalité complaisante, femmes et hommes, sans compter qu'il guérit les païens: «Car c'est lui qui est notre paix, lui qui de deux réalités n'a fait qu'une, détruisant la barrière qui les séparait, supprimant en sa chair la haine» (Ep 2, 14).

Chaque société opère une distinction entre les membres de sa propre communauté et les gens venant d'ailleurs ou issus de religions ou de cultures différentes. Nous aimons nos petites communautés, et nous aurions tort de faire autrement. Mais sous l'empire d'une peur aiguë nous pouvons être amenés à percevoir des groupes entiers comme une menace, une abomination et donc des cibles toutes désignées à la violence, et même à l'anéantissement. Le sentiment d'appartenir les uns et les autres à la même humanité vient se fracasser contre le terrible dualisme du «nous» contre «eux». Citons J. Sacks encore une fois:

> Les attentats-suicides, le ciblage de civils, l'assassinat d'écoliers ne sont pas normaux [...]. La violence peut naître partout où il y a un «nous» et un «eux». Mais la violence radicale ne se manifeste que lorsque nous considérons le nous comme le

souverain bien et le eux comme le mal absolu, et augurons par là une guerre entre les enfants de la lumière et les forces des ténèbres[24].

C'est ce dualisme qui nourrit un culte de la mort comme l'est Daech, et par contrecoup l'islamophobie.

C'est souvent de nous-mêmes que nous avons le plus peur. Osons assumer notre propre complexité plutôt que de succomber à un dualisme intériorisé où le moi rejette des fragments de sa personnalité, et nous découvrirons une profonde tranquillité. Je scrute la complexité de mes désirs et de mes pulsions contradictoires, je reconnais tout ce que je suis et je peux donc être en paix avec moi-même. Le dominicain Simon Tugwell souligne bien l'importance de cette idée :

> Le chemin de la paix passe par l'acceptation de la vérité. Tout élément faisant partie de nous que nous refusons d'accepter se retournera contre nous, nous obligeant à adopter des postures défensives. Et les parties rejetées de nous-mêmes vont rapidement trouver à s'incarner dans notre entourage. Ce n'est pas là la seule cause de l'hostilité, globalement, mais c'est un facteur majeur de notre échec à pactiser avec les autres : ils matérialisent à nos yeux ces composantes de nous-mêmes, précisément, que nous avons refusé de reconnaître[25].

Ceux qui militent activement contre l'homosexualité craignent généralement d'affronter chez eux l'attirance pour le même sexe ; ceux qui vitupèrent le plus fort contre la dépravation de l'Occident sont ceux qui sont le plus attirés par la pornographie de l'Occident.

En 1956, les menaces contre Martin Luther King s'intensifièrent. Instamment prié d'accepter des gardes armés qui protégeraient son foyer, il en discuta avec son épouse, pour finalement décliner la proposition, allant jusqu'à se débarrasser de l'arme qu'il détenait :

> J'avais bien plus peur à Montgomery quand j'avais une arme à la maison. Quand j'ai décidé que je ne pouvais pas garder une arme à feu, je me suis trouvé face à la question de la mort, et j'ai réglé le problème. Dès lors, je n'ai plus jamais eu besoin d'une arme à feu ni éprouvé de peur[26].

Lorsque le Ku Klux Klan arriva à Montgomery pour terroriser les Afro-Américains qui revendiquaient leurs droits, les klanistes apparurent impuissants, voire ridicules. Ceux dont ils voulaient faire leurs victimes se révélaient des citoyens respirant la dignité et l'autorité. Le mythe d'une population noire inféodée fut mis en pièces dans une scène presque hilarante :

> D'habitude, quand le Klan menaçait d'agir, les Noirs avaient tendance à s'enfermer chez eux à double tour, à baisser les stores ou à éteindre les lumières. Craignant la mort, ils faisaient le mort. Mais ce jour-là, ils avaient préparé une surprise. Quand le Klan arriva – soit, selon les journaux, « une quarantaine environ de voitures bourrées de membres dans leur robe à capuchon » –, c'était allumé devant la maison, dont la porte était ouverte. Tandis que le Klan défilait, les nègres faisaient ceux qui regardaient une parade de cirque. Beaucoup, au mépris de ce qui leur en coûtait, allaient et venaient comme à l'ordinaire ; d'autres regardaient du haut de leur perron ; il y en avait qui faisaient un signe de la main aux voitures qui passaient. Après quelques pâtés de maisons, le Klan, décontenancé, prit une rue latérale et disparut dans la nuit[27].

La preuve avait été faite qu'ils n'étaient pas à la hauteur du pouvoir qu'ils briguaient.

Souad Nofa est institutrice à Raqqa. Elle a participé aux manifestations contre le gouvernement syrien, mais lorsque Daech a pris la ville et commencé à imposer son régime tyrannique, contrairement à ceux qui trouvaient trop dangereux de manifester, Souad refusa de se laisser bâillonner. On pouvait la voir chaque jour agiter devant le siège de

Daech une bannière différente : « Notre révolution a été déclenchée par d'honnêtes gens, et des voleurs sont en train de nous la confisquer » ; « Libérez tous les détenus » ou encore « Où étiez-vous au moment des crimes de Ghouta (oasis victime d'attaques chimiques) ? Vous dormiez dans vos palais ? » Sa famille mettait tout en œuvre pour la faire changer d'avis. Elle essuya des coups de feu, mais elle ne laissa pas passer une seule journée sans y retourner. Elle fut l'inspiratrice d'autres protestations de femmes seules un peu partout en Syrie. Voilà une femme qui a affronté les terroristes et refusé de se laisser intimider.

L'imaginaire de la violence recule lorsque les gens refusent d'être subjugués par la peur. En 2014, au Kenya, des djihadistes d'al-Shabab montèrent dans un bus et voulurent séparer les chrétiens des musulmans. C'est généralement ainsi que s'annonce un massacre de chrétiens. Mais les passagers, principalement des femmes musulmanes, refusèrent d'obtempérer. Elles équipèrent les femmes chrétiennes de hijabs en déclarant que toutes devaient être exécutées ou aucune. Les terroristes s'en allèrent sans faire de victimes[28]. La non-violence est efficace.

Érotisme de la violence

On est fasciné par les armes ? C'est qu'elles sont érotiques ! Dans la troisième saison d'*À la Maison-Blanche*, Claudia-Jean Cregg, porte-parole de la présidence, reçoit des menaces de mort et accepte à contrecœur d'être accompagnée partout par un agent du Service spécial, un certain Paul. Il présente pour elle un intérêt qui va grandissant à mesure que la fascine son arme à feu, un 357 Magnum, qu'elle finit par essayer dans un champ de tir. L'épisode est empreint de connotations sexuelles et, avant qu'ils se séparent, elle tente de l'embrasser et de l'attirer dans son appartement. Les armes ont un fort potentiel. *Bodyguard,* une série récente diffusée sur la chaîne BBC One, évoque elle aussi le côté érotique des armes à feu, dans la scène où la ministre de l'Intérieur se retrouve au lit avec son garde du corps. Une publicité de Smith et Wesson s'appuyait sur les émotions sexuelles des adolescents mâles : « Vous le savez, il [votre fils] désire une arme à feu. Mais ce que vous ne savez pas, c'est à quel point il la désire. Il ne peut pas vous le dire. C'est au-delà des mots. »

Gary Younge a assisté à une convention de la NRA à Indianapolis :

> La relation qu'entretiennent avec les armes certains hommes qu'on voit aller et venir ici est romantique. Parfois elle confine même au sexuel. « Prenez un fusil, un pistolet, une carabine, et vous aurez en main un pan de l'histoire américaine, écrit Chris Kyle dans *American Sniper* [a]. On prend l'arme, et voilà l'air qui se met à sentir la poudre noire et le salpêtre. On met l'arme à l'épaule et on regarde loin devant. On ne voit pas une cible, mais tout un continent de possibles, plein de grandes choses à venir, un futur prometteur... mais aussi de dur labeur, d'épreuves et de difficultés » [29].

Les enfants des bidonvilles voient aussi les armes à feu comme des accessoires du romantisme et du machisme. Avoir une arme à feu, c'est être un homme, un vrai. Par exemple, la violence armée des quartiers sud de Chicago, le *Chi-Raq* comme on dit, à cause d'un taux de mortalité qui avoisinait celui de l'Irak, est célébrée par des rappeurs comme G. Herbo, qui a enregistré ceci avec Nicki Minaj : « Te défile pas quand faut tirer/Mais inscris-toi, va t'enrôler ! » et « J'connais deux ou trois négros, dans pas long-

a. *American Sniper : l'autobiographie du sniper le plus redoutable de l'histoire militaire américaine*, ouvrage de C. Kyle (New York, William Morrow and Company, 2012) a donné lieu à une adaptation cinématograpique due à Clint Eastwood distribuée en 2015. Le film comme le livre furent des immenses succès, sans doute dus à la personnalité de Chris Kyle, le plus redoutable et le plus efficace des tireurs d'élite de l'histoire des États-Unis.

temps i' vont buter/quand l'heure du drame aura sonné». En fait de drame, c'est là le seul dont auront entendu parler certains de ces pauvres enfants que la mort vient cueillir prématurément.

Un roman de Marlon James[30] baigne dans une culture de gangs similaire en Jamaïque. Un des personnages, Bam Bam, dont le nom est l'onomatopée d'une fusillade, explique dans le jargon de sa tribu la fascination qu'exerce l'arme :

> Personne n'a jamais un gun à lui, et tu comprends pourquoi le jour où ça t'arrive... La faim du gun c'est pire que la faim de la femme, avec lui y a jamais de retour... Je ferme plus l'œil de la nuit. Je reste éveillé dans le noir, je le regarde et je le bichonne – et je guette et j'attends.

Seamus Heaney a connu le frisson que donne le pistolet et l'euphorie du pouvoir qu'il confère, mais en a vite compris l'aspect de blasphème.

Tout m'exaltait : le chant de la balle
Si facilement obtenu du bout du doigt,
L'unique petit soubresaut bouleversant de la cible,
Un sens tout nouveau, comme avivé, de ce que c'était qu'un fusil.
Et puis soudain tout est redevenu comme au début,
J'ai vu comme un drap blanc qu'on arrache
À travers les galaxies sombres et j'ai senti
Pour le péché qu'elle était contre la vie éternelle –
Une autre phrase en expansion sous un nouveau jour[31].

La fascination des armes à feu fait aussi partie intégrante du mythe du Far West. Né en Amérique, celui-ci a désormais gagné notre culture mondiale. Les westerns sont, avec la pornographie, le divertissement préféré des djihadistes. Ironie du sort, eux qui combattent l'Ouest, il leur arrive parfois de s'imaginer sous les traits de héros de l'épopée de l'Ouest... Le Comité consultatif asiatique du président Trump, commentant le programme que l'Amérique compte mettre en place à l'égard de la Chine, a déclaré : « Il y a un nouveau shérif en ville. » Le drame de notre époque est la fusillade d'OK Corral, et des milliards d'hommes se voient comme John Wayne ou Clint Eastwood.

Comment mettre au grand jour l'impuissance, en dernière analyse, du pistolet ? Le sculpteur suédois Carl Fredrik Bengt Vilhelm Reuterswärd, horrifié par le meurtre de John Lennon à New York le 8 décembre 1980, déclara : « Plein d'amertume et de colère, je me suis immédiatement lancé dans la création d'un symbole dédié à John Lennon et à toutes les autres victimes de semblables assassins. » Il sculpta *Non-Violence*, un Colt Magnum dont le canon était noué, comme si le pistolet était émasculé. Plusieurs variantes en ont été érigées dans différentes villes du monde. La version de la ville natale de l'artiste, Landskrona, présente un nœud double, par simple mesure de sécurité.

Le face-à-face de Jésus avec les soldats venus pour l'arrêter montre que le pouvoir qui s'appuie sur la force est finalement factice. Jésus demande aux soldats dans le jardin qui ils cherchent. « Ils lui répondirent : "Jésus le Nazôréen." [...] Quand Jésus leur eut dit : "C'est moi", ils reculèrent et tombèrent à terre » (Jn 18, 6). Il est amené devant Ponce Pilate, le représentant du pouvoir impérial de Rome, et c'est ce prisonnier non armé qui exerce le vrai pouvoir et atteste l'impuissance de ceux qui le jugent. Un pouvoir d'un genre totalement différent de celui des Romains, qui fouettent et crucifient leurs ennemis. « Mon royaume n'est pas de ce monde. Si mon royaume était de ce monde, mes gens auraient combattu pour que je ne sois pas livré aux Juifs. Mais mon royaume n'est pas de ce monde » (Jn 18, 36).

Ce n'est qu'un jeu

L'astuce la plus sournoise de l'imaginaire violent consiste à atténuer notre dégoût en prétendant qu'il ne s'agit que d'un jeu, d'un bon vieux plaisir domestique. À dix-huit ans, au sortir de l'adolescence, un jeune Américain aura été témoin de 200 000 actes de violence et de 16 000 meurtres[32]. Il arrive souvent qu'on présente ces derniers comme attractifs ou qu'on ne les prenne pas au sérieux. La violence est normalisée et semble même aussi inoffensive que lorsqu'on fait disparaître de l'écran des ennemis démoniaques dans un jeu vidéo. Ce divertissement apparemment innocent nourrit un imaginaire de la violence chez lequel détruire n'engendre nulle culpabilité dans la mesure où rien n'est réel.

On se représente même souvent, l'imagination aidant, les drames qu'engendrent les relations internationales, hostiles et conflictuelles, sous forme de jeux. On a pu voir un rassemblement devant la Maison-Blanche célébrant l'assassinat d'Oussama ben Laden avec des banderoles proclamant *Obama 1 ; Osama 0*. Il aurait pu s'agir d'un match de basket, où les protagonistes du drame sont dits « joueurs », comme si toute cette violence n'était qu'un jeu électronique. Pendant la guerre froide, les Américains concevaient le conflit nucléaire comme une série de jeux vidéo de guerre, comme s'il n'y avait au bout du compte aucun dommage physique. Les corps en chair et en os sont hors du coup. Tout n'est que nombres sur un écran. Il est intéressant de noter que les Russes, eux, pensaient la guerre froide en la rapportant au *Guerre et Paix* de Tolstoï, à savoir un triomphe naissant de façon quasi mystique de la souffrance et du désastre[33].

En deux nuits de suite j'ai vu *Avatar* et *Sherlock Holmes*. On ne saurait imaginer deux films plus différents. Le premier montrait des Californiens bleus du futur, mesurant environ 2,50 m et vivant sur une planète lointaine, le second mettait en scène notre grand détective qui résolvait des énigmes criminelles dans le Londres du XIXe siècle. Mais les deux se terminent presque à l'identique : sur une fusillade, où les méchants sont tués et qui apporte la sécurité au monde, jusqu'à ce qu'un autre méchant se présente.

Quand il commente le fameux assassinat de dix jeunes gens en un seul jour, le 23 novembre 2013, G. Younge veut nous ouvrir les yeux sur les souffrances horribles de personnes véritables, fils et filles de familles ordinaires. Il nous parle d'Adam B. Schiff :

> Ce député démocrate californien avait trouvé vingt minutes pour rencontrer Faiçal ben Ali Jaber, dont le beau-frère et le neveu avaient péri dans les flammes allumées par une frappe de drone américain dans une zone rurale du Yémen, alors qu'ils tentaient de persuader des membres d'Al-Qaïda d'abandonner le terrorisme. Après la réunion, Schiff déclara : « Cela donne vraiment un visage humain à l'expression dommage collatéral. » Mon but est ici de donner un visage humain – un visage d'enfant – aux « dommages collatéraux » de la violence par arme à feu en Amérique[34].

En tant qu'habitants du continent numérique, il est difficile pour nous de mesurer la brutalité du meurtre, même pour ceux qui vivent dans les quartiers violents. Nicole a envoyé un texto à un ami au sujet de l'homme dont elle portait l'enfant et qui allait un jour tuer son plus jeune garçon :

> « Je jure qu'il va me tuer un jour. Dans deux ans, quand personne ne le soupçonnera, je sais qu'il va me tuer. » « Nous étions sérieux, dit Amy. Sinon que c'était encore plus ou moins farcesque. Qui peut concevoir pareille réalité avant qu'elle se produise ? Ce n'est pas réel avant d'advenir. » Et puis c'est arrivé. Il laissa derrière lui son fils Jaiden avec une balle dans la tête[35].

La non-violence de Jésus est enracinée dans sa perception claire des hommes. En tant que Verbe vivant de Dieu, il les connaît de l'intérieur. « Il les connaissait tous et [...] n'avait pas besoin d'un témoignage sur l'homme ; car lui-même connaissait ce qu'il y avait dans l'homme » (Jn 2, 24). Nathanaël lui dit : « D'où me connais-tu ? » (Jn 1, 48). « La femme [...] dit aux gens : "Venez voir un homme qui m'a dit tout ce que j'ai fait" » (Jn 4, 28-29). Voir avec une clarté absolue l'humanité donnée par Dieu aurait rendu la violence impossible. Le dominicain américain Chrys McVey, qui a exercé son ministère au Pakistan pendant de nombreuses années, a écrit :

> Dominique fut porté à pleurer – et à agir – par la disette de Palencia, par l'aubergiste de Toulouse, par le sort de certaines femmes à Fanjeaux. Mais cela ne suffit pas pour expliquer ses larmes. Celles-ci venaient à flots de la discipline d'une spiritualité clairvoyante à qui rien n'échappait. Vérité est la devise de l'Ordre, non pas sa revendication (ainsi que beaucoup l'entendent), mais sa perception. Et garder les yeux ouverts de manière à tout avoir à disposition, cela peut donner au regard quelque chose d'aiguisé[36].

Notez au passage le double sens d'*aiguisé*, à la fois « pénétrant » et « tranchant ».

Gilead, le vieux pasteur éponyme du roman de Marilynne Robinson, énonce cette remarque : « Tout visage humain est une interpellation qui nous est adressée, dans la mesure où nous ne pouvons nous empêcher de comprendre sa singularité, son courage et sa solitude[37]. » La première chose à faire pour nous entraîner à la non-violence est d'apprendre à voir les gens. Si nous les voyons non comme des objets mais comme des sujets qui nous voient, il n'y aura quasiment plus moyen de les blesser profondément.

Robert Graves, un poète de la Première Guerre mondiale, a trouvé « un certain remède contre la soif de sang » en voyant un Allemand mort. Il y avait là la dure réalité de la guerre.

> Là où, le dos appuyé à un tronc brisé,
> Dans un fatras de choses dégoûtantes

Était un Boche mort ; il grimaçait, sentait mauvais,
Vêtements et visage d'un vert délavé,
Ventre enflé, lunettes, cheveux courts,
Un sang noir lui dégoulinant du nez et de la barbe[38].

Peu de temps avant le massacre des trappistes algériens, Christian de Chergé, leur prieur, avait rédigé son testament. C'est la plus belle profession de foi de non-violence que je connaisse. Il voit la personne qui viendra le tuer non pas comme un ennemi mais comme son frère :

> Et toi aussi, l'ami de la dernière minute [celui qui le tuera], qui n'auras pas su ce que tu faisais. Oui, pour toi aussi je le veux ce MERCI, et cet « À-DIEU » envisagé de toi. Et qu'il nous soit donné de nous retrouver, larrons heureux, en paradis, s'il plaît à Dieu, notre Père à tous deux. AMEN ! Incha Allah[39] !

La poésie de la non-violence

La détermination de ne pas faire le mal ne suffit pas à la non-violence. Elle nous invite à imaginer le monde différemment. C'est ce qu'offre Isaïe avec ses moyens poétiques :

> Le loup habitera avec l'agneau, la panthère se couchera avec le chevreau. Le veau, le lionceau et la bête grasse iront ensemble conduits par un petit garçon. La vache et l'ours paîtront, ensemble se coucheront leurs petits. Le lion comme le bœuf mangera de la paille. Le nourrisson jouera sur le repaire de l'aspic, sur le trou de la vipère le jeune enfant mettra la main. On ne fera plus de mal ni de violence sur toute ma montagne sainte, car le pays sera rempli de la connaissance de Yahvé, comme les eaux couvrent le fond de la mer [Is 11, 6-9].

Des lions végétariens ! Est-ce un pur fantasme, une façon de s'évader d'un monde à l'inéluctable brutalité ? Ou bien avons-nous affaire à une évocation de la paix que promet Jésus et que le monde est à ce point incapable d'imaginer qu'il lui faut, pour en avoir notion, mobiliser les ressources de la poésie ? Je fus un jour intrigué par la façon dont le site de la BBC avait titré une nouvelle : « Des ballerines prennent d'assaut les rues du Caire ». Juste avant Noël 2016, ces femmes, refusant de se laisser intimider par la violence urbaine, réclamaient la libre circulation dans les rues, dansant et tournoyant dans la nuit. Les vidéos de leur danse se propagèrent comme une traînée de poudre. C'était une parabole dansée.

La guerre civile a sévi en Colombie cinquante années durant. La plupart des Colombiens n'avaient jamais connu ni ne pouvaient même imaginer autre chose. La guerre entre l'armée et les rebelles des FARC semblait devoir toujours durer et ne jamais trouver de solution. Un publicitaire, Jose Miguel Sokoloff, fut invité à rechercher des moyens ingénieux d'approcher la guérilla. Il planta « des arbres de Noël près de l'endroit où ils passeraient ». Il nous parle des « arbres gigantesques qu'[ils] avaient aménagés dans neuf passages stratégiques en pleine jungle, baignant sous les illuminations. Ces arbres, dit-il, les avaient aidés à désarmer 331 guérilleros, soit à peu près 5 % de la force de guérilla à l'époque. Illuminés la nuit, ils portaient une pancarte indiquant : "Si Noël peut venir dans la jungle, vous pouvez rentrer à la maison. Déposez les armes. À Noël, tout est possible" ». Il y a de grandes chances que peu de guérilleros aient vu les arbres, mais tous en avaient entendu parler. Dans les ténèbres d'un anéantissement réciproque, un symbole puissant surgissait, qui n'était pas une arme à feu. Il se référait au Prince de la Paix, auquel croyait la quasi-totalité des Colombiens, ainsi qu'à la paix civile dont leur pays était exclu.

La résistance non violente n'est pas simplement une tactique efficace dans la lutte contre le mal. Son pouvoir provient de la profonde paix de ces personnes courageuses qui osent refuser la violence et rêver d'un monde différent. Jésus « a enseigné que le véritable champ de bataille, où la violence et la paix se rencontrent, est le cœur humain, "car c'est du dedans, du cœur des hommes, que sortent les desseins pervers" (Mc 7, 21)[40] ». Le pouvoir majestueux de Jésus devant le tribunal de Ponce Pilate est né de sa communion avec son Père, « l'absolue, l'invulnérable sérénité de son éternité[41] ». C'est en elle que nous trouvons notre maison.

11

À la maison

Jésus enseigne aux disciples : en moi vous serez chez vous, comme le Père et moi en vous nous serons chez nous. « Que votre cœur cesse de se troubler ! Croyez en Dieu, croyez aussi en moi. Dans la maison de mon père, il y a de nombreuses demeures, sinon je vous l'aurais dit ; je vais vous préparer une place » (Jn 14, 1-2). Il leur dit cela juste au moment où ils sont manifestement sur le point de perdre leur maison en le perdant. Il va leur être enlevé, d'abord par la force et ensuite lors de l'Ascension. Cela nous montre de quel type de maison il s'agit, un foyer que ne peuvent détruire ni la persécution, ni quelque manquement, ni l'apparente absence de Dieu.

Chaque être vivant a besoin d'un foyer, et son foyer exprime ce que cela signifie pour lui d'être en vie. Les récifs coralliens, les bouses, les haies et les ruches sont autant d'abris. Les lions et les ours, les chiens et les renards marquent leur territoire avec leur urine et combattent tout rival qui tente de s'introduire chez eux. Les araignées tissent leur toile et les blaireaux creusent leurs terriers. La maison peut ne pas être un endroit fixe. La « patrie » d'un saumon comprend ses frayères, où il naît et meurt, et l'océan où il gagne en gras et atteint l'âge adulte. Les oiseaux migrateurs sont chez eux sur leurs terrains d'été et leurs terrains d'hiver, entre lesquels ils se déplacent comme l'élite des nantis qui migre entre Londres et New York, des landes à tétras aux pistes de ski. Si le plancton dérivant dans la mer ne semble pas avoir vraiment de place où se mettre à l'abri, c'est qu'il n'a peut-être pas tant de vie que cela. Mais qui suis-je pour juger ? Peut-être que, ainsi que le disaient les premiers dominicains, « l'océan est leur cloître ».

Alors, que dit la promesse d'habitation faite par Jésus quant à ce que signifie « être vraiment vivants en Dieu » ? Distinguons les deux mouvements de la construction : il nous faut trouver notre maison en Dieu (« Je vais vous préparer une place » [Jn 14, 2]), et Jésus et le Père s'installeront en nous (« Si quelqu'un m'aime, il gardera ma parole, et mon Père l'aimera et nous viendrons vers lui et nous nous ferons une demeure chez lui » [Jn 14, 23]). La plénitude de la vie, c'est Dieu demeurant en nous et nous en Dieu.

Pourquoi cette duplication d'habitat ? Le mystère de l'amour de Dieu est à la fois particulier et universel. Nous sommes aimés comme individus. Dieu n'aime pas l'humanité en général, à la façon dont moi, j'aimerais le vin rouge en général. Chacun de nous n'est pas le simple représentant d'un groupe aimé globalement. Pareil amour serait abstrait et vide. W. H. Auden en a tiré une plaisanterie : « Nous sommes ici-bas pour faire du bien aux autres. Les autres, pour quoi ils sont ici, je n'en ai pas la moindre idée[1]. » Le Père et le Fils sont chez eux dans les conflits et les bonheurs intérieurs que nous causent nos amours et nos amitiés. Le Saint-Esprit se niche dans la chaîne et la trame de nos vies personnelles.

L'amour de Dieu, en même temps, est universel. Rien n'échappe à son périmètre, sans quoi il cesserait d'exister. Dieu demeure dans la petitesse de nos vies et nous sommes radicalement étirés par l'immensité incommensurable de la vie de Dieu. Tel le saumon, nous prospérons parce que Dieu, qui habite dans les humbles marigots où nous sommes en sécurité et à l'aise, nous insuffle à satiété un immense appétit pour le vaste océan de son amour. Regardons chaque aspect de notre retour à la maison et voyons comment ils se relient ensemble.

« Si quelqu'un m'aime, il gardera ma parole, et mon Père l'aimera et nous viendrons vers lui et nous nous ferons une demeure chez lui »

James Rebanks, dans le merveilleux récit qu'il fait de la vie – vocation serait peut-être mieux dit – d'un berger dans le Lake District[a], nous apprend que les moutons sont liés au pays dans lequel ils sont élevés :

> Ils sont *hefted*[b], leurs mères leur ont enseigné le sentiment d'appartenance quand ils étaient agneaux ; c'est une chaîne d'apprentissage qui remonte à des milliers d'années[2].
>
> Leur sentiment d'appartenance est si fort que certains moutons, dit-on, regagnent directement l'endroit où leur mère les a élevés, mus par un besoin irrésistible de rejoindre leur terre, même s'ils ne sont pas retournés dans les montagnes depuis trois ou quatre ans[3].

Les êtres humains eux aussi sont très attachés à leur espace. Alastair Bonnett a écrit que « nos vies sont tissées par notre lieu d'origine ; mémoire et identité s'y entrecroisent comme la trame et la chaîne. Si l'on manque d'un lieu qu'on puisse dire sien, un chez-soi, la liberté est un mot vide de sens[4] ». Nous sommes « topophiles », amoureux des lieux, dont nous chérissons les noms. La question du logement dans la Grande-Bretagne d'aujourd'hui consiste moins en une crise de l'habitat, qu'en une pénurie de vrais lieux où s'enraciner et fleurir.

Les enfants ont besoin d'endroits à eux, de préférence inconnus des adultes, où on les laisse jouer et observer

---

a. Au Nord-ouest de l'Angleterre.

b. Le texte français du Livre de poche s'autorise l'importation de ce mot technique, que le traducteur a expliqué en début d'ouvrage comme suit : « *Heft*, verbe tr. (Nord de l'Angleterre et Écosse). S'acclimater et s'attacher à une partie d'un alpage. S'applique à un animal d'élevage, et plus particulièrement à un troupeau de moutons. »

le monde sans les importuner. Pour S. Heaney, c'est une évidence :

> Tous les enfants veulent se blottir dans leurs nids secrets. J'aimais la fourche d'un hêtre à l'entrée de l'allée qui menait chez nous, le bosquet serré que formait la haie de buis devant la maison, le doux tas de foin dégringolant dans un coin reculé de l'étable à vaches, mais j'ai surtout passé du temps dans la fourche d'un saule au fond de la cour de la ferme[5].

Les lieux sont, affirme-t-il, la « protéine de l'imagination » et les « contrées de l'esprit ». Ils nous renforcent dans le sentiment d'être qui nous sommes, de venir d'où nous venons, d'aller où nous allons. J. Winterson écrit qu'« un foyer est bien plus qu'un abri, c'est notre centre de gravité[6] ».

Pour ce qui est de la « contrée de l'esprit » dans la Bible, le foyer est l'endroit où Dieu s'est établi avec nous, en choisissant un lieu et un peuple particuliers.

> Car Yahvé a fait choix de Sion,
> il a désiré ce siège pour lui :
> « C'est ici mon repos à tout jamais,
> là je siégerai, car je l'ai désiré » [Ps 132, 13-14].

En Jésus, Dieu a élu domicile dans une personne en particulier, dans une petite ville de Galilée et dans la famille d'un charpentier. Après la Pentecôte, quand les disciples furent envoyés aux extrémités de la terre, un problème surgit concernant les lieux saints et les foyers sacrés. Certains faisaient valoir que Jésus nous faisait négliger la sainteté spécifique de tel ou tel lieu. Jésus dit à la Samaritaine au puits : « Crois-moi, femme, l'heure vient où ce n'est ni sur cette montagne ni à Jérusalem que vous adorerez le Père » (Jn 4, 21). Étienne, le premier martyr, est arrêté, car il « ne cesse pas de tenir des propos contre ce saint Lieu » (Ac 6, 13).

Mais le christianisme est une religion qui embrasse nos besoins humains ordinaires. Comme le disait si souvent Thomas d'Aquin, « la grâce améliore la nature, loin de la détruire ». On ne saurait nier l'appétit que ressentent les hommes de maisons et de lieux saints. Nous avons besoin d'oasis sur le chemin menant au vaste foyer de la vie de Dieu. Comment l'imaginer, sans cela ? Il nous faut absolument nous représenter concrètement comment Dieu habite avec nous maintenant, sous peine de ne pas pouvoir progresser vers la vie commune que nous mènerons dans ses nombreuses demeures.

Nos ancêtres avaient le sentiment bien ancré en eux que Dieu habite dans nos maisons de famille. John McGahern décrit la piété domestique d'un foyer irlandais au siècle dernier :

> La bouilloire a commencé à siffler et nous avons pris le thé avec des tartines de confiture. Avant de monter, nous nous sommes agenouillés dans la lumière rougeâtre de la pièce et du foyer dont les braises jetaient une lueur intermittente, et nous avons dit le chapelet. « Seigneur, ouvre mes lèvres et ma langue proclamera ta louange. » « Tour d'Ivoire, Maison de Dieu, Arc de l'Alliance, Étoile du Matin, Porte du Ciel », avons-nous prié. La pauvre maison couverte d'ardoise jetée au milieu du champ était une défense fragile contre toutes les trombes d'eau et les tornades effrénées qu'elle devait essuyer, mais, cette nuit-là, elle aurait pu être l'une des demeures célestes[7].

J'ai grandi avec au cœur cette même impression que Dieu et tous les saints partageaient notre foyer, même si la seule fois où nous ayons tenté de réciter le chapelet ensemble la séance s'était soldée par un fou rire, les chiens ayant fait irruption et s'étant mis en tête de nous lécher implacablement le visage. S. Heaney décrit les rituels domestiques de chaque saison[8] : croix de sainte Brigitte faites en joncs verts le 1er février, boutons de renoncule et cardamine des prés posés sur les appuis de la fenêtre pour la nuit de Walpurgis[a] et fleurs sur la commode pendant tout le mois de mai, celui de Marie. Oui, mais si certaines de ces pratiques sont d'origine païenne ? Rien d'humain n'est étranger au Christ.

Le christianisme oriental, orthodoxes et catholiques confondus, considère le foyer comme une église domestique, où les parents seraient le « clergé » et les enfants les « laïcs ». Dans chaque maison, généralement près de l'entrée, se trouve le « coin rouge » ou « beau coin », orné d'icônes, un endroit de recueillement où se réunira matin et soir la famille. On trouve souvent près de la porte une icône de la Vierge à l'Enfant destinée à la vénération de qui entre ou sort. En Occident, il est fréquent qu'on demande aux prêtres de bénir une nouvelle demeure afin que Dieu puisse l'habiter. Il est plus facile pour quelqu'un de comprendre qu'il est chez lui en Dieu si Dieu est chez lui dans sa maison. Il est plus facile de rendre grâce dans l'Eucharistie si l'on rend grâce pour chaque repas que l'on prend. Il nous faut trouver des manières de sanctifier nos maisons, encore qu'on ait plus de mal à le faire s'il arrive que l'on cohabite avec des personnes qui ne partagent pas la même foi. Comment consacrer son foyer en ne mettant pas les autres mal à l'aise ?

À la maison dans l'Église

Dieu se fait un foyer non seulement dans nos maisons, nos appartements, nos habitations familiales, mais encore dans nos paroisses et nos églises. Le pape François a appelé chacun à trouver sa place dans l'Église :

> L'Église est appelée à être la maison du Père, avec des portes toujours grandes ouvertes [...], l'endroit où tous peuvent trouver leur place, quels que soient leurs problèmes [...] et pour

---

a. Elle prend place entre le 30 avril au soir et le 1er mai.

aller vers ceux qui éprouvent le besoin de reprendre leur chemin en direction de la foi[9].

Personne ne doit jamais trouver la porte fermée. Hélas, beaucoup de bons chrétiens ont le sentiment que la porte est fermée, ou du moins qu'elle n'est pas grande ouverte, parce que ce sont des divorcés remariés, des homosexuels, des personnes en union libre, des dissidents de l'Église sur tel ou tel point ou encore ce qu'on pourrait appeler des égarés.

> Qu'est-ce donc qu'un foyer ? L'endroit, si tu t'y rends,
> Où l'on doit t'accueillir. J'aurais dû l'appeler :
> Ce que tu n'as pas à mériter[10].

Si l'Église est notre foyer, nous n'avons pas à mériter d'en être membres. Nous n'avons pas à nous justifier de prendre place dans l'assemblée des fidèles. Il en est qui hésitent : « Mais je suis un piètre catholique » ou bien « Je ne suis guère chrétien ». Tout ce que l'on peut répondre, c'est « Bienvenue chez toi ! ». Lorsque le fils prodigue est revenu, on ne lui a pas laissé le temps de présenter ses excuses ni d'expliquer son absence. Son père a couru l'embrasser, l'a fait habiller dignement et a commandé une fête.

Une poétesse américaine a déclaré : « Nous avons tous le mal du foyer, d'un lieu sûr où nous pouvons aller comme nous sommes sans avoir à être interrogés[11]. » C'est précisément parce que l'Église est notre foyer que nous n'avons à nous justifier ni de nous ni de nos œuvres. Nous sommes là en tant qu'enfants de la maisonnée. Nous devrions également pouvoir nous exprimer librement, poser nos questions et mettre un nom sur nos doutes. À la maison, on peut être spontané. Hilaire Belloc, écrivain catholique d'avant-guerre, un jour qu'il assistait à la messe à la cathédrale de Westminster, se tenait en retrait, appuyé contre un pilier, sans se mettre à genoux en même temps que le reste de l'assemblée, ce qui attira l'attention du bedeau : « On s'agenouille à cet instant, lui fit observer ce dernier. – Allez au diable, répondit Belloc. – Pardon, conclut l'autre, je ne m'étais pas rendu compte que vous étiez catholique. »

Les Juifs comprennent cette liberté comme un signe d'appartenance. Le très réputé Lévi-Yitzhak de Berditchev, un rabbin hassidique du XVIIIe siècle, se fâchait régulièrement contre Dieu, en particulier lorsqu'il sentait que Dieu avait négligé ses enfants.

> Tu ordonnes à l'homme de venir au secours des orphelins. Nous aussi somme des orphelins. Pourquoi refuses-Tu de nous aider [12] ?

Elie Wiesel affirme que c'est là la liberté de ceux qui sont chez eux dans la communauté :

> À l'intérieur de la communauté, [le protestataire] peut tout dire. Qu'il s'en détache et ce droit lui sera retiré. La révolte du croyant n'est pas celle du renégat ; les deux ne parlent pas au nom de la même souffrance [13].

Nous venons à l'église avec nos questions et nos doutes, nos objections et notre colère. Nous apportons à l'église notre moi séculier, car nous sommes tous des enfants de cet âge séculier. Lorsque le père Tony Philpot était curé dans le diocèse d'Est-Anglie, il assista à une conférence donnée à Cambridge par le cardinal Ratzinger. C'était brillant. Dans un sens, il était d'accord avec chaque mot. Tout était vrai, mais cela n'avait pas grand-chose à voir avec la vie de ses ouailles. Il écrivit :

> Quel malaise d'être ainsi entre l'enclume et le marteau ! Quel malaise c'est pour moi d'appartenir au monde de l'orthodoxie et de passer tant de temps et d'énergie avec des non-orthodoxes, d'appartenir en quelque sorte à leur monde ! Je voudrais dire aux hommes qui se préparent au sacerdoce diocésain que ce cœur divisé est la souffrance qui signe leur

vocation et que, s'ils éprouvent cette souffrance, c'est signe qu'ils feront de bons prêtres[14].

J'aimerais ajouter que c'est la douleur de quiconque est en quête d'un foyer dans l'Église. Nous venons à l'église avec notre foi et notre absence de foi, notre adhésion et aussi nos réserves.

Une maison qui n'accepte aucun désaccord et ne permet aucune question est une maison morte. Nous sommes chez nous pour discuter des questions qui nous dérangent sans craindre qu'on nous montre la porte. Le poète israélien Yehuda Amichai a écrit :

> L'endroit où nous avons raison
> ne donnera jamais naissance à des fleurs
> au printemps.
> L'endroit où nous avons raison
> est dur et piétiné
> comme une cour.
> Mais doutes et amours
> retournent le monde
> comme une taupe, comme une charrue[15].

Il y a au moins deux raisons pour lesquelles nous ne pouvons pas nous sentir chez nous dans la paroisse ou dans l'Église. D'abord parce qu'elles sont remplies d'étrangers et ensuite parce que l'Église est corrompue. Qui voudrait en faire partie ?

À la maison avec des inconnus

Pourquoi me donner la peine d'aller à l'église avec des étrangers qui pourraient m'accueillir avec suspicion et avec qui je risquerais d'avoir peu de chose en commun ? Lorsque le Concile a étendu à l'assemblée le baiser de paix, certains trouvèrent cette mesure de fort mauvais goût. Une femme voyant un étranger s'avancer mains tendues déclina l'offre : « J'aimerais mieux pas : nous n'avons pas été présentés. » Certains diocèses d'Amérique ont instauré une journée annuelle au cours de laquelle les personnes qui s'étaient éloignées de l'Église sont invitées à revenir. C'est devenu une solennité destinée à « se rappeler pourquoi on l'a quittée ».

Le mot *paroisse* vient d'un mot grec qui signifie visiteur ou étranger. C'est le mot employé par les disciples sur le chemin d'Emmaüs quand ils disent à Jésus : « Tu es bien le seul étranger de Jérusalem à ignorer ce qui y est arrivé ces jours-ci » (Lc 24, 18). Une paroisse est un foyer pour étrangers où nous nous retrouvons avec des personnes avec lesquelles nous ne sommes pas nécessairement liés par une amitié ou une relation. Dans les villes modernes, ce n'est certainement pas une communauté naturelle. Elle renvoie au Royaume précisément parce qu'elle réunit des personnes qui n'ont probablement pas le désir profond de se connaître. La conversion de Dorothy Day au catholicisme a été déclenchée lorsqu'elle s'est retrouvée dans une église de New York où elle a vu les plus riches et les plus pauvres se présenter ensemble à la communion.

Le paradoxe de notre foyer qui n'en est pas un dans la paroisse locale connut son acmé dans l'Église primitive parce qu'on embrassait des étrangers. C'était vraiment un baiser et non une accolade empruntée ni une poignée de main distante. Les païens ont été scandalisés de voir des étrangers s'embrasser sur la bouche lors du culte chrétien. Il semble que certains jeunes hommes se soient laissé emporter. L'évêque Clément d'Alexandrie a écrit avec un je-ne-sais-quoi de désespéré qu'« il faut bien se rendre compte que l'utilisation sans retenue du baiser lui a causé suspicions et calomnies. La pratique doit être comprise dans un sens mystique. Embrassons-nous avec une bouche chaste et contrôlée[16]. » On peut toujours rêver ! Le patriarche Athénagoras mettait en garde contre la demande d'un deuxième baiser. Un baiser pouvait être sacré, mais y revenir, c'était de la concupiscence[17]. À cause de cet abus, ce contact intime, dont la pratique remontait probablement à l'époque de Jésus, fut perdu, et hommes et femmes ont pris place de part et d'autre de l'allée centrale, si bien que le paradoxe d'une communauté dans laquelle nous sommes dans une relation d'intimité avec des étrangers est allé s'affaiblissant.

La beauté et la douleur de la communauté chrétienne locale résident précisément dans le fait que nous sommes chez nous en Christ avec des personnes qui ne sont pas naturellement des nôtres et que nous n'avons souvent pas envie de mieux connaître. Bien sûr, si nous nous réunissons tous les dimanches pendant des années, beaucoup d'entre eux cesseront d'être des étrangers, mais ce n'est pas la question. Jésus a dit : « Que deux ou trois, en effet, soient réunis en mon nom, je suis là au milieu d'eux » (Mt 18, 20), même s'ils sont étrangers. Nous allons recevoir le don de son corps, qui comprend le don de l'inconnu présent à côté de moi dans l'église.

Dans l'Église primitive, chaque paroisse avait une auberge réservée aux étrangers en visite, car ils étaient le Christ. Quelle absurdité ce serait de recevoir le Christ dans l'Eucharistie et de rejeter le Christ dans le visiteur ! Ce refuge s'appelait le *Xénion*, du mot grec pour « étranger ». Saint Jean Chrysostome a suggéré que chaque foyer chrétien ait sa propre place pour l'étranger :

> Combien de frères sont des étrangers ? Faites dans votre propre maison une chambre d'amis à votre usage : installez-y un lit, une table et un chandelier. Gagnez une victoire sur l'Église. Voulez-vous nous faire honte ? Faites ceci : surpassez-nous en libéralité, ayez une chambre où peut venir le Christ ; dites : « C'est la cellule du Christ ; ceci a été construit à part pour Lui »[18].

Aucun chrétien ne peut être pleinement chez lui tant qu'il existe un seul sans-abri. Les personnes qui arrivent sur les côtes européennes à la recherche d'un refuge ne sont pas seulement des sans-abri. Elles doivent se débarrasser de leur ancien moi et se couper de tout ce qui leur a jamais donné une identité. Il m'est arrivé de passer quelque temps, sur la fin de 2018, dans un centre du Nord de l'Italie, hébergeant quatre cents migrants, qu'avait ouvert la paroisse locale ; j'ai remarqué trop tard le malaise qu'a suscité la question que j'ai posée à un groupe prenant son petit-déjeuner : je voulais savoir d'où ces gens étaient originaires. On ne doit pas poser une telle question.

Un roman de Juan Tomás Ávila Laurel, *Sur le mont Gourougou,* décrit la condition d'un Africain vivant à la lisière de l'Europe qui essaie d'y entrer :

> Vous appreniez vite que, plus on s'approchait des portes de l'Europe, plus il vous fallait vous débarrasser de tout ce qui pouvait vous identifier comme un ressortissant de tel ou tel pays africain. À Gourougou, on ne s'ouvrait de ses origines qu'à ceux en qui on avait une confiance inébranlable[19].

Quand on demande à un nouvel arrivant de parler de lui, il répond :

> Ne me demandez pas d'où je viens. Je suis passé par tellement d'endroits, en tout cas je suis arrivé par l'Algérie. On m'a dit que je n'avais plus de pays, oui, c'est ce qu'ils ont dit à la frontière : « Vous n'avez plus de pays, maintenant vous êtes un Noir et c'est tout »[20].

Ce à quoi s'identifiaient principalement les gens hébergés dans le camp, c'était l'équipe de football : ils voyaient à la télévision des gens comme eux qui portaient un nom. La vraie nature de la paroisse, le chez-nous que nous partageons avec des étrangers, est révélée lorsque nous accueillons des migrants, de manière à leur fournir un endroit qu'ils puissent appeler leur chez-eux.

À la maison dans une Église corrompue ?

Voulons-nous vraiment être chez nous dans l'Église ? Pour beaucoup de gens, en particulier depuis la grave crise des scandales sexuels, il est devenu impossible d'y trouver sa place. J'ai rencontré une amie à la gare de Paddington, une jeune femme impressionnante et d'une intelligence brillante, élevée dans le catholicisme mais qui, écœurée, à force, par toutes ces affaires scandaleuses, m'a confié qu'elle en avait assez. Elle se mettait en congé. Comment pouvons-nous penser à l'Église comme à un foyer quand ses fondations sont ébranlées par un tel péché ? Où sont les signes que Dieu est toujours là ?

J'ai passé en Australie l'été 2018, le moment où l'Église a touché le fond. J'ai rencontré là-bas les principaux des écoles catholiques de l'État de Victoria. Je leur suis profondément reconnaissant d'avoir abordé la question les yeux grands ouverts et avec une foi profonde. L'un d'eux a cité Carlo Carretto (1910-1988), président national du mouvement de la jeunesse catholique en Italie dans les années 1950, avant de devenir un Petit Frère de Charles de Foucauld. Carrettto a écrit une « Hymne à l'Église » dans un livre intitulé *J'ai cherché et j'ai trouvé*[21], en réponse au livre d'un athée qui avait pour titre *J'ai cherché et je n'ai pas trouvé*. Ce que dit Carretto résume l'ambiguïté de l'Église, qui est et n'est pas ma maison, qui révèle et cache Dieu.

Combien je dois te critiquer, ô mon Église, et pourtant comme je t'aime !
Tu m'en as fait voir comme personne, et pourtant je te dois plus qu'à personne.
Je voudrais te voir détruite, et pourtant j'ai besoin de ta présence.

Tu m'as mis sous les yeux tant de scandale, et pourtant toi seule m'as fait comprendre la sainteté.
Jamais ce monde ne m'a rien montré de plus louche, de plus falsifié, et pourtant je n'ai jamais rien approché de plus pur, de plus généreux, de plus beau.
Je ne compte pas les fois où j'ai eu l'envie de te claquer au nez la porte de mon âme, et pourtant chaque nuit j'ai prié afin de mourir dans tes bras protecteurs !
Non, je ne peux me libérer de toi, car je ne fais qu'un avec toi, même si je ne suis pas complètement toi.
Et puis, où irais-je ?
Construire une autre Église ? Mais je me montrerai incapable d'en construire une qui soit exempte des défauts que tu as, pour la bonne raison que ce sont ceux que je porte en moi. Et encore une fois, si je construisais une autre Église, ce serait mon Église, pas celle du Christ.
Non, j'ai assez d'ans. J'ai mieux à faire. Non, je ne quitterai pas cette Église, établie sur un roc aussi fragile, pour aller en fonder une autre qui tienne sur un roc plus fragile encore : moi.
Et puis, quelle importance, les rocs ? Ce qui compte, c'est la promesse du Christ, ce qui compte, c'est le ciment qui lie les pierres entre elles pour n'en faire qu'une : le Saint-Esprit.
Le Saint-Esprit seul peut construire l'Église à l'aide de pierres aussi mal équarries que nous[22].

Confrontés à toutes les ambiguïtés de notre maison/non-maison, beaucoup, comme mon amie, partent. Oui à Jésus, non à l'Église. Oui à la spiritualité, non à la religion institutionnelle. Je crois, moi, que, parce que Dieu a élu domicile chez nous, nous devons rester. Les derniers mots de l'évangile de Matthieu sont : « Et voici que je suis avec vous pour toujours jusqu'à la fin du monde » (Mt 28, 20). La présence endurante de Dieu ne dépend pas de la constance de notre fidélité à Dieu. Mais si nous restons, surmontant la tentation de tourner le dos à cette institution parfois sordide, nous sommes des témoignages pour notre Dieu qui ne va pas s'en aller et dont la présence nous permettra d'appeler encore sainte l'Église, tout bien pesé.

Parfois, entêtée est la grande aventure de notre foi. Certains chrétiens d'Irak et de Syrie expriment leur enracinement dans le Seigneur en se contentant de rester dans leur pays d'origine. La plupart ont fui, souvent pour d'excellentes raisons, et n'ont donc pas à être jugés. Mais ceux qui restent portent témoignage du Dieu qui reste avec nous. Le patriarche chaldéen de Bagdad m'a dit que sa cathédrale avait été bombardée, et qu'on avait eu beaucoup de victimes à déplorer. Pour lors, le gouvernement avait retiré toute surveillance. Mais lui est toujours là, à attendre celui qui voudra se présenter, sachant qu'un étranger peut toujours arriver avec un fusil.

Le dominicain Serge de Beaurecueil, qui a vécu vingt-cinq ans en Afghanistan comme seul prêtre catholique du pays la plupart du temps, se posait souvent la question de l'utilité de prolonger son séjour, sinon qu'il écrivit :

> Parmi les passeurs silencieux du Verbe, d'un Verbe créateur, incarné et crucifié, simplement en vivant ici, simplement en aimant, simplement en mourant ici, simplement en célébrant l'Eucharistie ici, je m'engage pour que l'avenir d'un peuple baigne dans la Lumière[23].

Rowan Williams déclare :

> « Je ne m'en vais pas » est l'une des formules les plus importantes que nous puissions entendre, qu'elle vienne de quelqu'un qui est à notre chevet quand nous sommes malades, de quelqu'un qui trinque avec nous dans un événement heureux, ou qui ne se dérobe pas dans les crises que peuvent traverser le quartier ou plus largement la société[24].

Nous restons dans l'Église malgré la honte que nous infligent ses manquements. Nous restons, même si c'est pénible d'être obligé de venir le dimanche écouter des sermons fastidieux qui vous rendent fou.

C'est l'endurance fidèle qui s'exprime de tant d'autres manières, par exemple en restant loyal à ses amis même quand ils ne sont plus amusants ni intéressants ou qu'ils ont été submergés par l'échec, et à nos conjoints quand l'amour s'est refroidi. James Rebanks, le berger cumbrien, s'est confié sur ce point :

> Parfois je me dis que notre sentiment d'appartenance est lié à la quantité de mauvais temps que nous avons enduré : nous sommes d'ici, car le vent, la pluie, la grêle, la neige, la boue et les orages n'ont pas réussi à nous déloger[25].

Les chrétiens d'aujourd'hui traversent un mauvais temps. Et si nous fuyons l'Église, nous pouvons toujours revenir nous réchauffer devant le feu pascal dans le foyer, comme tout le monde.

L'architecture même de nos églises symbolise la présence durable de Dieu et fait d'elles une invitation de pierre et de brique à rester. On peut y lire des souvenirs et des promesses. Lorsque Josué conclut une alliance avec le peuple à son entrée dans la Terre promise, il a posé une grande pierre dans le sanctuaire du Seigneur : « Voici, cette pierre sera un témoin contre nous parce qu'elle a entendu toutes les paroles que Yahvé nous a adressées » (Jos 24, 27). La pierre incarnait le souvenir de l'impérissable alliance.

Lors de la conférence de Lambeth en 2008, on entendit Mgr Rowan Williams, alors archevêque de Canterbury, exprimer le souhait de voir les évêques passer du temps dans sa cathédrale afin que le bâtiment avec tous ses souvenirs de saint Augustin et de saint Thomas Becket pût marquer leur imagination et que son vaste espace ouvert, s'élevant vers l'autel, fût en mesure d'appeler la Communion anglicane à une unité plus profonde. Il disait qu'il avait rassemblé tous les évêques dans la cathédrale pour partager de longues plages de silence en partant du principe que le bâtiment devait effectuer sa part de la tâche[26].

Dans la tradition catholique, chaque église possède deux témoins particuliers de la trace indissolublement fidèle de Dieu, l'autel et la lampe du sanctuaire. J'étais présent à la cérémonie de dédicace par l'évêque, Robert Lynch, d'un nouvel autel dans une paroisse du diocèse de Saint Petersburg, en Floride, taillé dans des blocs massifs de granite et de quartzite rares, symbolisant le Christ, notre roc inébranlable. Les cinq blessures de sa passion sont rappelées par les cinq croix qui y sont gravées. On le dénude le vendredi saint pour symboliser le dépouillement du Christ. Mgr Lynch, manches retroussées, le frotta partout d'huiles saintes en grande quantité, comme s'il s'agissait d'huiler le corps d'un lutteur avant le combat. L'autel ainsi oint représente l'Oint, le Christ. Ce gros bloc de pierre exceptionnelle parle du Christ qui a planté sa tente à Notre-Dame de Lourdes, à Dunedin, en Floride, et n'en partira pas. Aussi, quand on ferme une église aimée, voilà quelle blessure on inflige !

La lampe du sanctuaire est un signe de la présence du Christ dans le tabernacle. Christ demeure dans nos églises, y compris quand elles sont vides de fidèles. Il reste même lorsque la paroisse traverse une crise, même si le prêtre est une catastrophe. Si lui ne s'en va pas, comment pourrions-nous, nous, déserter ? Dans les toutes dernières pages de *Brideshead Revisted*, Charles Ryder retrouve après une longue absence la chapelle de la maison :

> Une petite flamme rouge – une affreuse lampe kitch en cuivre martelé, rallumée devant les portes en cuivre martelé d'un tabernacle –, la flamme que les vieux chevaliers virent de leurs tombeaux, mais éteinte, cette flamme brûle à nouveau pour d'autres soldats, loin de chez eux, bien plus loin que Saint-Jean-d'Acre ou Jérusalem : dans le cœur. Elle n'aurait pu être allumée que pour les constructeurs et les tragédiens, et c'est là que je l'ai trouvé ce matin, en train de brûler à nouveau parmi les vieilles pierres[27].

Il est une église à laquelle l'imaginaire catholique a donné une place unique. Je ne pense pas à la basilique Saint-Pierre de Rome, mais à celle du Latran, la cathédrale de l'évêque de Rome. La basilique a été consacrée par le pape Sylvestre Ier en 324 de notre ère. L'histoire lui a infligé des dommages, elle fut incendiée puis reconstruite, mise à sac puis restaurée, bref, elle symbolise la survie de l'Église à travers des siècles turbulents. Sa fête est inscrite au calendrier, car elle est *mater* et *caput*, mère et chef de toutes les églises catholiques du monde. C'est l'église dont la paroisse est le monde, de sorte que personne n'y est un étranger. Je suis tout aussi chez moi là-bas que le prêtre qui préside la messe ou les pèlerins d'Amérique latine et d'Asie qui s'y entassent. C'est un signe de la présence de Dieu parmi nous dans tout ce chaos de l'histoire, depuis les catastrophes accidentelles jusqu'aux différentes guerres et autres tremblements de terre, en passant par les horribles manquements du clergé sous les papes Borgia. Le Christ reste ici constamment à nos côtés, Emmanuel, Dieu avec nous, aujourd'hui comme il l'était hier et le sera demain.

Nos églises exposent et dissimulent en même temps le Dieu qui habite avec nous. Lorsque le général romain Pompée entra dans le temple de Jérusalem en 63 av. J.-C., il fit irruption dans le Saint des Saints, là où seul le grand prêtre avait le droit de pénétrer une fois par an, le jour du Grand Pardon, et ne trouva qu'un espace vide. Il s'attendait à l'image de Dieu, il n'a rien trouvé. Voici ce que dit Roger Scruton :

> Le temple est le lieu où les fidèles peuvent rencontrer Dieu. Mais il y est aussi caché, enfoui dans le sanctuaire intérieur ou dans des rituels que quelques-uns seulement peuvent déchiffrer[28].

La promesse de Dieu de s'installer avec nous est scellée sur la croix, où un être humain agonise, apparemment abandonné par Dieu. Où Dieu était-il alors ? Jésus, la nuit précédant sa mort, promit une demeure à ses disciples, alors qu'ils étaient sur le point de se disperser. Il rassembla une communauté de saints et de pécheurs qui témoigneraient pour lui jusqu'aux extrémités de la terre et à qui il arriverait de commettre des faux pas, à l'instar de Pierre. En raison de ce qu'ils avaient fait et de ce qu'ils étaient, ils l'ont montré et ils l'ont caché, comme nous aujourd'hui.

Élie s'enfuit de sa patrie en ruine (1 R 19) pour se rendre au mont Horeb, pensant que tout était fini et qu'il ne restait plus que lui. Il se tient au seuil de la grotte et entend un murmure, le « bruit d'une brise légère » qui lui commande d'aller reconstruire Israël. La maison est à venir et il peut compter sur plus d'alliés dans cette tâche qu'il n'imagine, sept mille qui, à son insu, n'avaient jamais plié le genou devant les faux dieux. Saint François priait dans la petite église de San Damiano, près d'Assise, quand il entendit la voix lui dire : « François, va réparer ma maison qui, comme tu le vois, tombe en ruine. » On peut être sûr que même maintenant il y a un saint François ou une sainte Claire d'Assise qui reçoivent le même ordre de mission.

À la maison dans l'océan

Donc, Dieu est chez nous dans nos maisons et dans nos assemblées locales, ces rassemblements d'amis et d'étrangers. Mais nous sommes également invités à être chez nous en Dieu. « Dans la maison de mon père, il y a de nombreuses demeures, sinon je vous l'aurais dit ; je vais vous préparer une place » (Jn 14, 1-2). Nous sommes comme le saumon, nous avons besoin de petites mares pour naître et pour mourir, mais nous sommes également appelés à être chez nous dans le vaste océan de l'amour de Dieu. Sainte Catherine de Sienne nommait Dieu l'« océan de Paix » et l'« océan sans bornes[29] ».

> Toi, éternelle Trinité, ô Océan profond, plus j'y cherche et plus je Te trouve et plus je trouve et plus je Te cherche[30].

C'est dans l'Eucharistie que se trouve articulée cette tension entre la maison que nous habitons et notre dernière demeure. Dans la troisième prière eucharistique catholique, nous disons à Dieu qu'« [il] ne cesse de rassembler [s]on peuple afin qu'il [lui] présente partout dans le monde une offrande pure ». L'Église est un rassemblement actif de peuple dans notre foyer. Mais à la fin de l'Eucharistie nous sommes envoyés : va en paix. La construction de l'église peut aussi exprimer cela. Neil Macgregor nous dit que la cathédrale de Kericho au Kenya est conçue de telle manière que tout le monde puisse s'éparpiller à la fin de la messe. Au niveau du sol, le bâtiment comporte sur la quasi-totalité de son pourtour une série de portes qui s'ouvrent largement pendant que se déroule la bénédiction finale. L'édifice rassemble le peuple en une chaleureuse étreinte, puis s'ouvre pour le laisser repartir, à l'image de poumons qui inhalent et exhalent.

Dans l'ancien rite, on nous *envoie* : *Ite missa est*, d'où nous avons fait « messe ». À l'origine, cela voulait simplement dire que les gens étaient renvoyés, mais on en est venu à l'interpréter comme l'expression de la nature missionnaire de l'Église[31]. Être chez soi dans l'Église, c'est être propulsé au-delà de ses frontières. Nous allons à l'église et nous sommes envoyés au-delà, car la pompe du cœur aspire le sang puis le diffuse. Donc Dieu est un invité inconfortable chez nous parce qu'il nous pousse hors du nid. L'amour divin nous ôte le repos, comme il arrive aux mages du poème de T. S. Eliot : « Mais sans plus nous sentir à l'aise dans l'ancienne dispensation[32]. » Un vieux dicton persan disait : « N'héberge pas sous ton toit de dresseur d'éléphants, à moins que tu ne sois prêt à amuser les éléphants[33]. »

Comment expliquer cette soif de trouver une maison en Dieu ? Nous sommes comme des saumons qui sentent que le moment est venu de quitter la mare et de se diriger vers des profondeurs insoupçonnées, vers l'immensité inexplorée qui les attire. C. S. Lewis appelle cela *Sehnsucht*, « l'inconsolable désir qu'on a au cœur d'on ne sait quoi ».

> Quand je parle de ce désir de notre contrée lointaine si inaccessible, lequel nous habite même aujourd'hui, je suis un brin intimidé... Nous sommes incapables de l'exprimer, dans la mesure où l'expérience ne nous en a pas fourni de précédent. Nous sommes incapables de le cacher, dans la mesure où l'expérience le ramène sans cesse à la surface, et nous amène à nous trahir tels des amants à la mention d'un nom : le parfum d'une fleur que nous n'avons pas encore découverte, l'écho d'une chanson que nous n'avons pas entendue, des nouvelles d'un pays que nous n'avons jamais encore visité[34].

Lewis croyait que ce désir de notre demeure ultime était éveillé par des « sursauts de joie ». Dans une lettre à Dom Bede Griffith, il affirmait qu'il se manifestait au plus haut degré quand il était le plus heureux du monde, comme si plus nous éprouvions de la joie, plus nous aspirions à notre bonheur final :

> C'est juste au moment où j'ai l'impression que la plus grande partie du ciel est déjà là que je me rapproche le plus du désir d'une *patria*. C'est là le frontispice éclatant, qui donne envie de lire l'histoire proprement dite. Toute joie (à distinguer du simple plaisir, et encore plus de l'amusement) souligne notre statut de pèlerin ; elle remet toujours en mémoire, fait signe, réveille le désir. Nos meilleurs avoirs sont nos vouloirs[35].

L'hospitalité nous fournit de quoi mieux approcher la nature de cette maison en Dieu. Elle ne consiste pas seulement à accueillir l'étranger chez nous. Nous apprenons à être chez nous avec eux, à avoir une conception nouvelle de ce que signifie être à la maison avec eux. Nous élargissons notre sens de ce qui prime dans l'appartenance. C'est nous qui offrons l'hospitalité, mais nous apprenons à la recevoir sous des formes que nous n'aurions jamais anticipées. Nous dilatons notre sens du « chez-nous » et, dans un « sursaut de joie », nous avons un avant-goût de notre foyer ultime. En visitant l'Ordre en tant que Maître, j'ai été accueilli par des tambours et des danses, des fêtes au cours desquelles je n'osais pas demander ce que je mangeais, avec feux d'artifice, hymnes latines solennelles et frottement de nez.

Le Conseil général de l'Ordre à Rome compte quatorze membres. À un moment de mon mandat, les frères venaient de presque autant de pays et étaient issus des cinq continents sauf l'Antarctique. Chaque frère apportait de sa culture propre sa conception de la communauté. Qu'on me pardonne l'exagération, un brin caricaturale, certains la pensaient en termes d'équipe sportive, d'autres en termes de famille, de tribu, voire de parti politique. Pour l'Anglais que je suis, le modèle du club venait naturellement à l'esprit ! Faire communauté signifiait laisser chacun des frères élargir notre compréhension de ce que signifiait l'appartenance, la courtoisie, la célébration et la supplication. L'accueil de chaque frère avec toutes ses représentations du foyer nous a donné un aperçu de ce que signifierait être chez soi dans le Royaume.

J'ai visité l'Algérie à l'invitation des évêques catholiques, dans le cadre d'un long processus où l'Église réfléchissait sur son identité et sur sa mission. Je l'ai parcourue avec un dominicain français, Jean-Paul Vesco, l'évêque d'Oran. En raison de troubles intestins, les vols intérieurs ont été annulés et nous avons donc dû nous rendre au Sahara. Sur le chemin il y eut un incident alarmant que je relaterai en son temps (chapitre XV). Nous voulions nous rendre dans une communauté éloignée, à El-Abiodh, où Carlo Carretto avait fait son noviciat.

Les combats avaient bloqué la route directe et il nous fallut donc passer par l'extrême nord du Sahara. Notre carte n'indiquait pas clairement s'il existait un itinéraire. Nous nous arrêtâmes dans une belle oasis, un endroit verdoyant en plein milieu du sable et des rochers du désert. L'évêque demanda à un homme qui se trouvait au bord de la route avec ses deux fils si nous pouvions y arriver. Il a répondu : « Pas avec cette voiture ! » Mais il était tard, le seul autre itinéraire que nous pouvions envisager allongeait le voyage de centaines de kilomètres, et, comme il semblait y avoir une route, nous sommes partis.

Peu de temps après, la route finissait dans les sables, et il devint évident que nous ne pouvions plus progresser. Nous nous arrêtâmes et, regardant derrière nous, nous constatâmes que l'homme et ses fils nous avaient suivis. Ils se contentèrent d'un « Nous vous l'avions bien dit ». Ils nous invitèrent à passer la nuit chez eux. Comme avec Abraham et Sarah rencontrant trois étrangers dans le désert (Gn 18), se produisit le miracle de l'hospitalité, à ceci près que l'invitation venait en l'occurrence des étrangers. Je n'oublierai jamais leurs visages. C'était comme si, dans un moment de semi-reconnaissance, j'avais vu le visage de Dieu chez ces trois musulmans. Dans un sursaut de joie, je me dis que notre chemin nous conduisait tous chez notre Père. Nous sommes des pèlerins qui se sont « approchés de la montagne de Sion et de la cité du Dieu vivant, de la Jérusalem céleste, et de myriades d'anges, réunion de fête, et de l'assemblée des premiers-nés qui sont inscrits dans les cieux, d'un Dieu Juge universel, et des esprits des justes qui ont été rendus parfaits » (He 12, 22-23).

12

L'écologie de la foi

Nous arrivons maintenant au point culminant de l'enseignement de Jésus, quand sont proches le moment où il sera trahi et sa mort. Tout ce qu'il a enseigné à ses disciples concernant le service mutuel qu'ils se doivent, qu'ils demeurent dans la vraie vigne, qu'ils soient ses amis, qu'ils reçoivent sa paix, tout son enseignement est ramassé dans une grande prière au Père, que ses disciples entendent : « Comme toi, Père, tu es en moi et moi en toi, qu'eux aussi soient un en nous » (Jn 17, 21). Jésus fait cette prière à la dernière minute, avant qu'ils sortent se fondre dans l'obscurité de la nuit. Mais en tant que prière à son Père, qui entend toujours Son fils, ce n'est pas un vague souhait, c'est un vœu qui sera exaucé.

« Qu'ils soient un ! » Mais serait-il bon qu'il n'y ait qu'une seule Église ? Certains affirment qu'un marché concurrentiel d'Églises chrétiennes nous maintient sur nos gardes. Les monopoles favorisent la paresse et l'inefficacité. On prétend que, si les États-Unis sont si religieusement dynamiques, c'est qu'il existe un marché ouvert où les Églises doivent promouvoir leurs « marques » ou disparaître. Si tous les chrétiens étaient effectivement réunis dans l'unité d'un seul corps, comme le demande saint Paul, le christianisme ne courrait-il pas le risque de stagner et de perdre ses couleurs ?

Cependant, dans son ouvrage sur la désunion chrétienne[1] le jésuite Nicholas King montre que quasiment tous les documents du Nouveau Testament insistent sur le fait que les chrétiens doivent être un. L'auteur de la lettre aux Éphésiens[2] écrit : « Il n'y a qu'un corps et qu'un Esprit, comme il n'y a qu'une espérance au terme de l'appel que vous avez reçu ; un seul Seigneur, une seule foi, un seul baptême ; un seul Dieu et Père de tous, qui est au-dessus de tous, par tous et en tous » (Ep 4, 4-6). Dans les Actes, Luc nous présente la première communauté à Jérusalem, qui « n'avait qu'un cœur et qu'une âme » (Ac 4, 32). Il est incontestable que dans le Nouveau Testament être chrétien signifie être appelé à la communion de l'Église unique. Ce n'est pas une molle tolérance mutuelle, mais une unité profonde et intime. La prière du Christ est une provocation faite à l'imaginaire compétitif de la société de consommation. Être pleinement en vie ne signifie pas prospérer par la victoire sur ses concurrents du marché, mais vivre les uns pour les autres et les uns avec les autres. Être vivant en Dieu, c'est s'épanouir dans notre interdépendance.

King démontre également que presque toutes les sources, dans le Nouveau Testament, font état de chrétiens qui se combattent, se séparent et bannissent ceux avec qui ils sont en désaccord. Dans les premières communautés, il y avait tant de pommes de discorde ! La loi devait-elle être respectée tous les jours ? quelles devaient être les règles de cohabitation entre Gentils et juifs ? devait-on veiller à une meilleure répartition des richesses (voyez 1 Co et Jc) ? comment faire cohabiter les différentes conceptions du Christ et de sa relation à son Père ?... Saint Paul, éructant de colère contre ses opposants galates, va jusqu'à dire qu'il serait ravi de les voir se castrer (Ga 5, 12). Même la communauté idyllique de Jérusalem que Luc décrit dans les Actes est divisée par la duperie et la cupidité. On en vient vite aux poings !

Les lettres de Jean exigent de ceux qui les entendent de n'avoir rien affaire avec des gens qui ne croient pas que le Messie est venu en la personne de Jésus. Dans l'évangile de

Marc, les disciples de Jésus se disputent sur la route de Jérusalem pour savoir qui est le premier et le plus grand. Il y a à Corinthe des chefs concurrents de communautés chrétiennes, chacun ayant sa propre claque et ses mots d'ordre à lui : « Le Christ n'est-il pas divisé ? Serait-ce Paul qui a été crucifié pour vous ? Ou bien serait-ce au nom de Paul que vous avez été baptisés ? » (1 Co 2, 13). Et dans l'Apocalypse l'Église de Laodicée est informée : « Je vais te vomir de ma bouche » (Ap 3, 17).

Il existe donc une tension profonde aussi ancienne que le christianisme lui-même. Nous devons être un. Voilà qui ne souffre aucune discussion. C'est la volonté de Jésus selon le Nouveau Testament. Le fait que nous serons un est notre foi et non pas un vœu pieux, mais la prière du Seigneur que son Père réalisera à coup sûr. Cela n'empêche pas le Nouveau Testament de regorger de venimeux rejets et d'excommunications. Bien avant la rupture de l'unité entre catholiques et orthodoxes et plus tard la Réforme, les chrétiens étaient à couteaux tirés. Les échauffourées et tout le rififi dont le Saint-Sépulcre à Jérusalem est périodiquement le théâtre donnent une image fidèle de notre longue tradition chrétienne d'agression mutuelle.

Certains pensent que la cause de l'unité des chrétiens est perdue. Juste avant le changement de millénaire, Bruno Delorme l'a qualifiée de *grande illusion de ce siècle** [3]. Pour d'autres, les Églises s'étaient tellement écartées les unes des autres que nous grelottions dans un hiver œcuménique. Mais le témoignage unanime du Nouveau Testament ne nous permet pas d'abandonner notre quête d'une unité complète, même si elle semble impossible à atteindre. Avec Dieu rien n'est impossible, dit Gabriel à Marie. Si la vierge peut donner naissance à un enfant et que Jésus soit ressuscité des morts, l'unité des chrétiens est alors possible avec la grâce de Dieu, même si, pour le moment, nous sommes incapables d'imaginer comment y parvenir.

Depuis les origines, le christianisme a été déchiré par deux impératifs : être un et vivre dans la vérité à tout prix. Tous les chrétiens conviendront sûrement que la vérité et l'unité sont indissociables. Christ est « le Chemin, la Vérité et la Vie » (Jn 14, 6). Mais dans le voyage vers le Royaume, vérité et unité semblent souvent en conflit.

Les divisions internes à nos Églises aussi bien que celles qui les opposent sont autant imaginatives que doctrinales. Edmund Knox, évêque protestant évangélique de Manchester, a confié à sa fille son étonnement quant à ses fils anglo-catholiques et catholiques : « Entre nous, Winnie, je ne comprends pas ce que les chers garçons trouvent à la Bienheureuse Vierge Marie[4]. »

La violence qui a déchiré la Chrétienté est en partie attisée par des imaginaires se représentant différemment le rapport entre vérité et unité. La tentation catholique est peut-être que l'unité prime la vérité, une façon d'imposer la conformité. La tentation protestante est d'insister sur la vérité aux dépens de l'unité, ce qui met en pièces le corps du Christ. Nous autres catholiques devons comprendre qu'il n'y a pas d'unité réelle sans vérité. Cela signifie que nous devons être avides d'épouser chaque vérité détenue par d'autres Églises. S'il a fallu des siècles pour que l'Église s'ouvre aux excellentes recherches protestantes sur les Écritures, c'est essentiellement, je suppose, parce qu'elles étaient protestantes ! Mais j'ose espérer, en tout cas je prie pour cela, que les autres Églises comprendront qu'il n'y a pas de plénitude de la vérité sans unité, car Dieu est un.

« Qu'ils soient un ! » À la conférence de Lambeth de 2008, à laquelle j'ai eu le privilège d'assister, quand j'ai demandé à un sage évêque anglican son interprétation de ce texte, sa réponse fut qu'il fallait peut-être l'entendre au sens eschatologique : dans le Royaume. Sans doute, mais nous ne pouvons non plus attendre sa venue pour commencer à la rechercher ! Nous pouvons percevoir de petits signaux, dès aujourd'hui. En 2008, le premier chancelier catholique depuis la Réforme a dévoilé un monument à la mémoire de vingt-trois personnes dans l'église de l'université d'Oxford. Au-dessus de la liste des noms est écrit : « Souvenez-vous des martyrs de la Réforme, catholiques et protestants, qui vivaient dans le comté d'Oxford, enseignaient à l'université d'Oxford ou y furent amenés pour y être exécutés. »

Un dans le nom

Pourquoi l'unité est-elle importante ? Jésus prie : « Père saint, garde-les dans ton nom que tu m'as donné, pour qu'ils soient un comme nous » (Jn 17, 11). Jésus reçoit le nom du Père ; et il prie maintenant que ses disciples puissent être un dans ce nom. Le nom de Dieu fut révélé à Moïse sur le buisson ardent : « Dieu dit à Moïse : "Je suis celui qui est". Et il dit : "Voici ce que tu diras aux Israélites : *Je suis* m'a envoyé vers vous" (Ex 3, 14) ». En grec, « je suis » se dit *ego eimi*. Aux moments cruciaux de l'évangile de Jean[5], c'est le nom que Jésus réclame pour lui. Quand il vient jusqu'à ses disciples en marchant sur les flots, il dit littéralement : « C'est *Je suis*. N'ayez pas peur » (Jn 6, 20). Lorsque les soldats viennent l'arrêter dans le jardin de Gethsémani et le demandent, il répond : « "Je suis." [...] Et quand Jésus leur eut dit : "Je suis", ils reculèrent et tombèrent à terre » (Jn 18, 5-6). Jésus participe à la vie inimaginable du Saint qui est, qui était et qui sera.

Il est probable qu'Israël, l'exil babylonien du VIe siècle aidant, découvrit cet article de foi que Dieu est non le meilleur Dieu et le plus fort, mais le seul. En cas de défaite, soit le Dieu d'Israël n'était pas à la hauteur, soit il n'y avait pas de dieux concurrents, et le Dieu d'Israël était le Seigneur de toute l'histoire. L'unité de Dieu n'est pas une proposition mathématique. Ce n'est pas qu'il ait pu exister plusieurs dieux, mais il s'avère qu'il n'en existe qu'un, tout comme telle ou telle espèce animale pourrait être sur le point de s'éteindre, car il n'en reste plus qu'un spécimen. L'unicité absolue de Dieu était la grande révélation religieuse faite à Israël.

Jonathan Sacks affirme :

> La croyance en un seul Dieu signifiait que toutes les forces antagonistes en jeu dans l'univers étaient l'émanation de l'unique personnalité les englobant, le Dieu de la justice, qui était parfois juste, parfois indulgent, qui parlait tantôt loi, tantôt amour. C'est le refus de scinder ces éléments qui a installé le monothéisme dans ce rôle d'acteur influent, en termes d'humanité et de civilisation, que dans ses bons moments on lui a vu jouer[6].

Ainsi, les grands personnages bibliques sont marqués par des batailles au sein même de leur âme : Abraham, notre père dans la foi, fait passer sa femme pour sa sœur aux yeux du pharaon ; Jacob trompe son père aveugle et capte le droit d'aînesse d'Ésaü ; David, le roi bien-aimé, est un meurtrier et un adultère, et le sage Salomon est un benêt. Saint Paul affronte bravement des batailles qui déchirent son être profond : « Je trouve donc une loi s'imposant à moi, quand je veux faire le bien : le mal seul se présente à moi » (Rm 7, 21).

J. Sacks fait découler du monothéisme notre vision de l'individu :

> La théologie crée une anthropologie. En découvrant Dieu singulier et seul, les premiers monothéistes ont découvert la personne humaine singulière et seule[7].

L'article de foi qui déclare Dieu un et trois à la fois ne va pas à l'encontre de cette vision profonde de l'unicité de l'individu. Mais notre croyance dans le Dieu Trinitaire signifie que les êtres humains solitaires que nous sommes ne prospèrent que s'ils sont entraînés dans la totale réciprocité qu'est la vie divine. Notre individualité est le fruit de notre aptitude à nous relier les uns aux autres. L'anthropologie du christianisme repose sur notre conviction que notre Dieu est Trois en Un. Notre véritable individualité est fondée sur nos relations à autrui, et nous sommes capables de véritables relations parce que nous sommes des individus. La notion occidentale d'individu en tant qu'être social est d'origine trinitaire.

Sarah Coakley attire notre attention sur une image vibrante de la Trinité, du début du XVIe siècle :

> Un mémorable trio de lièvres fous ou lièvres de mars de la cathédrale de Paderborn [...] menant une vague ronde débridée, [...] la fusion des trois au moyen de leur danse extatique d'échange et de plaisir. Les oreilles des lièvres s'inscrivent dans un triangle divin parfait, en même temps que le déplacement des personnages leur imprime constamment un mouvement giratoire et les présente sous de nouveaux angles. En utilisant une figure de la nature, plutôt que les anthropomorphismes sexués rebattus de la Trinité, la sculpture introduit l'idée de délice interne à la Trinité divine, d'ébats insouciants pouvant déborder dans l'érotique, tout en maintenant le mouvement dans son cadre circulaire[8].

Donc, l'unité que nous sommes appelés à partager se manifeste ici dans la joie explosive du Dieu unique, dans la circulation du don de vie que fait la Divinité. Mon délice extatique dans les autres me fait être moi-même. Nous ne formons qu'un lorsque chacun de nous s'épanouit.

Raymond Brown traduit Jn 17, 23 sous la forme : « Qu'ils puissent gagner la *complétude* en tant qu'un[a]. » Séparés les uns des autres, nous sommes incomplets. Notre humanité est inachevée si nous sommes divisés. Dorothy Day l'avait entrevu dans le terrible séisme qui, quand elle avait huit ans,

---

a. Pour la Bible de Jérusalem, le texte est : « Afin qu'ils aient en eux-mêmes ma joie complète. »

ravagea San Francisco. Les murs s'effondraient et les gens se rassemblaient dans les rues :

> La catastrophe s'éternisait, et pendant ce temps les gens s'aimaient, écrit-elle dans son autobiographie. C'était comme s'ils faisaient un dans la solidarité chrétienne. On imagine alors comment les gens pourraient, s'ils le voulaient, s'occuper les uns des autres dans les épreuves, sans jugement, rien que dans la compassion et l'amour[9].

Le rideau se lève un instant.

Pendant la guerre civile entre les groupes ethniques rivaux au Burundi, Tutsis et Hutus, j'ai parcouru le pays à la recherche des proches des frères et sœurs, accompagnés de mon assistant pour l'Afrique, un Hutu, et du supérieur local, un Tutsi. Chaque soir, nous célébrions l'Eucharistie, le sacrement de paix, Noirs et Blanc, Hutu et Tutsi, mais frères de saint Dominique. Nous avons rendu visite à un évêque dont l'enceinte était remplie de personnes des deux groupes ethniques à la recherche d'un refuge inviolable. Je lui demandai comment ils pouvaient vivre ensemble quand leurs proches s'assassinaient au-dehors. Il répondit que tous étaient les bienvenus dans la mesure où ils se réunissaient autour de l'autel pour la messe. Dans de tels moments, on entrevoit la vocation humaine à participer à l'unité indicible de Dieu. Le pain de la vie est le don de l'unité, car sans unité, nous ne sommes que partiellement vivants.

L'unité des chrétiens ne consiste donc pas à faire d'eux une très grande institution multinationale. C'est un signe fragile et fragmentaire de la vie même de Dieu où nous tous sommes un bloc, vivant dans le système écologique de notre interdépendance. La lettre aux Éphésiens nous dit que le Christ « est notre paix, lui qui de deux réalités [Juifs et Gentils] n'a fait qu'une, détruisant la barrière qui les séparait, supprimant en sa chair la haine » (Ep 2, 14).

Cette unité dans le Ressuscité unit les vivants et les morts. Les apôtres et les premiers disciples sont des membres de notre foyer et participent à la vie éternelle de Dieu. Les conciles du passé ont formulé des articles de notre foi qui sont encore valides. Nous lisons dans G. K. Chesterton :

> La tradition signifie que l'on donne le droit de vote à la plus obscure de toutes les classes, celle de nos ancêtres. C'est la démocratie des morts. La tradition refuse de se soumettre à la petite oligarchie arrogante de ceux qui viennent tout juste d'apprendre à être vivant. Tous les démocrates s'opposent à ce que les hommes soient disqualifiés par l'accident de leur naissance ; la tradition s'oppose à ce qu'ils soient disqualifiés par l'accident de leur mort. [...] Moi, du moins, je ne peux séparer les deux idées de démocratie et de tradition ; il m'apparaît évident qu'elles sont une seule et même idée. Nous voulons voir les morts siéger dans nos conseils. Les anciens Grecs votaient avec des cailloux ; les morts voteront avec des pierres tombales. C'est tout à fait régulier et officiel, car la plupart des pierres tombales, comme la plupart des bulletins de vote, sont marquées d'une croix[10].

En fin de compte, l'unité de l'Église est un sacrement de la vie comme mutualité universelle, ainsi que Charles Darwin en atteste notoirement :

> Un entrelacs inextricable sur la rive, où poussent des plantes de mille espèces différentes, où chantent des oiseaux perchés sur les buissons, où volent toutes sortes d'insectes, où des vers rampent sur la terre marécageuse [...] ces formes à l'élaboration si sophistiquée, dont aucune ne ressemble à l'autre et qui toutes dépendent l'une de l'autre de façon si complexe[11]...

Cette dernière prière du Christ nous oriente vers une unité qui dépasse de loin l'institution. Elle est organique, idoine pour le Corps du Christ, et écologique. C'est un signe de la réciprocité et de l'interdépendance de toute vie, qui reçoit le don de l'existence du Dieu Unique dont la vie est l'amour réciproque que se voue la Trinité. Le Christ rassemble toutes choses pour en faire une, « car Dieu s'est plu à faire habiter en lui toute la Plénitude et par lui à réconcilier tous les êtres pour lui, aussi bien sur la terre que dans les cieux, en faisant la paix par le sang de la croix » (Col 1, 19-20). Nous ne sommes en vie qu'ensemble et l'un pour l'autre.

Le oui et le non

Pourtant, depuis le début, les chrétiens ont été divisés, souvent vicieusement. Il y a un peu plus de cinq cents ans, la Chrétienté d'Occident était ébranlée par le Non tonitruant de Luther à Rome. Tout au long de l'histoire chrétienne, il y a eu des gens que leur conscience a poussés à dire non. Non à la corruption, non à la violence dans l'Église. « Me voici donc en ce jour. Je ne peux faire autrement[12]. » Je suis incapable de me figurer ne serait-ce qu'un instant en train de quitter l'Église catholique, et pourtant je dois reconnaître que nombreux sont les chrétiens parmi les plus admirables que je connaisse et que j'aime qui ne pourraient un instant se figurer en catholiques ou en orthodoxes et sont poussés à dire non. Les martyrs protestants rappelés au souvenir sur cette plaque à Oxford ont dit non à Rome, comme les catholiques ont dit non aux prétentions de leur monarque.

Le défi de ma tradition catholique est d'imaginer féconde, voire nécessaire, la dissidence. Les grands *Non* qui ont résonné dans l'histoire chrétienne font partie de la mutualité qui engendre la vie et nous unit. Même les *Non* hérétiques comportent une part de vérité à recueillir, quelque intuition sur Dieu à conserver, en dépit de leurs éventuelles outrances, erreurs ou idées bancales. Dans la boue se cache cette pépite qui attend qu'on la ramasse. Rien ne doit se perdre. Thomas d'Aquin mendiait la vérité, peu lui importait qui la déposait dans sa sébile.

En tant que catholique, je chéris l'unité de l'Église, mais si c'est par la violence et la menace qu'on la maintient, comme on a souvent fait, elle se mue en déni de vie, dénaturant le sens le plus profond de son unité. Une unité chrétienne imposée par la menace et la force est un oxymore. Ce n'est pas la mutualité de la Trinité.

Les papes récents ont eu la conscience aiguë des fractures et du scandale qu'ils ont souvent provoqués, eux qui avaient pour mission d'être les gardiens de l'unité. Paul VI a admis devant le Secrétariat à l'unité des chrétiens[13] que « le pape, nous le savons bien, est sans aucun doute le plus gros obstacle sur la voie de l'œcuménisme ». Jean-Paul II a également reconnu que l'exercice du ministère pétrinien avait nui à l'unité chrétienne et qu'il « devait faire avec ferveur sa propre prière du Christ pour cette conversion indispensable à "Pierre" s'il veut servir ses frères[14] ».

Les catholiques doivent commencer par reconnaître à quel point la vitalité de l'Église est due au peuple saint qui a dit non au sein de l'Église et dont les protestations ont finalement contribué à nourrir l'unité pour laquelle le Christ a prié. Karl Barth, le plus grand théologien protestant des cent années écoulées, a déclaré que la musique de Mozart était si profonde parce que son immense *Oui* comportait un *Non* retentissant qu'il embrassait ! Les disharmonies sont embrassées dans une harmonie ultime. Sans elles, l'harmonie serait sans vie. Pouvons-nous imaginer une manière d'être un suffisamment forte pour accueillir en son sein une protestation vivifiante ? Pouvons-nous imaginer des manières de protester qui au bout du compte nourrissent notre unité en Dieu ?

Un contraste est souvent opéré entre le ensemble/et catholique (la grâce et la liberté, l'Écriture et la tradition, la foi et les œuvres) et le soit/ou protestant (la *sola scriptura*, la seule foi, etc.). C'est à quoi Barth faisait allusion quand il visait ce « damné ET catholique », « *das verdammte katholische*

Und ». On pourrait en conclure que, si l'imaginaire catholique a vocation à être vraiment spacieux (« Dans la maison de mon père, il y a de nombreuses demeures »), il doit forcément y avoir de la place pour les nécessaires contestations qui mettent en évidence nos manquements et nous retiennent de tomber dans un sommeil complaisant. Notre oui à la vie doit inclure ce non qui dispense la vie ! Tant que ce n'est pas le cas, il manque quelque chose à notre catholicisme. Nikos Kazantzakis nous invite à être plus spacieux : « Le sein de Dieu n'est pas un ghetto [15]. »

Pensez à sainte Catherine de Sienne, une laïque dominicaine du XIVe siècle qui n'avait aucune formation académique : elle ne savait même pas écrire. Pourtant, elle mit au défi le pape de mener à bien son ministère en rétablissant la paix dans l'Église. Elle gagna Avignon, où était exilée la cour pontificale, et fit honte au pape et aux cardinaux de leurs échecs. Elle déclara :

> L'honneur de Dieu tout-puissant m'oblige à parler sans détour. La vérité est qu'avant même de quitter ma ville natale je ressentais plus vivement que leurs auteurs eux-mêmes la mauvaise odeur des péchés commis par la curie romaine ; oui, leurs auteurs, et qui continuent jour après jour.

Raymond de Capoue, son frère dominicain et Maître de l'Ordre, rapporte que le pape ne disait mot et « que [lui]-même étai[t] complètement abasourdi [16] ». Pas étonnant ! Elle poursuivit :

> Ne te tais plus ! Mêle tes cris à ceux de cent mille voix. Je vois que c'est le silence qui détruit le monde [17].

Pensez à Dorothy Day, une convertie engagée dans le catholicisme, mais qui s'est trouvée constamment en conflit avec son archevêque, le cardinal Spellman, en particulier pour son soutien à la guerre du Vietnam. Spellman exhortait les États-Unis à poursuivre jusqu'à « la victoire, la victoire totale ». Dorothy Day combattit ce point de vue dans une vigoureuse campagne. Le cardinal tenait pour communiste ce Mouvement ouvrier catholique mais, malgré la tentative du clergé pour la marginaliser, elle demeura ancrée dans un profond amour de l'Église. Elle écrivit :

> En ce qui concerne l'Église, où pouvons-nous aller, sinon vers l'Épouse du Christ, qui fait une seule chair avec le Christ ? Même si elle s'est parfois comportée en prostituée, elle est notre mère [...]. L'amour est vraiment une « chose dure et terrible » à nous demander, à tous et à chacun, mais c'est la seule réponse[18].

À la fin, elle se sentit justifiée par *Pacem in terris*, encyclique de 1963, où le pape Jean XXIII rejette sans équivoque la violence et la guerre.

Day, critique sévère du clergé, déclara :

> En tant que convertie, je n'ai jamais attendu grand-chose des évêques. Dans toute l'histoire, les papes, les évêques et les pères abbés semblent avoir été aveugles, épris de pouvoir et cupides. Je ne leur ai jamais prêté de qualités de chefs. Les saints, eux, qui continuent d'apparaître tout au long de l'histoire, font avancer les choses[19].

Et pourtant, elle pouvait dire : « La foi qui est la mienne, le sentiment que j'ai que l'Église est le Christ sur terre, telle est ma joie, tel est mon bonheur, telle est ma consolation[20]. » Comment un tel non peut-il se loger au cœur d'un oui aussi inconditionnel ?

Il m'est arrivé d'éprouver avec une particulière acuité un déchirement interne : pris entre des sentiments opposés, j'étais incapable de donner un sens à ma position. Tout jeune frère, je faisais, à la fin des années soixante, de l'auto-stop pour me rendre à Rome quand je rencontrai l'un de mes frères. J'avais toujours résisté à la visite à Rome, car je nourrissais une profonde suspicion envers tout ce qui était romain et surtout tout ce qui ressemblait à un culte de la personnalité papale, ce qui ne m'empêchait pas d'être totalement engagé dans l'Église.

La tension en moi a explosé un matin lors de notre séjour. Un dominicain irlandais nous a offert des billets pour une audience publique du pape. J'ai non seulement refusé de m'y rendre, mais encore entraîné mon frère dominicain dans mon refus. Nous nous promenions du côté de Saint-Pierre quand la voiture de Paul VI nous a dépassés puis s'est arrêtée pour que le pape puisse bénir un groupe de motocyclistes de Turin. Je fus immédiatement soulevé par un immense enthousiasme. Voici qu'était là l'évêque de Rome, successeur de saint Pierre, garant de l'unité de l'Église : je me précipitai, brûlant de l'approcher. Les *carabinieri*, craignant probablement d'avoir affaire à un terroriste, se mirent immédiatement en travers de ma route.

Mon compagnon était profondément perplexe. Tout d'abord, j'avais refusé d'assister à une audience pontificale ; et voilà que je me précipitais, ivre d'excitation, pour voir le pape. Nous prîmes place sur la *piazza* qui fait face à Saint-Pierre, et il avoua : « Timothy, je ne te comprends tout simplement pas » – et moi donc ! pensais-je. J'étais tiraillé entre un sens profondément ancré de la nécessaire unité de l'Église, que je croyais avoir été confiée à l'évêque de Rome, et un mécontentement quant à la manière dont le ministère pétrinien était exercé, auquel s'ajoutait une tendance assez marquée, aussi juvénile qu'insensée, à s'ériger en juge. En moi le oui et le non tiraient à hue et à dia. Comment les concilier ? Si nous sommes capables d'entrevoir la solution, nous pourrons peut-être faire un petit pas sur la voie qui nous amènera à imaginer une unité des chrétiens et nous rapprochera des autres chrétiens.

L'année où j'ai étudié à Paris, j'ai eu l'extraordinaire privilège d'être un très modeste assistant d'Yves Congar. Mon travail consistait pour l'essentiel à lui apporter des cafés, à photocopier des documents et à discuter de la traduction de textes anglais avec lui. On le surnomme souvent le « père du concile Vatican II ». Il s'est fait le champion audacieux du rôle des laïcs et de l'œcuménisme, regardés d'un œil suspicieux à Rome, et soutenait le mouvement des prêtres ouvriers. Le Saint-Office, héritier de l'Inquisition, que dans sa haine il appelait la Gestapo, l'avait réduit au silence. Le dominicain Paul Murray parle de Congar en ces termes :

> [Il] cerna, à peu près comme tout le monde dans sa génération, l'importance d'avoir, au sein de l'Église, outre la liberté de penser et d'étudier, la liberté de parole. Pour lui, tout au long de sa vie d'adulte, cette liberté faisait partie intégrante de sa vocation d'érudit et de prédicateur, et également de son sacerdoce. Étudier ne revenait pas plus ou moins à exercer un droit ou à obéir à un devoir d'intellectuel, c'était une obligation sacrée, une mission envoyée par Dieu pour prêcher la Parole[21].

Exilé en Angleterre en 1954, châtiment cruel pour un Français, Yves Congar écrivit dans son journal :

> Dire la vérité. Prudemment, sans scandale provocant et inutile. Mais demeurer – et devenir de plus en plus – un témoin authentique et pur de ce qui est vrai [...]. Ma résistance ne peut consister qu'en ceci : ne *jamais* lâcher, mais continuer et intensifier plutôt mon service de la Vérité[22].

Il a dit un jour : « J'ai aimé la vérité comme une personne. »

Bien des saints ayant proféré leur non l'ont payé très cher : tandis qu'ils avançaient à tâtons, souvent mal compris des autorités de l'Église, ils étaient persécutés, voire excommuniés. Et pourtant, ils vivaient ces moments-là dans la joie. Cela se peut-il ? Écoutons témoigner, à cinq siècles de distance, deux personnages féminins de grande envergure : sainte Catherine de Sienne, docteur de l'Église, déjà mentionnée, sainte Mary MacKillop, la première Australienne canonisée. L'une et l'autre interprétaient ce que l'Église leur faisait endurer comme la part prise aux souffrances du Christ et comme une guérison de ses Plaies.

Dans le *Dialogue*, Catherine rapporte que Dieu lui a dit :

> Prends tes sueurs, prends tes larmes, puise-les à la source de ma divine charité, et avec elles en union à mes autres serviteurs, lave la face de mon épouse. Je te promets que ce remède lui rendra sa beauté[23].

Elle dénonçait sans relâche les fautes des prêtres et de la curie romaine, mais elle croyait que sa souffrance était en quelque sorte rédemptrice.

Lorsque sœur Mary Mackillop a été excommuniée par son évêque alcoolique, qui s'est ensuite repenti, elle était étrangement calme : « J'aimais plus que jamais l'évêque et les prêtres, l'Église et mon Dieu bon. Je ne me sentais pas seule : je savais qu'il y avait, tout proche, quelque chose de calme et de beau, mais que j'étais incapable de décrire. » Cathleen Kaveny pose la question :

> Comment Mary a-t-elle enduré et porté sa croix ? D'une manière qui peut sembler paradoxale pour nous aujourd'hui. Il lui était plus facile de résister aux fausses et perfides attaques contre ce qu'elle incarnait ; précisément en raison de leur injustice, elle les recevait comme autant de liens l'unissant plus étroitement avec le Christ, qui subit des attaques du même ordre[24].

Ses souffrances ont apporté leur pierre à l'édifice de la guérison de l'Église. Yves Congar souffrait d'une forme de sclérose qui le laissa finalement paralysé. Il a supporté ces souffrances pour sauver l'unité des chrétiens. Sa prière était que la souffrance dans son corps pût en quelque sorte porter ses fruits dans la guérison du Corps du Christ.

Je trouve cela difficile à digérer mais je soupçonne que c'est juste. Saint Paul, qui a tant souffert de ses camarades chrétiens, a déclaré : « En ce moment je trouve ma joie dans les souffrances que j'endure pour vous, et je complète en ma chair ce qui manque aux épreuves du Christ pour son corps, qui est l'Église » (Col 1, 24)

Sainte Catherine et sainte Marie MacKillop, Y. Congar et son frère Marie-Dominique Chenu de l'ordre des Dominicains et d'innombrables autres personnes ont enduré des souffrances dans l'Église, dans l'espoir que cette douleur participerait de la refondation de l'Église. Leur non fait partie de leur oui. Ils ont défié les autorités ecclésiastiques en croyant et en espérant que cela aiderait l'Église à grandir dans la vérité et dans l'unité, car nos vérités ne sont authentiques que si elles bâtissent l'unité de l'Église et seulement si nous ne sommes qu'un dans la vérité.

Les deux mains du père

Comment pouvons-nous guérir les clivages qui ont divisé le Corps du Christ dans lequel nous sommes un sans être un ? Au IIe siècle, saint Irénée a parlé des deux mains du Père, le Fils et le Saint-Esprit, qui prennent soin de l'Église et la soutiennent[25]. L'unité de l'Église est nourrie par l'Esprit, qui est l'amour de Dieu et par le Fils, le Logos, qui est la sagesse de Dieu.

Le cardinal Murphy O'Connor était au côté de l'archevêque de Cantorbéry, Robert Runcie, pour sa visite à Jean-Paul II. À la fin de la rencontre officielle, le pape prit le bras de l'archevêque et, le menant à table : « Ne vous inquiétez pas, lui dit-il. Vous savez, la collégialité affective finira en collégialité effective[26]. » L'unité pour laquelle Jésus priait était l'amour du Père et du Fils et ne peut donc être réalisée que par l'amour des autres Églises et traditions. Nous devrions aimer les différences entre nos traditions. Je me sens plein de gratitude pour avoir étudié la théologie auprès de professeurs anglicans et méthodistes et pour être un des chanoines œcuméniques d'une cathédrale anglicane.

La culture occidentale contemporaine s'effraie de l'altérité. Les chrétiens devraient entrer en résistance et s'en régaler. Le monde de l'Internet rassemble des communautés mondiales. Lorsque j'ouvre ma boîte de réception, je peux y trouver des courriels venus de trois continents, mais la tendance de ce moyen de communication est de nous lier à des personnes partageant les mêmes idées. À la première friction, on se déconnecte, on se retire de la liste d'amis. Selon le romancier américain Jonathan Franzen,

> les algorithmes invisibles de Facebook et de Google vous orientent vers un contenu avec lequel vous êtes d'accord, et les voix divergentes restent silencieuses de peur de se faire injurier, d'être la cible de trolls ou de se voir tout simplement rayer de la communauté. Il en résulte des cloisonnements et, quel que soit votre camp, vous vous sentez fondé à détester ce que vous détestez[27].

Je ne peux pas résister à l'envie de citer l'évocation par Tom Rachman de notre cybermonde qui craint l'engagement avec ce qui est autre :

> Examinez les formules toutes faites qui exsudent le cynisme et la passivité, du genre : « c'est comme ça », « n'importe comment », « c'est toi qui vois ». Ou encore « ceux qui aiment pas vont pas aimer », expression vide de sens sinon que celui qui aura le malheur de ne pas penser comme vous peut toujours ramasser son objection et mettre son mouchoir par-dessus. Ne discutez pas, contentez-vous de leur clouer le bec, à lui et à ses semblables, calfeutrez-vous dans votre confortable petite secte, fermez les yeux, vissez les écouteurs sur vos oreilles, et chantez à tue-tête jusqu'à ce qu'ils soient tous partis. Mais d'abord, jetez un coup d'œil à la lettre d'information à laquelle vous

êtes abonné. Y a un nouveau *meme*[a] qui attend. Et cela. Est. Hilarant[28].

Il est dans l'ADN du christianisme de se réjouir de la différence. La différence est fertile. Notre Bible embrasse l'Ancienne et la Nouvelle Alliances. Le Nouveau Testament n'abolit pas l'Ancien, contrairement à ce que soutenaient certains chrétiens des origines, pas plus que le christianisme ne se contente de remplacer le judaïsme. Nous vivons dans l'émulation qui met aux prises espérance de l'Ancien Testament et accomplissement du Nouveau. Celui-ci rassemble quatre évangiles racontant de façon apparemment incompatible la vie, la mort et la résurrection de Jésus. Un évêque m'a raconté que, comme il tentait d'expliquer à un groupe de prisonniers pourquoi les évangiles avaient des récits inconciliables de ce que Jésus avait dit et fait, l'un d'entre eux demanda où était le problème : « S'ils disaient tous pareil, ça sentirait drôlement la combine ! »

Pour Francis Watson, « un consensus a lentement émergé : les quatre évangiles doivent être lus côte à côte et aucun autre évangile n'est autorisé à participer à leur conversation intertextuelle[29] ». L'histoire de l'Église est celle de leur dialogue sans fin. Pour John Berger, « plus jamais une seule histoire ne sera racontée comme si c'était la seule version[30] ». Il y a certes des manières indues de raconter l'histoire de la tombe vide, comme par exemple dire que les disciples sont venus dans la nuit voler le corps, mais cela ne signifie pas qu'il n'y ait de l'événement qu'un seul récit d'exact.

Sur la personne du Christ se concentre la différence la plus radicale, celle qui distingue le Dieu créateur de ses créatures. Le mystère du Christ est celui d'une différence

a. Le *meme* est une nouvelle diffusée massivement sur le Web ; pour attirer l'attention, on met dans le texte certaines lettres en valeur : ici on a usé du point suivi de la majuscule.

assumée, mais non éliminée, non noyée dans un mélange, non brouillée mais totalement une, comme l'a enseigné le concile de Chalcédoine en 451. La doctrine de la Trinité est une doctrine de différence et d'unité. C'est ainsi que l'imaginaire chrétien est peuplé de la joie dans la différence et que les diverses Églises chrétiennes ne devraient donc pas avoir peur de la nôtre, mais nourrir l'espoir d'apprendre les unes des autres et de construire lentement cette « collégialité affective ». Rien n'est plus pénible que le mantra selon lequel les Églises doivent s'appuyer sur ce qui nous unit plutôt que sur ce qui nous divise, de manière à faire croire que nous sommes tous les mêmes. Pourquoi entamer une conversation quand on est tous d'accord ? Cela aurait, en tout cas pour moi, aussi peu d'intérêt que d'aller m'inscrire à un fan-club d'Elvis Presley où quand on en a vu un, on les a tous vus.

La « main » divine du Saint-Esprit va au-delà des frontières en amitié, et nous ouvre à d'autres façons de penser et à d'autres langues. Les amis passent du temps en compagnie les uns des autres et font des choses ensemble non par sinistre devoir mais par plaisir. Et pourtant, combien de fois voit-on les gens lever les yeux au ciel quand on leur parle de service œcuménique. Pensez aux *Inklings*[a], catholiques comme Tolkien et anglicans comme C. S. Lewis, qui nouent des amitiés autour d'une pinte de bière dans le pub *Eagle and Child*, à deux minutes de chez moi. À la conférence de Lambeth, j'ai davantage appris à boire de la bière Bishop's Finger avec les évêques anglicans[b] que lors des débats officiels. La collégialité affective, soutenue par le plaisir du temps passé avec des amis, construit une collégialité effec-

a. Littéralement : « soupçons », et surtout jeu de mots sur *ink*, « encre » ; cercle littéraire informel lié à l'université d'Oxford, actif dans les années 1930 et 1940. Ses membres les plus connus sont J. R. R. Tolkien, C. S. Lewis et Charles Williams.
b. On appréciera le sel de l'allusion en songeant que ce breuvage a pour marque, une fois traduite, « le doigt de l'évêque ».

tive. Une main de Dieu, l'esprit d'amitié, nous amène à nous réjouir d'une différence féconde.

L'autre main du Père est le Logos, la sagesse de Dieu. L'étude, l'intuition sont capables de nous amener à comprendre pourquoi d'autres personnes ne voient pas les choses comme notre communauté, et pourquoi ces points de vue pourraient donner lieu à des idées que nous pouvons apprendre à chérir. Le dominicain Fergus Kerr a prêché devant un chapitre de ma province sur ce qu'il avait appris à aimer dans le mode de vie dominicain. Cela aurait également de bonnes chances de s'appliquer à la manière dont nous pouvons construire l'unité entre chrétiens de différentes Églises :

> Si vous me demandez de dire ce que j'apprécie le plus, à mesure que j'accumule les années dans l'Ordre (quarante en septembre prochain !), eh bien je suis bien obligé de vous répondre que c'est une façon de penser – d'attendre que d'autres expriment des vues éventuellement différentes des nôtres ; d'attendre aussi d'être en capacité de comprendre pourquoi ils y adhèrent. Ah ! si seulement nous avions l'imagination, le courage, la foi dans l'absolu pouvoir de la vérité, la charité d'écouter ce que disent les autres, de prêter tout spécialement attention à ce qui les effraie lorsqu'ils semblent résister à accepter ce que nous voulons qu'ils voient[31] !

Tout cela prend racine dans le plaisir de débattre, de lancer des idées, de mettre des hypothèses à l'épreuve, de se régaler du désaccord. Le choc des idées déclenche de nouvelles perspectives et nous aide à trouver une vérité plus vaste. Theodore Zeldin a exprimé ce regret :

> Hélas, les humains ont beau ruminer, réfléchir, discuter, jouer avec les idées, rêver et émettre tout le temps des suppositions inspirées à propos des pensées des autres, on n'a jamais vu aucun Kamasoutra de l'esprit révéler les plaisirs sensuels de la pensée, montrer comment les idées peuvent flirter et apprendre à s'enlacer[32].

Un tel flirt implique que l'on ne se prenne pas trop au sérieux. Saint Dominique aurait tout compris *humili cordis intelligentia*[33]. L'autre personne est honorée pour ce qu'elle apporte à la discussion, même si vous êtes vigoureusement en désaccord avec une grande partie de ses positions. Thomas d'Aquin citait Aristote :

> Nous devrions aimer ces deux catégories de personnes : ceux dont nous suivons les opinions et ceux dont nous rejetons les opinions. Car les uns et les autres sont en recherche de vérité et, dans cette mesure, les uns et les autres nous prêtent assistance[34].

Pour le moment, je ne peux pas imaginer comment nous redeviendrons un, comme le Père et le Fils sont un dans l'Esprit. Mais si nous laissons agir les deux mains du Père, le Logos et l'Esprit, si nous vivons en amitié et nous écoutons les uns les autres avec intelligence et que nous ouvrions notre imagination à ce qui semble étrange et même faux, qui sait ce qui peut arriver ? Rien n'est impossible à Dieu. D'une façon ou d'une autre, Jésus, qui priait que nous fussions un, sera entendu.

Thomas Merton, Thomas d'Aquin et moi
Étions partis pêcher le homard
Nous avons posé nos pièges
Et la journée, l'un dans l'autre, a passé
À parler de Jésus et de physique quantique,
À festoyer tels des rois
Et à boire au soleil[35].

13

l'affliction

« Ayant dit cela, Jésus s'en alla avec ses disciples de l'autre côté du torrent du Cédron. Il y avait là un jardin dans lequel il entra, ainsi que ses disciples » (Jn 18, 1). Il ne doit pas seulement affronter la mort mais l'anéantissement de cette plénitude de vie qu'il est venu apporter. Celui qui est d'abord apparu comme guérisseur, voilà qu'il est touché. Tout ce qu'il a enseigné à ses disciples cette nuit-là sera systématiquement dévasté. Ceux qu'il a appelés ses amis vont l'abandonner ; la paix qu'il a offerte est engloutie dans la violence ; la demeure qu'il a promise à ses amis est démolie et leur unité brisée. Jésus sort dans la nuit pour faire face à pire que la mort. La mort vient nous trouver tous, parfois avec douceur. Là c'est tout qui s'en va, rien ne signifie plus rien.

Tout s'emballe. Jésus est saisi, précipité chez le grand prêtre, on le mène comme un paquet au gouverneur romain, on le dévêt, on le ridiculise, on l'envoie à la croix. On est dans l'anarchie complète, dans une violence aveugle. Rowan Williams a saisi la confusion qui règne :

> Sensation de mouvement intense, rapide, physique. On baigne dans la violence, la caméra s'affole, une lumière aveuglante vient éclairer le visage, puis il se fait un brouhaha, qui trahit une activité confuse. Des bruits de voix vous parviennent vaguement aux oreilles, mais vous êtes incapable de les identifier [1].

Il le compare avec *Le Procès* de Kafka, dans lequel Joseph K. est arrêté sans savoir quelle est la charge retenue contre lui ; voilà notre homme pris dans une procédure judiciaire extrêmement chaotique avant de finir poignardé au fond d'une carrière désaffectée.

> La véritable terreur qu'inspire cette histoire vient de la certitude que, plus les choses avancent, moins on y comprendra quelque chose. Comme le disait Kafka lui-même, tout se passe comme si l'on se savait coupable, mais coupable de quoi ? mystère. La mort est au bout du compte, mais la satisfaction de savoir pourquoi est refusée... Quand on est pris dans un univers pareil, autant dire que le pouvoir, en un mot comme en cent, ne peut s'expliquer, dans les deux sens du terme : on ne comprend rien à son fonctionnement, et il ne saurait rendre de compte à quiconque[2].

Asservissement

Simone Weil dépeint ainsi l'affliction :

> Dans le domaine de la souffrance, le malheur est une chose à part, spécifique, irréductible. Il est tout autre chose que la simple souffrance. Il s'empare de l'âme et la marque, jusqu'au fond, d'une marque qui n'appartient qu'à lui, la marque de l'esclavage. L'esclavage tel qu'il était pratiqué dans la Rome antique est seulement la forme extrême du malheur. Les anciens, qui connaissaient bien la question, disaient : « Un homme perd la moitié de son âme le jour où il devient esclave »[3].

S'il faut en croire Aristote, les personnes qui étaient par nature des esclaves n'étaient pas pleinement humaines. Leurs âmes étaient incomplètes.

> Quelques êtres, du moment même qu'ils naissent, sont destinés, les uns à obéir, les autres à commander[4].

Les esclaves n'avaient pas d'existence indépendante. Ils étaient des extensions de leur maître. Ils étaient incapables de s'occuper de leur futur et étaient faits pour le travail. Ce ne sont pas des vivants, humainement parlant.

Le drame de ces dernières heures est l'asservissement de Jésus. Dans le repas de la Pâque qu'il vient de partager avec ses disciples, selon les trois évangiles synoptiques, il a mangé le « pain de misère », selon les termes en usage chez les Juifs pour commémorer leur libération de l'esclavage d'Égypte. Pour lors, il fait face à la crucifixion, peine que les Romains réservent aux esclaves. Aux révoltes d'esclaves Rome répondait par la crucifixion de milliers d'individus. *Rédemption* veut dire « libération » en parlant d'un esclave qu'on rachète. Notre salut est notre libération de la misère de l'esclavage que le Christ a vécu à fond.

Dans *12 Years a Slave*[5], un Afro-Américain né libre est capturé et réduit en esclavage. Ses ravisseurs lui demandent d'admettre qu'il est bien un esclave et lui ôtent ses vêtements propres et de bon goût pour l'habiller de haillons, commettant sur lui l'abaissement rituel : « Ces vieilles choses que tu portes ne sont que hardes et lambeaux. Il te faut des vêtements convenables. Allez, enfile ça. Là. C'est très bien. C'est très bien. Merci qui ? » Dans l'histoire, il a perdu ses chaussures, la marque d'un homme libre, les chaussures que le père du fils prodigue lui fait apporter. On rejoue la peine de Jésus, quand on l'a dévêtu et raillé, et qu'on l'a habillé d'un simulacre de couronne.

L'histoire de la passion et de la mort de Jésus ne relève pas du fantasme masochiste ou sadique. Elle dit comment Dieu a ramassé sur Jésus toute l'affliction de l'humanité. L'acte le plus horrible de l'histoire humaine, avec l'holocauste juif, a été l'esclavage de 12,5 millions d'Africains transformés en marchandises. Les deux tiers ont été transportés entre 1700 et 1808, à l'époque des prétendues Lumières, « l'ère de la raison ». L'asservissement de personnes en vue du travail et de l'exploitation sexuelle n'est pas l'apanage du passé. On estime que c'est un secteur qui dégage un chiffre annuel de 150 milliards de dollars[6], plus que la drogue, eh oui !

L'esclavage, s'il représente la quintessence de l'affliction, n'en est pas la seule forme. Simone Weil, un temps ouvrière en usine, a pu en témoigner : « Quand je travaillais à la chaîne, le malheur des autres, que les yeux ne pouvaient percevoir, pas même les miens, pénétrait ma chair et mon âme. » Le mot grec le plus courant dans le Nouveau Testament pour « affliction » est *thlipsis*. La racine verbale de ce terme renvoie à l'idée de « presser » ou « opprimer[7] », qui couvre également les misères endurées par saint Paul, tout ce qui écrase l'être humain au point d'abolir en lui l'humanité, tout ce qui étouffe la joie de vivre. L'affliction emprisonne dans la détresse celui qui la subit. Les victimes de violence sexuelles en ont pour des années d'enfermement dans la geôle de l'affliction. Dieu, quand Jésus est avili, assume tout cela. L'Église aura-t-elle le courage de faire aujourd'hui la même chose avec tous ceux que nous avons affligés ?

Gerard Manley Hopkins exprime le fardeau de cette affliction dans les « sonnets sombres » :

Tout m'est rancœur, l'âme me brûle. Dieu par décret intime
M'a fait goûter l'amer : ce goût était tout moi ;
Mes os m'ont engoncé, ma chair m'a gavé, mon sang m'a débordé
de malfaisance.
Levain au cœur lève une lourde pâte rance. J'y vois
Le sort des fils perdus, leur châtiment sera
Comme le mien je suis, leur être en suintera ; en pire[8].

Il est prisonnier de lui-même – « ce goût était tout moi ». Le Seigneur de la vie prend en sa garde ceux qui sont le plus éloignés de la vie, les morts-vivants réduits à une existence zombie. C'est même pire que la mort, car avec la mort vient la paix. Les affligés aspirent souvent à mourir. Job aurait préféré ne jamais venir au monde :

> Pourquoi ne suis-je pas mort au sortir du sein
> n'ai-je péri aussitôt enfanté ?
> Pourquoi s'est-il trouvé deux genoux pour m'accueillir,
> deux mamelles pour m'allaiter ?
> Maintenant je serais couché en paix (Jb 3, 11-13).

Confrontés au malheur, qu'avons-nous à dire ? Dans l'évangile de Matthieu, Jésus accusé se tait :

> Jésus fut amené en présence du gouverneur et le gouverneur l'interrogea en disant : « Tu es le Roi des Juifs ? » Jésus répliqua : « Tu le dis. » Puis, tandis qu'il était accusé par les grands prêtres et les anciens, il ne répondit rien. Alors Pilate lui dit : « N'entends-tu pas tout ce qu'ils attestent contre toi ? » Et il ne lui répondit sur aucun point, si bien que le gouverneur était fort étonné [Mt 27, 11-14].

Quand le Verbe arrive à sa fin, les mots sont finis. « Où la parole est sans effet, prévaut la violence[9]. »

Le dominicain Paul Murray écrit ceci :

> Mis face à une personne très affligée, nos mots – tous nos mots – semblent mourir dans notre gosier, réaction initiale qui se comprend fort bien, peut-être même qu'il n'y a rien à faire, c'est ainsi. Mais pareille maladresse en présence de l'intéressé entraîne un dégât collatéral : elle a pour effet de nous faire reculer devant ceux que la vie a manifestement écorchés. Au bout du compte, les personnes touchées sont laissées à elles-mêmes, en tête-à-tête avec leur souffrance, et à un moment où elles ont le plus besoin d'aide et d'attention. Au lourd fardeau qu'ils sont déjà obligés de porter voilà que s'en ajoute un autre, totalement inattendu souvent, celui de la solitude et de l'isolement[10].

Pierre Claverie, de l'ordre des Prêcheurs, était l'évêque d'Oran lorsque la violence a mis le feu aux poudres en

Algérie, avec pour conséquence la mort des moines de l'Atlas en 1996. Nombreux étaient les amis qui disaient à Pierre que la seule chose qu'il avait à faire était de repartir au plus vite en France, sous peine d'être consumé par la terreur. Peu de temps avant sa mort, il prêchait :

> Depuis le début du drame algérien, on m'a souvent demandé : « Que faites-vous là-bas ? Pourquoi restez-vous ? Secouez donc la poussière de vos sandales ! Rentrez chez vous ! » Chez vous ?... Où sommes-nous chez nous ?... Nous sommes là-bas à cause de ce Messie crucifié. À cause de rien d'autre et de personne d'autre ! Nous n'avons aucun intérêt à sauver, aucun intérêt à maintenir. Nous ne sommes pas poussés par je ne sais quelle perversion masochiste. Nous n'avons aucun pouvoir, mais nous sommes là comme au chevet d'un ami, d'un frère malade, en silence, en lui serrant la main, en lui épongeant le front. À cause de Jésus, parce que c'est lui qui souffre là, dans cette violence qui n'épargne personne, crucifié à nouveau dans la chair de milliers d'innocents. Comme Marie sa mère et saint Jean, nous sommes là au pied de la Croix où Jésus meurt abandonné des siens et raillé par la foule. N'est-il pas essentiel pour le chrétien d'être présent dans les lieux de déréliction et d'abandon [11] ?

Sur la croix, Jésus parle ; ses ennemis parlent, mais Marie et les disciples bien-aimés sont simplement là.

Dans son livre-témoignage, sœur Helen Prejean accompagne Pat au moment où, la date de son exécution arrêtée, son séjour dans le couloir de la mort tire à sa fin :

> Je lui dis : « Si vous mourez, je veux être avec vous. – Non, fait-il, je refuse que vous voyiez ça. – Je ne peux pas supporter l'idée que vous puissiez mourir sans voir un visage aimant. Je serai la face de Christ pour vous. Il vous suffira de me regarder. – C'est terrible à voir, répond-il. Je veux vous épargner ce spectacle. Vous pourriez ne pas vous en remettre. En ressentir une terreur à vie. » Je sais bien que cela me terrifiera. Comment pourrait-il en être autrement ? Mais je ressens force et déter-

mination. Je le rassure, je ne serai pas en pièces, j'ai toute une réserve d'amour et de soutien dans ma vie. « Dieu me donnera la grâce », dis-je enfin. Il veut bien. Il acquiesce. C'est décidé. Je serai là avec lui quand il mourra [12].

Pat avait besoin d'un visage pour que s'incarne le visage de celui qui, pour nous, passa son bref séjour ici-bas dans le couloir de la mort et fut exécuté.

Un de mes amis avait perdu sa femme et son fils dans un accident de voiture. Il était sur son lit d'hôpital, grièvement blessé, furieux contre Dieu, furieux contre l'Église, furieux contre le monde entier et par-dessus tout contre les pieuses paroles de réconfort. L'idée de la présence d'un prêtre le révulsait. La guérison commença pour lui le jour où l'aumônier de l'hôpital qui le visitait, un jeune prêtre dominicain, lui avoua : « Je ne sais que dire. » S'il y a quelque chose à dire, on nous le donnera en temps utile. Comme le dit Jésus de la grande souffrance qu'il est en train de vivre : « Ne vous préoccupez pas de ce que vous direz, mais dites ce qui vous sera donné sur le moment, car ce n'est pas vous qui parlerez, mais l'Esprit Saint » (Mc 13, 11). Mais parfois rien n'est donné. La solitude des affligés est absolue, car ils risquent de se sentir abandonnés, y compris par Dieu. Écoutons Hopkins crier :

> [...] Et ma plainte
> N'est que clameurs sans fin, clameurs lancées en lettres mortes
> Vers lui que j'aime il vit hélas ! au loin [13].

Simone Weil encore :

> Le malheur rend Dieu absent pendant un temps, plus absent qu'un mort, plus absent que la lumière dans un cachot complètement ténébreux. Une sorte d'horreur submerge toute l'âme. Pendant cette absence, il n'y a rien à aimer [14].

Christ prend totalement en charge cette désolation quand il s'écrie sur la croix : « *"Elôi, Eléôi, lema sabachthani"*, ce qui se traduit : *"Mon Dieu, mon Dieu, pourquoi m'as-tu abandonné ?"* » (Mc 15, 34). Tout ce que nous ressentons comme délaissement est repris en Dieu à ce moment-là. Dieu étreint tout contre lui le sentiment que nous éprouvons d'être oubliés par lui.

Se souvenir des morts, c'est refuser que l'affliction ne finisse par faire oublier leur humanité. À Phnom Penh, la capitale du Cambodge, le centre d'exécution de Tuol Sleng (la « colline des arbres vénéneux ») était un des cent cinquante qu'avaient ouverts les Khmers rouges pour tuer les centaines de milliers d'opposants que comptait le régime. La règle n° 7 inscrite sur le mur d'enceinte porte : « Ne faites rien, attendez mes ordres sans bouger. S'il n'y a pas d'ordres, restez tranquilles. » Ils reçoivent l'ordre d'être silencieux, et leurs vies celui de plonger dans l'oubli. Aujourd'hui, ce qui recouvre les murs, ce sont les photos de ceux qui sont morts ici, afin qu'ils ne soient oubliés.

Nous souvenir des affligés est une manière de protester contre le néant où leurs persécuteurs ont voulu les jeter. Chaque petite trace mémorielle, chaque photo à demi estompée collée au mur, est un refus de renvoyer les affligés à la non-existence. Dans *Si c'est un homme*, Primo Levi consigne ses souvenirs d'Auschwitz. L'épigraphe qui figure au frontispice, qui reprend l'injonction que fait le livre du Deutéronome de se rappeler tous les commandements du Seigneur, se termine ainsi :

> Considérez si c'est une femme,
> Que celle qui a perdu son nom et ses cheveux
> Et jusqu'à la force de se souvenir
> Les yeux vides et le sein froid
> Comme une grenouille en hiver.
> N'oublie pas que cela fut,
> Non, ne l'oubliez pas :

> Gravez ces mots dans votre cœur.
> Pensez-y chez vous, dans la rue,
> En vous couchant, en vous levant ;
> Répétez-les à vos enfants.
> Ou que votre maison s'écroule,
> Que la maladie vous accable,
> Que vos enfants se détournent de vous[15].

Voici que Jésus rend maintenant son dernier souffle et meurt, ayant pris sur lui toute notre affliction. Le personnage central de *Killing Eve*, une série de la BBC[a], une meurtrière du nom de Villanelle, décrit la mort comme un repli brutal :

> Les yeux à peine vides, l'âme entre. L'opinion générale est que l'âme, la personnalité, peu importe le nom qu'on lui donne, quitte le corps à la mort ; je jure, moi, qu'elle ne fait que pénétrer plus loin. Sa chute est si profonde qu'elle finit par n'être qu'une toute petite chose désormais incapable de gouverner le corps.

Moi qui ai assisté à quelques passages de vie à trépas, je trouve que tout ce qui est dit là sonne juste. Ou plutôt, tout se passe comme si nous tombions dans le noyau de notre être, où se trouve Dieu, « plus intime à moi-même que moi-même[16] », comme dit saint Augustin *(Tu autem eras interior intimo me)*. Nous tombons dans les mains de Dieu qui attendent.

Chanter face à la mort

Dans ce récit d'affliction absolue émergent, petits signes d'espoir, les paroles de Jésus sur la croix, des citations des Psaumes et des gestes empreints de bonté. Dans les récits de

---

a. La série date de 2018 et a été diffusée en France la même année.

Matthieu et de Marc, il y a cependant un détail minime qui lance particulièrement l'imagination : « Après le chant des psaumes, ils partirent pour le mont des Oliviers » (Mc 14, 26).

Jésus et les disciples se préparent en chantant à ce qui les attend. C'est presque certainement la deuxième partie du *Hallel*[17], les psaumes 114 à 118, ceux qui marquent la fin du repas pascal. Le mot hébreu signifie « louange », et nous avons hérité une de ses formes, *Alléluia*, « Dieu soit loué ». Face à sa passion, Jésus et les disciples chantent des chants d'action de grâce et de louange. Le psaume final s'illumine de « clameurs de joie et de salut » et se réjouit de voir que « la pierre rejetée par les bâtisseurs est devenue la tête de l'angle ». Les derniers mots du psaume sont : « Rendez grâces à Yahvé, car il est bon, car éternel est son amour ! » C'est alors qu'ils s'en vont et que débute sa passion, mais déjà le chant anticipe de très loin la victoire finale et la salue. Le vendredi saint, on chante traditionnellement la passion du Christ.

Le danger approche ? dit un proverbe arabe, accueille-le en chantant. Telle est la façon dont tant de martyrs affrontent la mort. Lorsque le 3 juin 1886 le roi Mwanga du Bouganda fit monter sur le bûcher trente-deux jeunes chrétiens catholiques et anglicans qui ne voulaient pas abjurer leur foi, ceux-ci se mirent à chanter. On a également rapporté que, en février 2015, lorsque vingt chrétiens coptes égyptiens furent décapités par Daech sur une plage libyenne, ils sont morts en chantant des hymnes à Jésus. Paul Murray affirme que, confrontés à la désolation, beaucoup n'ont pour seule ressource que la poésie et la musique. Au lendemain du 11-septembre, les poèmes fleurirent sur New York.

> Presque immédiatement après l'événement, des mémoriaux improvisés, souvent conçus autour de poèmes, jaillissaient un peu partout dans la ville, dans les vitrines des magasins, aux arrêts de bus, à Washington Square Park, à

Brooklyn Heights et ailleurs. Et des poèmes ont parcouru le cyberespace à travers le pays dans des courriels que s'échangeaient des amis[18].

La musique, le chant étaient également indispensables.

L'opéra sur le 11-septembre, *Between Worlds*, de Tansey Davies, a été présenté en première mondiale en 2015. Certains n'ont pas supporté l'idée que l'on pût composer un opéra sur un événement aussi horrible, mais c'est peut-être le seul moyen d'affronter sa brutalité. Écoutons ce qu'en dit le librettiste :

> Placer au cœur du drame le pouvoir que possède la musique de transformer les choses, pensions-nous, pourrait nous permettre de mesurer l'ampleur de la tragédie du 11 septembre, et en même temps de découvrir une sorte de lumière dans cette noirceur. La musique semble même avoir été d'un certain secours pour certaines personnes ce jour-là. Un vigile chantait des cantiques à ceux qui descendaient l'escalier, pour leur donner du courage. Des proches, qui n'avaient pas de mots pour parler au téléphone à des êtres chers, chantaient avec eux[19].

Pendant l'été de 1942, Leningrad, redevenue aujourd'hui Saint-Pétersbourg, fut assiégée par l'armée allemande[20]. Les gens mouraient de faim, se jetant sur ce qui leur tombait sous la main, rats, chats et chiens. On entendait parler d'actes de cannibalisme. On estime à environ 750 000 le nombre des personnes mortes de faim dans la ville sur la durée du siège, levé en janvier 1944. Tandis que sous la botte allemande la situation s'aggravait, le chef d'orchestre Karl Eliasberg recruta quiconque savait jouer d'un instrument et exécuta ainsi la *Septième symphonie*, dont Dmitri Chostakovitch avait entamé sur place la composition l'année précédente. Les musiciens étaient si faibles qu'il y eut des syncopes durant la répétition. Un trompettiste s'excusa de ne pouvoir émettre une seule note. On brancha des haut-parleurs non seulement pour faire profiter du concert toute la population, mais pour l'acheminer jusqu'aux oreilles des soldats allemands. Les membres de l'orchestre, à peine capables de se tenir debout, étaient en tenue de soirée. Olga Kvade, alors âgée de dix-huit ans, assistait à la représentation et rapporte que la seule crainte qu'on avait était de voir les Allemands commencer à bombarder, ce qui aurait mis fin au concert avant les derniers accords de l'œuvre. Face à la destruction, faute de pouvoir manger, ils firent de la musique.

Un jour d'avril 2015, l'explosion d'une voiture piégée à l'ouest de Bagdad fit dix-neuf victimes. Karim Wasfi, qui dirigeait l'Orchestre symphonique national irakien et avait, dès la première explosion, rejoint avec son violoncelle le site de l'attentat, prit place parmi les décombres et joua une pièce de sa composition, *Tristesse dans Bagdad endeuillé*. Il devait déclarer : « Je voulais montrer que la beauté pouvait exister et se dresser contre l'horreur des voitures piégées, et dire comment honorer les âmes des victimes. » Depuis, il n'a pas cessé de venir jouer dès que se produisait un attentat dans Bagdad, et Dieu sait s'il y en eut. Après la tuerie parisienne du *Bataclan*, qui fit tant de morts en novembre 2015, un jeune homme sortit un piano devant le music-hall, se mit à jouer puis s'éloigna en pleurs.

Même ceux d'entre nous qui ont la chance de mourir en paix dans leur lit ont besoin de musique et de poésie pour affronter les derniers moments. Je dus quitter Jérusalem pour être aux côtés de mon père qui vivait à l'hôpital ses derniers instants. Il demanda son walkman afin d'écouter le *Requiem* de Mozart et *Les Sept Dernières Paroles de Notre Sauveur en Croix*, de Haydn. Et, quand il fut à l'article de la mort, mes frères et sœurs et moi-même, nous passant le bréviaire, nous lûmes des psaumes : musique vocale, puis poésies. À la mort d'un frère dominicain, nous nous rassemblons autour de son lit pour chanter l'hymne à Notre-Dame, le *Salve Regina*. J'espère que les derniers sons qui frapperont mon oreille seront le chœur, probablement dissonant, de mes frères.

Chanter brise les barrières qui se dressent entre nous. Lorsque pendant la Première Guerre mondiale les soldats allemands ont entonné des chants de Noël dans leurs tranchées, les soldats britanniques se sont joints à eux et n'ont pas tardé à les quitter pour former un chœur harmonieux, puis pour jouer au football. Un bref moment, le chant vint adoucir l'affliction des tranchées. Étrangement, la chanson qui a brisé le silence de l'hostilité fut *Stille Nacht*, « *Silent Night !* » L'année suivante, les généraux britanniques donnaient l'ordre à l'artillerie lourde de couvrir les chants de paix.

Francis Spufford et sa femme avaient eu une terrible dispute, qui les tint aux prises de minuit à six heures du matin. Claquant finalement la porte, il alla se réfugier dans un bistrot, comme le dernier des misérables, à boire son café en solitaire. C'est alors que le garçon passa l'adagio du concerto pour clarinette de Mozart. Plus il écoutait, plus il se transformait intérieurement. Voici ce qu'il en dit :

> On a l'impression que cette musique vient d'un monde où le chagrin est monnaie courante, sans toutefois qu'on ait épuisé la question. Tout ce que vous craignez est vrai. Et pourtant. Tout ce que vous avez raté, vous l'avez raté, et bien comme il faut encore. Et pourtant. Et pourtant... Taisez-vous et écoutez, et laissez-vous aller, oh ! juste un peu, à compter sur un calme qui advient sans qu'il vous soit demandé de rien faire, puisqu'il est offert gratuitement[21].

La musique présente une structure qui raconte sans utiliser de mots et nous entraîne au-delà de la douleur. La musique entérine le chagrin de Spufford, mais lui, il est emporté par le mouvement qu'elle lui imprime, comme un surfeur ramené à la sécurité de la plage. L'ordre où elle se meut subsume dans l'espérance les désordres de nos vies.

Dans la version de Jean, les derniers mots de Jésus sur la croix (Jn 19, 30) sont mieux traduits si l'on dit : « voilà qui est fait » ou même « voilà qui est mené à bien ». Au début du Dernier Repas, Jean écrivait : « Ayant aimé les siens qui étaient dans le monde, [Jésus] les aima jusqu'à la fin[22] », littéralement jusqu'à la perfection. Son amour est accompli sur la croix. Il évoque une harmonie finale qui est au-delà de nos paroles et dont seule peut-être la musique nous la suggère.

Roger Scruton affirme que la musique nous parle en nous menant à l'aboutissement. Les disharmonies se brisent et se transcendent, les crises sont surmontées, la musique nous emmène vers une sorte de bouclage.

> Le mouvement musical est, ou semble être, dirigé vers un but. Autrement dit, il nous mène vers des fermetures, ou semi-fermetures précises, lesquelles ne peuvent pas non plus être facilement expliquées en termes de tension harmonique [...]. Et cela nous met en présence de quelque chose que nous ne rencontrons pas dans la vie de tous les jours, trop compromise par l'aspect aléatoire des choses – à savoir le geste achevé, le geste qui pour être complet puise dans son propre contenu intérieur, le geste qui n'a d'autre but que lui-même et qui, pourtant, va jusqu'au bout. Nombreux sont ceux qui pensent que c'est là le mystère central et la récompense la plus importante de la musique sérieuse : nous montrer une action humaine qui arrive à son terme[23].

La musique lève le voile d'un futur lieu de paix où il n'y a plus ni conflits ni tensions et où nous trouverons le repos auquel nous aspirons. Dans *Des hommes et des dieux*, un hélicoptère militaire plane, menaçant, au-dessus de la chapelle monastique, comme un gigantesque insecte. L'affreux et monotone vrombissement de ses pales vient rompre le silence de la prière des moines. Lentement, ceux-ci se lèvent et, se tenant les uns les autres, chantent « Ô Père des lumières », refusant que les agressives vibrations de l'engin couvrent la mélodie de leur chant. C'est l'harmonie du chant et des frères qui l'emporte : la machine vaincue s'en va. La musique évoque l'ultime harmonie qui accompagnera notre repos éternel. Le théologien du XIIe siècle Pierre Abélard a laissé l'aperçu suivant de la fin du voyage :

> Là-bas le Sabbat au Sabbat
> Succède éternellement,
> Joie qui ne connaît pas de fin
> Des âmes en vacances[24].

Scruton soutient que « la musique est une résolution perçue du conflit entre liberté et nécessité, rendue disponible dans un espace qui lui est propre[25] ». La musique profonde prend souvent une direction que nous n'aurions pas su anticiper mais que nous reconnaissons immédiatement comme juste, voire comme nécessaire. Nous sommes étonnés mais nous disons : « Cela devait être ainsi. Toute autre solution eût été banale. » C'était la note inévitable que nous attendions, mais nous ne le savions pas.

Quand Jésus tourne sa face vers Jérusalem et s'y rend, il dit aux disciples qu'il est nécessaire (en grec, *dei*) que le Fils de l'homme endure une grande souffrance, soit victime du rejet des autorités, meure et ressuscite le troisième jour. Cela *doit* arriver. Mais les disciples ne peuvent pas supporter d'écouter. Pierre morigène Jésus et s'entend répliquer : « Passe derrière moi, Satan ! » (Mc 8, 33). Alors, les oreilles sourdes, ils marchent en trébuchant vers Jérusalem, se querellant sur des vétilles du genre : « Qui est le plus grand ? » Cette mort imposée est librement assumée lors de la Dernière Cène, quand Jésus la mue en don de son corps et de son sang dans une liturgie qui atteint son apogée au moment des chants. Les disciples qui fuient à Emmaüs le jour de la résurrection n'ont toujours pas compris et Jésus les réprimande : « Ô cœurs sans intelligence lents à croire à tout ce qu'ont annoncé les Prophètes ! Ne fallait-il pas que le Messie endurât ces souffrances pour entrer dans sa gloire ? » (Lc 24, 25). Cette nécessité n'est pas imposée par un dieu dur mettant en œuvre des règles de fer ; c'est l'acte nécessairement requis par l'amour.

Dans toute vie humaine, la souffrance va paraître imposée : « Pourquoi moi ? » Mais la mort s'impose à tous, comme l'ultime et implacable nécessité. La musique nous propose un aperçu lointain de la manière dont nécessité et liberté peuvent faire bon ménage. La souffrance peut bien percuter nos vies de plein fouet, faire capoter nos projets, apporter la mort s'il le faut, elle peut être pleinement accueillie. Non dans un esprit de masochisme, mais comme un premier pas vers la liberté, un appel à la vie. Ce n'est pas facile, et moi-même, tel Pierre à Césarée, je me suis souvent cabré là contre. J'hésiterais à donner un tel conseil à quelqu'un que le mal consume ou qui rejette la mort prochaine. Ce serait présomptueux. Mais rompre le pain et entonner les hymnes montre un arrêt du destin librement assumé au moment de nous acheminer vers notre Gethsémani personnel.

Le coq chante

C'est donc avec un dernier chant que Jésus s'apprête à faire face à ce qui doit arriver. Ce chant de louange, le *Hallel*, est le dernier signe d'ordre et de sens avant que déferle le chaos. C'est la promesse que le silence ne l'emportera pas. À ce point du récit, se peut-il que plus aucun chant ne retentisse ? Attendez, il en reste comme un soupçon : le cocorico. Jésus n'a-t-il pas dit à Pierre : « En vérité, je te le dis : toi, aujourd'hui, cette nuit même, avant que le coq chante deux fois, tu m'auras renié trois fois » (Mc 14, 30). L'évangile de Marc ne dit pas un mot qui ne soit pesé, alors pourquoi ce chant du coq, le dernier chant de notre nuit ? Dans *Hamlet*, ce chant est appelé le « clairon du matin » et l'oiseau est dit « éveiller le dieu du jour » ; il chante toute la nuit de Noël pour proclamer la naissance du Sauveur. Des peintures du XVIIIe siècle signées de Jan Petr Brandl[26] ou de Theodore Rombouts[27] montrent l'aurore qui pointe au moment où Pierre renie Jésus.

Mais le chant du coq ne marque pas l'aube. Le père Marie-Joseph Lagrange o.p., qui fonda l'École biblique dominicaine de Jérusalem, souffrait d'insomnie, et il a rapporté qu'en mars et en avril les coqs se mettaient à chanter entre deux heures et demie et trois heures du matin[28]. Le coq lance son premier cri quand la nuit a passé son mitan et que le jour ne va pas tarder à se lever. Le monde est encore plongé dans l'obscurité, dont la fin cependant est imminente. À l'aube, Jésus sera conduit au palais de Ponce Pilate, livré pour être crucifié, et montera ainsi sur son trône, la croix. Ensuite il y aura l'aube du jour de Pâques, où les femmes venues à la tombe la trouveront vide sous un soleil déjà haut dans le ciel.

Le chant du coq laisse entendre que, tant qu'il fait encore nuit, le reniement de Pierre n'est pas la fin de tout. Il ressemble à une note d'espérance discrète augurant ce qui n'est pas encore visible ni même entrevu. La trahison de Pierre fait partie d'une histoire qu'il ne peut pas encore raconter, mais qu'il racontera un jour. Il est normal que l'évangile de Marc soit souvent appelé l'évangile de Pierre, le récit qu'il a transmis à ses disciples et dans lequel il a osé affronter son moment le plus sombre et le surmonter.

Quand je suis au lit et que j'entends « le chœur de l'aube », généralement bien avant l'aube, il parle d'espoir. Les spécialistes nous disent que ce concert n'est que la façon bruyante qu'ont les oiseaux de revendiquer leur territoire et de mettre en garde leurs concurrents, un peu comme des touristes venant de bonne heure à la plage s'assurer leur carré de sable à l'aide de leurs serviettes. S'en tenir là serait s'arrêter au « ce n'est jamais que » cher à Mary Midgley. Le couplet de l'aube est la manifestation de l'équivalent de la joie chez les oiseaux.

À Magdalen, à Oxford, un chemin circulaire borde la rivière. Sur un mur on peut lire un poème de C. S. Lewis, qui venait s'y promener, « Ce que l'oiseau disait au début de l'an » :

> Dans Addison Alley, j'ai entendu le chant clair d'un oiseau.
> Cette année, l'été se réalisera. Cette année. Cette année.
>
> Les vents ne dépouilleront pas les pommiers de leurs fleurs
> Cette année, le manque de pluie ne détruira pas les pois.
>
> Cette année le temps ne vous vaincra plus par ce qu'il est,
> Et vous ne serez plus trahis par les promesses des instants qui passent
>
> Cette fois, ils ne vous mèneront pas, au petit bonheur,
> À l'automne, d'un an plus vieux déjà, par la piste bien frayée
>
> Cette année, cette année, comme toutes ces fleurs l'annoncent,
> Nous échapperons au cycle et annulerons le sort.

Sur la croix, les derniers mots de Jésus citent les psaumes. Ce sont les hymnes et la poésie dans lesquels il a grandi. Non pas chantés sur la croix, mais haletants ou chuchotés, des chants tout de même, embrassant tout ce qu'il a enduré depuis qu'il a chanté le *Hallel*, la grande louange avant de partir pour Gethsémani.

la vie ressuscitée

Introduction

« le ciel à portée de main »

L'idée directrice de ce livre est que nous serons davantage capables de soulever de l'enthousiasme avec notre foi si les gens voient dans le christianisme une invitation à vivre pleinement. La vie de son fondateur, son enseignement moral, le pardon des péchés, les doctrines de l'Église, la mort effroyable de Jésus, tout cela doit être compris comme le don d'une vie abondante. L'épanouissement auquel nous sommes appelés n'est pas un simple bonheur mortel. Les écoles se trompent lorsqu'elles promettent de réaliser à plein le potentiel de leurs élèves. Nous sommes appelés à une vie plus qu'humaine, à un partage du divin.

Avec la résurrection s'accomplit le passage vers la vie transcendante. Sur la croix, le Christ a pris sur lui notre misère, tout ce qui nous opprime et nous détruit, même la mort, qu'il surmonte. Qu'entendre par là ? On s'imagine souvent que les chrétiens croient en une seconde vie. Une fois morts, nous émigrerions vers un ailleurs de meilleur aloi, y vivre de nouveau. Attention touchante, la Poste britannique a signalé à un garçon de sept ans qu'il avait bien remis sa carte d'anniversaire adressée à son père décédé, « qui était *en route** vers le paradis en évitant les étoiles et autres objets célestes[1] ».

Certains adultes également pensent ainsi, et cela ressemble au fantasme de ceux qui s'aveuglent sur la finalité de la mort. Mais la vie ressuscitée, loin d'être une vie bis, constitue au contraire la plénitude de la vie, qui commence dès aujourd'hui : « Nous savons, nous, que nous sommes passés de la mort à la vie, parce que nous aimons nos frères. Celui qui n'aime pas demeure dans la mort » (1 Jn 3, 14). Quel sens a pour nous de nos jours ce partage avec le Christ de cette vie ressuscitée ?

Dans le chapitre premier, nous avons expliqué que ce qui sape les fondements de l'imaginaire religieux n'est pas tant l'athéisme, une croyance comme une autre au demeurant, qu'une manière insipide de voir le monde, la « mentalité univoque », pour reprendre l'expression du jésuite William Lynch. Il vise une imagination réductrice, la « mondialisation du superficiel ». J'ai eu l'occasion de le mentionner dans le même chapitre, il y a un roman qui illustre magnifiquement notre sortie de cette servitude : *The Room*, d'Emma Donoghue, où l'on voit une femme et son enfant prisonniers des quatre murs d'un réduit. L'enfant pense que rien d'autre n'existe que « Room », jusqu'au jour où il s'échappe pour découvrir le monde réel sous ses glorieuses et vraies couleurs et dans toute sa vitalité. Enfin de l'air frais !

Les rédacteurs du Nouveau Testament ne peuvent pas décrire directement la vie ressuscitée, le début de la Nouvelle Création, pas plus que nous ne pouvons décrire littéralement le Big Bang, le début de l'ancienne création. Mais il est frappant de constater que cette vie ressuscitée s'inaugure en fait par le vide d'un sépulcre dont on a roulé à l'écart la pierre qui le fermait. C'est qu'on n'enferme pas l'Illimité entre quatre planches[a] ! De nouveau de l'air frais ! Un trou apparaît dans la chaîne des événements. Les apparitions se signalent par la libération des disciples de l'enfermement : « Le soir, ce même jour, le premier de la semaine, et les portes étant closes, là où se trouvaient les disciples, par peur des

a. L'anglais se prête ici à un jeu de mots, que le français ne permet pas, en mettant en parallèle deux paronymes, *unconfined* (« qui n'est pas confiné ») et *uncoffined* (« qui n'est pas en bière »).

Juifs, Jésus vint et se tint au milieu et il leur dit : "Paix à vous !" » (Jn 20, 19). Les murs et les portes verrouillées ne font pas obstacle au Christ ressuscité, non pas parce que c'est pratique si on perd ses clés, non pas parce que c'est un fantôme – la preuve : il se met à table avec eux –, mais parce que la victoire de l'amour abolit toutes les barrières. Les disciples sont, à l'étage où ils se sont calfeutrés, affranchis de l'enfermement où les tenait la peur.

Dans la Lettre aux Éphésiens, pour interpréter l'ascension, le rédacteur utilise le même langage d'affranchissement et de liberté. Il captive la captivité. Il défait toute chaîne. Il « est monté [...] afin de remplir toutes choses » (Ep 4, 10). On ne parle pas là de l'ascension du Christ comme d'un voyage vers un autre lieu. Il monte dans l'omniprésence de Dieu qui ne connaît pas de limites.

John Rae, ancien directeur de l'école de Westminster, présida l'office de vêpres à l'abbaye pendant des années, mais il n'arrivait pas pour autant à décider s'il croyait ou non en Dieu. Il organisa des rencontres avec un certain nombre d'athées et de chrétiens qui l'aideraient à trancher[2]. Nous nous sommes rencontrés à plusieurs reprises et avons noué des liens d'amitié. Nous en revenions toujours à la question de savoir ce que cela signifiait pour lui d'aimer sa femme, ses enfants et ses amis. Est-ce que cet amour est de l'ordre de l'affect passager au sein d'un univers qui n'a finalement aucun sens ? Ou le reflet vécu au contraire d'un amour transcendantal qui donne sens à tout ? Les êtres humains sont-ils pris dans une grande énigme dont il leur reviendrait de découvrir le sens ultime ou bien sommes-nous, comme le pensait Stephen Hawking, une simple « écume chimique sur une planète de taille moyenne gravitant autour d'une étoile de taille très moyenne dans la banlieue lointaine d'une galaxie parmi des millions[3] » ? Vivre en banlieue lointaine ne suscite nulle objection de ma part : je ne suis pas snob ! C'est seulement contre « écume chimique » que je m'inscris en faux.

Nous ne pouvons pas imaginer ce qu'est la vie ressuscitée, mais je voudrais dans cette dernière section explorer comment différentes dimensions de notre vie ici-bas ont une profondeur de signification que nous ne pouvons qu'entrevoir. Même ici bas, nous commençons à profiter de ce divin air frais qu'est l'évasion du confinement qu'a pratiquée le Christ ressuscité. Essayons de comprendre un tant soit peu ce que cela signifie en examinant quelques facettes de notre vie présente : la vie spirituelle, la vie corporelle, la vie juste, la vie liturgique et la vie de prière, et voyons comme toutes représentent un avant-goût de la vie ressuscitée, « le ciel à portée de main[4] », comme dit George Herbert. Chaque chapitre nous invite à imaginer les choses de façon différente, sacramentellement.

J'aurais pu ajouter d'autres sujets, mais le livre n'aurait jamais été fini. J'aurais pu structurer la matière différemment et placer certains chapitres ailleurs dans le livre, tout comme Luc fait commencer son évangile par la pêche miraculeuse des disciples, que Jean situe après la résurrection. Aussi, commençons avec le souffle du Saint-Esprit, air pur s'il en est.

14

la vie spirituelle : de l'air frais

Dans les Actes, le don du Saint-Esprit à la Pentecôte inaugure une nouvelle vie pour les disciples ; aussi, commençons par poser la question du sens de l'expression *être spirituellement vivant*. Nombreux sont ceux qui se définissent comme donnant dans la spiritualité mais pas dans la religion, les SBNR[a], selon le sigle qu'ils se sont trouvé. La religion est perçue par eux comme une institution qui vous lie à une secte dont les membres se pensent au-dessus du commun des mortels, et bride la pensée par des dogmes et l'action par des règles. La spiritualité est en tout point plus libératrice. Elle est affaire personnelle ; elle peut se pratiquer dans l'intimité du foyer. Elle est plus expérimentale que doctrinaire. Elle s'intéresse à la paix intérieure, sans exiger la conformité. On peut mélanger les spiritualités comme on fait des cocktails inédits, rajouter une touche de bouddhisme et un zeste d'icônes. Et si une spiritualité échoue, rien n'empêche d'en essayer une autre. Que demander de plus ?

---

a. Sigle de *Spiritual but not religious*, comme se désignent les Anglo-saxons adeptes d'une spiritualité sans être affiliés à une quelconque Église.

Respirer

On est dans l'illusion. Toute spiritualité digne de ce nom est dure et vise à transformer. Commençons par nous pencher sur le mot *spirituel*. Le mot hébreu qu'on traduit généralement par « esprit », *ruah*, signifie également « souffle » ou « vent ». Pentecôte est le souffle de Dieu sur les disciples. Respirer, fonction fondamentale pour la vie des mammifères, est au plus profond de l'échange entre notre corps et le reste de la création. Le nombre moyen de ces échanges gazeux dans une vie d'homme tourne autour de 650 millions. La respiration représente davantage que le simple mécanisme d'oxygénation de notre sang. Elle fait partie intégrante des moments les plus intenses où nous prenons conscience d'être en vie.

Dans son roman *Breath*, Tim Winton se penche sur tout ce que la respiration met en jeu, et part pour cela du premier souffle :

> C'est drôle, mais vous ne pensez jamais vraiment à la respiration. Jusqu'au jour où elle se met à envahir toutes vos pensées. J'ai encore en tête la sidération sur le visage mes filles dans les tout premiers moments de leur vie, quand elles font de la bouche les mouvements de l'aspiration, et qu'on les force à inhaler pour la première fois [1].

Le héros et son ami Loonie s'entraînent à nager sous l'eau en apnée, une manière pour eux de se revendiquer libres, la maîtrise de leur respiration symbolisant le contrôle de leur vie :

> Quand on est jeune, on ne peut s'empêcher de s'apercevoir que la vie vous impose sa loi, à force de faire succéder le souffle au souffle dans une interminable capitulation devant la routine biologique ; et puis aussi que la volonté qu'a l'être humain de tout contrôler relève autant de l'empire qu'on veut affirmer sur son propre corps que de celui qu'on souhaite exercer sur autrui. Loonie et moi l'avons jouée à l'instinct, bêtement, pour

> le plaisir. Nous retenions notre souffle et nous comptions les minutes. Nous nous chronométrions dans la rivière et dans l'océan, dans le hangar du vieux ou dans la lumière brisée de l'automne qui tombait sur le sol de la forêt[2].

Au cours du roman, nous faisons la connaissance du souffle dans ses rapports avec la création musicale, l'intimité sexuelle et la mort.

Pendant mon congé sabbatique à Berkeley, j'ai découvert la jouissance que le coureur retire d'une respiration rythmée. Le secret d'un bon sommeil, c'est un souffle paisible. Un de nos frères, après avoir quitté l'Ordre, a écrit que ce qu'il regrettait le plus était de ne plus prendre part à la respiration collective lorsque notre communauté chantait les psaumes et que chaque moitié du chœur aspirait et expirait tour à tour, le souffle partagé de la vie en commun. La colère accélère le rythme respiratoire. Saul poursuit les chrétiens, « ne respirant (du grec *pneuma*, "esprit") toujours que menaces et carnage » (Ac 9, 1). La stupéfaction nous coupe le souffle, le chagrin nous suffoque. « Je ne peux pas respirer », tels furent les derniers mots qu'un Afro-Américain, Eric Garner, étranglé à mort par la police à Staten Island, New York, le 17 juillet 2014, répéta onze fois de suite et qu'enregistrèrent sur leurs téléphones ceux qui étaient là. Ces mots ont fini par servir de cri de ralliement aux Afro-Américains et symboliser leur oppression. Vivre, c'est respirer sans entrave. Ce furent aussi les derniers mots de Jamal Khashoggi, le journaliste saoudien assassiné dans le consulat de son pays en Turquie le 2 octobre 2018.

L'autobiographie de Paul Kalanithi, *When Breath Becomes Air*, tire son titre d'un poème du baron Fulke Greville Brooke : « Toi qui veux savoir quelle vie propose la mort/ Maintenant tu sais : c'est l'air qui fut souffle autrefois[a]. »

---

a. Le texte original de « Caelica 83 », tiré de *When Breath Becomes Air*, Londres, The Bodley Head, 2016, est donné sur le site www.poetryfoundation.org.

Ce neurochirurgien d'une immense culture, découvrant à l'âge de trente-six ans qu'il est atteint d'un cancer en phase terminale, doit faire face à une diminution de sa capacité respiratoire à mesure que la mort approche. Sa femme l'assiste dans ses efforts pour respirer. Elle explique comment : « À la maison, alors qu'il était au lit et n'en avait plus que pour quelques semaines, je lui demandai : "Peux-tu respirer comme il faut avec ma tête sur ta poitrine, comme ceci ?" Et sa réponse fut : "Rien d'autre ne me permettrait de respirer" »[3].

Nous arrivons inéluctablement au moment ultime, le souffle de Paul à son tour devient air.

> À mesure que la pièce s'assombrissait dans la nuit, sous la chaude lumière d'une applique réglée bas, la respiration de Paul se fit entrecoupée, irrégulière. Son corps, membres détendus, avait toujours l'air reposé. Quelques instants avant neuf heures, lèvres écartées et yeux fermés, Paul inspira, puis laissa échapper une dernière et profonde respiration, son dernier souffle.

Nos souffles ultimes sont le compte à rebours avant la fin, comme dans le poème que R. S. Thomas consacre à ses grands-parents[4] :

Il y a eux
aux fenêtres face tournée
vers un poteau d'arrivée qu'on n'a pas encore
atteint. Il y a le son
qui traverse le silence de la respiration
de leurs corps réticents tandis que
pour chacun d'eux sonne l'heure d'entamer l'ultime tour de piste.

La vie humaine dépend de la respiration de notre planète verte, faite de plantes et d'arbres qui transforment le gaz carbonique en oxygène, avec chacun des deux hémisphères qui inspirent et expirent selon les saisons qu'ils traversent, *chorus contra chorum*, nos deux demi-chœurs planétaires face à face[a]. Les forêts amazoniennes sont les « poumons de la terre », mais la planète commence à souffrir d'emphysème. Dans les villes tentaculaires où vit désormais la plus grande partie de l'humanité, les gens ont l'haleine courte.

Le souffle de Dieu

Il n'est donc pas surprenant que la plupart des religions cultivent le bien respirer. La Kabbale des juifs connaît les trois niveaux de respiration de chaque étape de la vie spirituelle ; l'islam soufi a l'exercice de respiration du *dhikr*[b] et, dans le bouddhisme, la respiration est la discipline centrale de la méditation. La prière du cœur[c], dans le christianisme, est récitée selon le rythme de notre respiration.

L'histoire chrétienne de la Création et de la Re-création met en scène le souffle divin dans les deux temps de la respiration. Dieu donne la respiration à tous les êtres vivants. Et ce, le plus intimement : « Alors Yahvé Dieu modela l'homme avec la glaise du sol, il insuffla dans ses narines une haleine de vie[5] et l'homme devint un être vivant » (Gn 2, 7). Le souffle est le don de la vie que fait la divinité. La crise que traverse la relation de Dieu avec l'humanité accélère le Déluge, conséquence du serment qu'il fit : « Pour moi, je vais amener le déluge, les eaux sur la terre, pour exterminer de dessous le ciel toute chair ayant souffle de vie : tout ce qui est sur la terre doit périr » (Gn 6, 17). L'Arche transporte le souffle de vie au-dessus du silence de la mer, qui a étouffé toute vie.

---

a. L'expression en latin sert dans les anciennes instructions aux moines, dont le chœur se partage en deux moitiés pour chanter certaines hymnes du service, et ainsi en alterner les parties.

b. Ar. « remémoration », c'est-à-dire répétition à l'infini du nom de Dieu (du radical *dh-k-r*, « se rappeler »).

c. Ou « prière de Jésus », dévotion de la spiritualité, surtout orthodoxe, consistant à prononcer en tout lieu, essentiellement en s'accordant au rythme respiratoire, de simples articles fondamentaux de la foi.

Dans le désert, Moïse fait la rencontre du buisson ardent et entend le nom de Dieu. Jacob Josipovici commente ainsi celui-ci, *ehyeh asher ehyeh* :

> [Il] est aussi proche que faire se peut, pour un élément du langage, du souffle pur, sans articulation ni décomposition [...]. Avec son *h* aspiré répété et sa chuintante *sh*, son souffle est la respiration sous-jacente à toute énonciation et à toute action, un souffle vivant qui, sans avancer, ne reste pas pour autant statique, mais sert de charpente au discours et au monde[6].

Le nom divin est répété chaque fois que nous expirons et inspirons.

Quand tout semble perdu, Élie s'enfuit au mont Horeb et attend le Seigneur. Le Seigneur ne se logeait ni dans le grand vent, ni dans le tremblement de terre, ni dans le feu, mais véhiculé par quelque chose d'énigmatique qui, traduit, pourrait donner « brise légère[7] », voire « souffle doux[8] ». Job, l'incarnation de l'affliction, est opprimé par Dieu, qui n'entend pas le laisser respirer, et son haleine est répulsive à sa propre femme (Jb 19, 17). Ne pensons pas que ce soit un simple problème de mauvaise odeur ! Elle ne supporte plus désormais l'ensemble de la vie qu'il a.

Dieu devient l'un de nous lorsque Jésus respire pour la première fois, moyennant peut-être la tape qu'on donne sur le dos au nouveau-né. Sa courte vie prit fin quand, « inclinant la tête, il rendit l'esprit » (le souffle) (Jn 19, 30). Et voici que le matin de Pâques il soufflera sur ses disciples, partageant la paix et le pardon de Dieu. « [...] il souffla et leur dit : "Recevez l'Esprit Saint. Ceux à qui vous remettrez les péchés, ils leur seront remis ; ceux à qui vous les retiendrez, ils leur seront retenus" » (Jn 20, 22-23). Chaque geste de pardon, si petit soit-il, est un nouveau souffle du Corps du Christ. Faute de le faire, nous sommes morts. Une communauté qui ne connaît pas le pardon asphyxie chacun de ses membres. Au terme arrive à la Pentecôte la grande effusion de Dieu.

Ainsi donc, une façon de nous représenter la vie ressuscitée consiste à emplir nos poumons de cet oxygène créateur de vie que souffle Dieu[9]. Dieu respire à l'intérieur de nous. Une amie du P. Paul Murray tomba grièvement malade, et le dominicain écrivit pour elle ce poème[10] :

> En ce moment où ton esprit
> est défaillant, tu peux
> utiliser ton dernier souffle
> pour respirer profondément
> et sentir l'haleine soufflée par un autre
> entrer en toi et respirer
> dans ton souffle.

Gerard Manley Hopkins a comparé Marie à « l'air que nous respirons », un air à la fois enveloppant et sûr, mais tempétueux et cosmique.

> [...] Ô air-vie,
> De la patience, pénitence, prière :
> Air matrice du monde, air libre,
> Tout contre toi, au plus intime,
> Serre en toi, serre fort ton enfant[11].

Expirer

On ne peut pas inspirer si l'on n'a d'abord vidé ses poumons. La mission de Jésus commence au moment où en quelque sorte il se vide de lui-même. Après son baptême, « Jésus, rempli d'Esprit Saint, revint du Jourdain et il était mené par l'Esprit à travers le désert durant quarante jours, tenté par le diable. Il ne mangea rien en ces jours-là et, quand ils furent écoulés, il eut faim » (Lc 4, 1-2). Il se prépare à sa mission en s'affamant, en se gardant de s'emplir l'estomac, dans cet espace vide de toute vie. C'est comme s'il avait besoin d'un vide au cœur de son être pour que la prédication pût commencer.

Les disciples eux aussi sont préparés à leur mission par un vide. Il leur faut perdre le Christ s'ils veulent recevoir l'Esprit. Son absence prépare la voie. Dans le Dernier Discours de l'évangile de Jean, Jésus a dit : « C'est votre intérêt que je parte, car si je ne pars pas, le Paraclet ne viendra pas vers vous ; mais si je pars, je vous l'enverrai » (Jn 16, 7). Dans les Actes, après l'Ascension, les hommes vêtus de blanc les morigènent : « Hommes de Galilée, pourquoi restez-vous ainsi à regarder le ciel ? Ce Jésus qui, d'auprès de vous, a été enlevé au ciel, viendra comme cela, de la même manière que vous l'avez vu s'en aller vers le ciel » (Ac 1, 11). Être perdu en tant que présence physique au milieu d'eux lui permet de les retrouver en Esprit en étant plus proche. Il n'y a pas d'inspiration, dans tous les sens du terme, tant que l'expiration n'a pas eu lieu. La vie spirituelle commence par l'abandon du souffle.

Le père Jean-Pierre Lintanf, un Breton dominicain, a pu dire :

> Je prie Dieu, de qui je tiens, dans ma glaise mortelle, un peu de son souffle ; si peu, il est vrai, que je dois à chaque instant abandonner mon souffle pour pouvoir le recevoir à nouveau [12].

Nous avons besoin de vide au tréfonds de notre être si nous voulons recevoir l'Esprit. Ce n'est pas un vide stérile, mais la faim pleine d'espérance de ceux qui ont « une soif immortelle [13] ». Il n'est pas question de désespoir, pas plus que nous ne sommes dans la détresse quand l'estomac nous tiraille dans l'attente du repas suivant. Si vous vous bourrez de barres de Mars au gras, vous n'aurez pas faim du banquet céleste. La faim nous ouvre à un désir ardent de Dieu.

Dieu fait son foyer au sein du vide. Quand les Israélites cheminaient dans le désert, Moïse reçut l'ordre de construire un trône pour Dieu. C'était juste un espace vide entre les ailes des chérubins. Minuscule, pas plus large que la main. Dieu n'a pas besoin de beaucoup d'espace. Et quand Dieu s'est fait chair, l'Esprit fertile est entré dans le petit espace vide des entrailles de Marie. Quand cet enfant a grandi, il a été cloué sur une croix et a crié en direction de son père, qui semblait si absent. C'était un vaste vide qui attendait d'être comblé le matin de Pâques. Ensuite, nous dit Jean, Marie-Madeleine, Pierre et le disciple bien-aimé trouvèrent vide l'espace du tombeau, avec deux anges de chaque côté, le nouveau trône de miséricorde du Seigneur ressuscité.

Ainsi, lorsque nous sentons dans nos cœurs un vide que nous désirons combler, nous devons le chérir, car là est le trône de Dieu. Pour être fertiles, nous avons besoin au centre de notre être d'un ventre vide, dans l'attente de l'Esprit générateur de Dieu. Le vide peut être alarmant. Sera-t-il un jour rempli ? C'était la question d'Anne à la matrice vide, jalouse de Peninna, l'autre épouse d'Elkana, riche de toute une progéniture (1 S 1). Si nous attendons patiemment, Dieu remplira l'espace.

Quand on a devant soi un engagement sérieux, qu'il s'agisse d'un mariage, d'une ordination, d'un poste à haute responsabilité dans une communauté ou même d'un nouvel emploi, on s'imagine souvent que le rêve va devenir réalité sur-le-champ. Comme on va être heureux ! Quatre ou cinq ans plus tard, il n'est pas rare de voir que l'insatisfaction s'est installée. La vie commune avec le partenaire bien-aimé traverse des moments de tension ; l'ordination n'efface pas les problèmes qu'on avait ; la fonction qu'on vous a donnée n'est pas si stimulante que cela... Bref, le paradis sur terre, on en est loin.

La tentation est grande alors de remplir le vide qu'on ressent dans son cœur, en recourant, qui sait, à la nourriture, à l'alcool, au sexe, au pouvoir. Quelques-uns se contentent, pour le faire, de passer des heures devant une télévision insipide, de consulter comme des obsédés leur boîte de réception ou de rêver à des placements qui les rendront riches comme Crésus. David Sedaris confesse qu'il fait des emplettes pour combler le vide :

> À l'évidence, nous essayons de combler un manque, mais comme tout le monde, non ? Cela dit, n'êtes-vous pas d'accord avec moi si je dis qu'il est plus pratique, non, mais plus sain de le remplir de bérets grands comme des lunettes de w.-c. que de chantilly, d'héroïne ou de rapports sexuels non protégés avec le premier venu[14] ?

Je n'en disconviens pas, mais le vide demeure, quelle que soit la quantité de bérets qu'il achète. Tous les gadgets qu'on voudra, I-Phones et ordinateurs, IPods et liseuses, voitures rapides, vacances coûteuses et autres expériences exotiques peuvent apporter un dérivatif, mais le vide ne peut être comblé que par Dieu, qui arrive en temps voulu.

On peut même être tenté de combler le vide au moyen de prières interminables, de dévotions qui n'en finissent pas, on peut toujours tambouriner aux portes du ciel avec des neuvaines et toujours plus de décades de rosaire, multiplier processions et pèlerinages : toutes ces pratiques, bonnes en soi, peuvent tourner à l'occasion à une technique visant à couvrir le silence assourdissant de Dieu et à tenir à distance l'Esprit qui nous mènerait au désert, où, comme Osée en entendit l'oracle, Dieu s'adressera à Israël avec douceur. « C'est pourquoi je vais la séduire, je la conduirai au désert et je parlerai à son cœur » (Os 2, 16).

> Rien
> de tout ce que tu as désiré
> ou cherché à étreindre
> ne peut te soulager de ta soif
> ni compenser ta solitude,
>
> jusqu'à ce que tu apprennes
> à prendre entre tes mains
> et à porter à tes lèvres
> ce calice de solitude
> qui fut son vase de vide
> et à l'assécher jusqu'à la lie[15].

Comme les disciples, qui attendent après que le Christ a effectué l'Ascension, nous devons garder l'espérance lorsque nous endurons des moments de vide. Emplis, nous n'offrons nul espace pour accueillir les dons du Seigneur. Posséder tant et plus, quel contraceptif pour bloquer la fertilité divine ! Jeune frère, je me souviens que le vieux sage de notre ordre Gervase Matthew aimait à dire qu'un dominicain ne devrait pas posséder plus qu'il ne peut porter dans ses deux mains. Lorsque je suis revenu de Londres à Oxford, des communautés entières durent se mobiliser pour remplir et vider le fourgon. Un prêtre du diocèse de Westminster, un certain Michael Hollings, n'a jamais verrouillé sa porte. Tout le monde pouvait entrer. Quand on lui rendait visite, il n'était pas rare de trouver dans l'escalier des corps endormis. Les voleurs n'avaient qu'à se servir, il ne porta jamais plainte. Une fois, Michael trouva un voleur dans son bureau qui lui dérobait son argent. Il le laissa faire et lui prépara une tasse de thé. S'exposer à une telle vulnérabilité me dépasse, mais c'est un moyen de se débarrasser des biens en excès et de s'ouvrir aux dons de Dieu.

Une fois vides, nous pouvons nous rapprocher de ceux qui ont perdu Dieu ou ne l'ont jamais connu. Tomáš Halík, ancien secrétaire général de la Conférence des évêques catholiques tchèques, estime que tout nous pousse à engager le dialogue avec l'athéisme. Selon lui, au lieu de le considérer comme un ennemi de la croyance, nous devons oser entrer dans le désert d'un Dieu qui ne se montre pas et attendre qu'il nous parle.

> Une foi arrivée à maturité, j'en suis sûr, doit s'incorporer ce vécu, qu'on l'appelle « mort de Dieu », comme le font certains, ou, d'une façon moins dramatique, le silence de Dieu, encore qu'il soit nécessaire de passer ces expériences au crible de la réflexion intérieure, et aussi de les subir et de les surmonter en toute honnêteté, et non d'une façon superficielle et simpliste. Je ne dis pas aux athées qu'ils ont tort, mais qu'ils manquent de patience. Je leur dis que leur vérité est une vérité incomplète[16].

Il a dit aussi : « Il n'est quasi rien qui interpelle Dieu et lui lance un appel aussi pressant que l'expérience qu'on peut faire de son absence[17]. » Sa grande héroïne est sainte Thérèse de Lisieux. J'avais toujours été rebuté par son surnom, « Petite Fleur », qui me semblait sonner tel un berlingot. Mais le théologien tchèque montre que la difficile vocation de Thérèse était de s'unir aux athées. La France du XIXe siècle était d'un anticléricalisme, pour ne pas dire d'un athéisme, déchaîné :

> Thérèse déclare qu'elle voit les non-croyants comme des frères avec qui elle prend place à la même table et partage le même pain, et elle prie Jésus de ne pas l'éloigner de cette table[18].

Elle voulait être solidaire de ces incroyants et boire leur calice de douleur. Alors peut-être qu'un jour ils partageraient sa foi.

Dans la cathédrale d'Anvers, il y a une statue de l'artiste contemporain Jan Fabre qui tient la croix dans sa main et la regarde étonné. Il dit de lui-même : « Je suis athée, grâce à Dieu[19]. » Il explique sa sculpture en disant qu'il s'y est représenté en « homme ordinaire », cherchant son équilibre entre ses croyances et ses idées. Il interroge la croix ; la croix l'interroge. Telle est l'éternelle conversation de sa vie. Il revisite sans cesse la tradition religieuse des Pays-Bas, qu'il interroge dans sa quête du sens de l'existence humaine.

L'évêque d'Anvers tenait à ce que la statue fût à l'intérieur de la cathédrale, afin de nous faire partager le questionnement de cet artiste fécond et de nous rapprocher de lui dans l'incroyance dont il rend grâce à Dieu. Voilà un créateur qui respire le *ruah* de Dieu et qui a des cadeaux à nous distribuer, pour peu que nous osions faire du chemin vers lui.

Jésus meurt hors de la ville sainte ; il semble que son père l'ait abandonné à ses malédictions. Il exhale son esprit, vide ses poumons. G. K. Chesterton, comme toujours, met le doigt sur le paradoxe : ceux qui se rebellent contre la religion ne trouveront nulle autre religion avec un dieu ayant rallié la rébellion !

> Que les athées eux-mêmes se choisissent un dieu. Ils ne trouveront qu'une divinité qui ait proclamé leur isolement ; qu'une seule religion où Dieu ait semblé, pour un instant, être un athée[20].

Inspirer

Nous avons expiré, vidant nos poumons. Nous avons refusé de combler le vide au cœur de notre être, mais compté sur Dieu pour le faire. Que signifie dans ces conditions de remplir nos poumons de « l'air vivant » de Dieu ? Le Saint-Esprit est l'amour du Père pour le Fils et réciproquement. Saint Bernard de Clairvaux appelait le Saint-Esprit le baiser du Père :

> Car, si on entend bien le baiser du Père et celui du Fils, on jugera que ce n'est pas sans raison qu'on entend par là le Saint-Esprit, puisqu'il est la paix inaltérable, le nœud indissoluble, l'amour et l'unité indivisible du Père et du Fils[21].

Revenons à un point que j'ai abordé précédemment, au chapitre XI, lorsque je réfléchissais à la manière dont nous sommes chez nous en Dieu. L'amour divin à la fois particulier et universel. Jésus aimait la personne, par exemple le disciple bien-aimé de l'évangile de Jean. Il aimait la famille de Lazare, ses sœurs Marthe et Marie, et il pleura à sa mort. « Nous savons, nous, que nous sommes passés de la mort à la vie, parce que nous aimons nos frères. Celui qui n'aime pas demeure dans la mort » (1 Jn 3, 14).

Dieu se délecte de chacun de nous séparément. Il chérit notre humanité spécifique. Thomas d'Aquin pensait que

Dieu est le seul que puisse pénétrer à fond ce que chaque personne a d'unique[22]. Dieu se délecte de trouver dans chacun de nos êtres ce qui est irrépétable. Même s'agissant des personnes que nous aimons le plus, nous ne creusons guère leur différence radicale d'avec quiconque. Notre perception d'autrui baigne toujours dans un léger flou de généralité. Nous entrapercevons en de rares et fugitifs moments ce que Dieu, lui, voit constamment, l'unicité.

Chacun de nous est soutenu dans l'existence par cet amour particulier. Denys Turner a écrit : « Entre mon être et mon néant, il n'y a que l'amour divin[23]. » Le cancer m'a fait vivre intensément ma condition mortelle, à en perdre mes repères. J'avais tout de ces personnages de dessins animés qui, arrivés au bord de la falaise, continuent allègrement de marcher et se rendent soudain compte du vide sous leurs pieds quand ils jettent un regard vers le bas. C'est alors que l'espace d'un instant je compris quel cadeau c'était de vivre, et quel cadeau sans cesse répété. J'avais une existence contingente, et un jour j'allais mourir.

Cette cécité affecte surtout l'Occident. Dans le roman d'Abraham Verghese que j'ai déjà cité, le héros dit :

> En Éthiopie, et même à Nairobi, on aurait dit que les gens se voyaient tout de suite condamnés, au moindre bobo, voire par une maladie imaginaire ; ils attendaient la mort. En Afrique, on s'étonne tous les jours d'avoir réussi à tenir la mort à distance [...]. En Amérique, ma première impression fut que la mort ou la possibilité qu'elle se présente semblaient toujours prendre les gens par surprise, comme si on tenait pour acquis qu'on était immortel et que la mort n'était qu'une option parmi d'autres[24].

Ceux qui nous aiment servent d'intermédiaires entre Dieu et nous pour nous apporter le don de la vie. Le héros du roman étrange et merveilleux d'Audrey Niffenegger *The Time Traveller's Wife* laisse à sa femme une lettre à ouvrir après sa mort :

> Notre amour a été le fil d'Ariane dans le labyrinthe, le filet de sécurité du funambule, la seule chose de réelle dans cette étrange vie qui fut la mienne à quoi j'aie pu croire. Ce soir, j'ai le sentiment que mon amour pour toi a plus de densité dans ce monde que je n'en ai, moi : c'est comme s'il pouvait persister après moi et t'entourer, te garder, te serrer[25].

Pour reprendre les termes de Josef Pieper, nous sommes amenés à dire à un autre : « C'est merveilleux que tu existes[26]. » L'amour particulier que nous portons aux autres est médiateur de l'amour que nous porte Dieu. Amour qui soutient chacun d'entre nous dans l'existence.

L'Esprit de l'amour de Dieu est lui aussi sans limites. Une fois le souffle de Dieu répandu sur les disciples lors de la Pentecôte, ceux-ci seront dépêchés de la Terre sainte aux extrémités de l'empire ; Pierre et Paul périront à Rome, la grande Babylone, le cœur du monde païen. Dieu nous oblige à sortir de tout qui est environnement familier, pour aller ne serait-ce qu'à la porte d'à côté, parce que tout appartient à Dieu.

> Et la nuit ! ô, la nuit, lorsque le vent chargé d'espaces
> Nous mord le visage[27].

Le père Chrys McVey, un dominicain, ne mâche pas ses mots, à son habitude :

> On est encore au début de l'Ancien Testament quand on y lit : « Quiconque avait à consulter Yahvé sortait vers la Tente du Rendez-vous, qui se trouvait hors du camp » (Ex 33, 7). « Hors du camp », c'est là que nous rencontrons Dieu. En dehors de l'institution, en dehors des croyances et des perceptions culturellement conditionnées, « en dehors du camp » Dieu nous parle « face à face » (Ex 33, 11). C'est en dehors du camp que nous rencontrons un Dieu dont on n'a pas la maîtrise. Et c'est en dehors du camp que nous rencontrons l'Autre – et où, du coup, nous nous découvrons nous-mêmes. Et l'endroit où est pour de bon chez nous[28].

Je suis d'accord, mais aussi à l'intérieur, à l'intérieur de l'Église, de la maison, de la tradition. Le souffle vivant est bâti sur un rythme. Si nous ne faisons qu'expirer, c'en sera fait de nous.

Notre tentation, comme fidèles, est de rester cloîtrés dans des espaces religieux sans prendre aucun risque, de partager notre vie avec d'autres croyants ne présentant aucune menace, à l'abri des ouragans du monde séculier. Il est vrai que nous avons tous parfois besoin de tels lieux – paroisses, mouvements religieux, communautés monastiques, groupes de prière ou autres – pour pouvoir respirer paisiblement et se rafraîchir. Même de grands prédicateurs comme saint Paul ou saint Dominique devaient rentrer chez eux de temps en temps pour se refaire, mais le temps d'un passage. C'est que l'Esprit de Dieu les conduisait hors du camp pour prêcher les gens du monde séculier, autrui, autrement dit. Mère Teresa a osé quitter le sûr refuge de sa vocation initiale, son couvent, pour aller chercher Dieu parmi les mourants dans les rues de Calcutta.

Bref, inspirer le souffle de Dieu, c'est être régénéré par l'oxygène d'un amour à la fois du spécifique et de l'universel, un amour qui chérit l'« être-là » de chaque chose sans rien exclure de son champ. Une famille chrétienne n'est pas fermée sur elle-même. Une de mes amies, une sœur dominicaine américaine, Pat Walters, fait partie d'une fratrie de onze. Tous les ans, toute la grande tribu, une centaine de personnes au bas mot, fête Noël. Une année, sœur Pat remarqua sans les reconnaître deux jeunes gens, dont elle s'approcha : « De qui êtes-vous les enfants ? » demanda-t-elle. Ils confessèrent qu'ils étaient passés par là en voiture, qu'ils se sentaient un peu seuls et que, en voyant les lumières et en entendant les bruits de fête, ils étaient entrés, voilà tout. La mère de famille trancha : ils pouvaient rester, mais à condition de regarder les vidéos de la famille, comme tout le monde !

La vie spirituelle est prise dans la dynamique de ces deux impératifs, aimer l'individuel et aimer plus globalement. Nous aimons des individus (nos conjoints, nos amis, nos enfants), mais respirer l'air frais de Dieu élargit nos amours en les affranchissant de l'exclusivité et de l'étroitesse. Mère Teresa aimait dire : « Le problème que nous avons avec le monde, c'est que nous traçons trop près de nous le cercle de notre famille. »

La discipline de la vie spirituelle consiste à maintenir régulier le rythme de notre respiration en préservant la fidélité aux amours individuelles, qui charpentent nos vies, tout en nous ouvrant à l'amour des dissemblables. Ce n'est pas tâche facile. Comment des maris et des femmes peuvent-ils apprendre à dispenser plus largement leur amour sans prendre le risque de tomber amoureux d'autres personnes et de miner le sol ferme qu'est leur amour ? La promiscuité peut ainsi représenter un faux essai de prendre possession d'un amour expansif. Tout se passe alors comme si une bouffée de l'amour infini vous était parvenue aux narines et que vous essayiez de la saisir, par des moyens complètement destructeurs pour le foyer et la famille.

Nelson Mandela a été une source d'inspiration pour la planète, avec son engagement en faveur du triomphe de la justice et de la défaite de l'apartheid, mais il en est venu à constater qu'il avait négligé sa famille.

> De cette façon, mon engagement envers mon peuple, envers les milliers de Sud-Africains que je ne connaîtrais ni ne rencontrerais jamais, s'était fait aux dépens de gens que je connaissais et aimais le plus. C'était aussi simple et pourtant incompréhensible que lorsqu'un enfant demande à son père : « Pourquoi est-ce que tu ne peux pas venir avec nous ? » Et le père doit prononcer ces paroles terribles : « Il y a d'autres enfants que toi, des milliers d'autres... » et sa voix se brise[29].

Peut-être qu'aucun d'entre nous n'a jamais trouvé l'équilibre parfait entre chérir ceux qui sont proches et s'ouvrir à ceux qui sont dans le besoin. Nous mûrissons dans la vie de l'Esprit en apprenant péniblement à articuler *éros* et *agapè*, les amours individuelles qui nous soutiennent et l'amour à grande échelle dont personne n'est exclu. Ce qui en Dieu ne fait qu'un se livre bataille en nous. La vie spirituelle n'est pas un moyen agréable de retrouver le calme à la fin d'une journée chargée, l'équivalent religieux d'un gin tonic. C'est s'enfoncer dans l'atmosphère grisante de Dieu, le capiteux oxygène qu'il exhale et qui ne nous laisse jamais le loisir de reprendre tranquillement notre souffle.

Le courage du coureur de fond

Nous avons besoin de courage pour emplir nos poumons de l'air frais de Dieu. L'immensité de l'amour universel de Dieu est terrifiante. Le dominicain Chrys McVey nous l'explique, citant saint Jean Chrysostome :

> « Il est peut-être possible sans doute, écrit-il, d'aimer sans s'exposer au danger, mais ce n'est pas notre cas ! » Pas notre cas, mais pas non plus celui du poète et mystique soufi du XIIIe siècle, Djalâl ad-Dîn Rûmî, qui parle également du risque encouru : « Je suis un homme que n'effraie pas l'amour ; je suis un papillon de nuit à qui brûler ne fait pas peur[30] ! »

Nous sommes appelés à être des papillons de nuit qui ne craignent pas d'être consumés.

La vie spirituelle consiste donc à s'exposer avec courage au risque d'être blessés, sous peine de ne plus être en vie. Tournons-nous vers le père Herbert McCabe, dominicain :

> Nous reconnaissons que notre nature même nous appelle à quelque chose de nouveau et d'effrayant... Nous sommes du genre à ne trouver notre accomplissement, notre bonheur et notre épanouissement qu'en renonçant à nous-mêmes et en

> nous dépassant. Nous devons perdre nos identités dans l'amour ; et c'est cela qui nous fait peur. Nous sommes appelés à nous aventurer dans l'inconnu, à jeter par-dessus bord ce qui est familier et sûr, à nous lancer dans un voyage, dans une quête. Nous qui craignons tant le risque ! Nous nous contentons de la personne que nous avons réalisée ou construite parce que avoir été créés à l'image de Dieu nous fait peur. Cet échec à répondre à l'appel à la vie, cet échec de la foi, s'appelle le péché[31].

Si nous aimons pour de bon, nous ferons des erreurs, nous nous ridiculiserons, nous commettrons même des péchés, mais cela vaut mieux que de ne jamais en avoir pris le risque.

Pierre était effrayé d'accepter l'appel de Jésus à devenir un pêcheur d'hommes. Les apôtres avaient peur de briser les liens de compagnonnage que la résurrection avait resserrés entre les premiers disciples et de se disperser aux quatre coins du monde. Il n'a pas fallu moins que la persécution pour les propulser hors de leur lopin de territoire. Lorsque saint Dominique voulut, en 1217, casser la première communauté de frères à Toulouse pour les envoyer dans les toutes jeunes universités d'Europe y mettre en place leur mission, il rencontra des résistances. Pour une fois, Dominique mit en avant l'obéissance en disant : « Si le grain est semé, il porte des fruits, mais s'il est stocké, il pourrit. Le grain entreposé pourrit. »

Le courage est fondamental pour la vie spirituelle. En 1932, le père dominicain Bede Jarrett, provincial de l'Ordre en Grande-Bretagne, décida d'envoyer un jeune frère, Bertrand Pike, prendre en charge la mission de l'Ordre en Afrique du Sud. Mais Bertrand avait peur. Il n'avait aucune envie de partir en mission et ne se sentait pas à la hauteur des défis qui l'attendaient. Bede lui écrivit en lui rappelant comment l'aumônier qu'il avait été au cours de la Première Guerre mondiale avait trouvé le courage de vaincre sa peur :

> Vous rappelez-vous ce terrible jour où, devant traverser les lignes de tranchées à Ypres, vous avez vu votre détermination flancher et dû vous y reprendre à trois ou quatre fois pour vous forcer enfin à passer outre ? Et comment vous avez découvert que les facettes sculptées des grains de votre rosaire avaient tailladé votre doigt à force de vous agripper inconsciemment à eux afin d'y puiser un sursaut de courage. Pour sûr, je n'ai pas oublié, moi. Mais, mon cher Bertrand, courage et peur ne sont pas antagonistes. Ceux-là seuls ont du courage qui font ce qu'ils doivent, même en ayant peur ; ne pas avoir peur, ce n'est pas être courageux, c'est seulement ne pas avoir besoin de courage. Les courageux, ce sont ceux qui craignent et font ce qu'ils ont à faire[32].

Les braves sont ceux qui s'aventurent au-dehors, sachant qu'ils sont faibles et même qu'ils peuvent échouer, ceux qui se fient au Seigneur et non à leur force. Même lorsque le manquement est aussi ignominieux que celui de Pierre, le Seigneur est là pour relever celui qui l'a commis. Saint Thomas More, ce parangon d'humanité entre les humains, que défigure considérablement le roman d'Hilary Mantel, *Wolf Hall*, au demeurant superbe, écrit à sa fille Meg juste avant sa mort :

> Je ne lui retirerai pas ma confiance, Meg, tout affaibli que je me sens, et au bord d'être submergé par la peur. Je me souviendrai de la façon dont saint Pierre, mis à mal par le vent, a commencé à couler du fait de son manque de foi, et je ferai comme lui : j'invoquerai et prierai le Christ pour avoir son aide[33].

La vie spirituelle, si elle n'est pas réservée aux mauviettes, n'est pas non plus l'apanage des forts et des héros. Elle est faite pour chacun d'entre nous, tant que nous inspirons l'oxygène du vaste amour de Dieu. Nous pouvons être sujets à la peur et chanceler, mais, à la godille et Dieu aidant, nous arriverons à bon port, pour respirer une atmosphère plus libre.

Le film *Breathe*[34] raconte l'histoire de Robin Cavendish qui, en 1958, à l'âge de vingt-huit ans, avait contracté la poliomyélite et n'avait plus que trois mois à vivre. Il était incapable de respirer sans l'assistance d'un poumon artificiel. Il fut envoyé dans un pavillon où, immobile sur son lit, il devrait attendre la mort. Mais il refusa de se plier à ce destin. Il construisit avec sa femme un fauteuil roulant muni d'un système d'oxygénothérapie qui lui permettrait de quitter la salle et de vivre sa vie. Ils eurent un enfant, se lancèrent dans des aventures en Espagne, prirent l'avion. Il trouva un sens à son existence : libérer de leur réclusion dans les salles d'hôpitaux d'autres personnes souffrant de la même maladie qui, une fois leurs chaînes brisées, se déplaceraient dans leur chariot aménagé et vivraient hors de leurs quatre murs.

Sa femme et lui font partie des forts et des héros. Je m'identifie davantage aux autres patients libérés par sa victoire sur le destin et qui partagent avec lui son évasion. Je me traîne en arrière, suivant les traces de personnages du genre des saints François et Dominique qui se sont échappés et ont offert de l'oxygène à ceux qui sont venus après eux. Le courage, comme la lâcheté, est contagieux.

15

la vie charnelle : sanctification des sens

Guérir, nous l'avons vu au chapitre IV, a marqué le début de la mission de Jésus. Les maux, la souffrance des gens l'interpellaient. Il signifiait de la sorte, discrètement, et pour la première fois, qu'il était porteur de la vie pour nous, êtres de chair. Après la Pentecôte, le début de la mission de l'Église consiste aussi en une guérison : celle d'un aveugle de naissance (Ac 3, 1-10). Mais qu'est-ce que cette guérison a à voir avec la participation à la vie du Seigneur ressuscité ? On pourrait penser que la résurrection et le don de l'Esprit à la Pentecôte nous a introduits dans le royaume nouveau de la vie spirituelle et que nous avons laissé derrière nous tous les soucis des dimensions physiques et ordinaires de notre existence. Non, le christianisme est une religion très physique. De même que nous nous représentons mieux la « vie spirituelle » dès lors que nous la rapportons à cette activité physiologique essentielle qu'est la respiration, de même toute notre vie corporelle, l'ouïe, la vue, le tact, marcher, boire et manger, est sanctifié dans le Seigneur. Notre vie charnelle est ouverte à la Transcendance. En elle, tous nos sens sont sanctifiés.

Depuis les origines, le christianisme a livré combat, et parfois cédé, au dualisme séparant l'âme ou l'esprit et le corps. Au cours des premiers siècles, le gnosticisme, sous ses nombreuses formes, proposait le salut par l'évasion hors du corps. Le manichéisme, à partir du IIIe siècle, a imaginé un antagonisme profond entre le spirituel et le physique, qui attira quelque temps saint Augustin. Au XIIIe siècle, saint Dominique fonda l'ordre des Prêcheurs pour s'opposer à la doctrine des Albigeois ou catharisme, selon lequel le monde physique avait été créé par un dieu maléfique. La philosophie de Descartes (1596-1650) est souvent tenue pour dualiste : « Je pense, donc je suis. » Mary Midgley, philosophe de l'université de Newcastle, a soutenu que la culture scientifique d'aujourd'hui rêve souvent le salut comme évasion hors du physique[1]. Le Web nous offre un monde virtuel, libéré des limitations du physique, que nous pouvons remodeler à notre guise. Dans ce contexte, la mort n'a pas lieu d'être. Votre hologramme vit à jamais. Dans le célèbre roman cyberpunk de William Gibson, *The Neuromancer*, Case aspire à transcender la chair.

> Dans les bars qu'il fréquentait à l'époque où il était le prince des cow-boys, l'attitude de l'élite impliquait un certain mépris serein pour la chair. Le corps était de la viande[2].

Concernant le corps, notre culture ne laisse pas d'être ambiguë. Il faut qu'il soit jeune et beau, affûté et mince. Les grassouillets de mon âge ont honte de se déshabiller pour aller prendre un bain de mer, de crainte de provoquer un hurlement de dégoût. Jean Vanier a raconté dans quel état se trouvait en rejoignant l'Arche une jeune femme qui haïssait son corps. Peu à peu, la communauté la calma, en l'emmenant aux jacuzzis, en lui offrant d'agréables parfums, en la coiffant, en la faisant masser, en lui trouvant de jolis vêtements, jusqu'au jour où elle fut enfin en paix dans son corps. Ils sont des millions, ceux qu'affecte ce syndrome que les Américains appellent le BDD (*Body Dysmorphic Disorder*, « haine de son apparence »). Une pathologie de l'alimentation, telle qu'anorexie ou boulimie, affecte durement de nombreux jeunes. Source de honte ou de fierté, le corps revêt une énorme importance.

D'un autre côté, le corps est dévalué, comme s'il n'entrait pas vraiment pour une part dans l'être que nous sommes. Nous sommes notre esprit, ce qui nous permet d'utiliser notre corps à notre guise. Coucher à droite, à gauche est peu compromettant, cela n'engage pas le moi réel. Dans le monde virtuel, on peut avoir n'importe quel corps, voire plusieurs. Dans le monde réel, on peut se désigner homme, femme ou de genre fluctuant. Notre corps est notre propriété, nous pouvons en user comme bon nous semble. Voilà pourquoi il règne une tenace ambiguïté concernant nos corps, qui sont vus simultanément comme une part fondamentale de notre identité (de là l'obligation morale d'être beau) et comme quelque chose de subsidiaire pour les esprits que nous sommes.

Le christianisme proclame la nouvelle surprenante que nous sommes des corps et que nos corps sont bons. Quelles que soient leur forme, leur couleur ou leur taille, ce sont des dons que nous devrions chérir et aimer. Saint Thomas d'Aquin a émis cette idée surprenante que nous devrions « aimer notre corps du même amour que nous aimons Dieu[3] ». Célèbre est cette déclaration de lui : « Je ne suis pas mon âme. » Il scandalisait ses contemporains en refusant vigoureusement tout dualisme. La sainteté du corps sous-tend la plupart des articles de notre foi. Dieu a ramassé en Jésus toute notre existence physique ; Jésus nous offre son corps comme pain de vie ; notre espérance est la résurrection du corps.

Dorothy Day notait dans son journal :

> Si cette chair vieillissante, je l'aime et la traite avec tendresse, je dois dire qu'en même temps je me réjouis d'en avoir bien usé. C'était ma vocation : femme et mère, je me suis donnée totalement à mon mari et à mes enfants, ma chair, que j'ai si bien utilisée, pend, ma poitrine est affaissée, mon visage flétri, n'empêche que mes yeux et mes lèvres se réjouissent, respirent la joie et rient de bonheur[4].

Nos corps doivent être aimés avant tout parce qu'ils sont un don de Dieu transmis par nos parents. Accomplir le commandement d'honorer nos parents passe par l'amour du corps qu'ils nous ont donné et que nous sommes[5]. Nous sommes sanctifiés dans toutes les dimensions de notre vie physique. Caryll Houselander a écrit dans son autobiographie :

> Le Christ s'est servi de la chair et du sang de Marie pour sa vie sur terre, le Verbe d'amour s'exprimait déjà dans les battements de son cœur. Le Christ s'est servi de son corps à lui pour manifester son amour sur terre ; de son corps on ne peut plus réel, avec ses os et ses nerfs, son sang et ses larmes ; le Christ se sert de nos corps pour exprimer son amour ici-bas, autrement dit de notre humanité. Une vie chrétienne est une vie de sacrements, et non une vie qu'on vit seulement en esprit ou que l'âme seule vit... Notre humanité est la substance de la vie sacramentelle du Christ en nous, au même titre que le blé est celle de l'hostie et le raisin celle du calice[6].

Au IIe siècle, Tertullien a bien écrit *caro cardo salutis*, « la chair est la base du salut », la charnière, littéralement, de notre rencontre avec Dieu.

En 1965, je visitais le noviciat des Dominicains anglais, inquiet de savoir si là serait ma vie. Quel ne fut pas mon plaisir quand j'entendis un des frères expliquer que les sacrements bénissent les événements essentiels de notre vie corporelle : naître et mourir, boire et manger, faire l'amour et la santé. La vie sacramentelle n'a rien d'éthéré. Elle a les pieds sur terre, comme notre Dieu.

Notre amour du corps a une autre raison, qui peut paraître un peu bizarre et difficile à exprimer en quelques mots. Le corps est façonné pour aimer. Les millénaires qu'a duré l'évolution ont fini par faire de lui l'incarnation de l'absolue disponibilité à l'amour, celui qu'on donne et celui qu'on reçoit, la demeure apte à l'Amour absolu. C'est comme si tous ces millénaires de l'évolution humaine, au cours desquels nous avons appris à nous tenir debout, à nous regarder dans les yeux, à adoucir nos visages pour qu'ils expriment la joie et la tristesse, à devenir capables de sourire et de rire, à faire que nos mains se touchent avec sensibilité, n'avaient pas seulement mené à nous seuls, l'*Homo sapiens*, mais à un foyer apte à accueillir en nous le Dieu qui est amour. Si nous sommes faits à l'image et à la ressemblance de Dieu, ce n'est pas qu'il ait des yeux, une bouche et des oreilles, mais parce que Dieu est amour et que nos corps, dans leur structure même, sont une ouverture à l'amour. Dieu ne pouvait pas s'incarner en chien pékinois, encore que je sois bien éloigné de dénier aux Pékinois tout pouvoir de traduire tel ou tel aspect de l'être divin. Les chiens vivent dans un monde d'odeurs dont nous n'avons pas la moindre idée.

Thomas Traherne, le poète du XVIIe siècle, prétend que le corps humain a été conçu pour servir de foyer à la Divinité.

> D'un corps tu m'as fait don
> Qu'illumine la gloire de ta puissance,
> Aux membres rarement tranquilles,
> Fait pour le paradis...
> Car Dieu a pour Lui conçu ce dessein :
> Faire de ton corps un temple à la Divinité[7].

William Blake, plus de cent ans plus tard, avance un argument du même ordre :

> Car Merci a un cœur humain
> Et Pitié un visage humain,
> Amour, divine forme humaine,
> Et Paix a vêtement humain[a].

a. Cette traduction de « The Divine Image » *[Image divine]*, de W. BLAKE, *Complete Writings*, p. 117 est empruntée au blog poétique de l'Arbre à Lettres, où figure également le texte original, www.arbrealettres.wordpress.com

Le poète conclut donc que c'est « un devoir pour tous d'aimer la forme humaine », qu'on ait affaire à un juif, à un chrétien ou à un musulman. L'étranger si redouté est porteur de la « forme humaine que prend Dieu », une image de Lui, à quelque foi qu'il adhère, s'il en a une. Chaque corps humain est façonné par et pour le mystère de l'amour et mérite en conséquence qu'on le révère.

La mission de l'Église commence avec l'exhalaison du souffle sacré de Dieu, celui de l'amour, puis elle se met en route avec la guérison du paralytique. Ce n'est pas simplement une solution rapide apportée à une infirmité. Ce qui se joue entre les disciples et le malade est entièrement occupé par la promesse d'une guérison plus profonde. Tous les sens, tous les pouvoirs du corps humain incarnent une part de ce que c'est pour nous que d'aimer. La signification de l'humain prend alors corps. Notre foi nous ramène perpétuellement à la terre et à la chair, loin des abstractions qui dessèchent la plénitude d'être en vie. Dylan Thomas a écrit :

> Chaque idée, éclair intuitif ou pensée élaborée, a sa contrepartie imagée, sa traduction en termes physiques : chair, peau, sang, nerfs, veines, glandes, organes, cellules, sens. C'est dans ma petite insularité de chair et d'os que j'ai appris tout ce que je sais, que j'ai tout vécu et tout ressenti[8].

Thomas d'Aquin affirme : « Il n'est rien dans l'entendement qui n'ait auparavant été dans le sens[9]. » Mais revenons à la rencontre entre les disciples et le paralytique et tirons-en les enseignements qu'elle contient concernant notre partage au plan du corps, même maintenant, dans la vie ressuscitée de Christ.

> Pierre et Jean montaient au Temple pour la prière de la neuvième heure[a]. Or on apportait un impotent de naissance

a. Soit à quinze heures, dans le monde antique, ou heure du deuxième sacrifice *(minha)* au Temple, les deux autres se situant aux deux extrémtés de la durée du jour.

qu'on déposait tous les jours à la porte du Temple appelée la Belle, pour demander l'aumône à ceux qui y entraient. Voyant Pierre et Jean sur le point de pénétrer dans le Temple, il leur demanda l'aumône. Alors Pierre fixa les yeux sur lui, ainsi que Jean, et dit : « Regarde-nous. » Il tenait son regard attaché sur eux, s'attendant à en recevoir quelque chose. Mais Pierre dit : « De l'argent et de l'or, je n'en ai pas, mais ce que j'ai, je te le donne : Au nom de Jésus Christ le Nazôréen, marche ! » Et, le saisissant par la main droite, il le releva. À l'instant ses pieds et ses chevilles s'affermirent ; d'un bond il fut debout, et le voilà qui marchait. Il entra dans le Temple avec eux, marchant, gambadant et louant Dieu. Tout le peuple le voyait marcher et louer Dieu ; on le reconnaissait : c'est bien lui qui demandait l'aumône, assis à la Belle Porte du Temple. Et l'on fut rempli d'effroi et de stupeur au sujet de ce qui lui était arrivé [Ac 3, 1-10].

Entendre

Voyant Pierre et Jean sur le point de pénétrer dans le Temple, il leur demanda l'aumône.

Il parle ; ils écoutent. Ils entendent sa demande et le regardent. C'est plus d'une fois que je me bouche les oreilles quand des personnes dans le besoin demandent de l'aide : je ne veux pas être détourné des urgences qui m'attendent. Il y a un sans-abri, un certain Carl, qui a élu domicile sur le trottoir devant Blackfriars. Chaque fois que je quitte le prieuré, il m'apostrophe : « Père Tim ! » Parfois, je ne veux tout simplement pas entendre le désespoir dont résonne sa voix, d'autant plus que je me promène rarement avec de l'argent et de l'or. Je suis tenté de faire la sourde oreille, alors que ce dont il a besoin avant tout, c'est de reconnaissance : ah ! quelqu'un qui l'appellerait par son nom ! Parfois, il se contenterait d'un simple contact physique. Je marchais dans Oxford la nuit dernière quand j'ai été frappé de constater à quel point de nombreux sans-abri parlent fort. Ils crient et échangent des obscénités. Peut-être souhaitent-ils nous rappeler qu'ils existent. Ils refusent la chape d'invisibilité dont nous recouvrons les pauvres.

En vacances en Italie, un critique littéraire du nom de James Wood voit de jeunes migrants probablement tout frais débarqués de leur Afrique natale.

> Je promène sur ces hommes un regard où se mêlent compassion, honte, indignation, curiosité, profonde ignorance, le tout enchâssé dans la certitude aussi vague, et commode en même temps que la fameuse formule d'Édouard VIII : « On doit faire quelque chose », lâcha-t-il, confronté au chômage de masse des années 1930. Mais il s'en faut qu'en pâtisse ma semaine de vacances... Ce n'est pas seulement que nous soyons moralement impuissants : la poursuite de nos petites vies confortables repose sur la poursuite – le succès, oui – de cette impuissance [10].

L'impuissance a bon dos : nous n'avons pas de monnaie, dommage, et nous passons notre chemin...

Dieu ne cesse jamais d'écouter. Le chemin du retour pour Israël commence lorsque la voix dans le buisson ardent dit à Moïse : « J'ai vu, j'ai vu la misère de mon peuple qui est en Égypte. J'ai entendu son cri devant ses oppresseurs ; oui, je connais ses angoisses » (Ex 3, 7). L'oreille chez Dieu est devenue chair avec Jésus. Les disciples éloignaient toujours les nécessiteux en leur disant de ne pas déranger le Maître, de cet air important qu'affiche la suite d'un grand. Mais lui fait venir à son côté l'aveugle Bartimée et lui demande ce qu'il veut ; il écoute près du puits la Samaritaine qui ne sait trop à quoi s'en tenir. Il entend l'appel de la femme syrophénicienne affligée d'un enfant malade. Nous sommes, nous, appelés maintenant à être les oreilles du Seigneur ressuscité.

L'écoute est l'art le plus difficile. On a vu passer une publicité à la télévision voici quelques années. Un jeune homme regarde en direction d'une belle jeune femme. On entend celle-ci dire : « Ce que j'aime chez vous, c'est que vous écoutez si bien. » Il ne réagit pas. L'angle se déplace quelque peu et la caméra dévoile dans le dos de la belle une télévision qui retransmet un match de foot.

Amos Oz a ainsi décrit son grand-père :

> Il possédait un don dont très peu d'hommes sont dotés, une merveilleuse qualité qui,
> aux yeux des femmes est la plus sexy de toutes : il savait écouter.
> Il ne faisait pas semblant par politesse tout en rongeant son frein.
> Il n'interrompait pas son interlocutrice en terminant impatiemment ses phrases à sa place.
> Il ne la coupait pas et n'intervenait pas pour résumer sa pensée et passer à un autre sujet.
> Il ne la laissait pas parler en l'air, profitant de l'occasion pour préparer mentalement sa réponse.
> Il ne feignait pas l'intérêt ou le plaisir, il les éprouvait réellement[11].

Le bon auditeur ne se contente pas d'écouter le fond, il est attentif à la forme également. L'autre peut utiliser les mots pas tout à fait à notre façon, en y mettant des connotations différentes. Nous avons beau ouvrir grand nos oreilles à ce qu'il essaie de dire, il n'y réussit pas complètement. La philosophe anglaise Iris Murdoch disait que la condition nécessaire pour pouvoir comprendre un tiers était de savoir déjà ce qui lui faisait peur[12]. Et qu'en est-il de ma propre peur, qui m'ôte toute envie de l'entendre ? Si nous voulons écouter, nous devons épouser d'autres modes d'être au monde. Pour pouvoir écouter un autre que soi, il faut se dépouiller de soi.

En règle générale, on rejette les opinions des autres comme ridicules et absurdes. L'imagination et l'intelligence signent là leur échec. Si je ne peux pas imaginer pourquoi quelqu'un peut dire quelque chose que je ne dirais pas, je reste coincé dans mon petit monde, ne pouvant pas ou ne voulant pas m'aventurer au-delà de mon étroit lopin de terre. C'est soit de la paresse morale et donc un échec de la charité, soit de la bêtise. Nul ne saurait endosser une charge publique s'il rejette comme absurdes les points de vue des autres.

Nous avons peu de chances d'écouter Dieu si nous ne nous écoutons pas les uns les autres. Les deux exigent silence et tranquillité. Nous lisons dans saint Jean de la Croix :

> Le Père a dit une Parole, qui était son Fils, et cette Parole, il continue de la dire dans un silence éternel, et dans le silence elle doit être entendue par l'âme[13].

Si nous ne sommes pas en paix, nous n'entendrons jamais ce que disent les autres. Saint Augustin dit que nous avons besoin du « sabbat du cœur », sous peine de subir les moucherons, une des plaies envoyées aux Égyptiens.

> Ce sont [...] des mouches très petites, toujours en mouvement. Leur vol est irrégulier, elles se jettent dans les yeux, ne laissent point de repos ; on les chasse et elles reviennent ; chassées encore, elles reviennent sans cesse. Telles sont les vaines imaginations des cœurs contentieux[14].

Voir

Mesurez toute l'intensité de ce regard qui va de l'un à l'autre. Pierre le regarde et invite l'impotent à regarder en arrière. Cet échange de regards figure le désir si profondément inscrit au cœur d'Israël d'être regardé par la grâce de Dieu et de pouvoir regarder Dieu. « Fais luire ta face et nous serons sauvés » (Ps 80, 4). Dans la première prière eucharistique, nous demandons, dans une traduction un brin étrange, que Dieu nous regarde « avec un visage serein et bienveillant[a] ». Nous voulons qu'on nous sourie. Entendons prier Madonna :

> Jésus-Christ, s'il te plaît, regarde-moi,
> Je ne sais pas qui je suis censée être[15].

La paix réside dans le regard de Dieu.

Mais Israël aussi voulait voir le visage de Dieu. « Mon âme a soif de Dieu, du Dieu vivant ; quand irai-je et verrai-je la face de Dieu ? » (Ps 42, 2). Voici ce que Moïse demanda à Dieu : « Fais-moi de grâce voir ta gloire » (Ex 33, 18). Mick Jagger, l'un des Rolling Stones, chante : « Ça ne t'intéresse pas de parler de Jésus à tout bout de champ./Ce que tu veux, c'est juste voir sa face[16]. »

En Jésus, le visage de Dieu nous regarde. Comment faire pour le regarder ? Comme nous ne savons même pas à quoi Jésus ressemblait, nous devons être sa face aux yeux des autres et voir sa face dans les autres. « Vous êtes les yeux à l'aide desquels il regarde le monde avec compassion[17]. » Nous jouissons de la paix dans le regard des gens que nous aimons. C'est un tout petit avant-goût de la contemplation béatifique. Les visages de ceux que nous aimons nous nourrissent.

Les frères de La Jamaïque m'ont mené à une décharge publique à l'extérieur de Kingston, la capitale. C'était l'un des endroits les plus malodorants qu'il m'ait été donné de voir de ma vie, où les plus démunis habitaient. Au sommet de la décharge se dressait un abri en carton. Comme je m'en approchais, pataugeant dans les détritus, j'en vis sortir une jeune maman avec son fils. Elle m'offrit un Coca, probablement trouvé dans la décharge ; quant au gamin, il demanda si nous pouvions échanger nos T-shirts. J'ai gardé le sien pendant de nombreuses années. Ce qui me reste de cette

---

a. Le latin dit pourtant la même chose : *propitio ac sereno vultu.*

journée est la réciprocité de notre regard, celui de deux êtres humains se regardant dans les yeux sur un monticule de déchets. Je me suis senti tel Moïse gravissant le mont Sinaï et faisant la rencontre de Dieu.

Dans une société humaine digne de ce nom, les regards se rencontrent. Les villes tentaculaires anonymes où s'agglutinent des populations de plus en plus nombreuses font qu'on ne peut plus se regarder droit dans les yeux. Nous jetons un œil furtif sur les étrangers, ayant trop peur des conséquences d'un regard bien franc, qu'on pourrait interpréter comme une menace ou comme une indiscrète invite. Francis Spufford résume parfaitement cette dérobade dans son roman *Golden Hill*, qui se déroule à New York au XVIIIe siècle. Il y est question d'une femme :

> Elle se retourna pour lui faire face, promenant son regard pendant qu'il lui parlait sur son front, sur ses épaules, sur sa poitrine, partout sauf vraiment sur lui... Elle avait les yeux qui ne cessaient de papillonner, se promenant sur sa face et alentour. Il pouvait presque le palper : il s'agissait d'une attention qui effleurait, sèche, méfiante, veloutée, comme si le visitaient les éclaireurs d'un essaim d'abeilles[18].

Pour Wittgenstein, « le visage est l'âme du corps[19] ». Mais souvent, nos visages ne révèlent pas ce que nous pensons et ressentons. Eleanor Rigby, dans la chanson homonyme des Beatles, quitte la maison, « portant le visage qu'elle garde dans un pot près de la porte ». Les visages peuvent être des masques derrière lesquels nous nous abritons, avec de faux sourires ou une froideur marmoréenne. Nos visages peuvent pacifier l'intimité ou lui opposer une fin de non-recevoir. Roger Scruton a écrit :

> Je suis dissimulé par ma face et, cependant, je me tiens en elle, c'est avec elle que je parle et que je regarde le monde des autres, qui sont, tout comme moi, tantôt exhibés et tantôt cachés[20].

Que nous habitions nos visages relève de notre partage de la vie du Christ, nous offrant nous-mêmes les uns aux autres dans une mutuelle vulnérabilité. Bien entendu, il y a des moments où il est préférable de garder pour soi ce qu'on pense.

La bonté de quelqu'un rayonne sur son visage. Auden soutenait que « le bienheureux, peu lui chaut sous quel angle on le regarde/Il n'a rien à cacher[21] ». Romano Guardini a merveilleusement affirmé que plus nous devenons saints, plus nos visages révèlent qui nous sommes :

> Le visage buriné d'un homme qui lutte pour la vérité n'est pas seulement plus « spiritualisé », mais à la lettre plus « visage » que celui d'un homme borné ; cela revient à dire qu'il est plus authentiquement, intensément corps de chair. [...] Le corps de chair devient d'autant plus intense et chargé de valeur que s'exercent en lui une intériorité plus profonde, une vie du cœur plus riche, une spiritualité plus élevée[22] !

Les saints n'ont pas un visage de joueur de poker. L'intensité de leur vie affleure sur leurs traits mêmes, comme irradiait le visage de Moïse après sa rencontre avec Dieu.

Les visages des hommes de bien vous métamorphosent. Ils respirent et dispensent la grâce, comme le savaient les Pères du désert :

> Chaque année, trois pères allaient rendre visite au bienheureux Antoine, avec lequel deux seulement conversaient de leurs opinions et de leur salut, alors que le troisième observait un silence total, ne lui posant aucune question. Abba Antoine, après mûre réflexion, chercha à comprendre : « Tu me rends souvent visite, mais sans jamais m'interroger », dit-il, et il obtint cette réponse : « Père, c'est qu'il me suffit de te voir »[23].

Nelson Mandela devint la figure emblématique de la campagne contre l'apartheid mais, aucune photo de lui ne pouvant circuler du fait de la censure officielle, plus durait sa captivité, moins le peuple se souvenait de ses traits. Dans les années 1980, après des décennies d'incarcération, on l'hospitalisa pour un bilan de santé. En sortant, il fut autorisé à se promener un moment sur la plage avant de regagner sa cellule. Nul ne le reconnut : l'image de lui qu'avaient conservée les gens avait vingt ans de moins. Les autorités avaient tenté de ravir tout pouvoir à son visage.

Grandir en sainteté comporte aussi l'apprentissage de la lecture du visage d'autrui et la découverte de sa beauté cachée. Celui qui a des yeux pour voir peut mesurer d'un regard les blessures de l'autre et l'étendue de son courage. Brien Pierce, un dominicain américain, qui étudiait l'espagnol à l'université, eut l'occasion au cours d'un voyage linguistique au Pérou, de traverser un village pauvre des Andes : là, une native du lieu, l'apercevant par la fenêtre, quémanda de lui quelque aumône. Il fut bouleversé par son visage. La voiture redémarra sans qu'il eût le temps de rien faire, lui laissant le regret éternel de ne pas lui avoir seulement touché la main. Il garde à jamais gravée dans sa mémoire l'image de ce visage, avec sa dignité et ses souffrances. Sa vocation de dominicain date de cet événement. Il a écrit :

> En surface, j'étais submergé, j'avais mal au ventre, mais dans mon tréfonds, c'était Dieu qui creusait les fondations. Qu'il soit loué, j'ai vu ce visage et j'ai souvent tout fait pour toucher cette main. Aujourd'hui, le visage de cette femme est un visage qui me donne courage et dignité. Aujourd'hui, je vois dans cette face la face de Dieu[24].

Au chapitre XI j'ai raconté comment s'était terminée une longue journée du voyage que j'effectuais en Algérie en compagnie de Mgr Vesco, par l'accueil que nous réservèrent des étrangers dans le désert. Mais avant cela nous avions été pris en tenaille dans une violente échauffourée qui avait mis aux prises le peuple et l'armée. En tentant de suivre d'autres véhicules dans l'ascension d'une butte, nous perdîmes dans la piste trop sablonneuse le contrôle de la voiture, qui dévala la pente. Ceux qui nous précédaient immédiatement furent encerclés, conducteur et passagers furent extraits du véhicule avant, selon toute vraisemblance, d'être transformés en otages. Devant le nôtre se tenait un jeune homme, porteur d'une pierre grosse comme un ballon de football, qui rameutait la foule pour nous barrer la route. Tout laissait à penser que nous serions pris à notre tour, mais l'évêque, repérant une piste latérale, s'y engouffra à toute vitesse et nous pûmes nous en sortir.

Je n'oublierai jamais le visage du garçon. Au début, on pouvait croire qu'il ne reflétait que la haine. Mais sous la haine je pouvais lire la peur. Qui sait s'il ne se demandait pas comment il avait pu se laisser lui-même prendre en otage par la foule déchaînée et quelle conduite tenir. J'entrevoyais sous la peur le gamin qu'il était : aimé et aimable. J'avais face à moi quelqu'un que, n'était le contexte, j'aurais pu apprécier. En me rejouant rétrospectivement la scène, j'étais frappé par la complexité qu'exprimaient ses traits, un vrai palimpseste d'émotions. Pour se faire une idée de l'autre, enfant de Dieu lui aussi, il n'est que de porter un regard pénétrant sur la singularité de son visage, en allant au-delà des idées toutes faites qui masquent ce que son humanité a d'unique. Plus on prend conscience de son individualité, plus on mesure à quel point il diffère de n'importe qui, mieux on peut apercevoir son créateur à l'œuvre qui le fait subsister à chaque instant. Chaque visage est une parole particulière de Dieu.

Toucher

Et, le saisissant par la main droite, il le releva.

Pierre franchit l'espace qui le sépare du boiteux et le prend par la main. Il le touche. Jésus avait touché l'intouchable : les lépreux, les malades, les morts même, se rendant rituellement impur aux yeux des pharisiens. Il n'avait pas peur d'être touché[25]. Une des voûtes de la chapelle Sixtine peintes par Michel-Ange représente Dieu qui tend la main pour donner en le touchant la vie à l'Adam endormi. Le contact divin devient chair et sang en Jésus, puis en nous maintenant. Nous sommes appelés aujourd'hui à être le contact de Dieu qui guérit. La première lettre de Jean commence par l'affirmation la plus extraordinaire : « Ce qui était dès le commencement, ce que nous avons entendu, ce que nous avons vu de nos yeux, ce que nous avons contemplé, ce que nos mains ont touché du Verbe de vie [...], nous en rendons témoignage » (1 Jn 1, 1-2). Quand donc les prédicateurs nous rendent-ils compte de ce qu'ils ont touché de leurs mains ? À quelle fréquence en revanche les bonnes nouvelles sont-elles déconnectées de notre vie corporelle, désincarnées en somme ?

Pour Thomas d'Aquin, le toucher est le plus humain des sens. Il est fondé sur l'échange mutuel. On ne peut toucher comme il faut sans être simultanément touché. C'est la réciprocité incarnée. La peau est l'organe du corps le plus étendu. Si elle nous sépare les uns des autres, en enfermant chacun de nous dans sa membrane, elle assure également la médiation du contact et nous relie les uns aux autres. Un toucher sain et saint nous reconnaît à la fois distincts et un. Nous ne nous tenons pas à l'écart, récusant tout contact, mais pas plus nous engloutissons l'autre. Rappelons-nous ce que disait saint Thomas d'Aquin : « Dans l'amour les deux se fondent en un tout en restant distincts[26]. »

Dans *Extremely Loud and Incredibly Close* de Jonathan Safran Foer, l'un des personnages se confie en ces termes :

> Le toucher a toujours revêtu pour moi une telle importance ! C'était une de mes raisons pour lesquelles je vis, allez savoir pourquoi. Pour un petit, rien ne va autant le remuer. Mes doigts contre son épaule à lui. Nos cuisses qui se pressent par grande affluence dans le bus. Je ne saurais dire pourquoi, j'en avais besoin, voilà tout. Parfois je rêvais à une mise bout à bout de tous nos petits touchers. De combien de centaines de milliers d'effleurements de doigts avait-on besoin pour tisser une étreinte amoureuse[27] ?

En touchant, nous explorons le monde. La philosophie d'Aristote reposait sur son plaisir à toucher les choses. C'était un biologiste marin qui s'était construit une philosophie qu'on pourrait dire tactile[28]. Dans le roman d'Anthony Doerr, *All the Light We Cannot See*, l'héroïne est une jeune aveugle qui grandit dans un musée et fait son apprentissage du monde par le toucher :

> Ses mains étaient sans cesse en mouvement, à ramasser, à sonder, à vérifier. Les plumes du jabot d'une mésange empaillée et naturalisée sont d'une douceur incroyable, son bec a le piquant d'une épingle. Le pollen couronnant les anthères de la tulipe a moins la consistance de la poudre que celle de minuscules boulettes d'huile. Toucher vraiment quelque chose qu'elle apprend à connaître – écorce d'un sycomore dans un jardin, coléoptère lisse au département Entomologie, intérieur à la douceur exquise d'une valve de coquille Saint-Jacques dans l'atelier du Dr Geffard –, c'est l'aimer[29].

J'ai rappelé plus haut quel scandale avait causé auprès des chrétiens des premiers siècles le contact intime du baiser de la paix. En pleine église, des inconnus s'embrasser sur les lèvres ! Mais même dans notre liturgie, plus compassée, le baiser de paix évoque un lointain souvenir du saint toucher de l'Incarnation. Dorothy Day ressentait avec émotion l'accolade rituelle des moines :

> Ce matin, au moment de se donner le baiser de paix, les frères l'ont échangé de bon cœur, et pas du bout des lèvres ni timidement. Chacun a placé ses mains sur les épaules de son voisin de droite puis s'inclinant le premier, sans exagération, il a approché sa joue de celle de son frère moine jusqu'au contact complet, de manière à manifester clairement l'amour humain, la tendresse humaine, sublimés par l'amour du Christ. L'esprit, l'âme et le corps, aucun des trois n'est oublié dans pareille dévotion[30].

« Un homme qui sait embrasser est un homme bon[31]. » Le saint toucher fait partie intégrante de l'incarnation et l'Église devrait le tenir pour une dimension inhérente à sa vie. Mais elle a été dépassée par la crise des abus sexuels. Des milliers de jeunes innocents ont été exposés au contact abusif, blessés on ne peut se figurer à quel point dans leur confiance, dans leur joie. L'abus sexuel détourne le plus humain des sens. Il transforme le contact dicté par l'amour et la communion en prédation, en instrument de domination et d'exploitation. Il n'y a pas un seul secteur d'activité, pas une seule institution, qui soient à l'abri d'une révélation d'abus sexuel à l'encontre d'un jeune. Aucune institution n'en est exempte. Les maîtres en sont à ne plus oser raccompagner leurs élèves en voiture et se gardent de tout geste familier envers eux. Sous prétexte de légitime protection, nous frustrons nos petits des gestes élémentaires de tendresse auxquels ils aspirent à bon droit, comme tout le monde.

Pointons l'origine du drame que nous vivons : nous éprouvons le besoin pressant d'apprendre la bonne nouvelle de Jésus, celui dont le contact, loin de causer du mal, guérissait au contraire. Oui, mais l'Église, compromise pour avoir couvert les abus commis sur des milliers de jeunes innocents, n'est plus qualifiée pour la transmettre. Elle ne peut se réapproprier le saint toucher tant que nous n'avons pas pris acte de la vénéneuse blessure qu'a causée sa forfaiture. Voici ce qu'en pense un prêtre irlandais, Enda McDonagh :

> Sommes-nous voués au désespoir, à ce désespoir qui a poursuivi sans relâche, depuis des décennies, ces victimes [d'abus sexuels], qui cherchaient pendant ce temps une main pastorale aimante pour les accompagner dans leurs ténèbres ? C'est là qu'il nous faut tous être maintenant, frères et sœurs en Christ, à essayer de partager la douleur, les ténèbres et le désespoir[32].

Osons partager la douleur profonde des victimes, et avec eux, côte à côte, qui sait si nous ne pourrons pas retrouver un contact de guérison et faire en sorte que la compassion incarnée de Dieu puisse reprendre corps dans nos vies.

The Final Retreat, de Stephen Hough, décrit un prêtre victime d'une addiction au sexe qui pratique en particulier l'amour tarifé avec des garçons. En retraite, il prie pour une guérison de son toucher :

> « Tends la main », a dit le Christ à un homme paralysé. Je l'entends me le dire maintenant. Est-ce que je peux espérer qu'un jour le muscle et la volonté s'uniront et que mon bras flétri recouvrera son intégrité ? Au moins, le penser fait tenir l'emplâtre en place ; ainsi un rai de lumière peut s'infiltrer dans le sépulcre[33].

Marcher

> À l'instant ses pieds et ses chevilles s'affermirent.

Ce n'est pas un hasard si le premier miracle de l'Église après la Pentecôte a permis à quelqu'un de marcher. Le nom le plus ancien de l'Église était la « Voie ». Le disciple marche dans les pas du Christ. Bartimée ayant recouvré la vue « cheminait à sa suite » (Mc 10, 52).

Le pied a une histoire noble. Il y a 400 millions d'années, des poissons à nageoires lobées se hissaient hors de l'eau et se mettaient à avancer tant bien que mal sur leurs nageoires, les ancêtres de nos pieds[34] : vingt-six os enchâssés dans un ensemble assez résistant pour permettre au premier homme de se tenir debout, d'arpenter la savane africaine avant de migrer hors de notre berceau vers les autres continents.

L'instinct migratoire est littéralement incarné dans nos pieds. Un grand nombre de nos frères et sœurs se déplacent aujourd'hui, fuyant la guerre et la pauvreté. Lorsque Shannon Jensen s'est rendue au Soudan du Sud en juillet 2012, elle a été surprise de rencontrer cent mille réfugiés fuyant la zone Nord. Comment faire connaître largement ce drame humain ? Pour que le public y prît garde, il fallut attendre les photos qu'elle fit de chaussures démantibulées, le dernier bien qu'ils avaient :

> L'incroyable ramassis de souliers usés jusqu'à la corde, mal adaptés et bricolés n'importe comment constitue un témoignage silencieux tant de ce qu'ils ont dû affronter dans leur déplacement que de la résilience et de l'ingéniosité des individus qui en ont réchappé[35].

Chaque paire de chaussures en lambeaux témoignait de l'épuisante aventure de son propriétaire. Les photographies parlent à notre imagination là où échouent à le faire des statistiques brutes.

L'héroïne de *Tightrope*, de Simon Mawer, ayant survécu au camp de concentration, rentre chez ses parents :

> « Tes pieds, tu les trouveras bien assez tôt. » Trouver ses pieds[a] ! C'était la partie la plus importante du corps, bien plus importante que le cerveau. Les femmes s'arrachaient les yeux pour une paire de bottes. Le soir, elles libéraient de leurs

a. Jeu de mots anglais au sens de « se trouver soi-même ».

bandages leurs pieds, qu'elles lavaient avec le peu d'eau qu'elles trouvaient. Qu'elles se lavaient mutuellement, souvent. Tendrement. Avec amour. Comme le Christ. Les pieds, c'était la vie. Le cerveau ne servait qu'à penser, mais avec les pieds, on pouvait travailler, et le travail permettait de survivre[36].

L'histoire de notre salut en renferme, des pas et des pas ! Citons Abraham appelé d'Ur des Chaldéens à gagner la Terre promise ; Moïse conduisant son peuple revêche quarante ans à travers le désert ; un peuple envoyé en exil puis retrouvant à pied ses foyers. À la fin, Dieu s'est fait l'un de nous, un être humain parcourant la Galilée en prêchant et en enseignant jusqu'au jour où il se tourna vers Jérusalem afin d'y vivre sa Passion puis d'y connaître la mort.

Au cours de sa dernière nuit sur terre, il lava les pieds sales et fatigués de ses disciples et leur ordonna de faire de même entre eux. Dans un merveilleux poème, Chet Corey nous présente les pieds de chacun des disciples de Jésus tandis qu'ils les lui tendent à laver et à essuyer.

> Matthieu a le pied cagneux, Jean un oignon
> sur le gros orteil – et ceux de
> Thomas,
> font la pige aux pommes de terre[37].

Le premier jeudi saint de son pontificat le pape François est allé dans un centre de détention juvénile proche de Rome où il lavé les pieds de douze détenus, parmi lesquels il y avait une fille musulmane serbe. Ce rituel est répété dans les églises chrétiennes du monde entier, un signe qui se lit : Nous sommes tous des pèlerins fatigués s'entraidant en chemin.

Après la halte au pied de la croix le vendredi saint, la marche reprend le jour de Pâques. On dit aux femmes venues au tombeau pour oindre le corps de Jésus qu'il n'est pas là, mais, ajoute-t-on, « allez dire à ses disciples, et à Pierre, qu'il vous précède en Galilée » (Mc 16, 7). Marchez, continuez ! Les chrétiens ne se sont plus arrêtés depuis lors. Nous allons en pèlerinage à Jérusalem, à Rome, à Saint-Jacques-de-Compostelle, à Lourdes, à Walsingham, à Canterbury, à Czestochowa, à Vézelay, à Guadalupe et que sais-je encore. Tout pieux musulman compte faire le hadj à La Mecque, les juifs au Mur des lamentations de Jérusalem et les hindous à Varanasi pour se baigner dans le Gange.

Nous marchons dans des manifestations. Pensez aux longues marches organisées par Martin Luther King pour obtenir le respect de l'égale dignité à laquelle ont droit tous les êtres humains. Dans sa « Lettre écrite de la prison de Birmingham », King cite cette femme de soixante-douze ans qui avait préféré aller à pied que de monter dans un bus où on ne mélangeait pas Blancs et gens de couleur. « Mes pieds sont fatigués mais mon âme est en repos[38] », disait-elle. Dans les liturgies solennelles, nous marchons en procession.

Tout cela symbolise notre quête humaine, la recherche sans fin que nous menons pour comprendre qui nous sommes et vers quel but nous nous dirigeons. Nous voyageons dans la lumière et dans l'obscurité. Le pape Benoît XVI a donné un enseignement merveilleux et lucide sur la foi chrétienne, un enseignement aussi clair que la lumière du jour. Mais nous ne pouvons pas nous en tenir à cela. Le pape François nous prend par la main pour aller explorer des sujets difficiles où la clarté est parfois au bout du compte. Si nous demandions toujours et partout une clarté absolue, nous ne bougerions jamais. Le nom de la première sainte amérindienne, Tekakwitha[a], signifie en gros « celle qui marche à tâtons », excellente patronne pour l'Église aujourd'hui en ces temps de transition qui comblent peut-être certains mais sont si durs pour d'autres.

a. Indienne du XVIIe siècle, convertie au christianisme, canonisée par Benoît XVI en 2012.

Danser

> D'un bond il fut debout, et le voilà qui marchait. Il entra dans le Temple avec eux, marchant, gambadant et louant Dieu.

L'impotent ne se contente pas de marcher, il danse ! Que nous soyons une âme en un corps ou un corps qu'anime une âme, notre joie, quand elle éclate, doit revêtir une expression physique. Les psaumes sont remplis d'invitations à danser, mais aujourd'hui nous restons assis sans bouger. Le roi David sautait et tournoyait devant l'arche, encourant le mépris de sa femme (2 S 6, 16). De façon charmante, Malachie (3, 20) nous voit sortir en bondissant comme des veaux lâchés au printemps dans les prés hors de leurs étables quand la pure exubérance leur fait faire des cabrioles en tous sens. Saint Jean-Baptiste a sauté dans le ventre maternel lors de la visite de Marie à Élisabeth, et Jésus dit que, lorsque nous sommes persécutés, nous devons « tressaillir d'allégresse » (Lc 6, 23), car notre récompense est grande au ciel. Quand Dieu est devenu chair, il a sauté et a dansé, et nous, nous restons assis. Est-il étonnant que les gens trouvent notre culte fastidieux ?

La prière au Moyen Âge était plus physique qu'aujourd'hui. Saint Dominique avait ses neuf façons de prier, qui s'accompagnaient d'autant de postures différentes. C'était un athlète de la prière. Tommaso da Celano nous dit que, lorsque saint François d'Assise prêchait devant le pape Honorius III et les cardinaux, les mots lui manquaient, et il ne lui restait plus qu'à danser, « non pas pour rire, mais parce qu'il brûlait du feu de l'amour divin[39] ». Mais avec la Réforme puis la Contre-Réforme, la prière perdit ce côté corporel qu'elle avait. Comme Descartes, nous nous sommes mis à penser que nous étions des esprits et que notre prière était mentale.

Le dominicain Bruno Hussar a été surpris de voir comment les juifs hassidiques célébraient la fête de *Simhat Torah* (« Joie de la Loi »).

> Toute l'assemblée a commencé à chanter et à danser en cercle, chacun posant ses mains sur les épaules de la personne qui le précédait. Au milieu du cercle, quatre ou cinq « pieuses personnes » ont agrippé les rouleaux de la Torah, surmontés de couronnes et de cloches, sans cesser de danser au même rythme. De temps en temps, quelqu'un quittait le cercle pour venir remplacer l'un de ceux qui portaient le rouleau de parchemin. J'ai regardé les yeux de ces hommes, souvent âgés : ils brillaient d'une joie enfantine. Parfois celui qui portait le rouleau donnait l'impression d'être en extase[40].

Comment pouvons-nous retrouver cette expression physique de notre joie dans le Seigneur ? Je trouve embarrassants les claquements de mains dans les cultes charismatiques et la plupart des danses liturgiques. J'ai chargé un dominicain mexicain, Angel Méndez Montoya, d'assurer la chorégraphie d'un ballet en l'honneur de saint Dominique, qu'il a représenté lors d'un chapitre général de l'Ordre en 2001. La plupart des frères semblaient ravis, mais certains, gênés comme tout, auraient préféré disparaître sous les bancs.

Nous avons besoin de nos frères et sœurs africains pour nous apprendre à danser notre louange de Dieu. Lorsque j'ai visité la maison des étudiants de la province nigériane à Ibadan, j'ai été accueilli par une centaine de frères qui dansaient et qui battaient des tambours. Je ne savais trop que faire, jusqu'à ce qu'un évêque dominicain en visite me propulse parmi eux avec ces mots : « Dansez, pour l'amour de Dieu, dansez, Timothy ! » Lorsque Kinshasa était encerclée par les rebelles et que des coups de feu se faisaient entendre, nous sommes entrés dans la célébration en dansant avec une joie qui était un défi aux échos de la violence toute proche, les servants d'autel faisant tournoyer leurs chandeliers et les encensoirs laissant dans l'air des traces circulaires de fumée. J'ai franchi le pas, tant bien que mal.

La danse nous emplit de grâce, la grâce de Dieu. « Quand vous dansez, je vous voudrais vague de la mer, afin que vous ne pussiez jamais faire que cela et que vous fussiez toujours en mouvement, en mouvement toujours, sans connaître d'autre fonction[41]. »

> Grace, c'est le nom d'une fille
> C'est aussi une pensée qui a changé le monde...
> Grace, elle porte un monde sur ses hanches...
> Pas de tourbillons ni de sauts entre ses doigts...
> Grace des choses laides fait de la beauté[42].

Ce devrait être bien plaisant de faire un tour du côté d'autres sens, que ce chapitre passe sous silence, l'odorat par exemple. Dans l'Ancien Testament, Dieu aime l'odeur agréable des sacrifices. Le dimanche du Rosaire, nous bénissons les roses avec ces mots : « Tu as créé ces roses pour en faire une source de délicieux parfums, et Tu nous les as données pour nous élever l'esprit. » Dorothy Day pensait que, lorsque le Cantique des Cantiques dit : « Je courrai après l'odeur de tes vêtements » ou « le parfum de tes vêtements est comme le parfum du Liban », s'exprimait la séduction du Christ. Lors d'occasions solennelles, nous apprécions l'odeur de l'encens. On dit que les saints meurent en odeur de sainteté. Mais ce chapitre est bien assez long comme cela.

Il faut mentionner un dernier détail de ce récit de guérison. Le boiteux n'est jamais seul. On le portait chaque jour à l'endroit où il pouvait tendre sa sébile, et, une fois guéri, il se rend au Temple avec Pierre et Jean. Il appartient à une nouvelle communauté. Être corporel, c'est être dépendant. Les malades et les personnes âgées nous apprennent que c'est une bonne chose. Cela va à l'encontre d'une vue que professe l'Occident concernant l'individu comme un être essentiellement solitaire, qui doit tenir par lui-même sur ses deux pieds. Les chrétiens voient le soi comme essentiellement communautaire et donc nécessairement en contradiction avec la perception qu'en ont les Lumières, qui le décrivent autonome et solitaire, ne conquérant sa liberté que dans le refus de donner suite aux demandes d'autrui. Pour l'imaginaire chrétien, la liberté consiste dans l'appartenance mutuelle qui nous fait dépendre les uns des autres.

La guérison du paralytique, dans les tout premiers temps de la mission de l'Église, laisse entendre que pour participer à la vie ressuscitée du Christ il nous faut assumer notre existence corporelle. Saint Augustin a écrit que « c'est par le Christ humain que tu viens au Christ divin[43] », Dieu est devenu humain, et nous devons faire de même si nous voulons devenir divins. Pierre et les disciples, emplis du Saint-Esprit comme ils le sont, ont les oreilles ouvertes à la détresse de l'impotent, des yeux dessillés pour voir cet être humain dans le besoin, et un toucher qui le guérit et le remet sur ses pieds. Ils sont vivants jusqu'au bout de leurs sens, incarnant l'amour qu'est le Seigneur en son être même.

16

Imaginaire sacramentel contre imaginaire technocratique

Le corps n'est pas une carcasse d'où l'âme n'aspire qu'à s'échapper. Il est saint. Tous les sens du corps ouvrent chacun de nous à l'autre et à Dieu. Notre existence corporelle – ouïe, vue, tact, locomotion, odorat sans aucun doute – ouvre sur la transcendance. Notre façon de prendre part à la vie du Christ ressuscité est une affaire on ne peut plus terrestre. Le mystère de l'amour qu'est la vie éternelle imprègne déjà notre commerce de chaque instant.

Intéressons-nous maintenant à deux moments de la vie de l'Église primitive où se pose la question du don, qu'on le distribue ou qu'on le garde par-devers soi. Nous apprenons en Ac 4 que toute la communauté était une en cœur et en esprit et que nul ne disait sien ce qui lui appartenait ; tout est partagé. Là-dessus viennent le récit d'Ananie et de sa femme Saphire puis les disputes sur le partage du pain ; on garde ce qu'il y avait à donner. La Résurrection dit comment l'infinie générosité de celui qui a dit : « Ceci est mon corps, donné pour vous » l'a emporté sur les forces qui devaient l'asservir et lui arracher la vie. Mais, bien que le combat ait été gagné le jour de Pâques, chaque génération a du mal à en imaginer la portée. L'Esprit de Dieu et le corps du Christ sont déjà donnés, mais les Actes mettent en scène la bataille à mener pour comprendre comment vivre avec la générosité radicale du Christ.

La tâche est particulièrement ardue aujourd'hui pour nous qui vivons envoûtés par ce que le pape François appelle l'« imaginaire technocratique » qui veut que toute chose ait pour seule destination de servir nos propres fins. La Création dans toute son auguste diversité est une matière à manipuler pour notre bénéfice. Un imaginaire de cet acabit ne peut se faire la moindre idée de ce qu'est la vie divine. Comment ouvrir nos yeux de manière que nous puissions voir un monde de pur don ? Mais commençons par aller chercher dans les Actes des apôtres comment l'Église des premiers chrétiens tâchait de se saisir de cette question.

Vision bifocale

« La multitude des croyants n'avait qu'un cœur et qu'une âme. Nul ne disait sien ce qui lui appartenait, mais entre eux tout était commun » (Ac 4, 32). Luc décrit la première communauté de chrétiens comme ayant une parfaite unité et vivant dans le partage généralisé. Le tableau fait penser à une forme primitive de communisme. Mais à peine un peu plus loin dans le texte, on voit le ménage d'Ananie et Saphire tenter secrètement de conserver certains de ses biens. Quand saint Pierre les confronte avec leur duperie, ils tombent morts tous les deux, châtiment plutôt radical infligé pour ne s'être pas montrés suffisamment généreux à la quête ! Puis, chapitre 6, nous apprenons que les chrétiens parlant grec et les chrétiens parlant l'hébreu ne s'entendent pas, qu'on se dispute sur la distribution du pain. À un tableau idyllique de paix et d'unité succèdent immédiatement des histoires de litiges portant sur des possessions. Comment accorder ensemble ces récits contradictoires ? L'harmonie du cœur et de l'esprit n'était-elle qu'une brève lune de miel dans la vie de la communauté, ou était-ce le rêve d'un idéal que nourrissaient les disciples mais auquel ils n'avaient jamais atteint ?

Les deux volets du diptyque de Luc sont vrais, mais de façon différente. Les disciples, baptisés dans le corps du Christ, étaient en effet fondamentalement un. Ils avaient des vies profondément intriquées. Chacun d'eux appartenait à tous comme un bien inaliénable. Mais il est également vrai qu'ils se disputèrent, se mentirent, s'affrontèrent physiquement. Le premier récit, pris isolément, décrirait un pays de cocagne et fermerait les yeux sur les tensions et les échecs de la communauté. Le second, abordé de la même façon, passerait sous silence le trait le plus essentiel de la communauté, son unité dans le Seigneur ressuscité. La véritable nature de cette communauté primitive, et de la nôtre en même temps, est qu'elle se trouve prise entre ces deux descriptions. Une vision bifocale est requise si l'on veut saisir d'un même coup d'œil la victoire et l'échec qui caractérisent la vie chrétienne. Nous sommes le corps blessé et vivant du Christ. Nous sommes bénis mais nous continuons à nous enfoncer mutuellement le couteau dans le corps. Nous vivons ensemble comme des époux batailleurs qui, tout en ne faisant qu'une seule chair, s'arrachent les yeux.

Les vérités révélées par chacun des deux volets ne sont pas de même nature. Les histoires de querelles et de désunion racontent ce qui se voit et se vérifie facilement, même aujourd'hui. Un simple survol des médias apprend que la corruption et les conflits infectent toujours les communautés chrétiennes. Le livre de Frédéric Martel, *Sodoma, enquête au cœur du Vatican*[1], le dit clairement. Mais notre unité plus profonde dans le Christ, la vie de communauté qu'aucune agression ni aucun échec ne peuvent détruire, est une vérité souvent invisible. Le voile ne se lève que rarement. De petits gestes d'amour et des actes symboliques révèlent cette réalité plus profonde. La présence de Dieu au milieu de nous est tout à fait discrète. Voyez ce qu'en dit R. S. Thomas :

Jamais nous ne la saisissons
Sur le fait, la seule chose à en dire
En arrivant soudain quand les choses ont changé,
c'est : oui, elle est passée par là[2].

Nous pensons que cela vaut pour toute l'humanité, voire toute la création. Car, par le Christ, « Dieu s'est plu à faire habiter en lui toute la Plénitude et par lui à réconcilier tous les êtres pour lui, aussi bien sur la terre que dans les cieux, en faisant la paix par le sang de sa croix » (Co 1, 20). L'humanité est déjà une et nous ne pouvons pas prospérer à l'écart les uns des autres, mais il est également vrai que l'inégalité et les rivalités nous mettent en pièces. On recherche la justice au sein de cette tension, en prêtant l'oreille aux cris des pauvres et des blessés, en luttant sans relâche pour redonner vie aux liens souvent enfouis qui nous unissent. Être juste consiste à rendre à chacun son dû, oui, mais voilà, la chape de brouillard qui nous empêche de mesurer à quel point nous sommes interdépendants se déchire si rarement ! Thomas Merton, le moine cistercien, écrivait dans son *Asian Journal* :

> Nous sommes un, voilà qui est assuré. Ce n'est que dans notre imagination que ce n'est pas le cas. Ce que nous devons recouvrer n'est rien d'autre que notre unité d'origine. Ce que nous devons être, c'est ce que nous sommes[3].

Ce que nous devons mettre en œuvre, c'est notre imagination, l'imagination sacramentelle qui perçoit en même temps notre unité fondamentale et nos divisions.

Frank Cottrell a pointé deux événements récents révélant des vérités analogues sur la communauté du Royaume-Uni[4]. Le premier était la cérémonie d'ouverture des Jeux olympiques de Londres en 2012, suivie par des milliards de personnes dans le monde entier.

> La cérémonie a brossé le portrait d'un pays progressiste, accueillant aux autres, innovant, drôle, riche d'un admirable

> héritage et avançant à grandes enjambées vers un brillant avenir [...]. La cérémonie d'ouverture a placé la culture au cœur de notre histoire nationale. L'histoire qu'a inaugurée la révolution industrielle s'est poursuivie avec la pop music et la littérature pour enfants, comme pour proclamer : « Voilà ce que nous faisions jadis, voici ce que nous faisons aujourd'hui. » La culture est notre industrie. C'était cela qu'on attendait de la cérémonie d'ouverture, redéfinir la nation et inaugurer une nouvelle ère de cohésion sociale et de fierté nationale.

Cotterell dit que « la cérémonie n'a pas reflété mais révélé une nation ». Ce n'était pas une représentation trait pour trait de ce que nous sommes. La musique, la danse, l'humour, jusqu'aux rituels, ont levé le voile. Peut s'en faut qu'on ne puisse parler à son propos de moment sacramentel. Ce n'est pas une pure coïncidence si Cotterell et Danny Boyle, qui avait conçu la scénographie de la cérémonie, sont des catholiques nourris par une imagination sacramentelle. Beaucoup de spectateurs pleuraient parce qu'ils y reconnaissaient à la fois qui nous sommes et qui nous sommes appelés à être. C'était comme le témoignage qu'on peut lire dans les Actes des apôtres sur une communauté une en cœur et en esprit.

L'autre événement, qui est l'équivalent de l'épisode des voleurs Ananie et Saphire et de celui des veuves se querellant pour le pain, a été le drame de l'adhésion contestée de la Grande-Bretagne à l'Union européenne. Peu de temps après le vote, Cotterell écrivait :

> Il y avait dans la presse de ces dernières semaines pléthore d'articles expliquant en quoi le déferlement de haine et de peur qui a accompagné la campagne du référendum était en quelque sorte une contre-cérémonie d'ouverture. Autant celle-ci avait rassemblé, autant ce qui se passait là clivait. On sonnait la retraite au lieu de la charge... Robert Harris disait de la campagne qu'« il n'avait pas connu de [s]a vie d'événement politique plus déprimant, plus ségrégatif, ni de pire chausse-trape ».

Un grand cri de douleur s'était élevé des poitrines de millions de personnes qui ne se sentaient plus à leur place dans la Grande-Bretagne d'aujourd'hui, qui se considéraient comme oubliées, invisibles. Les deux événements révélaient des vérités sur notre nature. S'engager pour une société juste signifie affronter la douleur d'une communauté polarisée, blessée, tout en luttant pour révéler l'unité profonde qui, selon la foi chrétienne, nous tient solidement ensemble.

L'imaginaire technocratique

Un imaginaire sacramentel requiert donc l'action combinée d'au moins deux éléments traduisant notre conception du monde et de l'autre : d'un côté une vision aiguë de notre unité en Christ, de l'autre une perception lucide de la façon dont elle est mise à mal. Le don oblige, la rapacité déchire. Ce que le pape François appelle le « paradigme technocratique », schème dominant de notre temps, nous empêche de voir les deux. Par là, le pape vise non pas le pouvoir que s'arroge la technologie de redéfinir le monde, mais tout ce qui nous amène à voir dans la création notre chose et notre esclave. Dans *Laudato Si'* le pape médite sur la « mondialisation du paradigme technocratique[5] ». Notre rapport à la création est devenu destructeur et conflictuel[6].

Cet imaginaire technocratique occulte pour nous la présence du transcendant dans la création. Le poème souvent cité de Gerard Manley Hopkins, « Grandeur de Dieu », dit à quel point rayonne sa présence :

> Le monde est gros de la grandeur de Dieu.
> S'enflammera, tel du brasier jaillit le feu ;
> Elle afflue surabonde, tel un flot d'huile hors du
> Pressoir[7].

Mais le poète de déplorer aussitôt que la révolution industrielle nous rende insensibles au divin en ôtant à notre monde ce qu'il a de sacramentel.

> [...] tout est ruine au change ; noyé, à la peine broyé ;
> Et tout s'englue des remugles de l'homme, transpire l'homme :
>   nue
> La glèbe à présent, insensible le pied, pris au fer.

Nous devons aussi à l'imaginaire technocratique d'être insensibles au second volet des Actes, la division et la dégradation de l'humanité, dont, à force de calculer tout, il met en lambeaux l'interdépendance. Il est à la fois le poulet sans ailes du chapitre premier dont parle Flannery O'Connor, incapable de prendre son essor vers le transcendant, et le monde de la troisième jambe abstraite du poulet de Shigeto Oshida, un monde où notre jouissance s'épuise dans le détail et le fini. De la sorte nous voilà du même coup incapables et de prendre de l'altitude vers le ciel et de redescendre sur terre, le contraire exact de l'imagination religieuse.

Charles Taylor a brillamment enquêté sur la montée d'une vision mécaniste de la réalité à partir du XVIIe siècle, en particulier dans le Nord de l'Europe. Le monde est désenchanté.

> Nous avons été contraints de rejeter comme illusoire la tentative de déchiffrer le cosmos comme un monde de signes afin d'adopter à son égard une attitude strictement utilitaire. Et ce désenchantement de l'univers, il a dû s'opérer non seulement sur le plan de la croyance populaire – le monde des esprits –, mais encore à celui, culturellement supérieur, de la science, forcée de renoncer à l'idée d'un ensemble ordonné de signes, où toute chose trouve sens, et la remplacer par celle d'une machine silencieuse mais bienfaisante[8].

La création n'est plus une unité organique, chargée de sens symbolique, ce n'est plus qu'une horloge géante.

Notre imaginaire est à ce point tributaire de ce paradigme qu'il est difficile de voir le monde autrement. Le pape François s'insurge :

> Il est inconcevable de penser qu'il est possible de défendre un autre paradigme culturel, et de se servir de la technique comme d'un pur instrument parce qu'aujourd'hui le paradigme technocratique est devenu tellement dominant qu'il est très difficile de faire abstraction de ses ressources, et il est encore plus difficile de les utiliser sans être dominé par leur logique. [...] La technique a un penchant pour chercher à tout englober dans sa logique de fer[9].
>
> La vie est en train d'être abandonnée aux circonstances conditionnées par la technique, comprise comme le principal moyen d'interpréter l'existence[10].

S'il faut en croire Ludwig Wittgenstein, « une image nous tenait captif. Et nous ne pouvions en sortir car elle reposait dans notre langage et celui-ci semblait ne faire rien d'autre que nous la répéter d'une façon inexorable[11] ». Lorsque nous sommes prisonniers d'une façon de voir, d'une image du monde, nous sommes comme la mouche piégée qui se cogne sans cesse en vain aux parois de la bouteille. La philosophie de Wittgenstein se donnait pour but de libérer la mouche[12]. Pareillement, l'enjeu est pour nous d'affranchir notre imagination de cet asservissement à une conception univoque du monde, laquelle nous aveugle autant sur notre unité en Jésus-Christ que sur les divisions qui meurtrissent notre humanité.

Loin de moi l'idée de rejeter la technologie ou la science moderne. Sans elles, il y a longtemps que je serais mort. Dans d'innombrables cas, elles sont des bénédictions, sans parler de notre vie imaginative, qu'elles ont enrichie. Le pape ne nous appelle pas à être des *luddistes*[a], mais à libérer

---

a. Ou « briseurs de machines », allusion au conflit du début du XIXe siècle qui opposa industriels souhaitant mécaniser la fabrication et ouvriers et artisans attachés à leur mode de production traditionnel.

notre esprit des chaînes d'une vision du monde monolithique. Telle était la prière de William Blake : « Dieu nous garde/D'une vue simpliste et du sommeil de Newton[13]. » Si nous restons captifs de l'imaginaire technologique, pense le pape François, c'est la ruine de la civilisation et la fin de la planète.

Mais se pose la question des moyens de cette libération. Le plus souvent, on essaiera la peur : la pensée dominante conduit tout droit à l'apocalypse. On appelle cette attitude « catastrophisme ». Agissons au plus vite, sous peine d'assister à la catastrophe écologique et sociale. Je suis d'accord avec ces prédictions, mais je crains qu'en terrifiant le monde on n'aboutisse qu'à semer un sentiment d'impuissance débouchant en fin de compte sur le refus d'envisager l'horreur à venir. Peut-être est-il de toute façon trop tard pour faire quoi que ce soit. Mangeons, buvons et après nous le déluge. Bref, le catastrophisme mène au désespoir.

Stephen Jackson a écrit que « dans la préface à son livre *Tout peut changer*[14] Naomi Klein suit ce raisonnement quand elle rapporte ses expériences personnelles en matière de politique du changement climatique » :

> Je l'[le changement climatique] ai nié plus longtemps que je n'ai bien voulu l'admettre. J'étais loin d'être la seule à m'engager dans cette voie. Nous regardons les choses une fraction de seconde, après quoi nous détournons le regard. Ou bien nous regardons le temps de préparer la bonne blague que nous allons en tirer (« rajoutez-nous quelques signes d'Apocalypse ! ») – autre façon de ne pas se mettre en face des choses [...]. Le déni procède de la crainte qu'accepter la pleine réalité de la crise ne chamboule tout. Et nous avons raison[15].

Naomi Klein se montra surprise d'être invitée au Vatican pour soutenir le lancement de l'encyclique *Laudato si'* traitant d'écologie sur notre petite planète. Lors de la conférence de presse, le porte-parole du Vatican la présenta sans détour comme laïque, juive et féministe. Une seule de ces épithètes aurait suffi à faire trembler n'importe quel *monsignor* du Vatican. Autant dire que les trois à la fois, c'était la révolution !

Ce qui lui avait fait accepter l'invitation, c'est qu'elle croyait que les religions étaient les seules institutions en mesure d'imprimer aux esprits un tournant à cent quatre-vingts degrés. Elle avait écrit :

> Ceux qui croient, surtout s'ils professent une religion prosélyte, adhèrent résolument à une idée que nombre de laïcs ne partagent pas forcément, à savoir que les hommes sont toujours capables d'un profond changement. Eux demeurent convaincus que, bien dosé, un mixte d'argumentation, d'émotion et d'expérience peut conduire à des transformations qui changent la vie. N'est-ce pas là, après tout, l'essence même de la conversion[16] ?

Alors comment les chrétiens que nous sommes, en cet âge difficile où l'imaginaire technocratique met en péril l'avenir de l'humanité, peuvent-ils convertir leur cœur et leur esprit et impliquer leurs contemporains dans cette conversion ? Il est indispensable que nous renouvelions les deux façons conjointes, comme font les Actes, de voir la réalité : l'imagination sacramentelle de notre unité en Jésus-Christ et la perception lucide des plaies qui affectent l'humanité. Il est indispensable que nous apprenions à « voir de nouveau », ce qui est le sens du mot grec pour « repentir », *metanoia.*

Un dans la fraction du pain

Plus haut dans les Actes, Luc avait fait un lien explicite entre les biens qu'on met en commun, la fraction du pain et les prières. « Ils se montraient assidus à l'enseignement des apôtres, fidèles à la communion fraternelle, à la fraction du pain et aux prières. La crainte s'emparait de tous les esprits :

nombreux étaient les prodiges et signes accomplis par les apôtres. Tous les croyants ensemble mettaient tout en commun ; ils vendaient leurs propriétés et leurs biens et en partageaient le prix entre tous selon les besoins de chacun » (Ac 2, 42-45). On partageait le pain et, de là, on partageait les biens. Dans les deux cas, et c'est là le lien, il y a don mutuel.

Nous découvrons le monde de la grâce de Dieu par gracieuseté mutuelle, car « tout don excellent, toute donation parfaite vient d'en haut et descend du Père des lumières, chez qui n'existent aucun changement ni l'ombre d'une variation » (Jc 1, 17). *Eucharistie* signifie « action de grâce ». Une imagination eucharistique dévoile un monde de dons ; les dons reçus – le corps et le sang de Jésus-Christ –, le don de chacun à l'autre.

Si l'imagination technocratique nous rend aveugles à ce monde de dons, c'est que tout y est vu comme du grain que l'on apporte au moulin des hommes : on s'en sert, on le dévore, on n'en perd pas une miette. La terre doit être exploitée, la matière première pliée à notre volonté, anéantie pour notre plaisir et notre profit. Naturellement, les choses sont faites pour qu'on s'en serve : extraire des minéraux, produire de l'énergie, consommer ce qui se mange, façonner la matière pour qu'elle réponde à nos besoins. La vie humaine serait impossible sans cela. Ce qui est criminel, c'est l'hégémonie despotique de cette imaginaire utilitariste.

Tout s'interprète en termes de possession, de domination, de pure puissance. Ce vocabulaire infecte même le langage de la politique, laquelle, tournant le dos à sa vocation, servir le bien public, en tient pour le contrôle des « leviers » du pouvoir, de la « machine » gouvernementale. Lors des élections législatives, les sièges sont à prendre. En devenant Premier ministre, Theresa May a fait main basse sur les clés du *10 Downing Street.*

Il est fréquent qu'on s'en prenne à la tradition judéo-chrétienne, qui cautionnerait cette surexploitation utilitariste de la nature par l'homme. Quand ont pris fin les jours de la Création, Dieu dit aux premiers êtres humains : « Soyez féconds, multipliez, emplissez la terre et soumettez-la ; dominez sur les poissons de la mer, les oiseaux du ciel et tous les animaux qui rampent sur la terre » (Gn 1, 28). Voilà qui semble dire que nous possédons la terre et que nous pouvons en agir avec elle à notre guise. On nous a donné un blanc-seing, dit la Bible, et du coup, le coupable du désastre écologique qui nous menace est tout trouvé : notre héritage religieux.

Le mot hébreu traduit par « dominer » *(radah)* n'implique pas l'empire absolu. C'est un terme de l'administration royale : « Dans l'incapacité d'être en personne à différents endroits d'un vaste territoire, le roi nommait d'ordinaire un responsable chargé de gérer la région en son nom. Il était réputé exercer la "domination" sur la province en question, à charge pour lui d'accomplir les souhaits du souverain qu'il représentait[17]. » Israël ne pouvait pas disposer de la Création selon son bon plaisir. Le peuple de Dieu devait actualiser sur terre la bienveillante loi de Dieu, celle que celui-ci considérait comme excellente. Lorsque la terre est menacée de catastrophe, Noé met en pratique la tendresse de Dieu pour ses créatures en les faisant entrer deux par deux dans l'arche. « Domination » est un autre mot pour intendance. L'idée que le mot renvoie à un empire absolu a attendu pour surgir la montée de l'imaginaire technocratique.

Gestes transformateurs

Comment nous y prendre pour que cet impitoyable imaginaire technocratique en rabatte ? Nos premiers chrétiens exprimèrent par un petit geste leur toute nouvelle façon de voir le monde : rompre le pain ensemble. C'était autre chose que l'imposante mise en scène des sacrifices du Temple, avec abattage et mise au brasier d'ovins et de bovins par centaines, le massacre à tout-va répété jour après jour. Dans les premiers temps, les chrétiens de Jérusalem continuaient de fréquenter le Temple. Pierre s'y rendait justement quand il entendit le cri du paralytique. Mais la forme de sacrifice qu'adopta la jeune communauté déplaça peu à peu le rituel. C'est à peine si la discrète façon de s'y prendre, rompre et partager le pain, se remarquait.

Georges Perec[18] a écrit : « Je cherche à la fois l'éternel et l'éphémère[19]. » Voilà deux notions qui semblent aux antipodes l'une de l'autre, mais c'est souvent sous le fragile, sous le fugace que perce l'éternité et qu'on entrevoit Celui qui dispense le don. Que le don que fait Dieu de la vie éternelle soit figuré par un pain en rend à merveille l'idée, produit littéralement éphémère en ce qu'il ne dure qu'une journée. Au-delà, il rassit. Aussi prions-nous pour avoir notre pain quotidien, jour après jour, comme nous recevons notre oxygène bouffée après bouffée, dans la certitude confiante que la suivante nous sera donnée.

Dorothy Day croyait avant tout en l'efficacité des petits gestes. Elle adorait citer le bienheureux John Henry Newman, selon lequel la tragédie, c'était de n'avoir jamais commencé, ainsi que le proverbe russe « Qui trois arbres plantera, l'enfer évitera ». C'est précisément avec d'humbles petits gestes qu'on peut faire un pied de nez à l'imaginaire technocratique, lequel s'appuie sur des interventions massives qui remodèlent tout par la force. « Le choc et l'effroi[a] ». Accorder sa confiance au pouvoir des sans-grade est un défi aux prétentions des puissants. Le 1er décembre 1955, une certaine Mrs. Rosa Parks refusa de changer de place dans un bus pratiquant la ségrégation dans le sud des États-Unis. « Je ne peux pas supporter cela plus longtemps[20] », dit-elle en refusant de bouger – mais c'est le monde qui bougea.

a. *Shock and Awe*, doctrine officielle du Pentagone pour l'intervention en Irak, 2003, formule reprise par Naomi Klein, *The Shock Doctrine*.

Le Mahatma Gandhi avait compris lui aussi que de petites actions peuvent être lourdes de conséquences. L'impôt sur le sel imposé par les Britanniques interdisait aux Indiens de faire du sel, ce qui amena Gandhi, en 1930, à se mettre en route, accompagné de milliers de ses adeptes, pour Dandi, petit port de la mer d'Oman situé à 400 km de là, où il ramassa une poignée de sel. Par milliers, ses partisans l'imitèrent. Cette menue désobéissance civique ébranla le pouvoir exercé par l'Empire britannique, qui se voyait symboliquement déposséder de ses revendications de maître d'un autre peuple et d'un autre pays. Elle donnait l'idée d'un autre monde.

Le pape François, comme le pape Jean-Paul II avant lui, a le génie du petit geste qui nous ouvre les yeux. Il se met en cela dans les pas de son patron, saint François d'Assise, dont G. K. Chesterton a parlé en ces termes :

> Ce qu'il a dit a plus marqué les mémoires que ce qu'il a écrit. Ce qu'il a fait était dicté par une imagination plus riche que ce qu'il a dit [...]. Du jour où il lacère ses vêtements, qu'il jette aux pieds de son père, jusqu'au moment où il s'étend en forme de croix pour mourir sur la terre nue, sa vie est un mélange de ces attitudes inconscientes et de ces gestes déterminés[21].

Les gestes ouvrent une fenêtre sur l'imaginaire et ébranlent nos hypothèses quant à la nécessité des choses. Le jour de la canonisation de Mère Thérèse de Calcutta, le pape François a invité 1 500 sans-abri à une soirée pizza au Vatican. Ce n'étaient pas des mendiants, mais des invités. Il affirme souvent que notre tâche n'est pas toujours d'élaborer des solutions, mais de mettre en route des processus. La soirée pizza ouvre la porte à un autre monde où tous peuvent prendre place à table.

L'échec à accomplir de petits gestes peut aussi être éloquent. J'ai assisté à une conférence organisée aux États-

Unis par des religieuses sur la menace du changement climatique. La journée était chaude, mais à l'intérieur du bâtiment c'était glacial, et la plupart des sœurs, malgré leurs chandails, tremblaient de froid. Dehors, l'air bruissait du vrombissement de centaines de climatiseurs.

Les sacrements sont de petits gestes qui transforment le monde. Un bébé est éclaboussé d'eau, de la nourriture et des boissons sont bénies et partagées, le front et les mains d'un malade sont oints d'huile, on fait se joindre des mains pour consacrer le mariage, une personne accablée chuchote à l'oreille d'un prêtre. Nous élevons le pain lors de la consécration, le sortant de son contexte ordinaire pour l'introduire dans notre relation à Dieu. Tout cela forme une série d'événements minuscules, qu'on ne remarque pas toujours, mais c'est par de tels actes et de telles paroles que le pouvoir que détient Dieu de transformer pénètre le monde. Alors, quels sont les petits gestes que nous pouvons accomplir et qui donneront de l'univers l'image d'un lieu de dons plutôt que celle d'un simple magasin dont user et – souvent – abuser ?

Le don de soi

Il n'est pas de plus grand cadeau que le don de soi. C'est le cœur de la vie sacramentelle : « Ceci est mon corps, donné pour vous », « ceci est mon sang répandu ». Dieu, qui donne toutes les bonnes choses, se mue en don. Un martyr, qui n'est qu'un « témoin » si l'on s'en tient au grec, est quelqu'un qui fait de sa vie un cadeau. « Nul n'a plus grand amour que celui-ci : déposer sa vie pour ses amis » (Jn 15, 13). C'est l'antithèse absolue des misérables calculs de l'imaginaire technologique.

Le 8 décembre 2018, sur les hauteurs d'Oran, la deuxième ville d'Algérie, l'Église a béatifié les dix-neuf religieux qui dans les années 1990 ont laissé la vie pour avoir refusé de fuir les violences dévastant alors le pays. Les premiers martyrs furent sœur Paule-Hélène Saint-Raymond, petite sœur de l'Assomption, et un frère mariste, Henri Vergès, assassinés en mai 1994. Lorsque l'archevêque Henri Tessier avertit ses prêtres et ses religieux du danger qu'ils couraient en restant sur place, sœur Paule-Hélène répondit : « Père, nous avons déjà donné nos vies. » Elles ne pouvaient être prises. Elle dirigeait une bibliothèque dans le quartier pauvre par excellence, la casbah d'Alger, pour venir en aide aux étudiants musulmans. Deux ans plus tard, Mgr Pierre Claverie, qui fut le dernier des martyrs, me confia, au cours de la visite de son diocèse qu'il me fit faire, la difficulté qu'il avait à pourvoir le poste très exposé de responsable de sa bibliothèque diocésaine. Un vieux frère dominicain assis à l'arrière de la voiture, Jean-Pierre Voreaux, se porta immédiatement volontaire : « J'ai l'âge de mourir. Confiez-moi la bibliothèque », dit-il.

Bien conscient de ce qui se tramait, Pierre a déclaré :

> Donner sa vie pour cette réconciliation [entre musulmans et chrétiens], comme Jésus a donné la sienne pour abattre le mur de haine qui séparait Juifs, Grecs, païens, esclaves et hommes libres, n'est-ce pas une bonne manière de célébrer son sacrifice[22] ?

Les sept moines de Tibherine qu'on peut voir dans *Des dieux et des hommes* ont découvert petit à petit que donner leur vie à l'Ordre signifierait le cadeau de leur vie dans la mort.

Bien sûr, nous ne serons pas nombreux à affronter une aussi violente dépossession, mais la tâche est toujours la même : devenir un cadeau en tout ce que nous sommes et faisons. Pierre appelait cela « martyre blanc » :

> Le martyre blanc est ce que tout le monde s'efforce de vivre, donner sa vie goutte à goutte – par un regard, par sa simple

présence, un sourire, un geste de sollicitude, un service, toutes ces choses qui font de notre vie une vie partagée, donnée, vouée aux autres. C'est là que l'ouverture et le détachement prennent le sens du martyre de l'immolation – laisser faire la vie, jusque dans son abandon.

C'est tout simplement la logique de l'imagination sacramentelle, le partage du pain. Quel sens y a-t-il à recevoir le cadeau si on ne devient pas soi-même un cadeau ?

Pierre Claverie le reconnaissait, on ne verra que folie là-dedans :

> Il y a un côté fou dans la sainteté : c'est la folie de l'amour, la folie même de la croix, qui ridiculise la sagesse et le calcul humain[23].

Ce comportement heurte-t-il à ce point de plein fouet les petits calculs de l'imaginaire technocratique qu'il doive passer pour absurde aujourd'hui ? C'est tout l'inverse : la folie, justement, des premiers martyrs chrétiens a ébranlé l'Empire romain dans son paganisme et réveillé les masses par la bonne nouvelle qu'une révolution fabuleuse était en marche.

Lorsque je rendis visite à Mgr Claverie peu après le meurtre des moines, il me confia qu'il avait peur en voiture des barrages sur la route, l'œuvre, souvent, de terroristes déguisés en policiers pour s'emparer d'hommes comme lui. Avant de m'emmener en visite dans son diocèse, il se renseigna auprès d'amis sûrs sur les risques du parcours. En rentrant sur Oran pour la béatification, nous croisâmes nombre de barrages, dressés, cette fois, pour notre protection. L'esplanade du sanctuaire était noire de monde : les familles des martyrs y côtoyaient leurs frères et sœurs en religion. Dans sa déclaration, le ministre des Affaires religieuses, Mohamed Aïssa, fit état de « la pleine et entière satisfaction » du gouvernement. Des centaines de responsables musulmans étaient venus partager notre célébration. Leur présence fut saluée par des tonnerres d'applaudissements.

Rien de tel ne s'était jamais produit auparavant dans un pays à majorité musulmane, à ma connaissance. Alors, pourquoi ce jour-là ? Peut-être parce que la cérémonie n'avait pas pour objectif de commémorer le meurtre perpétré sur des chrétiens par des musulmans. Ceux-ci étaient 200 000 à avoir péri dans les violences, dont 119 imams et des centaines d'intellectuels et de journalistes. Nous célébrions le cadeau sans condition ni réserve de leur vie fait par ces religieux au peuple algérien. Comme résultat, se déroulait cette fête commune sur l'esplanade de la chapelle rebaptisée *Vivre ensemble** au pied de la statue de Notre-Dame, protectrice de la ville. Ce don de soi inconditionnel des martyrs ouvrait un espace où chrétiens et musulmans découvraient l'amitié et l'estime mutuelle. Cette générosité radicale mettait à bas les barrières qui nous séparaient.

Significative de ce changement de perspective était l'amitié qui liait Mgr Claverie et Mohamed Bouchikhi, un jeune musulman que l'évêque prenait parfois pour chauffeur et qui mourut avec lui le 1er août 1996 dans l'explosion d'une bombe devant le domicile de l'évêque au moment où peu avant minuit ils étaient sur le point d'y entrer. Mohamed est également présent sur l'icône des martyrs dévoilée lors de la cérémonie. Le soir de la béatification fut représentée une pièce de théâtre écrite par le frère dominicain Adrien Candiard, *Pierre et Mohamed,* qui a pour thème leur amitié. La mère de Mohamed assistait à la représentation ; elle envoya un baiser à l'acteur qui jouait le rôle de son fils et serra l'évêque dans ses bras. Ces martyrs sont morts pour leur foi en notre généreux Seigneur.

Qui sait si une générosité radicale n'est pas capable d'ébranler l'imaginaire technocratique et d'ouvrir les yeux de nos contemporains sur le monde de dons où nous vivons et sur les dons que nous sommes ? Qui sait si la générosité eucharistique n'est pas capable de leur ouvrir les yeux sur le Dieu dispensateur de toutes les bonnes choses ? Quand nous vivons comme des personnes qui sont des cadeaux et qui reçoivent les cadeaux que sont les autres, c'est alors que nous remettons en cause le paradigme dominant.

Voir les autres comme des cadeaux

Au moment où j'écris, la France est secouée par des manifestations qui ont débuté en novembre 2018. Les manifestants portent un *gilet jaune**, accessoire réglementaire pour assurer en cas de panne la visibilité (d'où leur nom ailleurs de *viz-jackets*). Les manifestations de gilets jaunes en effet ont essaimé un peu partout, de l'Amérique du Nord à l'Irak et à l'Afrique du Nord. Porter cet accessoire revient à dire : « Regarde-moi », et symbolise ce que ressentent tous ces millions de gens devenus invisibles. Personne ne remarque qu'ils existent. S'ils n'ont aucune influence, il s'ensuit que, pour l'imaginaire technocratique, ils n'existent purement et simplement pas.

Le jésuite Étienne Grieu dit à ce propos :

> Un monde dominé par la concurrence s'engage dans une redoutable entreprise de classement, où il ne s'agit pas seulement d'évaluer les résultats, mais également les personnes. En bas du tableau se trouvent ceux qui ne sont pas assez efficaces. Incapables de démontrer leur utilité dans les divers échanges dans lesquels nous sommes engagés, ils deviennent invisibles aux autres [...]. De plus, ils se sentent humiliés qu'on leur ait quasiment ôté les moyens de dire qui ils sont ou d'attirer l'attention des autres sur ce qu'ils portent en eux comme trésor spécifique[24].

Une société que l'argent fascine ne prend pas en compte l'existence des pauvres. Ils ne comptent pas et ne sont pas comptés. Notre maison est le *Royaume de Mammon*[25], comme dirait David Marquand, où l'on peut tout vendre et tout acheter. Lewis Hyde montre que la mentalité du marché imprègne tout : « la loyauté des écoliers, les savoirs locaux, l'eau potable, le génome humain, qu'est-ce qui ne se vend pas[26] ? »

Karl Polanyi raconte comment naquit en Grande-Bretagne au XVIIe siècle la « fiction marchande », selon laquelle terre, travail et argent ne sont que des objets à posséder. Nos ancêtres médiévaux tenaient pour évident qu'ils ne pouvaient avoir en pleine propriété ni d'autres êtres humains ni le sol de la terre de Dieu : les riches peuvent bien avoir sur la terre tout l'empire qu'ils veulent, celle-ci est en dernière analyse au Seigneur, qui la confie à notre commune attention. Néanmoins, nos ancêtres furent séduits par cette nouvelle fiction de possession totale. Voici ce que dit l'auteur :

> Le travail, la terre et l'argent *ne* sont *pas* des marchandises, cela va de soi ; la règle qui veut que tout ce qui s'achète et se vend ait été fait en vue de la vente ne vaut pas un seul instant en ce qui les concerne [...]. Décrire le travail, la terre et l'argent en termes de marchandises est une complète fiction[27].

C'était une fiction nécessaire dès lors que le monde s'apprêtait à devenir un marché universel de complet libre-échange. Elle allait de pair avec l'explosion de la traite, le trafic à grande échelle d'êtres humains ravalés au rang de marchandises.

La marchandisation de la création fait de l'or, ou du billet vert, avec toute chose. Shakespeare l'avait bien dit, dans *Timon d'Athènes* :

Quoi ? de l'or ! De l'or jaune, brillant, précieux ?
[...]
Ce jaune esclave

forme ou rompt les nœuds des pactes les plus sacrés, bénit ce qui fut maudit,
fait adorer la lèpre blanche ; il place un fripon
auprès du sénateur sur le siège de justice,
lui assure les titres, les génuflexions et l'approbation publique[28].

L'argent uniformise toutes choses sous l'étiquette de trucs à vendre. Tout doit pouvoir se mesurer, se quantifier. Tout a un prix. David Graeber écrit que c'est « la capacité qu'a l'argent de transformer la moralité en arithmétique impersonnelle » qui justifie « des comportements qui sembleraient autrement scandaleux ou obscènes[29] », la capture et la commercialisation d'êtres humains par exemple. Ceux-ci sont ramenés à des chiffres sur un bilan. Le Gradgrind des *Temps difficiles* de Dickens est emblématique du monde dur de la révolution industrielle, lui qui n'a qu'une idée en tête : en finir avec toute imagination, toute fantaisie, bien qu'il incarne lui-même, sans s'en rendre compte, l'imaginaire technocratique :

> Thomas Gradgrind, Monsieur ! L'homme des réalités ; l'homme des faits et des calculs ; l'homme qui procède d'après le principe que deux et deux font quatre et rien de plus, et qu'aucun raisonnement n'amènera jamais à concéder une fraction en sus [...]. Avec une règle et des balances, et une table de multiplication dans la poche, Monsieur, toujours prêt à peser ou à mesurer le premier colis humain venu, et à vous en donner exactement la jauge. Simple question de chiffres que cela, simple opération arithmétique[30] !

En regardant de près la non-violence de Jésus, nous avons constaté la séduction exercée par les armes à feu sur notre culture. Elle les trouve sexy. Mammon exerce une séduction comparable :

> Avec l'argent, il existe un mystère en même temps qu'une fascination. Il est fongible, protéiforme, évanescent et

indéfinissable, on dirait du glissant sur une surface polie, tellement il échappe[31].

Nous sommes indifférents à la réalité de la divine Création, à son inimaginable diversité et au plaisir de nous plonger dans la pure nature des choses. Au lieu de cela, nous dressons un autel à l'argent, qui est sans vie, et ne représente souvent rien de plus que des chiffres clignotant sur un écran. Moïse, en redescendant de la montagne, a donné un coup d'arrêt à la cérémonie du veau d'or. Il avait sorti son peuple de la servitude en Égypte, et les voilà qui s'asservissent de nouveau, agenouillés devant une idole en or.

Un monde dominé par l'argent nous rend aveugles aux pauvres, et nous en venons à tolérer une inégalité croissante. Le Royaume-Uni, par exemple, est la plus inégale des « démocraties établies de longue date sur le continent européen[32] ». Les trente dernières années ont vu les salaires moyens dans l'ensemble du pays n'être multipliés que par 3, contre des progressions pouvant aller jusqu'à 5 000 % pour les cadres supérieurs[33]. Nombreux sont les P.-D.G. qui perçoivent en une seule prime annuelle plus que ce que gagnent la plupart des gens en une vie de travail. Un grand nombre de très gros revenus dépassent certains PNB. Marquand nous dit que la société se partage entre nantis et surnantis[a].

L'inégalité dramatique des revenus est accentuée par la quantité de richesse qui se dissimule dans les paradis fiscaux, que Marquand appelle « îles au trésor ». Des milliers d'Ananies et de Saphires cachent leur richesse là où notre vue ne peut porter. Bastian Obermayer et Frederik Ober-

a. Il est impossible ici de tomber aussi juste que l'anglais, qui a un couple figé : les *haves*/les *have-nots*, « ceux qui ont » et « ceux qui n'ont pas » (de quoi), et sur lequel notre auteur bâtit son intraduisible jeu de mots en remplaçant *nots* par un mot phonétiquement proche, *yachts* : ceux qui ont (de quoi) et ceux qui ont des yachts – prononcer *yots*.

maier montrent comment les bureaux d'un cabinet juridique panaméen gèrent les milliards de dollars qu'alignent les grosses fortunes, par dissimulation ou évasion fiscale, tandis que les citoyens ordinaires doivent payer[34]. Des politiciens de tous les continents, des hommes d'affaires, des célébrités et des footballeurs s'esquivent, fiscalement parlant. Cet argent-là est retiré des fonds de la nation et se voit privatisé jusqu'au dernier centime.

Quelle importance, demandera-t-on, si certains amoncellent des fortunes ? Bonne question. Une fois qu'on s'est payé un yacht, une équipe de foot et quelques chevaux de course, qu'est-ce qu'on peut bien en faire ! N'empêche, avec le gouffre entre les nantis à fortune colossale et Monsieur-Tout-le-monde, notre rêve d'humanité commune est rudement mis à mal. Michael Sandel énonce cette loi :

> Plus on peut acquérir de choses qu'on paie, plus diminuent les chances de se rencontrer entre personnes de différents horizons [...]. La démocratie n'exige pas une égalité parfaite, ce qu'elle exige, c'est que les citoyens partagent une vie commune[35].

Une inégalité flagrante érode chez nous le sentiment d'une identité et d'un destin communs, ou, si l'on préfère s'exprimer comme l'ex-chancelier de l'Échiquier, « d'être tous dans le même bateau ». Et ce n'est pas le cas.

Une inégalité flagrante, de plus, humilie les pauvres. « Aucune place ne leur est réservée », s'il faut en croire Marquand, « dans le récit que tisse notre culture publique de gauche comme de droite et dont les mots-clés sont "méritocratie", "chance à saisir", "ambition", sans qu'ils aient un autre récit à lui opposer[36] ». Une inégalité scandaleuse mine la confiance, le ciment qui unit la société. Repérons-nous d'autres personnes qui nous paraissent différentes, nous les prendrons pour des échantillons d'une autre espèce. Citons encore Marquand :

> À mesure que la société devient plus inégale, elle se fragmente. L'empathie diminue [...]. Ceux qui se trouvent au bas de l'échelle peuvent dévorer du regard ceux qui sont en haut, mais ils sont incapables de les comprendre. Ceux qui sont en haut ne regardent pas ceux qui sont en bas ; le dégoût ou la peur, ou les deux à la fois, leur hérissent le poil. Les « écartelés du milieu » éprouvent du ressentiment quand ils lèvent les yeux et de l'inquiétude quand ils les baissent[37].

À rebours de l'idée reçue dans nos cultures, le christianisme proclame que les statuts, la fortune ne modulent nullement notre dignité. Dans le christianisme, Dieu éprouve même de l'affection pour les pauvres. Dieu a choisi une famille sans lustre pour s'incarner quelque part au fin fond de l'Empire romain, un endroit dont les gens distingués, l'élite, n'avaient même jamais entendu parler, et pour mourir une fin honteuse, celle qu'on réservait aux esclaves.

Ouvrir nos yeux

Plus haut, nous avons vu que nous pouvions faire un pied de nez à l'imaginaire technocratique en transformant nos vies en dons à autrui. L'exemple suprême en est fourni par le martyr, chez qui s'incarne la sublime générosité de Jésus nous ayant fait don de sa personne. La logique de l'Eucharistie, le monde des dons, nous libère des petits calculs de la technocratie. Nous tiendrons en échec ses conséquences dévastatrices en voyant ceux qu'elle rend invisibles et en nous réjouissant en eux comme autant de dons.

Martin Luther King a dû faire des pieds et des mains pour partager avec quelques pasteurs blancs, réticents à rejoindre la cause, ce terrible sentiment d'être volé de son existence.

En se remémorant la marche de 1963 sur Washington, King se rendit compte que ce qui changeait tout, c'étaient les images que diffusait la télévision des participants, des gens silencieux, pacifiques et non violents. Beaucoup de Blancs ne pourraient plus jamais regarder les Afro-Américains de la même manière. Les craintes de la population blanche avaient été projetées sur eux, et c'est ce qui avait motivé les actes de violence dont ils avaient été victimes, les charges à la matraque, l'utilisation de chiens déchaînés et de canons à eau. King en témoigne :

> Des millions d'Américains blancs, pour la première fois, prenaient la peine de regarder des Noirs engagés dans une démarche sérieuse. Pour la première fois, des millions de personnes écoutaient les propos éclairés et réfléchis de porte-parole noirs, issus de tous les horizons. Le stéréotype du nègre en fut ce jour-là fort malmené, comme le montrèrent à l'évidence certains commentaires où l'on pouvait lire la surprise de voir des gens dignes, organisés, et même bien mis et fort civils.

Pour certains Blancs au moins, les caricatures s'effondraient, laissant la place aux pourparlers.

La soirée pizza organisée par le pape pour les sans-abri montre que ceux-ci ne sont pas une vermine humaine mettant en danger la vie de citoyens ordinaires, mais les frères et sœurs de Jésus-Christ, qui était « le Fils de l'homme, qui n'avait nulle part où reposer sa tête ». La marche du sel de Gandhi a montré de façon éclatante la calme dignité des Indiens opprimés qui se voyaient ainsi reconnaître leur pouvoir et leur identité. L'Empire britannique était démasqué dans toute sa brutalité et sa petitesse d'esprit. Il n'en a pas fallu plus pour mettre en lambeaux le mythe de la nation déversant à grands flots justice et lumières.

Souvent, ce sont des fictions qui révèlent la vérité sur ce que nous sommes. Des grands romans, des poèmes célèbres vient ce qui a le plus contribué à nous ouvrir les yeux sur l'humanité des étrangers et des pauvres plus encore, en nous fournissant de la sorte de quoi alimenter notre résistance aux scandaleuses inégalités[38]. Martha Nussbaum, une philosophe juive, affirme que les Anglais de l'époque victorienne ont été sensibilisés à l'horreur de la pauvreté par *Les Temps difficiles* de Charles Dickens. *La Case de l'Oncle Tom* a mobilisé bien des Américains pour lutter contre l'esclavage. *Les Raisins de la colère* de John Steinbeck ont fait prendre à tout un pays la mesure de la souffrance des travailleurs migrants et beaucoup œuvré pour le succès du New Deal[39]. *L'Archipel du Goulag* d'Alexandre Soljenitsyne a mis au jour la barbarie écrasante du communisme soviétique.

Dorothy Day a déclaré que sa vie était fondée sur les enseignements de Jésus et de l'Église, ainsi que sur la lecture de romans : Dostoïevski, Tolstoï, Gorki. « J'aimerais, écrit-elle, que les gens disent : "Elle adorait ces livres-là !" [...] C'est tout le sens de ma vie : être à la hauteur de la vision morale de l'Église et de certains de mes écrivains préférés [...], prendre à cœur le message de ces artistes et de ces romanciers et arriver à hauteur de leur sagesse[40]. »

Le terrible M. Gradgrind comprend que sa technocratie est menacée si on lit des romans. Après de longues heures de labeur acharné dans ses usines, les travailleurs se rendent dans les bibliothèques pour lire des histoires :

> Ils s'émerveillaient de la nature humaine, des passions humaines, des espérances humaines, des craintes, des luttes, des triomphes et des défaites, des soucis et des plaisirs, des peines de la vie et de la mort de certains hommes et de certaines femmes ordinaires ! Quelquefois, après quinze heures de travail, ils se mettaient à lire des récits fabuleux concernant des hommes et des femmes qui leur ressemblaient plus ou moins, et concernant des enfants qui ressemblaient plus ou moins aux leurs. Au lieu de demander Euclide, ils pressaient Daniel de Foe contre leur cœur, et ils avaient le mauvais goût de trouver Goldsmith plus amusant que Cocker[41].

R. S. Thomas était un poète gallois et un prêtre anglican qui exerçait son ministère auprès des agriculteurs des collines de Manafon. Ceux-ci ne s'intéressaient guère à ses sermons ni à sa personne. Et lui, de son côté, avait quelque mal à les comprendre. Mais dans sa poésie, il révèle tout ce qu'ont en commun leur humanité et la nôtre. Voici un exemple, très représentatif de sa veine. Un agriculteur de la colline s'adresse à Thomas et à nous, nous mettant au défi de l'entendre :

Les poules vont et viennent, non loin de la porte,
Passant du soleil à l'ombre, comme font des pensées errantes
Foulant le sol de mon large crâne. Mes ongles fêlés sont noirs de crasse ;
La bouse recouvre le conte de ma vie ;
Dans mon gosier, cela fait un bruit de ferraille. Mais ce que je dis
Par-delà les herbes rugueuses de rosée,
C'est : « Écoute, écoute, je suis un homme comme toi »[42].

Rien de ce qui est humain n'est étranger à Jésus-Christ. Chaque roman, poème, film ou tableau qui nous ouvre à nos frères et à nos sœurs invisibles est un allié de l'imaginaire sacramentel.

Le pape François nous appelle à ouvrir les yeux et à voir. Pas seulement nos semblables, créés à l'image et à la ressemblance de Dieu, mais la Création dans toute sa beauté. Annie Dillard affirme que « le cadeau de la vue est une perle inestimable[43] ». Parfois, elle aime regarder au microscope ou au télescope. La technologie peut nous aider à nous émerveiller ! Sinon, elle regarde à l'œil nu, sans penser à rien, attendant d'être surprise, le regard en coin.

> Apprenez à voir ce qui est là sans avoir besoin de le posséder, de le cueillir, de le naturaliser, de le faire mariner, de le photographier. Laissez-le se manifester [...]. Il existe une façon de voir les choses qui finit par faire qu'on lâche prise. Quand je

la pratique, je me vide de moi-même et j'entre dans une sorte de transe[44].

A. Dillard prend le cas d'un enfant à qui on donne un microscope afin que le spectacle de la jungle dans une goutte d'eau le ravisse.

> Mais dans la flaque ou dans l'étang, dans le château d'eau municipal, dans le fossé ou dans l'océan Atlantique, les rotifères continuent, dans leur mouvement de toupie, de dévorer, les daphnies de filtrer et d'être filtrées, et les copépodes de se suspendre en essaims avec leurs grappes d'œufs. Ce sont de vraies créatures pourvues de vrais organes qui mènent leur vie, chacun pour son compte. Je ne peux faire comme s'ils n'étaient pas là. Si moi, j'ai une vie, des sens, de l'énergie, de la volonté, il en va de même pour un rotifère. Un monostyla rejoint toujours l'endroit sombre du récipient : et moi, vers quel cercle est-ce que je me dirige[45] ?

Le pape François nous invite à franchir une étape plus étonnante encore. Si nous voyons vraiment les visages des autres, alors nous conversons avec eux. Si nous portons sur la nature un regard lucide et désintéressé, on s'adressera à nous. Saint François d'Assise a parlé à la création comme à une famille : sœur Terre, frère Soleil, sœur Lune, frère Vent et sœur Eau. Tous les Gradgrinds de cette terre vous diront que ce n'est là que sentimentalisme à l'eau de rose. Mais ce n'est pas tout : la Création nous parle. Sœur Terre « crie en raison des dégâts que nous lui causons par l'utilisation irresponsable et par l'abus des biens que Dieu a déposés en elle. [...] Elle "gémit en travail d'enfantement"[46] ».

Pour l'imaginaire judéo-chrétien, toute la Création parle de Dieu et crie de joie. À la prière du matin, chaque jour de fête, nous chantons le chant du chapitre 3 de Daniel : « Vous toutes, œuvres du Seigneur bénissez le Seigneur, chantez-le, exaltez-le éternellement ! » et nous continuons en proclamant que chaque partie de la Création – soleil et lune, averses et rosée, oiseaux et poissons – loue Dieu. Saint Augustin a dit que la nature est le grand livre qui parle de Dieu : « Le ciel et la terre Te crient : "Dieu m'a créé" [47]. »

Nous avons des alliés

Quand on voit les forces mobilisées par les puissances technocratiques de ce monde, on est en droit de se demander s'il y a quelque chose à faire. Le pape François a l'honnêteté d'élever des doutes sur notre capacité de nous libérer de la tenaille d'acier du paradigme technocratique. Les sociétés multinationales qui mènent l'économie mondiale, la main invisible du marché, le tsunami d'argent se propageant en un instant d'un centre financier à l'autre, la montée des dictatures sur les cinq continents ; comment diable contrer de telles forces ?

Nous avons des alliés dans les romanciers et les poètes que j'ai mentionnés chemin faisant, et les jeunes nous donnent de l'espoir. Ceux d'entre nous qui sont devenus adultes vers l'an 2000 ne désespèrent pas d'apporter leur contribution à l'humanité et à notre petit monde. Ils n'attendent pas de changement venu d'en haut. La plupart sont amèrement déçus par les institutions, qu'elles soient politiques, juridiques ou religieuses. En revanche, ils croient en leur pouvoir de changer les choses par d'autres moyens. Pensez à Avaaz, le site militant international, qui dépasse les 40 millions d'abonnés, dont plus de quatre millions en France. En Grande-Bretagne, il existe d'innombrables groupes de personnes engagées qui recueillent l'enthousiasme de millions d'autres, souvent des jeunes, qui veulent que les choses changent. Certains sont religieux, mais beaucoup ne le sont pas : Citoyens du Royaume-Uni, l'Association catholique pour la justice raciale, l'Action de l'Église contre la pauvreté, et j'en passe. 38 Degrees est un groupe qui transcende les appartenances politiques et s'est inspiré de la cérémonie d'ouverture des Jeux olympiques de Londres de Danny Boyle.

Un nouvel imaginaire est en train de voir le jour. D'innombrables petites organisations cherchent un mode de vie différent, qui foule la terre avec plus douceur et se soucie davantage du fragile réseau de la Création dont nous sommes partie intégrante. Sœur Margaret Atkins les appelle le « parti du sous-bois[48] », dans la mesure où elles partent de la base et rejettent le modèle économique dominant de croissance sans fin. C'est une marée montante de personnes de toutes les cultures qui veulent vivre de manière durable.

Le film d'Emma Goude *En transition 2.0*, « une histoire de résilience et d'espoir dans une époque extraordinaire », explore la façon dont un réseau non structuré de plus de 1 800 organisations s'étend à travers le monde et opère la transition vers un nouveau mode de vie. Ces initiatives sont souvent liées à la production d'aliments, des quartiers déshérités du centre-ville de Philadelphie à la plate-forme de la station de métro Kilburn à Londres, qui arbore fièrement un pommier. Souvent ces organisations ont vu le jour à la suite d'un drame comme la catastrophe nucléaire du Japon ou le tremblement de terre de Christchurch en Nouvelle-Zélande.

Naomi Klein a affirmé que seule la foi peut conduire à la conversion du cœur et de l'esprit dont nous avons besoin pour survivre, mais déjà des millions de personnes, pour la plupart jeunes, rejettent le modèle technocratique dominant. Nous autres croyants ne sommes pas les seuls impliqués dans la tâche. Si nous pouvons écouter les jeunes, nous joindre à leurs initiatives, l'Église pourra leur transmettre une part de sa sagesse et s'enrichir en retour. Si nous conjuguons nos efforts, nous pouvons transformer notre vision du monde.

Nous plaçons notre espoir dans le Seigneur, qui nous promet le triomphe de la vie sur la mort et du don sur la cupidité. Nous n'avons aucune idée de la façon dont cela adviendra. Notre espoir peut ne pas se réaliser comme nous le prévoyons. Nous ne pouvons pas deviner les intentions de Dieu. C'est l'espoir exprimé par Martin Luther King, dans un discours où la poésie de la Bible épouse brillamment le récit du travail accompli par le mouvement des droits civiques :

> Je sais la question que vous vous posez aujourd'hui : « Combien de temps cela prendra-t-il ? » Cet après-midi, je viens vous dire que, si difficile que soit le moment, si frustrant que soit le climat, cela ne va pas tarder, car la vérité foulée aux pieds se relèvera.
>
> Combien de temps ? Pas longtemps : aucun mensonge ne peut durer éternellement.
>
> Combien de temps ? Pas longtemps : vous récolterez ce que vous semez.
>
> Combien de temps ? Pas longtemps : l'arc que décrit l'univers moral prend son temps mais tend vers la justice.
>
> [...] Il a fait retentir les trompettes qui ne sonneront jamais la retraite. Il élève le cœur des hommes jusqu'au pied de Son trône du Jugement. Ô mon âme, sois prompte à Lui répondre. Envolez-vous de joie, mes pieds. Notre Dieu s'avance[49].

Dans les deux chapitres qui vont clore ce livre, j'examinerai comment, tandis que nous sommes dans l'attente, le culte et la vie de prière nous soutiennent.

17

L'imaginaire liturgique : la providence de Dieu

Si vous assistez à une messe dominicale, vous verrez des bizarreries auxquelles la société laïque ne vous a pas habitué : des gens défilant accoutrés d'une étrange façon, coiffés pour quelques-uns d'un drôle de chapeau pointu. Vous ne verrez guère de pantalons, même sur les hommes. Vous remarquerez en revanche une curieuse gestuelle, faite de courbettes, de génuflexions pouvant aller jusqu'à la prosternation. La chorégraphie insolite de la liturgie en fascine plus d'un, dont le cœur bat la chamade à la vue d'un manipule et qui connaissent l'extase si d'aventure un cardinal succombe à la tentation de se montrer en *cappa magna*. Peut-être ce spectacle les envoûte-t-il autant que le ferait un ballet. Il en est d'autres, et j'en fais partie, qui sont plus immunisés contre les délices d'une liturgie extravagante. Un de mes frères est allé jusqu'à aimablement me suggérer que je n'étais pas la personne la plus indiquée pour écrire ce chapitre. C'est précisément pour cette raison que j'ai voulu aborder le sujet, dans l'espoir d'élargir mon imaginaire non liturgique. La liturgie est un des moyens offerts aux chrétiens que nous sommes d'exprimer ce que signifie, pour nous, partager la vie ressuscitée du Christ, pour lui, de partager les nôtres. Choisir la vie implique que l'on accepte l'invitation à se joindre à la liturgie de l'Église. L'imaginaire liturgique est un volet de l'imaginaire chrétien. C'est une idée avec laquelle j'ai dû batailler pour la comprendre, et je ne suis pas mécontent d'y être parvenu.

Dans les premiers temps qui ont suivi la Pentecôte, les chrétiens exerçaient le culte dans le Temple et ils réservaient au foyer leurs rituels spécifiques : « Jour après jour, d'un seul cœur, ils fréquentaient assidûment le Temple et rompaient le pain dans leurs maisons, prenant leur nourriture avec allégresse et simplicité de cœur. Ils louaient Dieu et avaient la faveur de tout le peuple » (Ac 2, 46-47). À mesure que la communauté chrétienne affirmait son identité, les fidèles désertèrent le Temple, proscrit par Étienne, le premier diacre, puis détruit par les Romains en 70. Après avoir quitté Jérusalem, il est probable que les chrétiens aient fréquenté les synagogues locales avant de construire la leur. L'Église, petit à petit, s'autonomisait dans son développement liturgique, processus qui ne fit que s'amplifier lorsque la conversion de Constantin en 312 eut élevé le christianisme au rang de religion officielle de l'Empire.

Comment un laïc d'aujourd'hui peut-il comprendre quelque chose aux liturgies de nos Églises, en particulier celles des catholiques, des orthodoxes et des anglicans, qui mettent théâtralement en scène leurs services ? Lorsque disparaissent des rituels domestiques tels que les actions de grâce avant les repas pris en commun, lequel pourrait faire sens auprès des gens ? Pourtant lorsque, en mai 2018, le Metropolitan Museum of Art de New York, en collaboration avec le Vatican, a lancé la plus grande exposition de son histoire en recourant à des phares comme Dolce & Gabbana, Versace ou Schiaparelli, celle-ci, intitulée « Corps divins – Mode et imaginaire catholique », reçut 1,3 million de visiteurs. Des créateurs aussi célèbres qu'Alexander McQueen, Yves Saint-Laurent ou John Galliano y avaient participé en présentant des pièces extravagantes sur le thème : « Cultes des saints, des anges et de la Vierge Marie ». On avait drapé des mannequins de femmes de vêtements sacerdotaux de prélats du Vatican. C'est le cardinal archevêque de New

York qui avait ouvert le spectacle et le cardinal Ravasi du Vatican qui avait présenté le catalogue.

Le train-train de notre monde laïque semble loin du théâtre offert par la liturgie, avec ses prosternations et ses génuflexions, et pourtant des millions d'inconditionnels de *Game of Thrones* ont épilogué sur le refus de Jon Snow de « plier le genou » devant Daenerys Targaryen. L'expression est passée en proverbe. « Mettre un genou en terre » pendant qu'on exécute l'hymne national en prélude aux matchs de la Ligue nationale de football aux États-Unis est devenu, avant d'être interdit en mai 2018, une forme de protestation contre les brutalités policières et peut-être même contre la politique du président Trump. La liturgie du match de football commençait à inclure sa propre contre-liturgie subversive. La grandiose liturgie chrétienne du mariage du prince Harry et de Megan Markle a attiré plus de téléspectateurs que n'importe quel autre événement en 2018. Un vaste public a vu dans la cérémonie un symbole de l'appartenance à la nation britannique, encore que le sermon haut en couleur de Mgr Curry rappelât au monde entier que Dieu avait au minimum un petit rôle à jouer là-dedans. Une fois qu'on y plonge le nez, on voit le rituel partout. L'homme est un animal à rites. Dans ces conditions, que dit la liturgie chrétienne quand il s'agit de choisir sa vie ?

Temps providentiel

De nombreux calendriers concourent à rythmer nos vies : l'année agricole, avec ses semailles et ses récoltes ; l'année scolaire avec ses vacances et ses trimestres, ses compétitions sportives et ses examens ; l'exercice financier, que délimite l'année comptable et fiscale ; la saison de football, qui à notre époque semble ne pas marquer de pause, et ainsi de suite. Les vies humaines connaissent bien des manières d'agencer le temps. L'Église et son année liturgique organisent nos vies comme l'exige notre foi. Cette organisation implique une autre approche du temps, qui va de l'Avent à Noël et à l'Épiphanie, du mercredi des Cendres à la Semaine sainte et de là à la Pentecôte, avec, dans l'entre-deux, des plages de « temps ordinaire ». J'ai sur mon bureau un livre qui s'appelle *Ordo*, « ordre », l'almanach de cette année liturgique. On entend *ordre* tout à fait autrement que dans les affaires, où c'est le ressort essentiel, ou que dans l'armée, régie par lui. L'« ordre du service » organise nos vies en direction de notre ultime destin.

Le 17 décembre 2018, où j'ai commencé à écrire ce chapitre, était le premier jour où nous chantions aux vêpres les antiennes « Ô [a] » qui nous annoncent la venue du Christ à Noël. La première, que j'entonnerais quelques instants seulement après avoir fini d'écrire ces mots, est une prière pour demander à Sagesse, fille de Dieu, de guider nos vies.

O Sapientia, quae ex ore Altissimi prodiisti,
attingens a fine usque ad finem,
fortiter suaviterque disponens omnia :
veni ad docendum nos viam prudentiae.

Ô Sagesse, qui as jailli de la bouche du Très-Haut,
touchant à toute chose d'un bord à l'autre de ce monde,
ô toi qui les disposes toutes avec fermeté et douceur à la fois,
viens nous enseigner la voie de la prudence.

Tel est, les chrétiens l'affirment, le véritable ordonnancement de nos vies qui doit nous conduire au bonheur et à la liberté en Dieu. L'histoire ne se résume pas, comme l'a dit Henry Ford, le constructeur d'automobiles, à « une succes-

---

a. Dans la semaine précédant Noël (une « octave »), les *antiennes Ô* sont chantées aux vêpres avec le Magnificat : chacune glorifie le Christ en commençant par un vocatif, c'est-à-dire « ô » suivi de la qualité de celui qu'on invoque. Les titres de gloire mentionnés sont tirés de l'Ancien Testament : ainsi est soulignée l'attente de la venue du Messie.

sion d'embêtements ». L'humanité, l'ensemble de la Création sont disposés avec fermeté et douceur par le sage et discret gouvernement de Dieu en vue de leur accomplissement. Malgré le désastre et l'échec, la providence de Dieu est secrètement à l'œuvre. Quand Abraham est sur le point de sacrifier son fils Isaac et du même coup de réduire à néant la promesse de descendance, les ronces dévoilent un bélier : « À ce lieu, Abraham donna le nom de "Yahvé pourvoit", en sorte qu'on dit aujourd'hui : "Sur la montagne, Yahvé pourvoira" » (Gn 22, 14). Le temps liturgique ordonne nos vies de telle sorte que nous puissions recevoir les dons de Dieu. C'est le temps de la providence.

Bien entendu, d'autres calendriers sont nécessaires pour la survie de la communauté humaine, pour le fonctionnement des entreprises et des écoles, pour que ce qui se mange pousse et soit cueilli, pour que des trains roulent en temps et en heure, mais tous ces autres outils de gestion du temps ne sont pas essentiels dans nos vies, et on les renvoie, tous ensemble, à la finalité de cette « Sagesse ultime jaillie de la bouche du Très-Haut ». Dans la cathédrale d'Anvers, on pouvait voir différents autels dédiés aux corporations de cette industrieuse cité, où se donnaient rendez-vous pour prier séparément les fraternités des brasseurs, des tondeurs de drap, des teinturiers, etc. Chaque métier avait ses fins propres qui réglaient la vie de ses membres. Mais dans la liturgie de l'Église, ces buts subsidiaires étaient rassemblés en un seul, la fin ultime de tout être humain qui vit et meurt, être vivant en Dieu.

L'antienne demande que nous apprenions la « voie de la prudence ». Ce n'est pas une prière ayant pour objectif de nous rendre précautionneux et attentifs à ne pas investir trop de liquidités dans je ne sais quelle entreprise risquée de peur de faire faillite. Non, la prudence est cette belle vertu qui consiste à vivre dans le monde réel, à garder un œil toujours attentif à la réalité telle qu'elle se présente. Cette qualité ainsi entendue peut à l'occasion réclamer du courage et déboucher sur des faits et gestes hardis. La personne qui s'en réclame ose choisir la vie et repousser les séductions mesquines de la fortune ou de la gloire. Le seul monde réel est le monde de Dieu. Le temps sacré nous offre « le temps de nos vies ».

La liturgie a une disposition ordonnée. Nous avançons en processions, nous nous inclinons l'un devant l'autre et nous nous donnons le baiser de paix parce que la place de chacun se définit par rapport à l'autre. Le premier nom de notre lieu de culte était *domus ecclesiae*, « maison de l'assemblée ». Nous appartenons à nos familles, mais dans la liturgie, nous prenons place parmi des étrangers, car appartenir à la famille de Dieu, au Corps du Christ est notre identité la plus profonde.

Contrairement au judaïsme et à l'islam, notre culte ne nous fait pas obligation de nous orienter dans telle ou telle direction. La Synagogue dirige ses fidèles vers Jérusalem.

> Le rabbin et le peuple, nous dit le pape Benoît XVI, regardent l'« arche de l'Alliance », et ce faisant ils s'orientent vers Jérusalem, tournés vers le Saint des Saints du Temple, lieu où se tient Dieu pour son peuple, prescription qui resta en vigueur même après la destruction du Temple. Le Saint des Saints vide avait déjà symbolisé l'espérance et, il en est de même encore aujourd'hui pour le Temple détruit, qui attend le retour de la *Shekhinah*, et d'être reconstruit par le Messie lorsqu'il viendra[1].

Quant à la niche semi-circulaire de la mosquée, le *miḥrāb*, elle indique la direction de la *qiblah*, la Kaaba à La Mecque, vers laquelle se tournent les fidèles.

Les chrétiens ont des lieux saints – Jérusalem, Rome, Walsingham, Saint-Jacques-de-Compostelle, etc. –, mais aucun de ces derniers n'assigne de polarité à notre culte. Le Seigneur ressuscité est partout. Ce qui nous polarise est une orientation, au sens littéral du terme. Nous nous tournons vers le *sol oriens*, le « soleil levant ». Nos églises regardaient l'est, dans la mesure du possible, du moins jusqu'à la découverte copernicienne : la terre tournant autour du soleil mettait en pièces notre géographie cosmique, et l'aube n'avait plus d'importance religieuse évidente. Cela n'empêche pas le lever et le coucher du soleil d'imprégner le langage de notre culte. Chaque matin, dans le *Benedictus*, nous célébrons les « sentiments de miséricorde de notre Dieu, dans lesquels nous a visités l'Astre d'en haut » (Lc 1, 78). Même quand les églises ne sont pas tournées vers l'est, nous faisons comme si, et leur prêtons une exposition à l'« Orient liturgique » pour honorer l'orientation de nos vies vers l'ascension du Christ.

> Ce matin,
> Sur le seuil de la froide chapelle,
>
> J'ai regardé en premier
> vers le soleil, à la façon du païen,
> non pas par pure coutume
> ni par contrainte, mais parce que
>
> Moi aussi, en tant que créature,
> je ressens l'émotion primitive de l'homme ;
> son besoin de louer.
> Et ainsi, comme prêtre ou comme païen,
>
> en suivant
> la course du soleil, j'exécute
> cet ancien rituel.
> Et bien que je ne sois pas toujours capable
>
> d'approcher
> souvent, noyé dans la lumière, je me tiens
> devant ce
> calice du matin,
>
> Je romps ce
> pain ordinaire comme quelque chose de saint[2].

La vie humaine repose sur les saisons du soleil : printemps et été, automne et hiver, semailles et récolte, le temps de la mise bas puis celui de l'élevage. Lorsque nos fruits et nos légumes nous arrivent des quatre coins du monde, il est facile d'oublier à quel point notre vie est ancrée dans les rythmes solaires de la vie animale et végétale.

Le drame de notre salut est promulgué chaque année par le renforcement et l'affaiblissement du soleil. On célèbre au solstice d'hiver la naissance du Christ, l'annonce de sa conception aux premiers frissons du printemps, la Résurrection au bourgeonnement de l'année, la fête de Jean le Baptiste, celui qui a dit : « Il faut que lui grandisse et que moi je décroisse » (Jn 3, 30), au moment où le jour atteint sa durée la plus longue, et la commémoration de Tous les Saints lorsque l'hiver resserre son étreinte. Au moins dans l'hémisphère nord, et même si nous n'ordonnons pas notre culte à un lieu, l'année liturgique reflète le pays dans lequel le Christ naquit, vécut et mourut. Nous sommes Adam, des êtres de la glèbe, littéralement, dont la vie ne peut se développer à l'écart de la vie du sol, et qu'on a hissés sur la scène de l'éternité : « Battant la mesure,/Battant le rythme dans leur danse/Ainsi que dans leur vie dans les saisons vivantes[3]. »

Les voisins d'Israël ont eux aussi béni le cycle des saisons. Autour de ce peuple on adorait les dieux de la fertilité. Qu'on trouve dans les saisons solaires la présence discrète de la divinité n'est guère fait pour surprendre. Mais ni Israël ni le christianisme ensuite ne se sont enfermés dans la répétition sans fin de l'année, ils ont mis à l'horizon de leur attente une victoire finale du divin. Les chrétiens voyaient dans la montée de l'astre solaire plus que la victoire annuelle du printemps sur l'hiver et de la vie sur la mort. Nous regardons vers le Christ, qui viendra à la fin des temps quand la mort ne sera plus. Du pape Benoît encore : « Prier vers l'Est signifiait aller à la rencontre du Christ. La liturgie tournée vers l'est réalise, pour ainsi dire, l'entrée de l'histoire vers l'avenir, vers le nouveau Ciel et la nouvelle Terre, que nous rencontrons en Jésus-Christ[4]. » Le temps liturgique est pétri d'espérance.

Entrer dans une église catholique médiévale était se retrouver partie prenante d'un récit aussi vieux que l'univers. La bâtisse, avec ses vitraux et ses statues, lançait le fidèle sur la voie de la Nouvelle Jérusalem, la fiancée de l'Agneau. Ainsi l'église, déjà comme bâtisse, incarnait un voyage au cœur de la liberté. Le « temps ordinaire », dans le calendrier de l'Église, ne renvoie pas à une période vide d'événements comme Noël ou Pâques, mais au moment où nos vies quotidiennes, avec les hauts et les bas qu'elles connaissent, sont orientées vers leur but ultime. Ce temps est revêtu de vert, la couleur de notre épanouissement.

Ce n'est pas nous qui inventons la manière de nous tourner l'un vers l'autre en Dieu et vers Dieu l'un dans l'autre. C'est un cadeau que nous recevons. C'est la raison qui fait que les grandes liturgies de la vie chrétienne ne peuvent être bricolées chemin faisant. « Faites ceci en mémoire de moi », dit Jésus. Saint Paul écrit aux Corinthiens, qui étaient à l'évidence compromis dans d'aventureuses expériences liturgiques : « Pour moi [...], j'ai reçu du Seigneur ce qu'à mon tour je vous ai transmis » (1 Co 11, 23). Le pape Benoît souligne bien l'opposition entre la liturgie que Dieu a donnée à Israël sur la montagne et le culte du veau d'or, inventé par les enfants d'Israël, un culte « de génération spontanée ».

> Dans ces rites-là, je découvre que quelque chose s'approche en ce lieu de moi, qui n'a pas été produit par moi, que je me trouve au seuil de quelque chose qui me dépasse de loin, et dérive en dernière analyse de la révélation divine. C'est pourquoi le chrétien d'Orient appelle la liturgie la « Divine Liturgie », voulant signifier par là qu'elle échappe à tout contrôle humain[5].

Pour Benoît XVI, la liturgie devrait être tout sauf spontanée. « La "créativité" n'est pas une catégorie authentique en matière de liturgie[6]. »

Ce pape est à coup sûr dans le vrai : on ne peut pas inventer la liturgie. Mais quelles que soient mes réticences à diverger d'un théologien de cet acabit, dont les vues si profondes imprègnent ce chapitre, il est sûr aussi qu'on ne peut rejeter toute spontanéité. Il ne nous est pas prescrit de nous soumettre passivement à toutes les règles en renonçant à la moindre trace de créativité. Le peuple de Dieu est une communauté d'hommes et de femmes libres, sur lesquels est déversé le Saint-Esprit et ayant en charge un culte qui évolue dans le temps, par petites touches innombrables, et se pratique selon différents rites en différents endroits. Pour moi, un maître de cérémonie autoritaire est une incitation à la rébellion. Mais que je n'aille pas vagabonder hors de mon domaine de compétences, sous peine de voir les « requins liturgiques » se jeter sur moi !

La modernité a amené avec elle une transformation de notre sens du temps. Le vrai temps n'était plus sacré, plus régi par l'aimable Providence. Selon Walter Benjamin, c'était devenu « un temps homogène, vide[7] ». Jacques Le Goff défendait cette idée :

> Peut-être la bourgeoisie urbaine n'a-t-elle pas trouvé de meilleur moyen de diffuser sa culture que la révolution qu'elle a opérée dans les catégories mentales de l'homme médiéval. La plus spectaculaire de ces révolutions fut sans aucun doute celle qui avait trait à la notion de temps et à sa mesure[8].

Le temps n'était plus « puissamment et gentiment » orienté vers notre épanouissement. Son balancier allait et venait avec une impitoyable régularité, insensible à nos espoirs et à nos drames humains. La mesure du temps était asservie à notre culture de la maîtrise.

C'est le temps de M. Gradgrind, des usines, des chemins de fer et des armées. C'est le temps de l'imaginaire technocratique. Le sociologue français des religions Gabriel Le Bras a parlé en plaisantant des quais magiques de la gare Montparnasse, à Paris, dans la mesure où, à peine les pieds des pieux paysans bretons débarquant de leur province les foulaient-ils, leurs propriétaires cessaient d'être catholiques. La gare personnifiait un sens du temps et de l'ordonnancement de nos vies différent de celui de l'église. Le « temps ferroviaire » impersonnel supplantait le temps providentiel des dons de Dieu.

Il va de soi qu'il nous les faut, ces autres temps, tout comme il fallait aux hommes du Moyen Âge leurs multiples calendriers, mais le temps réel, le temps ultime, n'était plus celui de Dieu. Ayant construit la grande horloge de l'univers, Dieu se contente de laisser tourner les aiguilles sans fixer de délai. C'est un sujet fascinant et enchevêtré que nous n'avons pas le temps de creuser davantage[9]. Terminons donc en citant Charles Taylor, qui a poussé jusque dans les recoins l'exploration de cette mutation complexe de l'esprit moderne :

> En transformant le temps en ressource précieuse, qu'il faut se garder de gaspiller, on a fini par créer un environnement temporel serré et ordonné. Celui-ci nous a si bien enveloppés qu'à la fin il nous a paru une seconde nature. Nous avons élaboré un univers où nous vivons un temps laïque uniforme, univoque, que nous essayons de mesurer et de contrôler afin de faire avancer les choses[10].

C'est à ce « cadre chronologique » que peut s'appliquer préférentiellement l'expression de Weber : « cage d'acier » de la modernité. Ceux qui ont mis leur vie sous le patronage de ce type de temps trouveront nos liturgies incompréhensibles. Elles sont une perte de temps, puisque rien de concret ne semble en sortir. Mais pour l'imagination chrétienne, ils incarnent le point ultime de tout, qui est le culte de Dieu.

Culte

L'Apocalypse, texte aussi opaque que fascinant, est le livre du Nouveau Testament qui renferme la description la plus élaborée d'une liturgie. Le chapitre 4 décrit l'adoration céleste de Dieu :

> À l'instant, je tombai en extase. Voici, un trône était dressé dans le ciel, et, siégeant sur le trône, Quelqu'un... Celui qui siège est comme une vision de jaspe et de cornaline, un arc-en-ciel autour du trône est comme une vision d'émeraude. Vingt-quatre sièges entourent le trône, sur lesquels sont assis vingt-quatre Vieillards vêtus de blanc, avec des couronnes d'or sur leurs têtes. Du trône partent des éclairs, des voix et des tonnerres, et sept lampes de feu brûlent devant lui, les sept Esprits de Dieu. Devant le trône, on dirait une mer, transparente autant que du cristal. Au milieu du trône et autour de lui, se tiennent quatre Vivants, constellés d'yeux par-devant et par-derrière. Le premier Vivant est comme un lion ; le deuxième Vivant est comme un jeune taureau ; le troisième Vivant a comme un visage d'homme ; le quatrième Vivant est comme un aigle en plein vol. Les quatre Vivants, portant chacun six ailes, sont constellés d'yeux tout autour et en dedans. Ils ne cessent de répéter jour et nuit :
>
> « Saint, Saint, Saint,
> Seigneur, Dieu, Maître-de-tout,
> "Il était, Il est et Il vient". »
>
> Et chaque fois que les Vivants offrent gloire, honneur et action de grâces à Celui qui siège sur le trône et qui vit dans les siècles des siècles, les vingt-quatre Vieillards se prosternent devant Celui qui siège sur le trône pour adorer Celui qui vit dans les siècles des siècles ; ils lancent leurs couronnes devant le trône en disant :
>
> « Tu es digne, ô notre Seigneur et notre Dieu,
> de recevoir la gloire, l'honneur et la puissance,
> car c'est toi qui créas l'univers ;
> par ta volonté il n'était pas et fut créé » [Ap 4, 2-11].

Le ciel est une liturgie éternelle qui, je l'avoue, ne m'emplit pas de l'impatience de rejoindre le chœur céleste. Une grand-messe sans fin n'est pas l'idée que je me fais de la joie céleste. Mais il me faut refréner mes réactions instinctives et ouvrir toute grande mon imagination. Nos liturgies sont une participation du moment à la vie ressuscitée du Christ et une anticipation de notre gloire à venir. Chaque fois que nous chantons « Saint, Saint, Saint » avant la prière eucharistique, nous nous associons à la chorale des « quatre Vivants ». En visite à Constantinople, en 988, le prince Vladimir de Kiev, après avoir participé à l'Eucharistie à Sainte-Sophie, écrivit aux siens : « Nous ne savions pas si nous étions dans les cieux ou la terre. Jamais nous n'avons vu une telle beauté [...]. Nous ne pouvons la décrire, mais au moins voici ce qu'elle inspire : Dieu est là, qui habite parmi l'humanité[11]. » Nous pourrions ajouter : et ici l'humanité habite encore avec Dieu.

Le point central de toute la mise en scène liturgique est l'acte d'*adoration* de l'innommé siégeant sur le trône et de l'Agneau. Choisir la vie, c'est adorer. Les Israélites sont libérés d'Égypte pour avoir le droit d'adorer. Dieu ordonne à Moïse de tenir ce discours à Pharaon : « Yahvé, le Dieu des Hébreux, m'a envoyé vers toi pour te dire : "Laisse partir mon peuple, qu'il me serve dans le désert" » (Ex 7, 16). Pharaon refuse jusqu'à ce que les plaies et les tourments le forcent à se soumettre. De nos jours, les parents qui voudraient que leur progéniture fréquente l'église peuvent rêver de mesures aussi radicales. La Terre promise n'était pas simplement un endroit à posséder mais un lieu où Dieu serait adoré par son Peuple saint, obéissant à sa loi. L'éthique et la politique trouvent leur expression suprême dans le culte.

La liturgie céleste de l'Agneau dans Ap 4 est un événement ordonné, que la répétition structure, avec les Vieillards jetant leurs couronnes devant le trône (à quel moment les récupèrent-ils ?). La distribution fait appel à des centaines de milliers d'anges et de saints. C'est une cérémonie gigantesque. Dans un roman de George MacKay Brown, le personnage principal se défend contre l'accusation d'avoir été séduit par le charabia papiste :

> C'est la cérémonie qui nous permet de supporter les terreurs et les extases qui sommeillent au plus profond de la terre et de notre nature humaine, qui tire de la terre sa nourriture. Seuls les saints peuvent faire face à ces « réalités ». Ce qui nous sauve, c'est la cérémonie [...]. La cérémonie rend tout supportable et beau pour nous. Ainsi transfigurées par elle, les vérités que nous ne pourrions pas supporter autrement nous deviennent accessibles. Nous les invitons à pénétrer en nous. Nous les asseyons à nos tables. Ces anges viennent chargés de cadeaux pour la maison de l'âme [...]. C'est cette cérémonie de salvation que vous appelez « idolâtrie » et « charabia » [12].

L'instinct de culte est inhérent à notre humanité. Même l'imaginaire technocratique ne saurait en venir à bout. Selon Peter Tyler, tout le monde ou presque passe par une expérience du transcendant, dans ses années d'adolescence ou de jeune adulte en général. Les cieux s'entrouvrent un instant, nous offrant un rapide coup d'œil sur la gloire. Mais il est rare qu'à cet âge-là on reçoive une quelconque aide quant à la manière de réagir, ce qui fait dire à notre auteur :

> Aussi, lorsque l'inévitable rencontre avec le transcendant se présente – puisque c'est ainsi –, beaucoup dans cette génération manqueront de tout cadre conceptuel pour y voir clair. Ils y verront une étrangeté, une aberration, quand ils n'en rendront pas responsable telle pathologie mentale ou carrément une psychose [13].

Nombreux seront ceux qui se demanderont en secouant la tête à quoi tout cela rimait. Qu'est-ce que j'avais donc fumé ou bu ? Et voilà comment se referme la porte qui s'est ouverte, nous laissant seuls face à la trivialité du siècle.

Mais notre foi nous propose une très ancienne tradition qui nous indique l'attitude à adopter lorsque nous entrons en contact avec l'infini et que le monde est empli de gloire. Nous agenouiller. De ma vie je n'oublierai ce moment où, seul dans la grande église abbatiale de Downside, j'ai ressenti l'envie de m'agenouiller pour prier. Rejetés dans le néant, à l'instant même, tous mes ratages, en sport ou dans les études ! J'avais appris à m'agenouiller, mais j'ai dû attendre ce moment-là pour mesurer toute la dimension d'injonction esthétique et libératrice de ce geste.

Pareil coup d'œil furtif sur la transcendance, la nature peut s'en faire le passeur. Dom Bede Griffiths évoque cette fugace révélation que lui apporta écolier le chant d'une alouette à la fin du jour :

> Le jour baissait, recouvrant peu à peu la terre d'un voile crépusculaire, et le calme envahit alors toute chose. Je me souviens encore de l'effroi qui me submergea. Quelque chose me poussait à m'agenouiller au sol, comme si je me tenais en présence d'un ange ; et j'avais du mal à regarder le ciel en face, en proie à l'impression qu'il n'était qu'un voile tendu devant le visage de Dieu[14].

Dorothy Day a confié à son journal que, voyant « un jour à dix heures du matin Mrs. Barrett priant à genoux près de son lit, dans sa chambre qui jouxtait la cuisine, [elle] perçu[t] tout à coup la splendeur de cet acte de culte *(sic)*[15] ». Elle mesure, ce que ne fait peut-être pas le laïc perplexe au fond de la nef, toute la grandeur que recèle cet agenouillement en signe d'adoration de Dieu. La posture nous vient tout naturellement. Etty Hillesum, une Juive hollandaise morte à Auschwitz, qui s'était rapprochée du christianisme a écrit : « Je sens parfois le désir de m'agenouiller agiter tout mon corps ou, pour mieux dire, j'ai l'impression qu'on a conçu et fabriqué mon corps en vue de l'agenouillement[16]. »

Dans le roman de Patrick White, *Le Char des élus*, quatre personnages apparemment sans intérêt, des gens de peu gravitant dans le petit monde bourgeois aux idées étriquées d'une banlieue australienne, ont tous été secrètement touchés par la gloire de Dieu. Miss Hare, une vieille fille un peu dérangée, Mrs. Godbold, une blanchisseuse, l'ancien professeur Mordechai Himmelfarb, échappé d'un camp de concentration dans l'Allemagne nazie et qui fabrique des phares de vélo, Alf Dubbo enfin, un aborigène qui balaie l'usine, sont les voyageurs embarqués dans le char de la gloire de Dieu que révèle la vision d'Ézéchiel reprise dans le passage de l'Apocalypse que j'ai cité. Ils sont ceux qui par-delà le prosaïque du monde saisissent des instantanés de la présence et de l'adoration secrètes de Dieu.

Miss Hare errait dans ce qui avait été le jardin de Xanadu, sa maison en ruine :

> À un moment donné elle tomba à genoux, sur ses bas si pratiques couleur terre, non qu'elle fût découragée ou malade – elle avait atteint ce moment de la vie où ses amis et ses voisins faisaient tous attention à un éventuel A.V.C. –, mais parce qu'elle ne pouvait faire autrement qu'adopter l'agenouillement en acte d'adoration et qu'un engagement profond trouve parfois mieux à s'exprimer à travers le laisser-aller qu'autorise la spontanéité. Elle se tint donc un moment sans bouger dans cette posture, sous le grand bouclier que lui faisait son chapeau de jardinière, et ses doigts courts et couverts de taches fouillèrent la terre accueillante. Elle resta agenouillée quelque temps dans le tunnel qui menait à Xanadu, dans une posture dont n'importe qui se serait dit qu'elle l'enlaidissait jusqu'au grotesque, la rendant moins présentable encore qu'il n'aurait pensé[17].

Le vieux Himmelfarb, récitant les dix-huit bénédictions du rituel du judaïsme dans sa cabane délabrée, est l'un de ceux qui ont vu. Ces quatre personnages frayent ensemble, compagnons d'initiation au mystère de la gloire de Dieu. Benoît XVI a dit que « le culte nous assur[ait] une part du mode d'existence du ciel, du monde de Dieu, et laiss[ait] la lumière descendre de ce monde divin dans le nôtre, [d'où] son caractère d'anticipation[18] ».

La plus fameuse traduction visuelle du culte est sûrement la peinture du XVe siècle due aux frères Hubert et Jan van Eyck et connue sous le nom de *L'Adoration de l'Agneau mystique*. Plus qu'une représentation de l'adoration décrite dans le Livre de l'Apocalypse, le retable constitue une participation au culte. Les jours de fête, les panneaux étaient ouverts juste en arrière de l'autel où la messe était célébrée. Déployer les panneaux ouvrait une porte entre ciel et terre. Le grand espace de l'église devient alors une antichambre du paradis. Comme le jeune garçon du roman d'Emma Donoghue, qui s'échappe des limites de Room, le panneau lève le voile sur la réalité triviale de nos vies. Chaque image est une porte entre le fini et l'infini. Nous respirons l'air frais de Dieu. La vision céleste brille à travers un tableau qui se délecte du monde matériel, des fleurs et des bijoux, des vêtements et des édifices. Jan van Eyck avait une telle passion pour le réel, éprouvait un tel plaisir aux choses de ce monde qu'il ne pouvait que révéler Celui qui l'avait créé. L'éternité rayonne à travers le particulier.

La liturgie est le lot qui nous revient dans la magnifique scène dépeinte par les frères van Eyck. La scène est structurée sur les huit arêtes d'un octogone, représentant les huit jours de la Nouvelle Création. Les participants à la messe sont le huitième côté. Lorsque le prêtre levait le calice lors de la consécration, il le pointait vers l'Agneau, de la poitrine duquel coulait le sang. La peinture est un dévoilement. Quand les gens le voient aujourd'hui, ils sont souvent submergés d'un « étonnement qui les laisse sans voix[19] ». Frits van de Meer rapporte qu'un enfant, à sa vue, s'écria, surpris : « Papa, ça représente bien le paradis, c'est ça ? »

Les célébrants portent des vêtements magnifiques et inhabituels, en signe de notre participation, même dans le temps d'ici-bas, au culte céleste. Ce luxe est l'avant-goût de la beauté future. Il se peut bien que les gourous de la mode qui étaient associés à la fameuse exposition du Metropolitan Museum de New York, et dont beaucoup ont été élevés dans le catholicisme, aient gardé plus ou moins au fond d'eux-mêmes l'intuition que ce n'était pas le statut actuel de leurs créations qui leur conférait de la gloire, mais ce qui leur était promis.

L'acte typique d'adoration, du moins dans ma tradition, est la génuflexion. On plie le genou, puis on se relève. Le geste, qui enchaîne les deux mouvements, est fluide et s'aligne sur ce qu'a vécu Jésus, ainsi que Paul l'a écrit dans l'épître aux Philippiens :

> [...] reconnu à son aspect comme un homme il s'est abaissé, devenant obéissant
> jusqu'à la mort
> à la mort sur une croix.
> C'est pourquoi Dieu l'a souverainement élevé
> et lui a conféré le nom qui est au-dessus de tout nom afin qu'au nom de Jésus tout genou fléchisse
> dans les cieux sur la terre et sous la terre
> et que toute langue proclame que le Seigneur c'est Jésus-Christ à la gloire de Dieu le Père [Ph 2, 7-11].

Nous nous agenouillons avec Jésus pour pouvoir nous tenir debout avec lui. Le concile de Nicée a interdit aux chrétiens de s'agenouiller au temps de Pâques. Chaque composante du geste de génuflexion a son temps sacré, Carême pour s'agenouiller et Pâques pour se lever, pour symboliser notre participation à la victoire du Christ. Il est à la droite du Père, où il nous assiste.

Peut-être l'imaginaire chrétien reste-t-il impénétrable jusqu'à ce que nous ayons expérimenté la glorieuse liberté de nous agenouiller en adoration. Quand je m'entretiens avec de jeunes chrétiens, je vois chez eux un engagement dans la foi qui prend presque toujours sa source dans ce qu'ils ont plus ou moins ressenti comme l'impératif d'adorer. Benoît XVI propose une étonnante version de la chose :

> Le mot latin pour adoration est *ad-oratio* – contact bouche à bouche, baiser, accolade et donc en définitive amour. La soumission devient union, parce que celui auquel nous nous soumettons est Amour. Ainsi la soumission prend un sens, parce qu'elle ne nous impose pas des choses étrangères, mais nous libère à partir du plus profond de notre être[20].

L'adoration, c'est être embrassé par le Seigneur.

Le culte nous tire de la bulle asphyxiante de notre propre être. Il rejette narcissisme et contemplation de soi. Il nous libère d'un égoïsme complaisant et met en œuvre notre relation mutuelle fondamentale en tant que fidèles. Il existe des eucalyptus qui, pour se reproduire, ont besoin de feux de forêt qui feront éclater les écales renfermant les germes. Le feu est indispensable à la survie de l'arbre. Le feu de l'adoration fait éclater de même en nous ce qui assure notre fertilité. Nous sommes affranchis de notre nombrilisme, de « l'encombrant et implacable ego », comme dit Iris Murdoch. Nous nous agenouillons et nous adorons parce que, grâce à Dieu, nous ne sommes pas le centre du monde. Celui-ci tourne autour des autres, et en dernier ressort de Dieu. Voyez la phrase merveilleuse de Richard Rohr : « Votre vie ne parle pas de vous[21]. » Saint Paul dit : « Je ne vis pas, mais le Christ vit en moi ». Nous nous effaçons du centre de la scène. Un rôle de figurant nous rend heureux : dans mon cas, celui d'un frère miteux...

Qui adorons-nous ?

Mais n'y a-t-il pas quelque chose d'inconvenant de la part d'un Dieu à exiger que nous nous inclinions devant lui ? Est-ce que cela ne va pas dans le sens d'un comportement de tyran qui trouverait sa gloire dans notre abaissement ?

Adorer quelque chose ou quelqu'un peut passer pour une dévalorisation de la dignité humaine. Dans *Paradis perdu* de Milton, Satan refuse de s'incliner devant le Fils de Dieu et de l'adorer. Une fois vaincu et rejeté en enfer, il a ces mots fameux pour se féliciter de sa liberté : « Ici enfin nous pourrons régner en sûreté [...] ; mieux vaut régner en enfer que servir dans le Ciel » (I, 258-259 ; 263). Les Pères du désert l'ont remarqué : souvent les démons n'ont pas de genoux. N'est-il pas empreint d'une certaine noblesse, le refus de s'agenouiller, comme celui qu'opposa en 1793 lord Macartney à une prosternation devant l'empereur de Chine, s'arrangeant pour s'en tenir à une simple révérence ? Lorsque Mrs. Thatcher manqua une marche de l'escalier en sortant du Palais du peuple de Pékin, il se trouva des Chinois pour penser qu'enfin la Grande-Bretagne avait réussi à mettre un genou en terre !

Nous devons vénérer, mais qui ? L'adoration n'est humiliante que si l'on vénère quelqu'un ou quelque chose d'autre que Dieu. Quand le voyant de l'Apocalypse se penche pour adorer un ange, par deux fois il est réprimandé :

> Alors je suis tombé à ses pieds pour l'adorer, mais lui me dit : « Non, attention, je suis un serviteur comme toi et comme tes frères qui possèdent le témoignage de Jésus. C'est Dieu que tu dois adorer » [Ap 19, 10 ; *repris en* 22, 8-9].

Thomas d'Aquin pensait que les êtres humains étaient tentés de mettre la richesse, l'honneur, le plaisir ou le pouvoir à la place de Dieu et de les adorer[22]. Mais ces divinités ne nous donnent jamais ce que nous voulons et nous asservissent. Ils promettent ce qu'ils ne peuvent offrir, et nous sommes donc pris au piège d'une accoutumance futile, à la recherche de plus en plus de boisson, de pouvoir, d'honneur ou de richesse. Dieu est le seul dont le culte nous libère.

Dans le Livre de l'Apocalypse, la ligne de partage passe entre ceux qui adorent Dieu et ceux qui se prosternent devant la Bête. La liturgie céleste de l'Apocalypse n'est pas le fantasme d'évasion de quelqu'un qui est incapable d'affronter le « monde réel » et se réfugie dans des scénarios imaginaires à base d'anges et de bêtes surprenants. Elle dévoile la vérité ; c'est Dieu qui gouverne, et non la Bête, qui « représente la politique et le pouvoir civil des empereurs romains », non la grande prostituée de Babylone qu'est « la ville de Rome dans toute sa splendeur gagnée sur le dos de l'empire[23] ». Ceux à qui s'adressait Jean vivaient dans un monde saturé de symboles religieux venus tant du culte de l'empereur divinisé que des cultes des dieux de l'Olympe. Être citoyen obligeait à rendre un culte aux dieux de l'empire et aux dieux locaux. Nombreux étaient, parmi ceux qui écoutaient parler Jean, des notables qui étaient embrouillés entre leur nouvelle foi et les cultes romains. Jean n'a pas de mots assez durs contre le culte rendu à l'empereur et l'adoration de la richesse qu'il taxe d'idolâtrie et de fausseté. La liturgie céleste de son chapitre 4 est la façon de fêter notre affranchissement de ces faux dieux.

Le livre de l'Apocalypse et sa liturgie proposent un imaginaire qui bouscule la culture dominante. Ils font voler en éclats la mainmise de la Bête et de la Prostituée sur l'esprit de ses auditeurs. Elles peuvent sembler toutes-puissantes mais leur empire est chancelant. Il n'en a plus pour longtemps. Le rédacteur décrit l'effondrement imminent du commerce et va jusqu'à énumérer les produits sur lesquels Rome a bâti son pouvoir :

> Ils pleurent et se désolent sur elle, les trafiquants de la terre : les cargaisons de leurs navires, nul désormais ne les achète ! Cargaisons d'or et d'argent, de pierres précieuses et de perles, de lin et de pourpre, de soie et d'écarlate, et les bois de thuya, et les objets d'ivoire, et les objets de bois précieux, de bronze, de fer ou de marbre ; le cinnamome, l'amome et les parfums, la myrrhe et l'encens, le vin et l'huile, la farine et le blé, les bestiaux et les moutons, les chevaux et les chars, les esclaves et la marchandise humaine [Ap 18, 11-13].

L'imagination du rédacteur a levé le voile et nous a montré où se trouvait le vrai pouvoir. Et nous ? La plupart des chefs d'État et des hommes politiques aujourd'hui ne réclament pas d'être divinisés. Nous pouvons travailler dans une banque ou échanger des biens sans devoir offrir de sacrifices aux dieux de la cité. En Occident au moins, nous vivons dans un monde laïque doté de la liberté de religion. Nos liturgies gênent-elles quiconque, dérangent-elles quoi que ce soit ? Notre imaginaire liturgique est-il subversif ? Un évêque a dit que, quand saint Paul prêchait, il y avait des émeutes, mais que, quand c'était lui qui prêchait, on lui offrait une tasse de thé.

Dans les chapitres précédents, nous avons vu à quel point notre imaginaire contemporain regorge d'éléments ne demandant qu'à nous asservir. La violence attire, on voue un culte à la célébrité, on tremble devant l'étranger, bref, le royaume de Mammon. Arrêtons-nous sur deux aspects seulement : un scientisme étouffant tout sens de la divine providence, la déification du marché, relevant l'un et l'autre du paradigme technocratique critiqué par le pape François.

Avant, on attribuait aux astres une influence déterminante sur nos destinées, un fatalisme qu'en Christ on a vaincu. Nous sommes libérés de la tyrannie des étoiles. Ainsi s'explique que le Moyen Âge ait été spécialement fasciné par les mages. Ces sages, des astrologues, suivirent, s'il faut en croire la légende enfouie dans la grande cathédrale de Cologne, l'étoile qui les mena jusqu'à l'enfant qui était le véritable roi de l'Univers. Une étoile les affranchit des étoiles. Abraham avait fui Ur, patrie des astrologues. Moïse avait défié les magiciens de la cour de Pharaon et conduit son peuple vers le culte du Dieu de la liberté. Magie et sorcellerie n'avaient nulle emprise sur le peuple de Dieu.

Mais qu'en est-il de nos contemporains, qui croient rarement en l'astrologie ? Notre univers n'est pas régi par les pouvoirs de la voûte céleste. Depuis le XVIIe siècle, il a été réduit au rôle d'horloge cosmique qui continue de fonctionner en suivant les lois immuables de la nature. Le sévère despotisme zodiacal a succédé à la règle de fer des lois de Newton. Il n'y a plus d'espace laissé à la divine Providence pour guider l'humanité vers la béatitude. Les miracles, ne pouvant s'inscrire dans le système qu'a révélé la nouvelle religion de la science, sont impossibles. C'est la science qui dit le fin mot de la réalité, et le reste n'est que littérature...

Le frère prêcheur Aidan Nichols dit à propos de David Hume :

> Le philosophe écossais souligne à quel point il entre comme constituant indispensable de l'être raisonnable, rationnel, de souscrire à l'idée que le monde est ordonné et prévisible : le soleil se lèvera chaque matin, ma brosse à dents ne se sera pas durant la nuit métamorphosée en tortue. Aussi, conclut Hume, il est toujours plus raisonnable de supposer que quelque chose n'est pas satisfaisant dans l'ordre de la preuve que d'admettre la réalité d'un miracle – à moins, autrement dit, que nous ayons des preuves absolument écrasantes en sa faveur, ce qui dans la pratique n'arrive jamais. La question à poser à Hume et à tous ceux qui rejettent les miracles est la suivante : quel type d'ordre, en dernière analyse, est l'ordre du monde ? Ce n'est qu'en répondant à cette question que nous pourrons trouver le type de rationalité approprié pour comprendre un monde « ordonné »[24].

La réponse du christianisme, incarnée dans notre liturgie, est que, tout en nous inclinant devant les lois de la nature et quelle que soit la reconnaissance que nous vouons à leur prévisibilité, nous reconnaissons un ordre plus fondamental de la création, celui de la Sagesse, qui dispose toutes choses « avec fermeté et douceur » en vue de notre épanouissement final. Ainsi que l'écrit Benoît XVI dans *Spe salvi*,

> ce ne sont pas les éléments du cosmos, les lois de la matière qui, en définitive, gouvernent le monde et l'homme, mais c'est un

> Dieu personnel qui gouverne les étoiles, à savoir l'univers ; ce ne sont pas les lois de la matière et de l'évolution qui sont l'instance ultime, mais la raison, la volonté, l'amour – une Personne. Et si nous connaissons cette Personne et si elle nous connaît, alors vraiment l'inexorable pouvoir des éléments matériels n'est plus l'instance ultime ; alors nous ne sommes plus esclaves de l'univers et de ses lois, alors nous sommes libres[25].

Il est une autre libération que nous célébrons, celle qui nous affranchit des lois du marché. Pour Harvey Cox, l'auteur de *The Market as God*[26], la prostituée Babylone réclame toujours que nous l'adorions. Ses yeux s'ouvrirent le jour où un ami lui conseilla de sauter les premières pages du *New York Times* et de se rendre directement à la section Affaires. On mesure par là comment fonctionne le « monde réel » : avec ses cotes et ses prévisions, qui déterminent ce qui compte comme « réalité ».

> Derrière les acquisitions et les fusions qu'on rapportait, la politique monétaire et les allées et venues des indices boursiers, Dow Jones et Nasdaq, j'ai peu à peu distingué les éléments d'un grand récit portant sur le sens profond de l'histoire humaine, les raisons de la crise, et les remèdes à y apporter. Les théologiens appellent ces récits « mythes des origines », légendes de la Chute et doctrines du binôme péché-rédemption. Voilà qu'ils faisaient leur retour, ne portant qu'un mince masque : c'étaient des chroniques sur la création de richesses, des avances séduisantes pour une hyperréglementation, des abandons pieds et poings liés à des cycles d'affaires sans visage et, pour finir, le salut apporté par l'avènement des marchés libres, tempéré toutefois par un ou deux crans de serrage ascétique de ceinture en cours de route pour les systèmes économiques qui tombent dans le péché des arriérés... La foi dans le fonctionnement des marchés prend en fait la forme d'une religion organisée de bout en bout, ayant ses prêtres et ses rituels, ses doctrines et ses théologies, ses saints et ses prophètes, et son empressement à diffuser son évangile dans le monde entier et à gagner des convertis partout[27].

Cette religion a ses inspirés et ses prophètes, ses Écritures sacrées, ses jours de fête, comme le Black Friday, qui tombe le lendemain de Thanksgiving[a], lorsque les détaillants passent du rouge débiteur au *noir* créditeur. C'est, écrit notre auteur, un succédané de religion :

> Mon intention est de démontrer que la façon dont fonctionne l'économie mondiale aujourd'hui n'est pas simplement « naturelle », autrement dit un effet du monde comme il va, mais qu'il est le produit d'un système puissant et mondial de symboles et de valeurs qui ne seront pleinement compris que si on les rapporte à un ersatz de religion. Les deux mots sont importants, religion parce que [...] toutes les caractéristiques d'une foi classique y sont présentes ; ersatz, toutefois, parce que le marché, à l'instar des idoles sculptées des ancêtres, a été construit de main d'homme[28].

Ses valeurs sont partout. Sa devise : « Achète, et tu auras du bonheur. »

Cox n'est pas hostile aux marchés, il combat simplement la tyrannie qu'impose cette façon de voir le monde, exactement comme le pape François n'a rien contre la technologie, mais s'en prend à la suprématie du paradigme technocratique. « Le marché doit être dépouillé de son aura sacrée pour que nous puissions y réfléchir en toute clarté. On n'a pas besoin de se déchausser ni d'ôter son chapeau en pénétrant dans son sanctuaire[29]. » On pourrait trouver que Cox a noirci le tableau à dessein. Les marchés sont hautement réglementés. On ne réclame pas un culte inconditionnel. Néanmoins, il a certainement raison de dire, pour reprendre les termes de Wittgenstein, qu'une certaine image nous tient captifs. Il est devenu naturel de penser que l'être humain est

---

a. Le lendemain du quatrième jeudi de novembre (en octobre au Canada), où les États-Unis célèbrent cette fête, l'Action de grâce (décrétée par G. Washington en octobre) a lieu un jour de soldes, qui marque le début de la période des achats de Noël.

motivé par la cupidité et animé par la concurrence. Dans *Le Bûcher des vanités,* Tom Wolfe décrit le petit groupe de personnes, « quelque trois cents, quatre cents, cinq cents au plus », qui étaient les « maîtres de l'univers », les garçons qui dirigeaient le marché obligataire à New York dans la décennie 1980-1990. Sherman regarde Manhattan stupéfait :

> C'était là la Rome, le Paris, le Londres du XXe siècle, la capitale de l'ambition, le rocher magnétique et dense, la destination irrésistible de tous ceux qui tiennent à être *là où les choses se jouent* – et il était parmi les vainqueurs[30] !

Comme à l'époque du Livre de l'Apocalypse, notre liturgie dit non ! Il y a un seul maître de l'univers, et c'est à lui que nous devons un culte. Nous plions le genou pour honorer sa gloire et il nous élève pour nous faire partager sa liberté. Dans les rituels que nous organisons pour lui, nous sommes tous des disciples égaux, des adeptes de l'Agneau et non des consommateurs. En ce lieu nous est promis un bonheur qui ne peut être acheté mais qui est donné gratuitement. S'il est un endroit « où les choses se jouent », c'est ici, avec le don du corps du Christ, la libération des obligations de la servitude, sans que ces obligations n'aient à être vendues à la Bourse. Catherine Pickstock affirme que ce sont fort probablement nos liturgies qui ouvrent le plus de perspectives nouvelles sur le monde : « Les communautés traditionnelles régies par des modèles liturgiques donnés constituent aujourd'hui les seules sources de résistance aux normes capitalistes et bureaucratiques[31]. »

Il se pourrait bien que les liturgies les plus puissantes s'expriment sur une tonalité des plus discrètes, de façon à peine visible, dès lors qu'elles s'opposent à des forces qui cherchent à les anéantir. Lorsque le cardinal archevêque de Prague, le père Dominik Duka, était provincial des dominicains de Tchécoslovaquie à l'époque du communisme soviétique, il partagea avec le procureur Václav Havel, dramaturge et futur président de la République, la même cellule. Il n'était pas question de célébration eucharistique, ce qui fait que les deux prisonniers avaient coutume de jouer aux échecs, ou faisaient semblant, avec une Dame dont la couronne contenait une infime quantité de vin et un Roi qui avait dans la sienne un tout petit peu de pain, si bien qu'à l'insu de leurs gardiens ils partageaient la liturgie céleste. Chuchotant en cachette « Saint, Saint, Saint », ils participaient au culte des anges.

Le père Walter Cisek, jésuite américain, entra incognito en Union soviétique pour servir tous les catholiques qu'il put trouver. Il fut fait prisonnier et passa vingt-trois ans dans des geôles et des camps de travail soviétiques, à célébrer l'Eucharistie dès que c'était possible et à entendre des fidèles en confession. Il arrivait, à l'occasion, à réunir quelques personnes dans un coin de la caserne pour célébrer une cérémonie des plus simples : « Je possédais un petit calice et un gobelet qu'un des prisonniers avait confectionnés pour moi en nickel ; le vin venait de raisins secs, et le pain était cuit spécialement par des catholiques lettons qui travaillaient dans la cuisine du camp[32]. » Parfois, il était si étroitement surveillé qu'il célébrait l'Eucharistie étendu dans son bunker comme endormi, murmurant les mots de la consécration. Néanmoins, le sacrifice de l'Agneau était offert comme il l'avait été secrètement par des prêtres catholiques de l'Angleterre élisabéthaine qui auraient été pendus, traînés et écartelés si on les avait surpris en train de célébrer la messe. L'humilité même de la cérémonie était une protestation contre les prétentions des dirigeants du pays. Nous vénérons Celui qui siège sur le trône.

En nous tournant vers l'est, à la lettre ou en termes liturgiques, comme dans notre culte de l'Agneau, nous manifestons notre gratitude à celui qui doit venir et qui oriente nos vies vers la liberté. Nous nous agenouillons avec lui, nous sommes soulevés par lui. « À lui appartiennent tout le temps et tous les âges », comme nous le confessons à la vigile de Pâques. Nous ne sommes captifs ni de la règle inéluctable des étoiles ni des lois inflexibles de la nature. Nous ne sommes asservis ni à la règle du marché ni à aucune idéologie tyrannique. Ce ne sont pas les puissances de ce monde qui nous gouvernent, mais l'Agneau qui monte sur le trône dans la liturgie céleste, l'humble et le fort à la fois qui est notre libération. Son temps est le temps des dons, et il mène « avec fermeté et douceur » nos vies à la perfection.

Louez-le

La liturgie céleste dans l'Apocalypse culmine dans la louange. Les vingt-quatre Vieillards lancent leurs couronnes en disant : « Tu es digne, ô notre Seigneur et notre Dieu, de recevoir la gloire, l'honneur et la puissance, car c'est toi qui créas l'univers ; par ta volonté il n'était pas et fut créé. » La seule fin de la liturgie est de louer. On pourrait même affirmer que toute la création trouve son but et sa concrétisation dans l'éloge du Créateur et nulle part ailleurs. Mais est-il dénué de toute perversité, ce Dieu qui exige non seulement que nous le vénérions, mais encore que nous lui disions à quel point il est merveilleux ? J'ai l'impression de retrouver ces maîtres qui lorsque, écolier, j'avais fait une bêtise, me faisaient tâter de leur canne avant de mettre le comble à mon humiliation : une fois la correction reçue, je devais leur serrer la main.

C'est le casse-tête auquel s'est attelé C. S. Lewis dans ses *Réflexions sur les Psaumes* :

> Nous méprisons tous l'homme qui exige d'être constamment rassuré sur sa vertu, son intelligence ou son merveilleux caractère ; nous méprisons encore plus la cour qui s'amasse autour de chaque dictateur, de chaque millionnaire, de chaque célébrité, afin de répondre à cette demande[33]. [...]

> De la gratitude envers Dieu, du respect, de l'obéissance, oui, cela je pensais pouvoir le comprendre, pas ce panégyrique permanent[34].

Lewis en vint à concevoir que nous devions louer Dieu non parce qu'il est vaniteux et avide de savoir à quel point il est extraordinaire, mais parce que nos louanges sont véridiques et que la vérité doit être énoncée. La joie qui accompagne une vérité doit être exprimée.

> Ce n'est pas pour tourner un compliment que ceux qui aiment continuent à se dire réciproquement à quel point ils sont beaux ; il manque une dimension au plaisir tant qu'il n'est pas exprimé. Il est frustrant d'avoir découvert un nouvel auteur et de n'avoir personne à qui dire tout le bien qu'on pense de lui ; découvrir, à la faveur d'un virage sur une route de montagne, quelque vallée dont on n'aurait pas soupçonné la grandiose beauté et devoir rester bouche close parce que vos compagnons de voyage s'en soucient autant que d'une boîte de conserve abandonnée dans le fossé ; rire à une bonne blague et devoir la garder pour soi[35]...

Les vingt-quatre Vieillards chantent à tue-tête leur chant de louanges pour simplement se réjouir de ce qu'il dit vrai. Notre louange à Dieu dans la liturgie n'est qu'un avant-goût de cette joie, même si je dois encore avouer que ce n'est pas une joie que je ressens toujours à la perspective d'un très long service.

Dans les moments sombres comme celui que nous traversons, louer est difficile, mais raison de plus pour le faire. Etty Hillesum, sur la route qui la menait du camp de Westerbork à Auschwitz, s'arrangea pour jeter au sol une carte postale écrite à un ami, où il était dit : « Nous avons quitté le camp en chantant[36]. » Les Coptes qu'on alignait sur les plages d'Égypte avant de les exécuter chantaient les louanges de Jésus. Les mystiques, les poètes, les peintres, les musiciens aident à se débonder en louanges lorsque c'est difficile et que le monde est sinistre. Pour Rilke, c'est la vocation du poète, voire de tous les artistes.

> Ô, dis-moi, poète, ce que tu fais.
>   – Je célèbre.
>
> Mais le mortel et le monstrueux,
> comment l'endures-tu, l'accueilles-tu ?
>   – Je célèbre.
>
> Mais le sans nom, l'anonyme,
> comment, poète, l'invoques-tu cependant ?
>   – Je célèbre.
>
> Où prends-tu le droit d'être vrai
> dans tout costume, sous tout masque ?
>   – Je célèbre.
>
> Et comment le silence te connaît-il et la fureur,
> ainsi que l'étoile et la tempête ?
>   – Parce que je célèbre[37].

18

La vie de prière : la poésie de l'espoir

L'imaginaire chrétien, protéiforme comme il est, remet en cause le fade imaginaire technocratique. Rappelez-vous les paroles de William Blake : « Là où d'autres ne voient que l'aube qui blanchit la colline, je vois l'âme de Dieu crier de joie. » Nous, nous voyons un monde de cadeaux, pas seulement des objets à consommer. Nos vies dans les liturgies suivent une ligne qui mène à l'absolu de la joie et de la liberté, à l'exclusion de tout calcul utilitaire.

J'ai avancé l'idée que ce qui dérange un tel imaginaire religieux n'est pas tant la laïcité que le fondamentalisme, ce que Lynch appelle la « mentalité univoque ». Des façons aussi obtuses que réductrices de voir la réalité nous rendent aveugles aux clins d'œil que nous adresse le transcendant et tuent en nous l'impulsion d'adorer Celui qui nous libère. Quiconque est taraudé par les vérités dernières – pourquoi y a-t-il quelque chose plutôt que rien ? où réside le bonheur de l'homme ? que signifie aimer ? – peut se trouver à notre côté, qu'il partage notre foi, qu'il en ait une autre, ou aucune. Quiconque accepte de bonne foi la complexité de l'existence humaine, avec ses montagnes russes de chagrins et d'extases, celui-là peut aider les chrétiens à mieux cerner ce que veut dire choisir la vie. Et si nous sommes proches de ceux qui sont sages en la matière, il y a des chances qu'ils soient proches de nous à leur tour.

Comment pouvons-nous garder frais un imaginaire chrétien quand la banalité nous assaille du matin au soir ? Comment pouvons-nous garder une oreille sensible à la beauté de l'appel de Dieu nous invitant à partager sa vie alors que nous sommes submergés par un flot incessant de courriels, de blogs, de publicités nous mettant en demeure de voir le monde sur un mode purement utilitaire, comme de la matière à consommer et de petits désirs à combler ? Une heure par semaine le dimanche à l'église ne nous aidera pas beaucoup. L'Américain moyen regarde la télévision plus de cinq heures par jour. La « mondialisation de la superficialité » nous fait comme une chape d'amiante, qui étouffe la flamme d'une imaginaire vivace.

Nous sommes comme des populations qui seraient les seules à savoir que la Terre est ronde et vivraient parmi d'autres alentour professant qu'elle est plate : il ne faut pas qu'elles s'aventurent trop loin, sans quoi c'est le passage par-dessus bord assuré ! On a du mal à conserver vivante une autre perception de la réalité et de la destinée humaine. En Amérique, quand j'ai visité un prieuré dominicain qui faisait partie d'une célèbre université de l'Ivy League, j'ai été horrifié par le luxe des tapis qui recouvraient le sol. J'en ai fait le reproche aux frères, qui m'ont répondu que c'était tout ce que possédait la congrégation. Ils allaient bien avec le cadre, ce qui était précisément inopportun ! Dans le bruit et l'agitation de la nuit londonienne, les rossignols ont appris qu'ils devaient chanter plus fort s'ils voulaient être entendus [1]. Eh bien, nous autres, chrétiens, devons prendre une voix assurée pour chanter notre chant qui dérange.

Traditionnellement, pour résister à l'attraction gravitationnelle du banal, les chrétiens se sont réservé des plages dans la journée pour déclamer ou chanter de la poésie. Deux millénaires durant, l'Église a conservé vivant son imaginaire contre-culturel à l'aide de chants et de poèmes, surtout ces poèmes primitifs, parfois belliqueux et souvent magnifiques, que sont les psaumes. Plus question après les avoir lus de se vautrer dans l'utilitaire et le train-train ! Tous les membres de congrégations se rassemblent plusieurs fois par jour pour psalmodier ces chants, qui les tirent du sommeil, du « bon sens » de nos sociétés. Des millions de laïcs récitent le psautier, avec nous ou dans la solitude.

Chanter les psaumes fut pour nos ancêtres encore plus une nécessité vitale alors que notre foi était en opposition ouverte avec la culture dominante. L'habitude de le faire régulièrement s'est probablement prise pendant l'exil du peuple juif à Babylone au VIe siècle avant notre ère. Le temple de Jérusalem avait été détruit, si bien qu'on ne pouvait plus y offrir de sacrifices. Le Dieu d'Israël semblait les avoir rejetés en bloc. La pression pour qu'ils se conforment à la foi de leurs conquérants était alors irrésistible. Chanter les psaumes et en composer de nouveaux semblait la seule voie capable d'entretenir la flamme de l'espérance. La poésie était pour eux plus qu'un soutien. Mais ils étaient confrontés à un dilemme : les conquérants se moquaient d'eux, ils insistaient pour les entendre louer leur Dieu déchu et sa ridicule colline de Sion. Le psaume 137 marie les impératifs qui s'affrontent et les déchirent. Comment chanter pour des ravisseurs méprisants ? Et pourtant il le fallait pour supporter la désolation de l'exil.

> Au bord des fleuves de Babylone
> nous étions assis et nous pleurions
> nous souvenant de Sion ;
> aux peupliers d'alentour
> nous avions pendu nos harpes
>
> Et c'est là qu'ils nous demandèrent,
> nos geôliers, des cantiques,
> nos ravisseurs, de la joie :
> « Chantez-nous, disaient-ils
> un cantique de Sion. »

Comment chanterions-nous
un cantique de Yahvé
sur une terre étrangère ?
Si je t'oublie, Jérusalem,
que ma droite se dessèche !

Que ma langue s'attache à mon palais
si je perds ton souvenir,
si je ne mets Jérusalem
au plus haut de ma joie !

Chanter la poésie du peuple d'Israël a également soutenu les premiers chrétiens tout au long de l'interminable persécution impériale. Lorsque Constantin, par l'édit de Milan de 313, garantit la liberté de culte pour les chrétiens, la vocation chrétienne commença de perdre son côté radical. Notre foi se fit normale et même, émoussant son sens du défi, attirante, ce qui fait que des hommes et des femmes se retirèrent dans les déserts d'Égypte et de Syrie pour y vivre une vie d'étude et de rigoureuse ascèse, à psalmodier, beaucoup allant jusqu'à réciter le psautier en entier tous les jours. Cette pratique nourrissait leur imaginaire chrétien, le fortifiant dans sa résistance. C'est là, dans le désert et avec les laïcs réunis dans les cathédrales, que notre bréviaire a commencé à prendre forme.

Lorsque l'Empire romain s'est effondré et que l'Europe a inauguré une noire période de chaos et de barbarie, l'imaginaire chrétien a été conservé dans les monastères qui suivirent la règle de saint Benoît, lequel mit en forme quelque chose de très semblable à notre bréviaire [2] moderne. Tout au long de la confusion des Ve et VIe siècles, ces anciens poèmes bibliques ont permis de garder vive la flamme d'un autre imaginaire en attendant que naquît une nouvelle Europe chrétienne.

Alasdair MacIntyre a établi des parallèles entre la barbarie de cet âge sombre et notre propre époque de confusion.

Nous manquons cruellement d'un saint Benoît moderne, a-t-il déclaré :

> Cette fois, c'est vrai, les Barbares ne sont pas aux frontières à guetter ; ils nous gouvernent déjà depuis pas mal de temps. Ce n'est pas un Godot que nous attendons, c'est un autre saint Benoît, en très différent du premier, cela va de soi[3].

À chaque époque où notre foi allait à contre-courant – et c'est toujours le cas dans une certaine mesure –, nous avons répondu par de la poésie, l'ancienne poésie, celle des psaumes, et de la poésie moderne aussi. J'ai dû expliquer à certains visiteurs de Blackfriars que l'« Office divin » n'est pas le bureau pontifical d'où le pape gère ses affaires, mais le moment où chaque jour notre imaginaire se libère de la banalité.

> LA BÉNÉDICTION DES MOMENTS DE LA JOURNÉE
> Fais, dans les déserts de son cœur
> Jaillir la source guérisseuse,
> Dans la prison de ses journées
> Instruis l'homme libre à louer[4].

Il en est qui trouvent qu'un autre genre de poésie serait mieux indiquée pour nous apprendre à louer, et pourtant la récitation quotidienne des psaumes met encore en branle l'imaginaire de millions de chrétiens, si bien que chercher à savoir pourquoi me fournira un bon moyen de conclure ce livre.

Pourquoi les psaumes ?

Pourquoi chantons-nous toujours ces psaumes plus de deux mille cinq cents ans après l'exil babylonien ? Ils exsudent une passion de brutes et tant s'en faut qu'ils soient politiquement corrects. Je ne peux réprimer un sourire quand j'entends mes frères déclarer : « Moab, ce sera mon lavabo, sur Edom je balance ma godasse » (Ps 60, 10 [a]). Nous sommes heureux comme des chats à beugler dans la chorale : « Je les [mes ennemis] broie comme poussière au vent ; je les foule comme la boue des ruelles » (Ps 18, 43).

En bref, car la question mériterait un livre entier, ces vers irradient de féroces passions que nous pouvons ne pas ressentir ou que nous refoulons. Sinon que les psaumes ne se donnent pas pour objectif de traduire ce que je ressens, mais d'étendre et d'ouvrir la gamme de mes sentiments. Personnellement, je ne m'écrie pas spontanément : « Jusques à quand, Yahvé, [m'oublieras-tu ?] jusqu'à la fin ? » (Ps 13, 1), mais mes frères et sœurs dominicains en Irak oui. Les Irakiens les plus jeunes n'ont jamais connu la paix depuis le début du conflit qui opposa leur pays à l'Iran en 1980. Ce ne furent pour eux jusqu'à ce jour que guerre, sanctions, invasions, Daech, attentats-suicides à la bombe. Il me faut crier avec eux : « Jusques à quand, Yahvé ? » Si je ne le fais pas sous prétexte que ma petite vie est saine et sauve, alors c'est que j'ai oublié que je suis leur frère. Beaucoup de psaumes sont un appel rageur à la vengeance. Un désir pas très reluisant, je vous l'accorde, mais qui trouve asile au cœur de millions de personnes chassées de leur pays par la guerre et la violence et ayant perdu leur bien-aimé. C'est un sentiment condamné par Jésus, mais comment pouvons-nous le dépasser avant de l'avoir reconnu en nous ?

Bien des psaumes ont beau respirer colère et désespoir, ils s'achèvent toujours, à une exception près, sur une note d'espoir et une glorification. Ils incarnent on ne peut mieux la colère. La souffrance nous autorise à fulminer contre Dieu : comment ose-t-il permettre que cela m'arrive ? Et l'Église ne fait pas comme notre ancien Premier ministre David Cameron, qui disait à une parlementaire : « Là, là,

---

a. La Bible de Jérusalem traduit, de façon plus académique : « À moi [...] Mohab le bassin où je me lave, sur Edom je jette ma sandale ».

tout doux, chère Madame ! », elle dit au contraire : « Donne libre cours à ta colère. Nous te proposons notre aide : nous avons les mots les plus appropriés. » Lorsque nous nous sentons abandonnés, seuls et au trente-sixième dessous, on nous fait le don des mots que le Christ a criés sur la croix : « [...] pourquoi m'as-tu abandonné ? » (Ps 22, 1). Les mots du psaume expriment cette rage et la résument, si bien que celle-ci ne nous tient plus à l'écart : ces paroles, les chrétiens et les juifs du monde entier et de tous les temps ne les partagent-ils pas ?

La veille de la mort de mon père, toute la famille, ma mère et ses six enfants, était rassemblée à son chevet. Je venais de rentrer de Jérusalem et mon seul livre de prières était mon bréviaire. Nous nous sommes donc passé le livre pour réciter les psaumes à tour de rôle. L'Église nous a gratifiés des mots nécessaires pour donner forme à nos émotions confuses, nous aidant ainsi à surmonter l'embarras qu'engendre notre timidité en un moment aussi solennel. Nous avons hérité une poésie composée au Moyen-Orient il y a des milliers d'années pour exprimer ce que nous ressentions sans avoir les mots pour le dire. Nous étions en communion avec tous nos frères et sœurs de tous les pays et de tous les siècles qui s'étaient laissés aller à leurs larmes ou à leur fureur au moment de faire le deuil de leur être cher entre tous. Mais ce sont des chants qui ne nous figent pas sur place. Celui qui chante est porté par le mouvement du chant qui le tire de la souffrance et le conduit à la joie, tel le surfeur ramené par la vague à la sécurité de la plage. Cela se produit sans aucune explication, cela survient, c'est tout. Telle est la structure de chaque psaume et de tout le psautier, qui culmine sur des dithyrambes. « Que tout ce qui respire loue Yahvé ! » (Ps 150, 6). Qui peut parler son chagrin ou sa détresse est peut-être prêt à se laisser porter au-delà. Chaque psaume est animé d'une sorte de dynamisme gonflé d'espérance qui peut briser la résistance.

Ian Stackhouse[5] donne l'exemple émouvant du film *Elephant Man*. Au XIXe siècle, un homme affreusement défiguré, une curiosité qu'on exhibe au cirque, est pris en charge par un médecin du nom de Treves. L'homme-éléphant, John Merrick, ne dit jamais mot, aussi certains en déduisent-ils qu'il n'est pas vraiment humain. Treves est convaincu que, malgré son absence totale de réaction, il a affaire à un être humain comme lui. Juste au moment où il est sur le point de renoncer à toute tentative de communiquer avec lui, l'autre, dans un anglais parfait, cite le psaume 23 :

> Yahvé est mon berger, rien ne me manque
> Sur des prés d'herbe fraîche il me fait reposer.
>
> Vers les eaux du repos il me mène,
> il y refait mon âme ;
> Il me guide aux sentiers de justice
> à cause de son nom.
>
> Passerais-je un ravin de ténèbre
> je ne crains aucun mal...

Tout enfermé dans le piège du silence qu'il a pu paraître, cela ne l'a pas empêché de se nourrir de paroles vivantes mises noir sur blanc des milliers d'années auparavant. Il savait le texte par cœur, c'est le cas de le dire, et celui-ci avait façonné un cœur pour l'espérance.

Chanter les psaumes ménage des coupures dans le flux de la journée. Dorothy Day a avoué dans son journal :

> Miss Jordan m'a dit que je regardais les gens comme s'ils allaient voler cinq minutes de mon temps ! Cela me contrarie de donner une telle impression[6].

Je suis sûr que ma figure ne vaut pas mieux quand j'entends, quatre fois dans la journée, la cloche m'appeler à la prière pour chanter l'office divin. C'est en général le cas lorsque je suis en train d'écrire et que l'inspiration coule à flots. C'est un tel gâchis de serrer les freins quand enfin la muse a daigné vous visiter ! Ou alors c'est juste le moment où j'ai besoin d'une sieste ou que je me sens partant pour une balade. Mais ces moments de poésie ont précisément pour finalité de nous faire marquer une pause dans nos vies et de nous rappeler le but ultime de toute existence humaine, la louange de Dieu. Telle est la fin à l'aune de laquelle toutes les autres entreprises seront jugées. Quatre fois par jour dans ma communauté, nous cessons toutes nos tâches, si importantes soient-elles – un petit somme, une conférence à préparer –, pour nous rappeler à quoi cela sert.

En fait, j'embellis un peu le tableau. En tant que membres de l'ordre des Prêcheurs, nous devons parfois donner la priorité à l'activité missionnaire aux dépens des prières communautaires. Saint Thomas d'Aquin confesse qu'il lui est arrivé une fois de devoir manquer les services du jeudi saint pour répondre à une lettre urgente du maître de l'Ordre – voilà une célérité qui m'aurait fait bien plaisir du temps où j'ai occupé cette charge ! Supposez qu'on doive s'occuper de quelqu'un dans le besoin ou qu'on ait un train à prendre pour aller prêcher, il va de soi qu'on est alors dispensé de chœur, comme d'ailleurs en cas de grande fatigue. Mais cela n'entame en rien le principe qui veut que le programme de notre journée connaisse à intervalles réguliers des coupures où il s'agit pour la communauté de se réunir pour louer Dieu et donner ainsi un sens indépassable à sa vie. Avec le secours de la poésie, l'évocation de ce but ultime nous libère et nous élève au-dessus de ce que la vie quotidienne peut avoir de futile.

Peu importe s'il nous arrive d'avoir la tête vide ou même de piquer du nez. C'est un préjugé de notre culture occidentale formée à Descartes qu'il n'advient rien d'important qui ne se produise dans votre cerveau : *cogito ergo sum*. C'est souvent que nous montrons ce qui compte pour nous simplement par nos actes. Nous envoyons des cartes d'anniversaire à notre mère, nous faisons des emplettes pour les malades, nous préparons un repas pour nos amis, et ainsi de suite. Quelle importance peut bien avoir ce à quoi nous pensons dans ces moments-là ? Ces actes disent vers quoi s'achemine notre vie. C'est ce que nous manifestons en allant au chœur, même lorsque nous sentons que c'est une perte de temps, même si nous nous abandonnons à la dérive. Un moine égyptien disait : « Si je vois mon frère s'endormir, je lui prendrai la tête et je la poserai doucement sur mes genoux[7]. » Non que j'aie eu à le faire jusqu'à présent... Quand on a reproché à sainte Thérèse de Lisieux de s'être endormie en plein office, elle répliqua qu'une mère aime son enfant même quand il dort.

Chants d'espoir

Le théologien baptiste et pasteur Ian Stackhouse a découvert la beauté de la liturgie des Heures[a] en se promenant dans l'église Saint-Gervais à Paris, où des centaines de personnes viennent se joindre au chant quotidien de la prière du matin et du soir. Il a ensuite écrit le meilleur livre sur la prière du bréviaire que je connaisse[8] et qui a été d'une aide précieuse pour la préparation de ce chapitre. Il déclare de façon surprenante : « Il me semble que la bataille pour la civilisation va tourner autour du défi d'une simplicité insolente qui consiste à bien vivre sa journée[9]. » Une journée ne se réduit pas à un bloc de temps de vingt-quatre heures s'enchaînant sans relâche. C'est une unité que façonnent le lever et le coucher du soleil, ce même soleil qui oriente notre adoration et évoque le Christ venant répandre la lumière sur nos vies et dont nous attendons la venue à la fin des temps.

a. Nom de la prière quotidienne éclatée en plusieurs offices, de laudes à complies, puis lectures – la nuit –, en nombre variable selon les abbayes et les traditions, tous destinés à louer Dieu.

Chaque partie du jour a sa signification : aube, midi, soir et nuit. Chacune nous parle de notre façon de vivre le voyage d'une vie humaine répondant à l'appel du Seigneur.

Le pape François a fait une remarque intrigante, quoique légèrement énigmatique, en donnant la priorité au temps sur l'espace dans l'imaginaire chrétien :

> Ne nous faisons pas voler l'espérance, ne permettons pas qu'elle soit rendue vaine par des solutions et des propositions immédiates qui nous arrêtent sur le chemin, qui « fragmentent » le temps, le transformant en moments ; c'est le temps qui gouverne les moments, qui les éclaire et les transforme en maillons d'une chaîne, d'un processus. L'espace fossilise le cours des choses, le temps projette au contraire vers l'avenir et incite à marcher avec espérance [10].

La structuration chrétienne du temps, l'année liturgique et la liturgie quotidienne des Heures gardent vivant l'instinct de pèlerinage. Le temps chrétien est plein d'espoir.

Le temps présent répète comme un mantra qu'il faut vivre dans le temps présent, que c'est le seul moment qui existe. Vis maintenant ! « Le présent est présent de Dieu », et j'en passe. Mais quel est ce fameux moment présent ? Saint Augustin affirme dans ses *Confessions* que, à peine commençons-nous à y réfléchir, le voilà qui échappe à notre compréhension.

> Il y a un seul présent qui est déformé par sa relation au passé et au futur. Mais peut-être dira-t-on avec vérité : « il y a trois temps, le présent du passé, le présent du présent et le présent de l'avenir. » Car ce triple mode de présence existe dans l'esprit ; je ne le vois pas ailleurs. Le présent du passé, c'est la mémoire ; le présent du présent, c'est l'attention actuelle ; le présent de l'avenir, c'est son attente [11].

Nous ne pouvons vivre le moment présent avec espoir que si notre relation avec le passé et l'avenir est saine, de sorte que nous nous souvenions correctement et que nous vivions dans l'espérance : ainsi nous vivrons le moment présent dans la paix. Il est fréquent qu'on rappelle ce que disait à ce propos Henri Lacordaire, dominicain français du XIXe siècle : « Entre le passé où sont nos souvenirs et l'avenir où sont nos espérances, il y a le présent [où sont nos devoirs][12]. »

Stackhouse affirme que la structure de la liturgie des Heures nous aide à vivre au mieux une journée, à nous souvenir du passé à vêpres, à lâcher prise à complies pour nous préparer une bonne nuit, à envisager l'avenir à laudes, et au bout du compte à vivre l'instant présent lors de la prière de midi. Chacun de ces moments de prière comporte son propre cantique jubilatoire tiré du Nouveau Testament : le *Magnificat* de Marie, le cantique de Syméon dit *Nunc dimittis*, celui de Zacharie, ou *Benedictus*, tous donnant une coloration particulière d'espérance à son moment liturgique. La seule exception est la prière de midi, la prière de la mi-journée, où les chrétiens se souviennent de la Crucifixion, heure où le temps a semblé s'être arrêté et où il est difficile de trouver l'espérance.

La liturgie des Heures ne se contente pas d'exprimer notre espérance. Nous vivons dans un temps que façonne l'espérance. La romancière Barbara Kingsolver nous en donne un aperçu :

> Codi, voici ce que j'ai décidé : le moins, mais vraiment le moins, que tu puisses faire dans ta vie est de déterminer ce que tu peux espérer. Alors, ton occupation principale sera de vivre en existant à l'intérieur de cette espérance. Ne va pas te mettre à distance pour lui vouer de l'admiration, mais entres-y, vis sous son toit [...]. Juste au moment où je te parle, j'habite chez elle, je parcours son corridor, touchant les deux murs que je longe. Je ne peux pas te dire à quel point c'est bon[13].

La liturgie des Heures façonne un espoir que nous pouvons habiter, en touchant les murs des deux côtés. Non seulement pour l'avenir, mais pour notre climat présent, pour l'air de vie que nous respirons.

Dans la Genèse, chaque jour commence la veille au soir : « Il y eut un soir et il y eut un matin : premier jour » (Gn 1, 5). C'est encore l'usage avec la veillée de toutes les grandes fêtes de l'Église catholique. À l'aube, nous recevons un cadeau que nous avons attendu. Nous allons regarder de plus près le « pari incroyablement simple de vivre au mieux une journée », en commençant par vêpres.

Il y eut un soir...

La journée biblique commence le soir mais aucune soirée n'est un début absolu. Le jésuite Michel de Certeau a écrit que, « malgré une fiction persistante, nous n'écrivons jamais sur une page vierge, mais toujours sur une page déjà écrite[14] ». Quand je vivais à Rome, j'encourageais les membres du Conseil général de l'Ordre à venir prendre un verre en soirée afin que nous puissions causer ensemble des événements de la journée. Nous réunir sur la terrasse surplombant Rome à échanger bonnes et mauvaises nouvelles nous aidait à tourner la page de la journée et à passer à autre chose. Partager les joies du jour est un besoin, mais il ne faut pas qu'elles soient les seules : ajoutons-y les moments difficiles et les frustrations, sans quoi nous les ruminerons, et ils nous empêcheront de vivre libres le jour présent et ceux qui lui succèdent.

Le cantique des vêpres, le *Magnificat*, est le chant d'une jeune femme enceinte dont la vie mouvementée ne fait que commencer, avec les souffrances et les joies qui l'attendent, la mort précoce et humiliante d'un fils, et la nouvelle et stupéfiante vie de la Résurrection. Mais cette femme jeune se prépare à ce destin inimaginable en se remémorant les actes grandioses que le Seigneur a faits pour elle et pour Israël. Elle se rappelle les promesses du Seigneur. C'est le seul moyen pour elle de vivre cet étrange moment qu'est le présent, avec sa mystérieuse grossesse, et d'affronter un avenir qu'elle ne soupçonne pas.

> Il a déployé la force de son bras,
> il a dispersé les hommes au cœur superbe.
> Il a renversé les potentats de leur trône et élevé les humbles.
> Il a comblé de biens les affamés et renvoyé les riches les mains vides.
> Il est venu en aide à Israël son serviteur,
> se souvenant de sa miséricorde,
> – selon qu'il l'avait annoncé à nos pères –
> en faveur d'Abraham et de sa postérité à jamais ! [Lc 1, 51- 55].

Nous aussi, nous oserons saisir ce moment présent et le futur qui en est le prolongement si nous nous rappelons qu'en aucun cas nous ne partons de rien : nous portons en nous le souvenir des grandes choses que le Seigneur a faites pour nous et pour nos prédécesseurs en Jésus-Christ. Nous sommes pris dans la vague déferlante de l'histoire d'amour dont Dieu submerge l'humanité depuis des temps immémoriaux et qui nous projette au loin.

Marie exprime par un chant nouveau qu'elle exulte dans le Seigneur mais, même ce chant n'est pas une totale création, il reprend ce que chantaient ses ancêtres, en particulier Hannah se réjouissant de sa grossesse (1 S 2). Il n'est que Dieu de qui émane un mot absolument nouveau. Nos paroles à nous sont l'héritage du passé, les chants d'Israël, et grosses de l'avenir qu'elles enfanteront. Quand le philosophe français Michel Foucault a prononcé sa leçon inaugurale au Collège de France, occasion solennelle, il mesurait pleinement à quel point la tâche était lourde de rompre le silence et de commencer son enseignement :

> Plutôt que de prendre la parole, j'aurais voulu être enveloppé par elle, et porté bien au-delà de tout commencement possible. J'aurais aimé m'apercevoir qu'au moment de parler

> une voix sans nom me précédait depuis longtemps : il m'aurait suffi alors d'enchaîner, de poursuivre la phrase, de me loger, sans qu'on y prenne bien garde, dans ses interstices, comme si elle m'avait fait signe en se tenant, un instant, en suspens[15].

Si nous osons parler, nous autres chrétiens, c'est que nous nous souvenons que nos mots « ne restent pas en l'air », mais « poursuivent une phrase » dans le long dialogue entre Dieu et l'humanité.

Tous les souvenirs ne sont pas de bons souvenirs. Il faut parfois du courage quand on les retrouve. La grande prière qui prend en charge les plus pénibles est l'Eucharistie, qui était à l'origine une prière du soir avant de devenir le sacrifice chrétien du matin[16]. La veille de sa mort, Jésus a célébré la Dernière Cène et c'est le soir à Emmaüs, alors que le jour « touch[ait] à son terme » (Lc 24, 29) qu'il a rompu le pain pour les disciples qui avaient fui Jérusalem. Les célébrations désordonnées et entachées d'ébriété de la Cène du Seigneur à Corinthe, que Paul critique si sévèrement (1 Co 11), se sont probablement déroulées dans la soirée.

Dans l'Eucharistie, nous nous souvenons non seulement du don que fait Jésus de son corps et de son sang, mais encore de la défaillance des disciples et surtout du reniement de son Seigneur par Pierre. Les premiers retours de ce souvenir douloureux sont à chercher chez Marc, qui écrit plus de trente ans après la Résurrection. Si Paul avait été au courant de cette défection de Pierre, il ne l'aurait pas ménagé. Il a fallu toutes ces années à l'Église pour oser se souvenir de ce qui s'était passé cette nuit-là. Si la tradition dit vrai et si l'évangile de Marc relate les souvenirs de Pierre, c'est celui-ci en personne qui osa briser le silence et parler de sa honte. L'aveu s'imposait probablement à une époque où la persécution de l'Église par Néron en 64 de notre ère avait clairsemé les rangs des chrétiens[17], les uns abandonnant la foi, les autres trahissant leurs frères et sœurs. Ce que Pierre donnait à voir de sa honte passée les aidait à affronter la leur avec espoir et à tourner une page.

J'ai encadré une retraite dans l'ancien séminaire du diocèse de Cologne. La chapelle est dédiée à sainte Thérèse-Bénédicte de la Croix, née Edith Stein, la philosophe juive devenue chrétienne et carmélite. On reste un brin interloqué devant l'architecture de l'endroit, conçu pour rappeler la chambre à gaz d'Auschwitz où elle mourut en 1942. La construction date de quelque trente-cinq ans après la fin de la guerre. Il a fallu tout ce temps pour oser se représenter ces horreurs, autant qu'ont dû en prendre les disciples pour pouvoir se souvenir de ce qu'ils avaient fait au Seigneur. Le même temps qu'ont mis les Allemands à se rappeler pleinement les crimes nazis et les Français à regarder en face la collaboration de tant d'entre eux avec ce régime de brutes. Je me demande si les Britanniques ont fini par oser se remettre en mémoire les bombardements forcenés des villes allemandes, qui ont fait périr des centaines de milliers d'innocents dans les bûchers qu'ils avaient allumés. Un frère irlandais m'a dit un jour : « Le problème, c'est que vous les Anglais, vous ne vous rappelez jamais, et que nous les Irlandais nous n'oublions jamais ! » S'il a raison – et qui suis-je pour dire le contraire ? –, alors les Anglais devraient plus souvent assister à vêpres et les Irlandais à complies, comme nous verrons !

Ainsi, en fin de journée à vêpres et lors de l'Eucharistie, quelle que soit l'heure de sa célébration, nous osons nous rappeler qui nous sommes et ce que nous avons fait, de manière à tirer un trait sur le passé et aller de l'avant. Nous nous rappelons également les histoires qui nous hantent, celles que nous renfermons en nous mais qui nous enferment aussi. Je pense à un frère âgé que j'ai rencontré aux Caraïbes : il ne pouvait refréner une seule minute son indignation de ne pas s'être vu offrir la chance de poursuivre ses études jusqu'au doctorat. Lâchons prise !

Rien ne nous empêche de nous souvenir et d'être libres, car il ne s'agit pas de nos petites histoires privées dont nous aurions à supporter le poids dans la solitude, mais de maigres bribes d'aventures entrant dans la construction de la grandiose histoire universelle des merveilles que le Seigneur a faits pour nous. Pierre pouvait oser se souvenir de son pas de travers parce que ce n'était pas une histoire de honte ne regardant que lui, mais un incident de parcours dans la bonne nouvelle que répandait l'Évangile. Tous ces souvenirs, ceux que nous n'osons pas affronter comme ceux qui nous tiennent captifs, peuvent être déposés sur l'autel de l'offertoire et y rester le temps que l'Eucharistie nous permette d'en sortir la tête haute.

Ce fut la nuit...

À vêpres on se souvient, et on laisse aller. À complies, en fin de journée, on oublie, et un relâchement plus radical se joue en nous. Le chant de la cérémonie est le cantique du vieillard Syméon. Il a tenu bon et veillé, attendant la venue au Temple du Seigneur. D'un âge avancé désormais, il peut laisser flotter les rênes :

> Maintenant, Souverain Maître, tu peux, selon ta parole
> laisser ton serviteur s'en aller en paix [Lc 2, 29].

Il faut laisser la journée derrière si c'est l'heure de dormir. Nous devons abandonner le contrôle et tout remettre à Dieu. Jean XXIII plaisantait quand il prétendait que chaque soir il disait à Dieu : « C'est le moment d'aller au lit pour le pape : à ton tour, Dieu, de veiller quelques heures sur l'Église. » Stackhouse le dit bien :

> Les heures nocturnes se rendent coupables de la pire hérésie pour les modernes : nous faire arrêter les machines. Pour

bien dormir, on doit s'abandonner, se mettre en roue libre. Et comme ce n'est pas précisément notre fort, nous sommes nombreux à mal dormir[18].

Nous devons congédier les soucis de la journée. Quand nous nous éveillons à 3 heures du matin, comme cela m'arrive souvent, inquiets de ce qui nous attend, des conférences à faire sur lesquelles on est à court d'idées, de ce livre, des attentes de ceux que l'on craint de décevoir, la seule chose qui nous reste, c'est de remettre tout cela entre les mains de Dieu et ne pas refuser son cadeau de sommeil. Dans le bateau Jésus dormait cependant que la tempête faisait rage, semant la panique chez les disciples.

Il faut mettre en veilleuse les irritations et la mauvaise humeur de la journée. Voyez saint Paul : « Que le soleil ne se couche pas sur votre colère » (Ep 4, 26). Dans son livre sur la vie communautaire[a] Dietrich Bonhoeffer nous met en garde :

> C'est une règle décisive de toute fraternité chrétienne que toute dissension que le jour a apportée doive être guérie dans la soirée. Il est périlleux pour le chrétien de dormir avec un cœur non réconcilié[19].

Chaque soir, s'abandonner au sommeil figure l'ultime abandon : la mort. Autrefois, il existait des moines et des nonnes qui dormaient dans leur cercueil. Nous nous souvenons qu'un jour nous devrons nous confier à celle que saint François d'Assise a appelée Sœur Mort. Nombreux sont ceux qui ont besoin d'être autorisés à s'en aller comme Syméon voyant l'enfant Jésus. L'avion qui me ramenait de Lourdes m'a permis d'être chez moi juste à temps pour accompagner les derniers instants de ma mère. Elle avait le sens du devoir. Elle était prête à mourir, et sa plaisanterie

---

a. Dietrich BONHOEFFER, *Gemeinsames Leben*, trad. F. Ryser *De la vie communautair*, Neuchâtel/Paris, Delachaux et Niestlé, 1947.

favorite consistait à se demander pour quelle raison Dieu tardait à ce point, mais quand l'heure sonna, elle eut besoin d'avoir quelqu'un à son côté qui lui dise : « C'est bon, tu peux y aller maintenant », et ce quelqu'un, c'était moi. C'est notre obéissance ultime. J'espère avoir la chance, un jour, d'entendre à mon tour : « Timothy, c'est l'heure, tu peux lâcher prise. »

La seule façon que nous ayons de vivre à fond le présent, c'est de faire face à notre condition mortelle. Tant que la mort reste une possibilité théorique, nous ne nous sommes pas encore préparés au don de la vie éternelle, faute d'avoir compris le don total en quoi consiste être en vie maintenant. La première fois que je suis allé à Bagdad, c'était en 1998, encore sous Saddam Hussein. Le pays entier étant zone d'exclusion aérienne, il me fallait atterrir en Jordanie, puis faire dix-sept heures de route à travers le désert. Comme toujours avant de m'endormir, je pris BBC International, où j'appris qu'on pouvait s'attendre dans la nuit à un raid aérien des Américains et des Britanniques sur Bagdad. La pensée de mourir sous une bombe britannique m'agaçait plutôt. Le lendemain matin, je demandai à notre frère dominicain Yussuf Mirkis, l'actuel archevêque de Kirkouk, s'il s'était inquiété. Il me répondit que les frères vivaient avec la mort depuis si longtemps que cela ne les concernait plus. Ce qui leur importait était de savoir s'ils partageraient la résurrection !

« Lui [le Seigneur] comble son bien-aimé qui dort » (Ps 127, 2). Pendant notre sommeil germe le nouveau dans nos cœurs et nos esprits. Combien de fois ne me suis-je pas endormi en essayant de résoudre une énigme pour me réveiller avec la réponse ! Jésus disait :

> Il en est du royaume de Dieu comme d'un homme qui aurait jeté du grain en terre : qu'il dorme et qu'il se lève, nuit et jour, la semence germe et pousse, il ne sait comment. D'elle-même, la terre produit d'abord l'herbe, puis l'épi, puis plein de

> blé dans l'épi. Et, quand le fruit s'y prête, aussitôt il y met la faucille, parce que la moisson est à point [Mc 4, 26-29].

Pendant que nous renonçons à tout contrôle, nous recevons la fertilité secrète de la parole de Dieu à l'œuvre en nous, afin que nous puissions être ouverts à l'avenu le matin.

> Tant bien le paysan veille et travaille,
> ce lieu où en été se muent les semailles
> jamais il ne l'atteint. La terre *octroie*[20].

Et il y eut un matin...

Dans vêpres et complies, nous nous sommes confrontés au « présent du passé », osant nous souvenir pour pouvoir ensuite oublier. Au matin, nous vivons « le présent du futur » de saint Augustin.

> Maintenant, après une longue nuit
> de calme et de nostalgie,
> sur mon front, dans le
> petit sillon de ma paume,
> de fines lignes de rosée
> se forment. Et ce que je
> désespérais depuis si longtemps d'avoir
> est là. Le soleil,
> fidèle à sa promesse, avec
> prophéties de lumière et d'air
> éveille l'horizon.
> J'ai traversé
> après tout. J'ai une nouvelle
> aube sur mes épaules[21].

Nous sommes orientés vers le futur. L'édifice incarne l'espoir. Nous chantons laudes, ce qui signifie « louanges », non seulement parce qu'il est bon de louer Dieu, mais parce que c'est notre destin final et l'accomplissement de notre humanité. Le cantique du matin, le *Benedictus*, est adressé à un enfant, Jean, par son père, le vieillard Zacharie, car c'est aux jeunes qu'appartient l'avenir.

> Or toi aussi, petit enfant,
> tu seras appelé prophète du Très-Haut ;
> car tu marcheras devant le Seigneur,
> pour lui préparer les voies,
> pour donner à son peuple la connaissance du salut
> par la rémission de ses péchés ;
> grâce aux sentiments de miséricorde de notre Dieu,
> dans lesquels nous a visités l'Astre d'en haut,
> pour illuminer ceux qui demeurent
> dans les ténèbres et l'ombre de la mort,
> afin de guider nos pas
> dans le chemin de la paix [Lc 1, 76-79].

Dom Mark Barrett se réfère au concept, fondamental dans le bouddhisme zen, d'« esprit du débutant ». Le débutant est en quête de signes qui le guideront sur sa route. Il ne pense pas qu'il sait déjà et conserve le désir et la capacité d'être surpris. Il y a là les traces de ce que Jung aurait pu appeler le *puer aeternus* qui se maintient dans la personne dont la vie a baigné dans l'esprit de Dieu, à savoir l'« éternel enfant » capable de recommencer sans cesse[22]. Le père de l'enfant prodigue entrait dans cette catégorie d'« enfant éternel », lui qui accueille de grand cœur son fils qui fait retour. Ensemble, ils vont repartir de zéro, cependant que le fils aîné reste prisonnier du passé. Thérèse d'Avila, sur la fin d'une vie qui fut aussi longue que chargée : « C'est nous qui avons commencé le travail ; c'est à ceux qui suivront de continuer de commencer[23]. » Chaque nouvelle génération recommence un commencement, non à partir de rien, mais au sein de notre marche vers tout.

Le dominicain Brian Pierce raconte qu'un jour, alors qu'il vivait dans un quartier pauvre de Lima, il se réveilla déprimé et entreprit une promenade au cœur des bidonvilles. Il vit alors des enfants jouant joyeusement aux osselets non loin d'un cadavre de chien. Ce jeu consiste à lancer une balle en l'air et à réunir autant d'osselets métalliques que possible et puis à rattraper la balle avant qu'elle touche le sol. C'est alors qu'il se rendit compte qu'on jouait sans balle. Les enfants improvisaient, sans aucun matériel, dans la joie d'un nouveau matin, en enfants de Dieu qu'ils étaient, créant ludiquement *ex nihilo*.

Le matin, bien avant le jour, Jésus se leva très tôt pour aller prier (Mc 1, 35). C'est dans les premières heures du matin de Pâques qu'il rencontra Marie-Madeleine dans le jardin, nouvel Adam au début d'une nouvelle création. Tôt le matin, nous nous levons pour entendre l'appel de Dieu à redevenir des disciples. Le cardinal Bernardin, archevêque de Chicago, alors jeune évêque promis à parcourir à toute vitesse la carrière ecclésiastique, était un administrateur efficace qui faisait avancer les choses. Un jour qu'il dînait avec trois jeunes prêtres, on en vint à parler de la vie de prière. Le jeune évêque confessa qu'il n'en avait guère : que devait-il faire, selon eux ? Et eux de lui demander : « Parlez-vous d'un cœur sincère ? Avez-vous vraiment l'intention d'y changer quelque chose[24] ? » La réaction de ces jeunes prêtres lui apporta la conviction qu'il n'avait pas le choix. À compter de ce jour, il se leva plus tôt pour consacrer la première heure de la journée au Seigneur. C'est ce qui fit de ce bureaucrate de l'Église la sainte personne dont les funérailles réunirent des dizaines de milliers de personnes dans les rues de la ville.

Nous nous levons tôt pour entendre l'appel du Seigneur à nous ouvrir à l'inattendu. Mais souvent l'homme résiste à la nouveauté. Nous avons tendance à nous figer dans nos habitudes et nos faiblesses. L'office de laudes commence par le « psaume d'invitation », qui nous appelle à écouter : « Aujourd'hui si vous écoutiez sa voix, N'endurcissez pas vos cœurs comme à Meriba » (Ps 95, 7-8). Mais comme les enfants d'Israël dans le désert, souvent nous ne voulons pas écouter. Nous ne voulons même pas nous lever. Dom Mark a pour cela une formule éloquente : le « paysage de la réticence[25] ». Le muezzin appelle les fidèles musulmans à la prière en leur promettant que celle-ci est plus douce que le sommeil. On n'a pas toujours cette impression. Jeune frère et fumeur, j'étais à la torture quand il s'agissait de choisir entre paresser une minute de plus dans la chaleur du lit et me lever pour fumer une première cigarette avant laudes.

Tout le monde n'a pas le même type de vie ; il y a les alouettes et il y a les hiboux. Avec leur horaire matinal, les laudes ne concernent pas tout un chacun, mais la sagesse de la tradition veut que, pour la plupart d'entre nous, ce soit le moment où nous sommes le plus à l'écoute du nouvel appel de Dieu. Cela ne vaut pas pour les personnes qui préparent le premier repas de la journée pour les tout-petits, les habillent pour être à l'heure à l'école ou doivent prendre les transports en commun dès l'aube pour aller au travail. Janet Martin Soskice, théologienne de Cambridge et mère de famille, n'est pas étonnée de voir la spiritualité être l'apanage des moines, libérés de ces charges : « Qui nous montrera un moine qui trouve Dieu en faisant la cuisine avec un enfant qui crie pour avoir à boire, un autre qui a besoin d'être changé et un bébé en équilibre sur l'épaule[26] ? » L'auteure estime que, si la gestion de la vie familiale comporte en elle-même sa dimension contemplative, cela vient de ce que les parents doivent apprendre à répondre aux besoins de l'enfant. J'estime, moi, que, quelle que soit notre vie, il est indispensable, ne serait-ce qu'en y passant cinq minutes, de commencer la journée par sa consécration.

Une vocation n'est pas juste un événement ponctuel. S'y mêle souvent ce que John Hemmer nomme « l'appel dans l'appel[27] ». Saint Paul est appelé à la foi dans son enfance. À Damas, il reçoit un appel plus radical pour faire cesser en lui la violence : il lui faut suivre le Seigneur, qu'il a persécuté. La vocation d'Isaïe en tant que prêtre est portée à sa radicalité dans les appels qu'il reçoit à être un prophète. Mère Teresa de Calcutta a répondu à l'appel de Dieu en rejoignant les sœurs de Lorette, mais cet appel a été approfondi lorsqu'elle a fondé les Missionnaires de la Charité en ajoutant aux trois autres le vœu de servir les plus pauvres parmi les pauvres. Les moines dont il est question dans *Des dieux et des hommes* avaient tous accepté leur vocation à mener la vie monastique. Comme je l'ai écrit dans un chapitre précédent, vient le moment où ils se rendent compte qu'est requise une générosité encore plus radicale qu'ils ne l'avaient initialement estimé. Frère Christophe crie : « Je ne me suis pas fait moine pour mourir. – Mais vous avez déjà donné votre vie », répond le prieur.

Parfois il peut arriver que des gens reçoivent une seconde vocation. Un de mes frères était heureux en ménage et père de quatre enfants. Sa femme décéda alors qu'il était âgé d'une soixantaine d'années, et il répondit à l'appel pour devenir un frère dominicain et un prêtre. S'agissait-il vraiment d'une nouvelle vocation ou d'une nouvelle phase de son unique réponse au Seigneur de la vie ? Entretenir une vocation signifie garder une oreille ouverte tous les matins pour le nouvel appel, pour la phase suivante, pour l'amour plus profond.

Et ce fut le jour...

La première étape pour nous défaire de l'emprise du passé consiste, à vêpres et lors de l'Eucharistie, à oser se souvenir, la seconde à sombrer dans l'oubli du sommeil. Au petit matin, nous nous serons ouverts à l'avenir. À midi, avec le soleil haut dans le ciel, nous apprenons à vivre le présent, ce moment indéfinissable où se rejoignent passé et du futur.

Jésus était un homme qui vivait le présent. Il avait décidé de traverser un village sans s'arrêter mais, voyant le petit Zachée grimpé sur son arbre : « Zachée, dit-il, descends vite, car il me faut aujourd'hui demeurer chez toi » (Lc 19, 5). Il saisit au vol l'occasion. « Aujourd'hui, le salut est arrivé pour cette maison, parce que lui aussi est un fils d'Abraham. » « C'est le jour que le Seigneur a fait, réjouissons-nous et vivons-le dans la joie. » Et par-dessus tout dans les béatitudes. « Ne vous inquiétez donc pas en disant : "Qu'allons-nous manger ? qu'allons-nous boire ? [...]" Ce sont là toutes choses dont les païens sont en quête. Or votre Père céleste sait que vous avez besoin de tout cela » (Mt 6, 31-32). N'oublions pas comment la B.D. *Peanuts* nous rassure : « Ne vous inquiétez pas pour demain. En Australie on est déjà aujourd'hui. »

Le jour de sa décollation, on vint réveiller saint John Fisher dans sa cellule de la tour de Londres. Quand il découvrit que son exécution était retardée de quelques heures, il demanda alors la permission de se rendormir un moment. C'est ce qu'on appelle vivre l'instant présent.

Mais comme le savaient fort bien les Pères du désert, vivre dans le moment présent exige la discipline la plus dure. Quand je suis assis en méditation, je passe une bonne part de mon temps à penser au petit-déjeuner. Puis vient le petit-déjeuner, et c'est à peine si j'y prends plaisir, car je me demande déjà ce que je vais dire à ceux qui viendront dans la matinée me voir ou m'interroger sur les conférences que je prépare. Mais quand je les ai devant moi pour de bon, je leur prête seulement une oreille distraite, déjà préoccupé que je suis par le repas de midi.

Cela fait traditionnellement partie des tâches du maître de l'Ordre dominicain de consacrer à chaque frère, en neuf ans de mandat, une demi-heure environ à une rencontre en tête à tête. À la fin d'une longue journée passée au Mexique à enchaîner ce genre d'entretiens, à peine capable de garder les yeux ouverts, je m'entendis vertement rappeler à l'ordre par un frère que j'avais connu à l'université d'Oxford et dont je m'étais fait un ami : « Timothy, c'est la troisième fois que tu regardes ta montre ! » Cela m'a servi de leçon et m'a guéri définitivement, même si j'ai fait mettre une horloge au mur, dans le dos de mon visiteur. Ce qui m'a le plus impressionné dans la longue conversation que j'ai eue une fois avec le pape François, c'est qu'il n'a pas une seule fois regardé sa montre. Il ne s'occupait que de son seul et unique interlocuteur.

Lorsque les frères étaient reçus par le dominicain Bede Jarrett, le provincial d'Angleterre il y a cent ans de cela, il s'arrangeait toujours pour donner l'impression qu'il n'avait rien d'autre à faire que les attendre. C'était un prédicateur hors pair, connu pour les retraites qu'il donnait et les nombreux livres qu'il avait publiés, et pourtant les frères ne le trouvaient jamais au travail dans son bureau. Il était là pour eux, c'est tout. Ce n'est qu'après sa mort que l'on a découvert qu'il n'écrivait pas sur sa table, mais dans le tiroir qu'il ouvrait, le refermant dès que quelqu'un s'annonçait. Je suis passé maître dans l'art de donner le change en passant pour un homme débordé, même quand je viens de terminer une patience dont je viens précipitamment de purger mon écran pour y charger à la place le sermon de dimanche prochain.

Pour les Pères du désert, midi était le temps de l'acédie, « une âcre fébrilité[28] ». Selon Évagre le Pontique, cette affection de l'esprit « donne à croire que le soleil se déplace à peine, voire pas du tout, et que la journée dure cinquante heures [...]. Elle installe au cœur du moine la haine de l'endroit où il est, la haine de la vie qu'il mène, la haine du travail manuel[29] ». C'est ce que les Pères du désert appelaient le démon de midi. Rowan Williams a avoué la tentation de penser que si l'on était ailleurs, tout irait bien :

> Ailleurs, n'importe où, je pourrais être plus gentil, plus saint, plus équilibré, plus indifférent à la critique, plus discipliné, je serais capable de chanter juste et probablement plus svelte[30].

C'est l'état d'esprit typique de celui qui a entre quarante et cinquante ans, et s'accommode mal d'être devenu qui il est devenu. Voilà qui rappelle Dante et le début de la *Divine Comédie* : « Au milieu du chemin de notre vie, ayant quitté le chemin droit, je me trouvai dans une forêt obscure. » Il va à la rencontre de lui-même (*mi ritrovai*, « je me retrouvai »), comme le fils prodigue s'est rencontré lui-même et découvre le besoin de revenir à la maison.

Les Pères du désert savaient qu'en ce moment de désolation, il fallait venir à soi-même et demeurer où on est et accepter qui l'on est. Abba Moses a déclaré : « Tenez-vous assis dans votre cellule, et votre cellule vous apprendra tout. » Si nous nous précipitons ailleurs, nous serons comme l'oiseau abandonnant ses œufs : il les condamne à ne jamais éclore[31]. Le conflit n'est qu'apparent avec l'espérance de laudes, où la voix du Seigneur nous appelle vers ce qui est neuf : nous ne pouvons déchiffrer ce que le Seigneur veut de nous que si nous ne nous fuyons pas nous-mêmes. Si nous assumons d'être celui que nous sommes devenu, nous pouvons entendre l'injonction du Seigneur qui veut que nous soyons la personne qu'il nous appelle à être. Tel est le défi face auquel nous nous trouvons, selon Stackhouse :

> Nous craignons de nous arrêter ; nous craignons qu'une vie que nous mènerions en dehors de la voie rapide signifie platitude et compagnie ; nous craignons le tête-à-tête avec nous-même. Si l'on vérifie sa boîte de réception si souvent, si nous envoyons des SMS pour un oui pour un non, si nous sommes rivés à nos écrans de télévision, c'est entre autres raisons parce que la perspective de vivre avec nous-même est trop effrayante. Mais on commence à entrevoir les conséquences de cette vie échevelée. Partout dans le monde, et pas seulement au sein des entités religieuses, les yeux se dessillent : pareil mode de vie est intenable, pis, il est destructeur[32].

Toutes les existences, pour peu qu'on vive assez longtemps, connaissent leur midi : il se produit au moment où il faut accepter que le champ des possibles se soit restreint. Il n'est plus raisonnable pour moi de penser avoir et élever un enfant, apprendre le mandarin, piloter un avion, courir un marathon, me mettre au violoncelle. Bon, le violoncelle, passe encore. En tout cas, « le rêve américain », qui professe que quand on veut on peut, n'a jamais dit vrai et, à un moment donné de la vie, cela devient évident. La personne que j'incarne résulte de choix innombrables, pour le meilleur et pour le pire. Telle est la personne qu'il me faut regarder en face et les yeux grands ouverts parce que c'est la personne que, présentement, le Seigneur aime et appelle.

Simon Tugwell situe la pureté de cœur dans cette lucide conscience de soi où nous pouvons nous tenir en paix et en repos.

> C'est la fin, dit-il, de la tension, même si ce n'est pas la fin de la lutte ni de l'angoisse. Ce qui engendre tension et impureté est le refus de reconnaître ce qui est en nous et cet entêtement à nous traiter en dociles animaux de compagnie au lieu de voir en nous des voyous comme les autres [...]. La paix passe nécessairement par l'acceptation de la vérité. Chaque parcelle de nous que nous refusons d'accepter se retournera contre nous, nous obligeant à nous enfoncer dans des postures défensives. Sans compter que chaque partie rejetée de notre moi va s'autonomiser à toute vitesse et trouver à s'incarner dans l'entourage[33].

Si nous refusons d'assumer notre identité en nous bouchant les yeux sur les côtés déplaisants de notre personnalité, nous finirons par trouver ces éléments-là dans des tiers que nous nous mettrons à haïr. Si la vérité sur nous ne nous effraie pas, nous entendrons le Seigneur appeler cette personne, et non quelque mannequin idéalisé et fantomatique, à prendre place auprès de lui. Dans cet « aujourd'hui », nous aurons un aperçu du jour éternel que le Seigneur a créé et qui sera notre réjouissance.

Conclusion

J'ai commencé par me demander comment nous pouvons toucher l'imagination de nos contemporains sécularisés avec notre foi chrétienne. Étant donné que nous sommes les uns et les autres des enfants de notre époque façonnés par la perception profane qu'elle a de la réalité, nous autres chrétiens sommes également intéressés : si nous voulons mettre de la cohérence dans nos vies, il nous faut réfléchir à la manière dont la lumière de la foi éclaire tous nos faits et gestes ainsi que notre être. Rien de ce qui est humain n'est étranger au Christ.

J'ai défendu l'idée que ce qui mine la foi en Dieu, c'est moins l'athéisme ou la laïcité en eux-mêmes que ce que le jésuite Adolfo Nicholas a appelé la « mondialisation de la superficialité ». Toute civilisation digne de ce nom pose des questions de fond comme : pourquoi y a-t-il quelque chose plutôt que rien ? ou : quelles valeurs assurent le bonheur de l'homme ? Un certain nivellement de l'imagination, qui découle peut-être des moyens de communication en usage de nos jours, avec leur flot incessant de messages insignifiants, a engendré les poulets sans ailes de Flannery O'Connor et l'abstraite troisième patte du poulet du dominicain Shigeto Oshida. Ces figures illustrent la « mentalité univoque » sur laquelle William Lynch s'est si brillamment exprimé.

Quiconque s'est colleté à la complexité de la condition humaine, de quelque horizon religieux qu'il vienne ou qu'il n'ait pas de religion, quiconque est déjà tombé amoureux, a déjà connu la difficulté qu'il y a à pardonner à autrui ou s'est un jour retrouvé dans une situation périlleuse, quiconque a déjà essayé de donner un sens à sa vie, celui-là est notre allié. Si nous prêtons l'oreille à sa sagesse, parions qu'il pourra s'ouvrir à la richesse de notre foi. La littérature, comme tout domaine créatif, n'est pas ma spécialité. Je me suis seulement servi de ce qui m'est tombé sous la main. Chaque chapitre est l'esquisse d'un livre que quelqu'un d'autre aurait pu écrire mieux que moi.

Chemin faisant, nous avons constaté qu'il était souvent nécessaire de dissiper bien des préjugés sur ce que croient les chrétiens si nous voulons engager le dialogue avec nos contemporains. Non, le pardon n'est pas l'oubli. Non, les enseignements de l'Église ne sont pas un endoctrinement. Ils libèrent l'esprit et le cœur. Non, le christianisme ne rejette pas le corps mais chérit sa sainteté, et ainsi de suite. À d'autres moments, nous nous sommes efforcés de nous libérer de la prison d'une image et de laisser la mouche quitter la bouteille, pour reprendre l'analogie de Wittgenstein. Apprendre à résister à la violence, à la fascination de l'argent, à la puissance du royaume de Mammon, à s'évader de l'imaginaire technocratique. Apprendre à découvrir que l'étranger est notre frère, notre sœur. Apprendre à garder vif le sentiment que nous vivons dans un monde de dons et que tout n'est pas marchandise.

Une métaphore opérante de ce défi s'est faite jour au cours de ce livre : s'évader du confinement pour gagner l'air frais. Au départ nous avions l'ouvrage d'Emma Donoghue, *Room*, inspiré de l'histoire vraie d'une jeune femme enlevée puis emprisonnée dans un abri de jardin où elle a donné naissance à un garçon, Jack, lequel grandit en s'imaginant que la réalité tout entière se réduit à ce seul espace, « Room », jusqu'au jour où il prend le large et découvre le monde extérieur avec son air pur et ses couleurs vives. J'ai été saisi par la métaphore, qui dit merveilleusement comment notre imaginaire s'affranchit de la « mentalité monocorde ». Nous passons du noir et blanc à la couleur.

Toutes les religions traditionnelles sont extraordinairement poétiques et nous convoquent vers des « étendues qu'aucun toit ne recouvre – vent qui rafraîchit le savoir[1] », dans les termes de Seamus Heaney. Le voyage risqué vers Jérusalem qu'ils entreprennent, ignorant ce qui les attend, libère les disciples des contraintes de leur vie de pêcheurs galiléens et les conduit finalement vers un tombeau vide, dont la pierre qui le fermait a été roulée loin, tout enfermement dépassé. Les voilà du coup prêts à recevoir la brise fraîche que leur souffle Dieu à la Pentecôte.

Dans l'imaginaire chrétien, le corps n'est pas une prison à laquelle nous devons échapper. Le corps est ouvert à l'amour de l'autre et à l'incarnation de celui qui est amour. Une grande partie de la formation spirituelle consiste à apprendre à ôter les écailles de nos yeux, à affûter notre audition, à déchiffrer la complexité du visage humain, à prendre la vie à bout de doigts. Notre ouverture est enracinée dans nos sens, qui préparent notre accès au vaste dehors. Un foyer véritablement humain a ses portes ouvertes, accueillant l'étranger. La liturgie ouvre une porte sur la transcendance, une voie entre ciel et terre.

« Ouverture », les chrétiens libéraux raffolent de ce mot. Que j'en fasse un usage répété peut faire songer à un christianisme plutôt fadasse, du genre « Tout est permis[a] ». N'en croyez rien. Le chemin de l'ouverture véritable sait aussi emprunter à l'occasion la voie de l'ordre et de la discipline. De même que la poésie est un exercice hautement rigoureux qui opère des trouées dans le système empesé de l'imagination commune, de même la liberté et la sortie du confinement s'obtiennent grâce à l'amitié exigeante mais

a. Le texte dit, par allusion à une comédie musicale à succès de l'entre-deux-guerres (Cole Porter, 1934) : « Tout peut faire l'affaire » *(Anything Goes)*.

inconditionnelle de Jésus. Pour ceux qui se trouvent dans ces dispositions, cela passe par la rigueur de l'étude qui ouvre aux mystères de la présence de Dieu. J'espère de tout mon cœur qu'en mettant l'accent à la fois sur l'ouverture et sur la rigueur nous aurons montré une voie allant au-delà de l'opposition entre les deux pôles habituels, conservateur et progressiste, libéral et traditionaliste, qui fait tant de mal à l'Église.

En dernier lieu, j'ai abordé, mais brièvement, la technique permettant de conserver toute sa vigueur à un imaginaire allant à rebours du convenu. Nous passons beaucoup plus de temps avec les médias qu'à écouter la Parole de Dieu, en tout cas, moi je le fais. Peut-être est-il plus facile de maintenir vivace un imaginaire religieux si l'on est proche du miracle que reproduit tous les ans la fertilité de la nature. Mais on peut le dire aussi de qui vit dans une communauté valorisant les arts, la poésie et le chant.

M'appuyant sur un pape de l'Église catholique et sur un ministre baptiste, j'ai tenté une incursion dans les cycles de la liturgie, sur l'année et sur la journée, pour étudier comment nous y maintenons ouverte la fenêtre de notre imaginaire. L'année liturgique célèbre l'art qu'a la Sagesse, « avec fermeté et douceur », d'ordonner toute la création en vue de sa réalisation pleine et entière en Dieu. Tous nos différents calendriers se retrouvent sous l'égide de cette stratégie fondamentale : ordonner nos vies en direction du culte et de la louange. Le temps liturgique est structuré par l'espérance d'une délivrance et ce n'est pas un temps homogène et vide.

La liturgie quotidienne des Heures nous aide, comme Stackhouse nous y invite, à vivre la journée comme il convient, en nous débarrassant des fardeaux du passé et en nous ouvrant au don de l'avenir, de manière à nous rendre capables, plus ou moins, de vivre dans le présent, dans cet instant-ci, au service de ceux qui nous entourent et de la tâche qui est la nôtre en ce jour. Nous sommes peu nombreux à avoir le temps de vivre la liturgie des Heures et le renouvellement de notre espérance qu'elle apporte. Mais d'autres personnes ont d'autres poèmes, d'autres chants pour nous nourrir le long de notre chemin et nous aider à secouer les vapeurs anesthésiantes de la platitude.

L'imaginaire chrétien que j'ai esquissé, j'en suis parfaitement conscient, est le mien, et donc le produit de mon expérience, de mon catholicisme, de mon âge et de mon passé, de mon sexe, si bien qu'il est tout ce qu'il y a de plus limité. Tout ce que nous pouvons faire, c'est allumer notre petit lampion et espérer que cela incitera d'autres à éclairer le leur. Dans le Pérou du XVIIe siècle, les Jésuites, en réponse aux souffrances des populations autochtones éprouvées par un tremblement de terre, reprirent des évangiles les sept dernières paroles de Jésus sur la croix et créèrent une nouvelle forme de dévotion, fondée sur les exercices ignatiens. C'était un petit feu nouveau transmettant la bonne nouvelle de Pâques.

Une centaine d'années plus tard, en 1785, Haydn reçut commande d'un oratorio sur ces mêmes sept dernières paroles qu'on interpréterait le vendredi saint dans la cathédrale de Cadix. Ce fut le tour de son génie musical d'allumer un phare. Je l'ai déjà mentionné, lorsqu'en 1993 je me rendis auprès de mon père mourant, il me pria de bien vouloir lui apporter son baladeur à l'hôpital. Face à la mort, il souhaitait entendre *Les Sept Dernières Paroles* de Haydn et le *Requiem* de Mozart. Quand je fus invité à prêcher à la cathédrale de Seattle sur les dernières paroles, la dernière demande de mon père m'aida à allumer mon propre petit fanal, *Seven Last Words* [a].

Quelques mois plus tard, la principale d'une école de l'ouest de l'Angleterre me faisait savoir qu'elle avait demandé à ses étudiants et à son personnel de composer

---

a. T. RADCLIFFE, *Les Sept Dernières Paroles du Christ*, Paris, Éd. du Cerf, 2004.

une comédie musicale qui s'inspirerait en partie de mon livre. De proche en proche, quatre écoles et plus de quatre cents élèves y prirent part. J'assistai au spectacle, donné à la cathédrale catholique de Plymouth : c'était renversant ! L'équipe pédagogique et les jeunes gens avaient tiré de ces dernières paroles de Jésus quelque chose d'entièrement neuf. Un CD a matérialisé cette aventure[2]. L'épisode avait avivé en eux un instinct créatif, et il en était sorti une poésie et des chants nouveaux. Ils avaient repris quelques textes de moi, mais les chants étaient totalement d'eux. Certaines paroles m'échappaient, mais quelle importance ? La flamme que nous allumons au cœur des gens brûle plus intense quand nous libérons leur imaginaire d'une manière que nous n'aurions jamais pu anticiper et que nous ne pouvons même pas comprendre.

Notes

Notes du chapitre premier

1. Catholic Research Forum 1 : *Contemporary Catholicism in England and Wales : A statistical report based on recent British Social Attitudes survey data* [« Le catholicisme aujourd'hui en Angleterre et dans le Pays de Galles : rapport statistique établi d'après de récents sondages sur les comportements sociaux en Grande-Bretagne »], Centre de publications Benoît XVI, Twickenham (GB), St Mary's University, 2016.

2. N. MacGregor, *Living with the Gods : On Beliefs and Peoples* [« Vivre avec les dieux : des croyances et des peuples »], Londres, Allen Lane, 2018, p. x.

3. Mémorandum du 23 juillet 1857.

4. « Theology and Imagination » [*Théologie et imaginaire*], *Thought*, vol. 29-1, n° 112 (printemps 1954), p. 66.

5. A. Nicholas s.j., *Depth, Universality and Learned Ministry : Challenges to Jesuit Higher Education Today* [« Profondeur, universalité et ministère savant : défis lancés aujourd'hui à l'enseignement supérieur jésuite »], conférence donnée à Mexico le 23 avril 2010 et disponible sur le site www.sjweb.info

6. R. Scruton, *The Soul of the World* [« L'Âme du monde »], Princeton (NJ), Princeton University Press, 2014 p. 39.

7. G. Weigel, www.eppc.org (sur Flannery O'Connor).

8. E. Donoghue, *Room*, Londres, Picador, 2010 p. 84 [trad. V. Buhl, *Room*, Paris, Stock, 2011].

9. Platon, *La République*, 514a-520a.

10. W. Blake, Lettre à Thomas Butts du 22 novembre 1802, dans G. Keynes (éd.), *Complete Writings*, Oxford, Oxford Paperbacks, 1969, p. 818.

11. S. Heaney, *Seeing Things*, Londres/Boston (Mass.), Faber and Faber, 1991, « The Skylight », loc. 637 [trad. P. Hersant, *La Lucarne*, Paris, Gallimard, 2005].

12. *Ibid.*

13. R. Hass, A. Milosz (éd.), *Selected and Last Poems : 1931-2004 of Czesław Milosz*, Londres, Penguin, 2014, p. 93, « Ars poetica ? ».

14. A. Einstein, dans son interview par G. S. Viereck, « What Life Means to Einstein » [*Ce que signifie la vie pour Einstein*], *The Saturday Evening Post*,

26 octobre 1929, propos cité par N. Steeves, *Grâce à l'imagination : intégrer l'imagination en théologie fondamentale*, Paris, Éd. du Cerf, 2016, p. 17.

15. J. Yane, *Science and the Truthfulness of Beauty: How the Personal Perspective Discovers Creation* [« La Science et la véracité de la beauté : comment la perspective personnelle découvre la création »], Abingdon-on-Thames (GB)/New York, Routledge, 2018, p. 9.

16. N. Spencer, « Voyage from Faith » [« Voyage depuis la foi »], *The Tablet*, 14 février 2009, p. 9.

17. P. Kalanithi, *When Breath Becomes Air*, Londres, Vintage, 2016, p. 169 [trad. C. Fruteau *Quand le souffle rejoint le ciel : un médecin face à la vie et à sa mort*, Paris, J'ai lu, 2018 (© J.-C. Lattès, 2017) ; l'auteur est mort en 2015 à l'âge de 37 ans].

18. Le bain rituel, dans le rite juif, servant aux purifications cérémonielles.

19. Z. Heller, *The Believers* [« Les croyants »], Londres, Fig Tree, 2008, p. 209-210.

20. G. Weigel, *Witness to Hope: The Biography of Pope John Paul II* [« Un témoin de l'espérance : biographie du pape Jean-Paul II »], Londres, Harper and Collins, 2009, p. 329.

21. Saint Augustin, *De catechizandis rudibus* [« La Catéchèse des débutants »].

22. Je suis redevable de cette anecdote à Denys Turner (communication orale).

23. P. Fitzgerald, *The Knox Brothers*, préface de Richard Holmes, Londres, Fourth Estate, 2013, p. 267.

24. S. Oshida, « Zen : the Mystery of the Word and Reality » [« Zen, le mystère du mot et de la réalité »], www.monasticdialog.com.

25. C. Mattiello (éd.), *Takemori Sōan : Teachings of Shigeto Oshida, a Zen Master*, Buenos Aires, 2007.

26. W. F. Lynch, *Christ and Apollo : The Dimensions of the Literary Imagination* [« Le Christ et Apollon : dimensions de l'imaginaire littéraire »], introduction de G. C. Arbery, Wilmington (C), ISI Books, 2004 (© New York : New American Library, 1953), p. 146.

27. N. Steeves, *Grâce à l'imagination*, p. 234.

28. R. MacFarlane, *Landmarks* [« Repères »], Londres, Hamish Hamilton, 2015, p. 3.

29. G. Eliot, *Middlemarch* [plusieurs trad. sous le même titre : a) A. Loisy, Paris, Christian Bourgois, 1981, reprise Paris, Presses de la Cité, 1995 ; b) S. Monod (préface de V. Woolf), Paris, Galliamrd, 2005 ; c) L. Bury *et al.*, Paris, Ellipses, 2019], Hertfordshire, Wordsworth Classics, 1994, p. 162, cité par Mary C. Grey, *The Spirit of Peace : Pentecost and Affliction in the Middle East*, Durham, Sacristy Press, 2015, p. 115.

30. D. Jones, *The Anathemata* [« Les Anathèmes »], Londres, Faber and Faber, 1952, p. 53.

31. G. M. Hopkins, *Poèmes, nouvelle traduction*, trad. B. Gaurier, Paris, Éd. du Cerf, 2019, « Beauté diaprée », p. 99.

32. Communication privée.

33. Cité par T. CRANE, « Reduced to Clear : What Happens when a Religious Leader Takes on Consciousness » [*Tout doit disparaître : quand un chef religieux se penche sur la conscience*], *Times Literary Supplement* (*TLS*), 27 juillet 2018, p. 12.

34. TÉRENCE, *L'Heautontimoroumenos* (« Le bourreau de soi-même »), I, 1, v. 77.

35. Lettre de Rainer Maria Rilke du 4 septembre 1908 citée par M. P. HEDERMAN, *Dancing with Dinosaurs : A Spirituality for the Twenty-First Century* [« Danser avec les dinosaures : une spiritualité pour le XXIe siècle »], Dublin, The Columba Press, 2011, p. 84.

Notes du chapitre 2

1. Phrase d'abord attribuée à Allen Saunders.

2. Cité par M. D. HURLEY et M. WAITHE, *Thinking Through Style : Non-Fiction Prose of the Long Nineteenth Century* [« Penser grâce au style : la prose non fictionnelle pendant le long XIXe siècle »], Oxford, Oxford University Press, 2018, p. 103.

3. R. TREMAIN, *Music and Silence* [trad. *Musique et Silence*, par G. Rolin, Paris, J'ai Lu, 2009], New York, Farrar, Straus and Giroux, 2000.

4. IRÉNÉE DE LYON, *Adversus haereses* [« Contre les hérésies »], IV, chap. XX.

5. Le témoignage de sœur M. L. Tobin sur le P. Merton est reproduit en ligne : www.fatherlouie.blogspot.com.

6. F. KERR, T. RADCLIFFE (éd.), C. ERNST, *Multiple Echo : Explorations in Theology* [« Multiple écho : enquêtes en théologie »], préface de Donald MacKinnon, Londres, Darton, Longman and Todd, p. 1.

7. T. S. ELIOT, *Meurtre dans la cathédrale*, trad. H. Fluchère, Paris, Éd. du Seuil, 1949.

8. W. BOYD, trad. I. Perrin, *Les Vies multiples d'Amory Clay*, Paris, Éd. Points, 2016.

9. G. SWIFT, trad. M.-O. Fortier-Masek, *Le Dimanche des mères*, Paris, Gallimard, 2016.

10. Épigraphe. J'aimerais assez creuser la raison qui a poussé Boyd à donner à ce personnage quasiment le même nom que portait un explorateur américain du XIXe siècle vivant à la frontière entre le monde des autochtones qui menaient une vie tribale et l'Ouest sauvage.

11. P. 447 et 449 de l'édition originale.

12. Traduction de M.-O. Fortier-Masek, Folio, p. 170-171.

13. L'ouvrage de J. WINTERSON, *Why be Happy when you can be Normal ?*, est paru à Londres, éd. Jonathan Cape, 2011, et sa traduction, due à C. Leroy, *Pourquoi être heureux quand on peut être nomal ?*, aux Éd. de l'Olivier, Paris, 2012. La citation vient de l'original, p. 168.

14. J. SACKS, Not in God's Name : Confronting Religious Violence, Londres, Hodder and Stoughton, 2015, ici p. 16, trad. J. Darmon, *Dieu*

n'a jamais voulu ça : la violence religieuse décryptée, Paris, Albin Michel, 2018.

15. Jesus Christ Superstar.

16. J. WINTERSON, *Why be Happy*, p. 23.

17. M. MCEVOY, brouillon d'un poème inédit, reproduit avec son autorisation.

18. L'auteur renvoie ici à M. BAKHTINE, *Art and Answerability*, Austin (Tex.), University of Texas Press, 1990, p. 1.

19. Voir le site www.parabolesreception.blogspot.com.

20. N. MACGREGOR, *Living with the Gods*, p. 283.

21. H. J. M. NOUWEN, *The Return of the Prodigal Son : Story of Homecoming* [trad. R. Bastien *Le Retour de l'enfant prodigue : revenir à la maison*, Paris, A. Michel, 2008], Londres, Darton, Longman and Todd, 1994, p. 64.

22. J. ROBERTS, « The Power of Patience : Teaching students the value of deceleration and immersive attention » [*Le pouvoir de la patience : enseigner qu'on gagne à prendre son temps et à avoir une attention tous azimuts*], *Harvard Magazine*, novembre-décembre 2013.

23. BENOÎT XVI, Exhortation apostolique post-synodale *Verbum Domini*, Vatican, 30 septembre 2010, § 6.

24. B. QUASH, *Abiding : the Archbishop of Canterbury's 2013 Lent book* [« Supporter : le livre de carême 2013 de l'archevêque de Canterbury »], Londres, Continuum, 2012, p. 46.

25. J. SACKS, *Not in God's Name*, p. 13.

26. S. WEIL, *L'Enracinement. Prélude à une déclaration des devoirs envers l'être humain*, Paris, Gallimard, 1949, Ire partie, « Les besoins de l'âme », « L'obéissance ».

27. S. WEIL, *L'Attente de Dieu*, Paris, Fayard, 1966, Premier exposé : « Réflexions sur le bon usage des études scolaires en vue de l'amour de Dieu ».

28. H. MCCABE o.p., *God matters* [« Dieu compte »], Londres, Chapman, 1987.

29. E. SCHÜSSLER FIOERENZA, *Discipleship of Equals : A Critical Feminist Ekklesia-logy of Liberation* [« Apostolat des égaux : ecclésiologie féministe et critique de la libération »], New York, Crossroad, 1993, cité dans K. STOGDON, « Nothing was taken from me : everything was given » [*Rien ne m'a été pris : tout a été donné*] (« Religious life and Second Wave Feminism »), paru dans G. SIMMONDS, CONGRÉGATION DE JÉSUS, T. RADCLIFFE (éd.), *A Future full of Hope* [« Un futur plein d'espérance »], Blackrock (Dublin), The Columba Press, 2012, p. 63.

Notes du chapitre 3

1. J. FOREST, *At Play in the Lions' Den : A Biography and Memoir of Daniel Berrigan* [« Jouer dans l'antre du lion : biographie et souvenirs de Daniel

Berrigan »], New York, Société de missionnaires Maryknoll, Orbis Books, 2017, épigraphe.

2. C. Fox, *I Find that Offensive!* [« Je trouve cela offensant »], Londres, Biteback publishing, 2016.

3. Le texte, en anglais, est consultable sur www.famouspoetsandpoems.com

4. W. Whitman, *The Complete Poems*, Londres, Penguin, 2004, « Song of the Open Road », p. 178 ; ici, trad. J. Darras, *Feuilles d'herbe*, Paris, Grasset, 2002.

5. C. McCarthy, *La Route*, Basingstoke et Oxford (GB), Picador, 2006, trad. F. Hirsch *La Route*, Paris, Éd. de Noyelles 2008, rééd. Paris, Point-deux, 2011.

6. *Ibid.*, p. 307 de l'édition anglaise

7. Ces citations proviennent d'une causerie non publiée de Lord Alton de Liverpool donnée le mardi 25 avril 2017 à Pusey House [prestigieuse institution religieuse anglicane d'Oxford. – *NdT*].

8. Voir www.ekklesia.co.uk.

9. Cité par R. Williams, *Open to Judgement : Sermons and Addresses* [« Ouvert au jugement : sermons et allocutions »], Londres, Darton, Longman and Todd, 1994, p. 29.

10. C. Taylor, *A Secular Age* [trad. P. Savidan, *L'Âge séculier*, Paris, Éd. du Seuil, 2007], Cambridge (Mass.), Belknap Press of Harvard University Press, 2007, ici, p. 230 de l'édition en anglais.

11. *Ibid.*, p. 261.

12. E. Mendelson (éd.), *Wystan H. Auden, Selected Poems*, Londres, Faber and Faber, 1979, p. 50 [*Poésies choisies*, trad. J. Lambert, Gallimard, 1994].

13. P. Fitzgerald, *The Knox Brothers*, p. 97.

14. Voir le pdf en ligne C. P. Pedrosa (éd.), *The Witnesses of the Faith in the Orient : Dominican Martyrs of Japan, China and Vietnam* [« Les témoins de la foi en Orient : martyrs du Japon, de la Chine et du Vietnam »], province dominicaine de Notre-Dame du Rosaire, Hong Kong, Hong Kong, 1989, qui montre l'énorme contribution payée par une seule province de l'ordre.

15. M. N. McGreal, *Samuel Mazzuchelli : American Dominican*, South Bend (Ind.), Université Notre Dame, 2005, p. 191.

16. J.-J. Pérennès, *Passion Kaboul : Le Père Serge de Beaurecueil*, Paris, Éd. du Cerf, 2014, p. 112.

17. *Les Poèmes mystiques de saint Jean de la Croix*, « La nuit obscure », trad. abbé Georges de Nantes, retraite automne 1984, voir le site : www.crc-resurrection.org

18. Lecture du 1er octobre, jour de sa fête, dans le bréviaire.

19. Cité par le Cal M. O'Connor, « Fiftieth Anniversary of Priesthood » [*Cinquante années de ministère*], dans D. P. Cronin, *Priesthood : A Life open to Christ* [« Un ministère : une vie ouverte à Jésus-Christ »], Londres, St Pauls Publishing, 2009.

20. *Ibid.*

21. A. VERGHESE, *Cutting for Stone* [trad. M. Marny *La Porte des larmes,* Paris, J'ai lu, 2011], Londres, Vintage Books, 2010, p. 6.
22. « The Cave of Making » [*La Caverne de la fabrication,* déclamé par le poète, *in memoriam* L. MacNeice sur le site www.youtube.com].
23. T. EAGLETON, *Radical Sacrifice,* New Haven (Conn.), Yale Univ., 2018, p. 62.
24. Cité par J. M. SWEENEY, *The Lure of Saints : A Protestant Experience of Catholic Tradition* [« L'appel des saints : une expérience protestante de tradition catholique »], Cape Cod (Mass.), Paraclete Press, 2004.
25. J. SACKS, *Not in God's Name,* p. 201.
26. « The power of boundless compassion » [*Puissance d'une compassion sans limite*], causerie de G. BOYLE donnée à Boston College le 25 octobre 2012 (www.bc.edu).
27. G. W. HUGHES, *God, Where Are You ?* [« Dieu, où es-tu ? »], Darton, Londres, Longmann and Todd, 1997, p. 141.
28. M. THIEN, *Do not say we have nothing,* Granta, Londres, 2016 [trad. C. Leroux, *Nous qui n'étions rien,* Paris, Phébus, 2019], p. 457 de l'édition anglaise.
29. B. MORGAN, *Late Medieval Mysticism and the Modern Self* [« Le Mysticisme médiéval tardif et le soi d'aujourd'hui »], Fordham University Press, New York, 2013, p. 101.
30. F. DOSTOÏEVSKI, *Les Frères Karamazov,* cités ici dans la traduction de V. Derély (1886, www.bibliotheque-russe-et-slave.com)
31. Cité d'après l'éd. anglaise, Londres, William Heinemann and Bodley Head, 1971, p. 251 [© 1940, trad. *La Puissance et la Gloire,* M. Sibon, *Nouvelles complètes,* vol. 2, Paris, Robert Laffont, 2019].
32. *Ibid.,* p. 253.
33. R. ELLSBERG (éd.), *The Duty of Delight : The Diaries of Dorothy Day* [« Le devoir de plaisir : Journaux de Dorothy Day »], New York, Image Books, 2008, p. 3.
34. Cité par R. WILLIAMS, *Silence and Honey Cakes : The Wisdom of the Desert* [« Silence et gâteaux au miel : la sagesse du désert »], A Lion Book, Oxford, 2003, p. 82.
35. Cité par E. A. JOHNSON, *Ask the Beasts : Darwin and the God of Love* [« Demandez aux animaux : Darwin et le dieu de l'amour »], Bloomsbury, Londres, New Delhi, etc., 2014, p. 114.
36. *Macbeth,* V, 5.
37. E. A. JOHNSON, *Ask the Beasts,* p. 128.
38. *Ibid.,* p. 155.
39. *Ibid.,* p. 176.
40. THOMAS D'AQUIN, *Somme de théologie,* Ia, q. 8, a. 2.

Notes du chapitre 4

1. Lynch, *Christ and Apollo*, p. 106.

2. W. Blake, *Auguries of Innocence*, v. 1-4, trad. P. Boutang, www.poussiere-virtuelle.com

3. T. F. Mathew, *The Clash of Gods : A reinterpretation of early Christian Art* [« La guerre des dieux : l'art chrétien des origines revisité »], Princeton (N.J.) Princeton University Press, Princeton and Oxford Revised and expanded, 1999, p. 92

4. D. Brown, *Tradition and Imagination : Revelation and Change* [« Tradition et imagination : révélation et changement »], Oxford, Oxford University Press, 1999, p. 94. L'ouvrage de Brown a été une aide précieuse pour l'écriture de cette section.

5. *Ibid.*, p. 81 s.

6. Eusèbe de Césarée, *Histoire ecclésiastique*, 7, XXI, 7-8 (ici donné dans la traduction Remacle d'É. Grapin, www.remacle.org).

7. *Ibid.*, 7, XXI, 10.

8. On trouvera la totalité de la règle bénédictine, par exemple sur le site www.la.regle.org (ici, article 36. « Les frères malades »), dans la traduction de G. Morin (1944) revue en 2018 avec celle de P. Schmitz.

9. O. Hartley, *Women and the Catholic Church* [« Les femmes et l'Église catholique »], Londres, Burns and Oates, 1935 p. 222-223.

10. Conseil pontifical pour la pastorale des services de la santé, *Catholic News Agency*, Denver (Col.), 10 février 2010.

11. R. Calderisi, *Earthly Mission : The Catholic Church and World Development* [« Mission temporelle : l'Église catholique et le développement planétaire »), New Haven (Conn.)/Londres, Yale University Press, 2013, p. 208.

12. H. Marsh, *Do no Harm : Stories of Life, Death and Brain Surgery* [« Ne pas causer de dommage : histoires de vie, de mort et de chirurgie cérébrale »], Londres, Weidenfeld and Nicholson, 2014, p. 43.

13. J. A. Pagola, *Jesús : aproximación histórica* [trad. G. Genet, *Jésus : approche historique*, Paris, Éd. du Cerf, 2019].

14. K. Boo, *Behind the Beautiful Forevers : Life, Death, and Hope in a Mumbai Undercity* [trad. A.-M. Carrière, *Annawadi : vie, mort et espoir dans un bidonville de Mumbai*, Paris, Buchet-Chastel, 2013], Londres, Portobello Books, 2012 (© New York, Random City, 2011), p. 35.

15. *Ibid.*, p. 119.

16. V. Woolf, *The New Criterion*, janvier 1926, p. 35. [www.bartleby.com]

17. C. James, *Sentenced to Life : Poems 2011-2014* [« Condamné à vivre, poèmes 2011-2014 »], Basingstoke (GB)/Oxford, Picador, 2015, p. 8.

18. A. García-Rivera, *St. Martin de Porres : The « Little Stories » and the Semiotics of Culture* [« Saint Martin de Porrès : les "petites histoires" et la sémiotique de la culture »], Introduction de R. L. Schreiter, New York, Société de missionnaires Maryknoll, Orbis Books, 1995, p. 80.

19. *Talks of Instruction n° 17* [« Entretiens sur la directive n° 17 »] dans R. Woods, *Meister Eckhart : Master of Mystics* [« Maître Eckhart, maître de mystique »], introduction et traduction de T. Radcliffe, Londres/New York, Continuum, 2011, p. 163.

20. J.-D. Bauby, *Le Scaphandre et le Papillon*, Paris, Robert Laffont, 1997.

21. P. Kalanithi, *When Breathe Becomes Air.* L'auteur mourut en 2015, âgé de 37 ans.

22. L'exposé (en anglais) d'A. Verghese, « La main du médecin » peut être vu sur Youtube.

23. C. James, *Sentenced to Life*, « Event Horizon » [*Horizon du futur*], p. 15.

24. *Le Dialogue de sainte Catherine de Sienne*, trad. R. P. Hurtaud, Paris, P. Lethielleux, 1913, chap. vi, p. 29. Consultable sur le site www.gallica.bnf.fr

25. J. A. Pagola, *Jésus*, p. 166.

26. Shakeaspeare, *Othello* I, 1 ; voir P. Murnane, *Archways to the Infinite : My journey towards the transcendent* [« Arches vers l'infini : mon voyage en direction du transcendant »], Mulgrave (Austr.), Garratt Publishing, 2018, p. 152.

27. *Making Waves* [« Faire des ondes »], revue thématique portant sur les projets soutenus par cette agence en Amérique latine et publiée à Londres, p. 19.

Notes du chapitre 5

1. Voir T. Radcliffe, *Take the Plunge : Living Baptism and Confirmation* [trad. N. Lucas *Faites le plongeon : vivre le baptême et la confirmation*, Paris, Éd. du Cerf, 2012], Londres, etc., Bloomsbury, 2012.

2. P. Brown, *The World of Late Antiquity : AD 150-750* [« Le monde de l'Antiquité tardive : 150-750 de notre ère »], Londres, Thames and Hudson, 1993 (© 1971), p. 53.

3. E. R. Dodds, *Pagan and Christian in an Age of Anxiety : Some Aspects of Religious Experience from Marcus Aurelius to Constantine*, Cambridge, Cambridge University Press, 1965, trad. H.-D. Saffrey, *Païens et chrétiens dans un âge* d'angoisse *: aspects de l'expérience religieuse, de Marc-Aurèle à Constantin*, Claix, La Pensée sauvage, 1979.

4. D. MacCulloch, *The Reformation : Europe's House Divided 1490-1700* [« La Réforme : la scission de la maison Europe, 1490-1700 »], New York/Londres, Penguin, 2003, p. 574.

5. S. Earle, « Vatican 2.0 : How technology companies think that they can become God » [*Vatican 2.0 : comment les Géants du numérique croient qu'ils peuvent devenir Dieu*], *TLS*, 17 novembre 2017, p. 4.

6. I. Tree, *Wilding : The Return of Nature to a British Farm* [« Ensauvagement : la nature revient dans une ferme anglaise »], Londres, Picador, 2018, p. 294.

7. T. Eagleton, *On Evil* [« Du mal »], New Haven (Conn.) et Londres, Yale University Press, 2010, p. 60-61. (Nerval, dont nous reprenons ici la traduction, est fidèle à Goethe, mais l'auteur d'*On Evil* entend plutôt « est fait pour être détruit ». – *NdT*).

8. Blog paru sur le site www.brookings.edu et signé de Javier Lesaca, chercheur invité à l'université George Washington (Washington DC), et professeur associé à l'université de Navarre d'Espagne.

9. C. Whitney-Brown, éd., *Jean Vanier, Essential Writings* [« Textes fondamentaux »], Londres, Darton, Longman and Todd, 2008 p. 87.

10. C. Carson (éd.), *The Autobiography of Martin Luther King, Jr.* [« Autobiographie de Martin Luther King Jr], Londres, Abacus, 2000, p. 8.

11. H. Arendt, *Eichmann à Jérusalem : rapport sur la banalité du mal* [publication originale en angl., *Eichmann in Jerusalem* 1963 ; Harmondsworth, Londres, 1979], trad. A. Guérin, Paris, Gallimard, 1991.

12. T. Eagleton, *Radical Sacrifice*, p. 70.

13. W. H. Shannon (éd.), *The Hidden Ground of Love : The Letters of Thomas Merton on Religious Experience and Social Concerns* [« Le fondement caché de l'amour, correspondance de T. Merton à propos de l'expérience religieuse et de sujets sociaux »], New York, Farrar, Straus and Giroux, 2011. © 1985, p. 294.

14. Cité par S. Tirri, *Is This the Best God could do ?* [« Est-ce là le mieux que pourrait faire Dieu ? »], document électronique BookIt.com, 2011.

15. Le site www.inamidst.com reproduit la nouvelle « On Household Gods and Goblins » [*Sur les dieux du foyer et les gobelins*], tiré de *Coloured Lands* [« Pays en couleurs »], New York, etc., Sheed & Ward, 1923.

16. J. Alison, *Undergoing God: Dispatches from the Scene of a Break-in* [« Subir Dieu : nouvelles en provenance du théâtre d'une effraction »], Londres, Darton Longman and Todd, 2006, p. 35 s. (L'auteur emploie, pour le mot que nous traduisons par *fraternité* le terme allemand *Bruderschaft*, de même sens, mais connoté d'une solidarité « corporatiste » – *NdT.*)

Notes du chapitre 6

1. Voyez néanmoins H. Rahner, *Man at Play or Did you ever practise eutrapelia* [trad. B. Battershaw et E. Quinn, ce « L'homme qui joue : avez-vous déjà pratiqué l'eutrapélie ? » Londres, Burns and Oates, 1965, fait allusion à cette vertu qu'estimait Aristote et qui est l'esprit de la conversation, l'humour avant la lettre. – *NdT*]. Rahner fournit d'intéressants exemples d'idées semblables dans le monde classique que nous n'avons pas la place d'examiner ici.

2. A. Thatcher, *Theology and Families* [« Théologie et familles »], Oxford, Carlton Blackwell Publishing ©. 2008, p. 102.

3. J. Hooper, *The Italians* [« Les Italiens »], Londres, Allen Lane impr. Penguin, 2015.

4. N. MacGregor, *Living with the Gods*, p. 122 s.
5. Voir www.firstthings.org, rapport anonyme.
6. D. Eggers, *What Is the What : The Autobiography of Valentino Achak Deng* [trad. S. Todd, *Le Grand Quoi (Autobiographie de Valentino Achak Deng)*, Paris, Gallimard, 2009], Londres, Penguin, 2008 (© 2006), p. 47 de l'éd. angl.
7. Cité par S. Perry dans « The Ear and the Air » [*L'oreille et l'air*], *TLS*, 30 novembre 2018.
8. H. Nouwen, *Return of the Prodigal Son*, p. 99.
9. Cité dans *ibid.*, p. 36.
10. J. Egan, *A Visit from the Good Squad* [trad. S. Schneiter *Qu'avons-nous fait de nos rêves ?*, Paris, Stock, 2012], Constable and Robinson, Londres, 2010, dans Kindle : repère 1598.
11. P. Larkin, *Collected Poems*, New York, Farrar, Straus and Giroux, 2001, « This be the Verse » [*Que ceci soit le vers*], dit par l'auteur sur www.youtube.com.
12. N. Postman, *The Disappearance of Childhood* [trad. J. Chambert et J. Piveteau *Il n'y a plus d'enfance*, Paris, Institut supérieur d'éducation permanente, 1983], New York, Vintage Books, 1994.
13. *Ibid.*, p. 67.
14. M. Chalabi, *The Guardian*, novembre 2013.
15. Irénée de Lyon, *Contre les hérésies*, III, chap. xxii.
16. J. Steinbeck, *East of Eden*, Londres, Penguin Books1992 (© 1952), p. 215 [trad. J.-C. Bonnardot *À l'est d'Éden*, Paris, Del Duca : Plon, 1970 (© 1954)].
17. S. Tugwell, *Reflections on the Beatitudes* [« Réflexions sur les Béatitudes »] Londres, Darton, Longman and Todd, 1980, p. 101.
18. C. D. Lewis, *Complete Poems*, Londres, Sinclair Stevenson, 1992, « Walking Away » [*Partir*].
19. H. D. Thoreau, *Walden*, chap. i, « Économie », cité par N. Postman, *The End of Education : Redefining the Value of Education* [« La fin de l'éducation, redéfinition de la valeur pédagogique »], New York, Alfred A. Knopf, 1995.
20. Z. Smith, *Swing Time* [trad. même titre, par E. et P. Aronson, Paris, Gallimard, 2018], Londres, Hamish Hamilton, 2016, p. 336. (*Swing Time* est un film musical américain de George Stevens de 1936, distribué en France sous le titre *Sur les ailes de la danse*. – NdT.)
21. J. Steinbeck, *East of Eden*, p. 576.
22. S. Griffiths, *Sunday Times*, 5 mars 2017.
23. Cité par G. Strawson, « Brimming with X : LSD, love and losing the "fat relentless ego" » [*Saturé de X : du LSD, de l'amour et de l'« encombrant et implacble ego »*], *TLS*, 10 août 2018.
24. *Ibid*.
25. E. Dickinson, *The Complete Poems*, Londres, Faber and Faber, 2016, poème 288 [trad. C. Malroux, Paris, Belin, 1989].
26. *Cyprian's Sermon, or, Declaration concerning the Good or Benefit of Patience. Delivered by him in Latin, and now translated into English* [« Sermon

de saint Cyprien : déclaration concernant la vertu et l'avantage de la patience, prononcé en latin et désormais traduit en anglais ». Notre traduction. – NdT.]

27. S. TUGWELL (éd.), *Early Dominicans : Selected Writings* [« Premiers dominicains, anthologie »] New York, Ramsey/Toronto, Paulist Press, 1982 p. 90.

28. Samedi 27 juillet 2013 : veillée de prière avec le pape.

29. Sermon d'A. WHITE, dans *The Acts of the Provincial chapter of the English province of the Order of Preachers* [« Actes du chapitre provincial de la province anglaise de l'ordre des Prêcheurs »), Oxford, 2000, p. 66.

30. J. RATZINGER (C^al^, pape BENOÎT XVI), *L'Esprit de la liturgie*, trad. G. Catala et G. Solari, Genève, Ad Solem, 2001.

31. Cité par R. WILLIAMS, *Silence*, p. 29-30.

32. THOMAS D'AQUIN, *Somme de théologie*, IIa-IIae, q. 73, a. 3.

33. H. RAHNER, *Man at Play*, p. 9.

34. Cité par M. OKLOT, « Maturing into Childhood : An Interpretive Framework of a Modern Cosmogony and Poetics » [Mûrir en direction de l'enfance : un cadre interprétatif pour une cosmogonie et une poétique modernes], Alif : Journal of Comparative Poetics, université américaine du Caire, n° 27 (2007), p. 135.

35. R. C. COLLISTER, *A Journey in Search of Wholeness and Meaning* [« Un voyage en quête de complétude et de sens »], Berlin etc., Peter Lang AG, Internationaler Verlag der Wissenschaften, 2010, p. 115.

36. L. ERDRICH, *The Last Report on the Miracles at Little No Horse* [trad. I. Reinharez, *Dernier rapport sur les miracles à Little No Horse*, Paris, Albin Michel, 2003], Londres, Harper Perennial, 2002 (© 1999), p. 74.

37. P. MURRAY, *New Wine of Dominican Spirituality : A Drink Called Happiness* [trad. M. Briend-Walker et R. Ansell-Walker *Le Vin nouveau de la spiritualité dominicaine : un nectar nommé Bonheur*, Paris, Salvator, 2017], préface de T. Radcliffe, Londres, New York, Continuum, 2006.

38. *Ibid.*, p. 130 de l'éd. anglaise.

39. *Ibid.*, p. 147.

40. Cité dans J. FOREST, *At Play*, p. XIII.

41. J. A. FITZMEYER, *The Gospel according to Luke X-XXIV* (« L'Évangile selon saint Luc 10-24 »), New York, Anchor Bible, Doubleday and Company, 1985, p. 1088.

42. H. NOUWEN, *Return of the Prodigal Son*, p. 69. [L'auteur était un ami de Jean Vanier. NdT.].

43. G. CHEVALLIER, *Clochemerle*, Paris, LGF, Le Livre de poche, 2014, (© Paris, 1934, Rieder).

44. B. J. PIERCE, *Jesus and the Prodigal Son : The God of Radical Mercy* [« Jésus et le fils prodigue : le Dieu de la compassion radicale »], New York, Société de missionnaires Maryknoll, Orbis Books, 2016, p. 110.

45. Torch.op.org, Sermon pour le jour de Noël 2012.

Notes du chapitre 7

1. F. Spufford, *Unapologetic : Why, despite everything, Christianity can still make a surprising emotional sense* [« Pas désolé du tout : Pourquoi, en dépit de tout, le christianisme peut sembler émotionnellement sensé à un point étonnant ? »], Londres, Faber and Faber, 2012, p. 45.

2. J. Winterson, *Why be Happy*, p. 150.

3. D. MacCulloch, *The Reformation*, p. 600.

4. Tribune parue dans le *New York Times* le 15 avril 2016.

5. Version Kindle, ouvrages du domaine public, p. 166.

6. S. Hough, *The Final Retreat* [« La retraite finale »], Londres, Sylph Editions, 2018, p. 69.

7. Ch. Taylor, *A Secular Age*, p. 262.

8. T. Radcliffe, *Faites le plongeon*, chap. iii, « Commandements et appartenance au Christ », p. 49-69.

9. H. McCabe, *Law, Love and Language* [« Loi, amour, langage »], Londres/Sydney, Sheed and Ward, 1968 p. 115-124.

10. E. Ferrante, *L'Amie prodigieuse*, Paris, Gallimard, 2017 © 2015, coll. « Folio » n° 6052, p. 179.

11. J. Milbank, C. Pickstock, *Truth in Aquinas* [« Vérité de saint Thomas d'Aquin »], Londres, Routledge, 2000, p. 14.

12. François (pape –), *Exhortation apostolique* Evangelii Gaudium, 24 novembre 2013, § 274.

13. P. Pettingell (éd.), *The Poems of Rowan Williams*, Grand Rapids (Mich.), William B. Eerdmans Publishing Company, 2002 p.100.

14. S. Du Boulay, *Teresa of Avila : An Extraordinary Life* [« Thérèse d'Avila, une vie extraordinaire »], Londres, Darton, Longman and Todd, 2004, p. 250 s.

15. D. H. Lawrence, « Lizard », *Pansies / Pensées*, trad. L. Gaspar et S. Clair, Paris, Orphée/La Différence, 1989.

16. Cité dans P. A. Lohale, K. Toomey (éd.), *Dialogue as Mission : Remembering Chrys McVey* [« Le dialogue comme mission : hommage à Chrys McVey »], Chicago (Ill.), New Priory Press, 2014^2, p. 38.

17. *Hamlet* II, 2. (trad. A. Benoit www.hamletultimetraduction.fr)

18. T. Eagleton, *Radical Sacrifice* [« Le sacrifice absolu »], New Haven (Conn.), Yale University Press, www.books.google.fr

19. Lettre d'Antoine Leiris postée sur Facebok après la mort d'Hélène le 13 novembre 2015 et publiée par *Le Monde* le 17 du même mois.

20. T. Eagleton, *Radical Sacrifice*, p. 128.

21. S. Nagelsen, C. Huckelbury, *Secrets Shared : The Life and Work of Sister Pauline Quinn OP* [« Secrets partagés : vie et œuvre de sœur Pauline Quinn, o.p. »], [E.U.], DogsandJobs, 2016.

22. S. Cherry, *Healing Agony : Re-Imagining Forgiveness* [« Agonie salvatrice : réimaginer le pardon »], Londres/New York, Continuum, 2012, p. 190 et passim.

23. T. S. ELIOT, *The Complete Poems and Plays* [« Poésie et théâtre complets »], Londres, Faber and Faber, 1969, p. 38, « Gerontion ».

24. S. CHERRY, *Healing Agony*, p. 193.

25. *Ibid.*, p. 67.

26. Cité par T. EAGLETON, *Radical Sacrifice*, p. 134.

27. G. Herbert (1593-1633), poète, auteur de « Let All the World in every corner sing » (« Que le monde entier chante partout »), dans *Antiphon 1*, devenu une hymne religieuse.

28. Cité par T. EAGLETON, *Radical Sacrifice*, p. 129 s.

Notes du chapitre 8

1. N. LASH, *Believing Three Ways in One God : A reading of the Apostles' Creed* [« Trois voies pour le monothéisme : une lecture du symbole des apôtres »], Londres, SCM Press, 1992, p. 10.

2. G. K. CHESTERTON, *Fancies vs. Fads* [« Fantaisies et toquades »], New York, Dodd, Mead and Company, 1923, www.gkc.org.uk : « The Mercy of Mr. Arnold Bennett » [*L'indulgence de M. Arnold Bennett*].

3. T. EAGLETON, *How to Read a Poem* [« Comment lire un poème »], Oxford, Blackwell Publishing, 2007 p. 89.

4. E. DUFFY, *The Universe* (hebdomadaire catholique de Grande-Bretagne), 5 septembre 1993.

5. R. S. THOMAS, *Collected Poems : 1945-1990*, Londres, Phoenix Giants, 1993, p. 364, « Pilgrimages » (*Pèlerinages*).

6. B. DAVIES (éd.), *Faith within Reason* [« La foi dans le cadre de la raison »], de H. MCCABE (introduction de Brian Davies, préface de Denys Turner), Londres/New York, Continuum, 2007, p. 9.

7. Dans le chapitre premier, nous avons osé « déprécionisme » pour qualifier cet état d'esprit. (*NdT.*)

8. B. DAVIES (éd.), *Faith within Reason*, p. 33.

9. S. FITZGERALD (éd.), *The Habit of Being : Letters of Flannery O'Connor* [« L'habitude d'être, choix de lettres de F. O'Connor »], New York, Farrar, Straus and Giroux, 1988 (© 1978), lettre du 2 août 1955. Flannery O' Connor est publiée en France par Gallimard sous le titre *Œuvres complètes : romans, nouvelles, essais, correspondance*, 2009.

10. H. MCCABE, *God Matters*, p. 236.

11. E. RUMMEL, *Erasmus as a Translator of the Classics* [« Érasme traducteur des auteurs classiques »], Toronto, etc., University of Toronto Press, 1985, p. 8.

12. J. DE SMET (éd.) *Thomas Kyd, L'homme, l'œuvre, le milieu, suivi de « La Tragédie espagnole »*, Bruxelles, La Renaissance d'Occident, 1925. Texte disponible sur le site www.emothe.uv.es (la présente traduction est celle de J. de Smet. – *NdT.*)

13. S. WRIGHT, *Oscar Romero and the Communion of Saints* [« Oscar Romero et la communion des saints »], New York, Orbis, 2009 p. 37.

14. Cité par S. HEANEY, *Redress of Poetry* (« Réparation de la poésie »), Londres/New York, Farrar, Straus and Giroux, 1995 p. 4.

15. M. ZBOROWSKI, E. HERZOG, *Life is with People : The culture of the Shtetl* [« Vivre se fait avec les gens : la culture du shtetl » – Le *shtetl* était mot yiddish, était jusqu'au génocide nazi la bourgade, le village ou le quartier de ville où résidait une communauté juive. *NdT.*), New York, Schocken Books, 5th Revised edition 1995[5] (© 1952) p. 85.

16. A. KENNY, *Brief Encounters : Notes from a Philosopher's* Diary [« Brèves rencontres : notes extraites du journal d'un philosophe »], Londres, SPCK (Society for Promoting Chrisyian Knowledge), 2018, p. 97.

17. Cité dans F. COMPAGNONI et H. ALFORD (éd.), *Preaching Justice : Dominican Contributions to Social Ethics in the Twentieth Century* (« Prêcher la justice : contributions dominicaines à l'éthique sociale du XXe siècle »), Dublin, Dominican Publications, 2007 p. 141 : S. T. PINCKAERS, « Dialogue and Action for Peace » [*Dialogue et action pour la paix*].

18. J.-J. PÉRENNÈS, *Passion Kaboul* p. 13, où est cité Louis Massignon, l'auteur de cette maxime.

19. *Ibid.* [C'est le titre du chapitre VI de son livre – *NdT.*].

20. Cité par M. KATUTANI, « The Death of the Truth : How we gave up on facts and ended up with Trump » [*La mort de la vérité : comment nous avons renoncé aux faits pour finir par avoir Trump*], *The Guardian*, 14 juillet 2018.

21. D. EGGERS, *Heartbreaking Work of Staggering Genius* [« Travail déchirant d'un génie balbutiant »], Londres, Picador, Reprints edition, 2007 (© 2000).

22. K. O. KNAUSGAARD, *Min Kamp*, trad. M.-P. Fiquet *Mon combat*, 5 vol., t. I, *La mort d'un père*, Paris, Denoël, 2012.

23. W. BERRY, *Given : Poems* [« Le donné, poèmes »], New York, Counterpoint, 2006, p. 127.

24. Communication privée.

25. J. J. WHITFIELD, *The Crisis of Bad Preaching : Redeeming the Heart and Way of the Catholic Preacher* [« La crise du mauvais prêche : racheter le cœur et la voie du prêcheur catholique »], South Bend (Ind.), Ave Maria Press (Univ. Notre Dame), 2019, citant, p. 59, R. STUDZINSKI, *Reading to Live : The Evolving Practice of Lectio Divina* [« Lire pour vivre : la pratique évolutive de la *lectio divina* »], Kalamazoo (Mich.), Cistercian Publications, 2009, p. 130.

26. *Liber Constitutionum et Ordinationum Fratrum Ordinis Praedicatorum* [« Livre des constitutions et ordinations de l'ordre des Prêcheurs »], Curia Generalitia, Rome, 2010, n° 77, II.

27. R. ELLSBERG (éd.), *The Duty of Delight*, repère 271.

28. L. CHESHIRE, *The Light of Many Suns* [« La lumière de plusieurs soleils »], Londres, Methuen, 1985, p. 5-6.

29. Dans www.vatican.va (en anglais) : Teresa Benedict of the Cross Edith Stein (1891-1942), nun, Discalced Carmelite, martyr [« Nonne, moniale déchaussée de la bienheureuse Vierge Marie du Mont-Carmel, martyre »].

30. Par exemple, la dernière question de la Ire partie de la *Somme* porte le numéro 119, et l'article 2 se demande si la semence provient plutôt du superflu de nourriture que de la substance de l'engendrant.

31. Pour savoir pourquoi ce n'est pas suffisant, voir H. McCabe, *Law, Love and Language*.

32. G. K. Chesterton, *St Thomas Aquinas* [trad. D. M. Morin *Saint Thomas du Créateur*, Poitiers, DMM, 2011[2] (© 1935)], Londres, Hodder and Stoughton, 1943, p. x.

Notes du chapitre 9

1. Voir www.bbc.co.uk

2. En rangeant ma chambre, ce qui m'arrive rarement, je suis tombé sur un livre qui m'était totalement sorti de l'esprit, la traduction anglaise de l'ouvrage de J. T. Mendonça, *Nenhum caminho será longo* [« Aucun chemin ne sera long »], pour lequel je découvris avec surprise que j'avais écrit une préface enthousiaste, dont je ne désavoue aucun mot [*No Journey will be too Long : Friendship in Christian Life* (trad. M. J. Ronayne, « Aucun voyage ne sera trop long, l'amitié dans la vie chrétienne », New York/Mahwah (NJ), Paulist Press, 2012].

3. *Ibid.*, p. 16.

4. Conférence inédite de M.-D. Chenu, « L'Ordre de saint Dominique a-t-il encore sa chance ? », Toulouse, 11 octobre 1970.

5. D. Turner, *Thomas Aquinas : A Portrait* [« Thomas d'Aquin, un portrait »], Yale/Londres, Yale University Press, 2013, p. 149.

6. Voir le site www.1914-1918.be (en français).

7. A. C. Hosne, université de Heidelberg, « Friendship among Literati. Matteo Ricci s.j. (1552-1610) in Late Ming China » [*Amitié dans l'élite érudite. Le jésuite Matteo Ricci sur la fin de la dynastie Ming*], *Transcultural Studies*. www.heiup.uni-heidelberg.de

8. J. V. Schall, « Matteo Ricci's "Maxims" and Friends » [*Les* Maximes *et les amis de Matteo Ricci*] www.catholicworldreport.com

9. Cité dans *ibid.*

10. Cité dans *ibid.*

11. M. Fontana, *Matteo Ricci : gesuita, scienziato, umanista in Cina* [« Matteo Ricci, jésuite, savant et humaniste en Chine »], Rome, De Luca Editori d'Arte, 2010, p. 91.

12. J. Vanier, *Toute personne est une histoire sacrée*, Paris, Plon, 1994, cité d'après la traduction anglaise de M. Parham *Our Journey Home : Rediscovering a Common Humanity Beyond our Differences* [« Notre voyage vers la maison, redécouvrir une humanité commune au-delà de nos différences »], Londres/Sydney/Auckland, Hodder and Stoughton, 1997, p. viii.

13. *Ibid.*, p. 33.

14. Voir www.jean-vanier.org

15. S. T. Pinckaers, *Les Sources de la morale chrétienne. Sa méthode, son contenu, son histoire*, Fribourg, Éditions Universitaires/Paris, Éd. du Cerf, 1985, cité d'après la trad. angl. M. T. Noble, *The Sources of Christian Ethics*, Édimbourg, T&T Clarke, 1995, p. 434.

16. E. M. Forster, *Passage to India* [trad. C. Mauron *Route des Indes*, Paris, Le Bruit du temps, 2013 (© 1927)], cité ici d'après Londres, Hodder and Stoughton, 2010, p. 301.

17. R. Williams, « The Ethics of Global Relationships » [*La morale des relations globales*], dans R. Carter, S. Wells (dir.), *Who is my Neighbour ? The Global and Personal Challenge* [« Qui est mon prochain ? Le défi global et personnel »], Londres, SPCK, 2018, p. 18.

18. A. Bennett, *The Lady in the Van* [trad. P. Ménard *La Dame à la camionnette*, Paris, Gallimard, 2015], Londres, Profile Books, 2015.

19. J. C. Heenan (C[al]), *Not the Whole Truth* [« Pas toute la vérité »], Londres, Hodder and Stoughton, 1974 (© 1971).

20. H. McCabe, *God matters*, p. 108 s.

21. *Ibid.*, p. 108.

22. F. Kerr, « Charity as Friendship' » [*La charité comme amitié*], dans B. Davies (dir.), *Language, Meaning and God : Essays in honour of Herbert McCabe o.p.* [« Le langage, le sens et Dieu : essais en hommage au P. dominicain Herbert McCabe »], Londres, Geoffrey Chapman, 1987, p. 22.

23. H. Yanagihara, *A Little Life* [trad. E. Ertel *Une vie comme les autres*, Paris, Buchet-Chastel, 2018], Londres, Picador, 2015.

24. *Ibid.*, p. 73.

25. *Ibid.*, p. 225.

26. *Ibid.*, p. 675.

27. A. Michaels, *Fugitive Pieces* [trad. R. Lalonde *La Mémoire en fuite*, Paris, Flammarion, 1998], Londres, Bloomsbury, 1997, p. 194.

Notes du chapitre 10

1. « Contemporary scriptural exegesis ethics on Jesus' nonviolence » [*L'éthique contemporaine de l'exégèse scripturale concernant la non-violence de Jésus*], texte disponible sur le site : www.nonviolencejustpeacedotnet.files.wordpress.com

2. Cité dans F. J. Dear, K. Butigan « An Overview of Gospel Nonviolence in the Christian Tradition » [*Vue d'ensemble de la non-violence de l'Évangile dans la tradition chrétienne*], texte disponible sur le site : www.nonviolencejustpeacedotnet.files.wordpress.com

3. W. H. Shannon, *Seeds of Peace : Contemplation and Nonviolence* [« Ferments de paix : contemplation et non-violence »], New York, The Crossroad Publishing Company, 1996, p. 152.

4. R. Ellsberg (éd.), *The Duty of Delight*, repère n° 943.

5. *Ibid.*, n° 895.

6. Angélus, place Saint-Pierre, le 18 février 2007, www.vatican.va

7. L. Fischer, *The Life of Mahatma Gandhi* [« Vie de Mahatma Gandhi »], Londres, Harper Collins, 1997, p. 438-454.

8. C'est ainsi que Dante, *Paradis*, XXII, 51, désigne notre pauvre Terre, *L'aiuola che ci fa tanto feroci* [trad. de F. R. de Lamennais, 1863].

9. *Conjectures of a Guilty Bystander*, Doubleday, New York, 1966 p. 86.

10. L. Fischer, *The Life of Mahatma Gandhi*, p. 308.

11. Tolstoï prononça ces mots dans les toutes dernières années du XIXe siècle, en sortant de la visite d'un abattoir, expérience qu'il relate dans sa profession de foi végétarienne, *La Première Étape*, 1892, laquelle servira de préface, la même année, à H. Williams, *The Ethics of Diet* [« Morale de l'alimentation »], publié à Londres, F. Pitman éditeur, en 1883. Le texte de Tolstoï, dans une traduction d'E. Halpérine-Kaminski, est disponible sur le site www.google.com) ; on peut se procurer l'Ebook de Williams (titre complet : *The Ethics of Diet : A Catena of Authorities Deprecatory of the Practice of Flesh Eating* [« Morale de l'alimentation, une chaîne d'autorités désapprouvant le régime carné »]) sur le site suivant : www.gutenberg.org

12. Cité par J. Sacks, *Not in God's name*, p. 178.

13. Cité par W. H. Shannon, *Seeds of Peace*, p. 107.

14. *Ibid.*, p. 107.

15. G. Younge, *Another Day in the Death of America* [trad. C. Reingewirtz *Un autre jour dans la mort de l'Amérique*, Paris, Grasset, 2017], Londres, Guardian Books, 2016, dernière page du texte.

16. *Ibid.*, passage n° 58.

17. G. Boyle, *Tattoos on the Heart : The power of Boundless Compassion* [« Tatouages sur le cœur : puissance d'une compassion sans limite »], New York, etc., Free Press, 2010, p. 89.

18. J. Steinbeck, *East of Eden* [trad. J.-C. Bonnardot *À l'est d'Éden*, Paris, Livre de poche, 1974 (© 1954, Del Duca)], New York, Viking Press, 1952, p. 268.

19. J. Sacks, *Not in God's Name*, p. 99.

20. *Ibid.*, p. 100.

21. J. Forest, *At Play*, p. 214.

22. C. Carson (éd.), *The Autobiography of Martin Luther King Jr.*, p. 96.

23. G. Younge, *Another Day*, n° 840.

24. J. Sacks, *Not in God's Name*, p. 63.

25. S. Tugwell, *Reflections on the Beatitudes*, p. 112.

26. C. Carson (éd.), *The Autobiography of Martin Luther King Jr.*, p. 82.

27. *Ibid.*, p. 95.

28. Événement rapporté par le site www.bbc.com le 1er décembre 2015, « Kenyan Muslims Shield Christians in Mandera Bus Attack » [*Des*

musulmans du Kenya protègent des chrétiens dans l'attentat contre le bus de Mandera].

29. G. YOUNGE, *Another Day*, nº 808.

30. M. JAMES, *A Brief History of Seven Killings* [trad. V. Malfoy, *Brève histoire de sept meurtres*, Paris, Albin Michel, 2016], Londres, Oneworld Publications, 2015. La citation qui suit se trouve p. 72 de l'édition anglaise.

31. S. HEANEY, *Seeing Things*, « 2 Settings XXI » nº 1146.

32. « Les enfants, la violence et les médias », rapport à l'intention des familles et des décideurs politiques, émanant de la Commission sénatoriale de la magistrature, sous la direction du sénateur (Utah) Orrin G. Hatch, président du Comité sur le pouvoir judiciaire, et soumis par la majorité des membres dudit Comité le 14 septembre 1999.

33. F. J. DYSON *Weapons and Hope* [« Armes et espoir »], New York, Harper and Row 1980, cité par W. C. SPOHN, *Go and do likewise : Jesus and ethics* [trad. L. David, *Jésus et l'éthique : « Va et fais de même ! »*, Bruxelles, Lessius, 2010], New York et Londres, Continuum, 2007 (© 1999), p. 69.

34. G. YOUNGE, *Another Day, nº* 75.

35. *Ibid.*, nº 295.

36. Conférence inédite.

37. M. ROBINSON, *Gilead* [trad. S. Baril, *Gilead*, Arles, Actes Sud, 2007], New York, Farrar, Straus and Giroux, 2004, p. 66.

38. C. MUNDYE (éd.), *Robert Graves : War Poems* [« Poèmes de guerre de R. Graves »], Bridgend (Pays de Galles), Seren, 2016, p. 108, « A Dead Boche » [*Un Boche mort*].

39. Le texte était inscrit sur les murs de la chambre où il logeait comme étudiant à l'Institut catholique de Paris.

40. François (pape), 1er janvier 2017.

41. S. TUGWELL, *Reflections on the Beatitudes*, p. 115.

Notes du chapitre 11

1. D. C. SCHINDLER, « The Redemption of Eros : Philosophical Reflections on Benedict XVI's First Encyclical » [*La rédemption d'Éros. Réflexions philosophiques sur la première encyclique de Benoît XVI*], Communio, International Catholic Review, automne 2006, p. 394.

2. J. REBANKS, *The Shepherd's Life : A Tale of the Lake District* [trad. J. Esch, *Une vie de berger*, Paris, Slatkine & Cie, 2017, ici p. 33], Londres, Penguin, 2015.

3. *Ibid.*, p. 364 (traduction de J. Esch).

4. A. BONNETT, *Off the Map : Lost Space, Invisible Cities, Forgotten Islands, Feral Places and what they Tell us about the World* [« Terra incognita : espace perdu, cités invisibles, îles oubliées, endroits sauvages, ce qu'ils nous disent du monde »], Londres, Aurum Press, 2014, p. 85.

5. S. HEANEY, *Finders Keepers : Selected Prose 1971-2001* [« Qui trouve garde : Prose choisie 1971-2001 »], Londres, Faber and Faber, 2002, p. 3.

6. J. WINTERSON, *Why be Happy*, p. 59.

7. J. MCGAHERN, *Memoir* [trad. F. Cartano et M.-L. Marlière *Mémoire*, Paris, Albin Michel, 2009], Londres, Faber and Faber, 2005, p. 64.

8. S. HEANEY, *Preoccupations : Selected Prose 1968-1978* [« Préoccupations : Prose choisie 1968-1978 »], Londres, Faber and Faber 1984, p. 131-149, « A Sense of Place » [*Un sentiment d'appartenance*].

9. FRANÇOIS (pape –), *Evangelii Gaudium*, § 47.

10. E. C. LATHEM (éd.), *Robert Frost : The Collected Poems* [*Œuvres poétiques*, « Choix de poèmes de Robert Frost »], Londres, Vintage Books, 2013, p. 34, « Death of the Hired Man » [*Mort du saisonnier*].

11. M. ANGELOU, *All God's Children Need Traveling Shoes* [trad. L. Saint-Martin et P. Gagné, *Un billet d'avion pour l'Afrique*, Montréal/Arles, Les Allusifs, 2011], New York, Vintage, 1991, p. 196.

12. É. WIESEL, *Souls on Fire : Portraits and Legends of Hasidic Masters* [« Âmes en feu : portraits et légendes des maîtres hassidiques » : il s'agit de la traduction par M. Wiesel de *Célébration hassidique, portraits et légendes*, Paris, Éd. du Seuil, 1972], New York, Summit Books, 1972, p. 110.

13. *Ibid.*, p. 111.

14. T. PHILPOT, *Priesthood in Reality : Living the Vocation of a Diocesan Priest in a Changing World* [« La prêtrise au jour le jour : vivre la vocation d'un prêtre diocésain dans un monde en mutation »], Bury St Edmunds (GB), Kevin Mayhew, 1998, p. 88.

15. C. BLOCH, S. MITCHELL (éd.), *The Selected Poetry of Yehuda Amichai* [« Anthologie poétique de Yehuda Amichai »], Oakland (Calif.), University of California Press, 1996, « The Place where we are right » [*L'endroit où nous avons raison*].

16. R. J. LAWRENCE Jr., *Sexual Liberation : the Scandal of Christendom* [« Libération sexuelle : le scandale de la Chrétienté »], Westport (Conn.), Praeger, 2007, p. 29.

17. ATHENAGORAS, « A Plea for the Christians » [*Un appel aux chrétiens*], dans A. ROBERTS *et al.* (éd.), *Ante-Nicene Fathers : The Writings of the Fathers down to A.D. 325* [« Les Pères antérieurs à Nicée : leurs écrits des origines à 325 de l'ère chrétienne »], Grand Rapids (Mich.), Eerdmans, 1983, vol. II, p. 123, texte également accessible sur le site www.newadvent.org, chap. III (en anglais), « Morale élevée des chrétiens ».

18. JEAN CHRYSOSTOME, *Homélie XLV sur Ac 20, 32*, cité dans F. BAGGIO, « Theology of Migration » [*Théologie de la migration*] dans la revue *Exodus Series : A Resource Guide for the Migrant Ministry in Asia*, n° 3, Quezon City (Luçon, Philippines), Scalabrini Migration Center, 2005, p. 21.

19. J. T. ÁVILA LAUREL, *El juramento de Gurugu*, 2010, la trad. anglaise de J. Soutar existe en Epub, Sheffield (GB), And Other Stories, 2017, le passage cité portant le n° 912. Une traduction française, due à M. Muchnik, *Sur le mont Gourougou* a été publiée par Asphalte, Paris, 2017. Gourougou est à la fois le nom d'une montagne du Rif marocain et du camp où vivent les migrants.

20. *Ibid.*, nº 761.

21. C. CARRETTO, *Ho cercato e ho trovato*, Rome, Cittadella 2012.

22. Cette ode à l'Église est consultable (en anglais) à l'adresse www.associationofcatholicwomenbloggers.blogspot.com

23. S. DE BEAURECUEIL, *Prêtre des non-chrétiens*, Paris, Éd. du Cerf, 1968.

24. R. WILLIAMS, dans *The Times*, veille de Noël 2011.

25. J. REBANKS, *Une vie de berger*, p. 271.

26. Le texte que consacre l'archevêque à cette méditation, intitulé « What I learned from the word of the Bard » [*Ce que m'a appris le mot du Barde* (*i.e.* Shakespeare)] est disponible (en anglais) sur le site www.theguardian.com.

27. E. WAUGH, *Brideshead Revisited, The Sacred & Profane Memories of Captain Charles Ryder* [trad. G. Belmont *Retour à Brideshead*, Paris, Robert Laffont, 1946], Boston (Mass.), Little, Brown and Company 1973 (© Londres, Chapman & Hall, 1945), p. 351.

28. R. SCRUTON, *The Soul of the World*, p. 123.

29. *Il Dialogo*, G. CAVALLINI (éd.), Rome 1968, chap. 165 p. 493. Notre traduction.

30. *Ibid.*, p. 167.

31. BENOÎT XVI, Exhortation apostolique *Sacramentum Caritatis* donnée à Saint-Pierre-de-Rome, en l'an 2007, le 22 février, jour de la fête de la chaire de Saint-Pierre, § 51 (texte de l'exhortation en français disponible sur le site du Vatican).

32. T. S. ELIOT, *The Complete Poems and Plays*, p. 104, « Journey of the Magi' ».

33. Le dominicain Chrys McVey adorait cet adage.

34. C. S. LEWIS, *The Weight of Glory* [« Le poids de la gloire »], Macmillan, New York, 1966, p. 4-5.

35. W. H. LEWIS (éd.), *Letters of C. S. Lewis* [« Correspondance »], New York, 1966, p. 289.

Notes du chapitre 12

1. N. KING, *The Scandal of Christian Disunion* [« Le scandale de la désunion chrétienne »], Buxhall près Stowmarket (GB), Kevin Mayhew, 2017.

2. Certains érudits en contestent la paternité à saint Paul.

3. B. DELORME, *Lumière et Vie* 45/5, Décembre 1996, p. 75-80, cité par N. KING, *The Scandal*, p. 9.

4. P. FITZGERALD, *The Knox Brothers*, p. 93.

5. Également dans Mc 6, 50 ; 14, 62.

6. J. SACKS, *Not in God's Name*, p. 64.

7. *Ibid.*

8. S. Coakley, *God, Sexuality and the Self: An Essay « On the Trinity »* [« Dieu, la sexualité, le soi : essai sur la Trinité »], Cambridge, Cambridge University Press, 2013, p. 252.

9. P. Elie, *The Life You Save May Be Your Own : An American Pilgrimage* [« La vie que vous sauvez est peut-être la vôtre : pèlerinage américain »], New York, Farrar, Straus and Giroux, 2003, p. 4.

10. G. K. Chesterton, *Orthodoxy* [trad. A. J. *Orthodoxie*, Paris, Gallimard, 1984], Londres, Sydney, etc., Hodder and Stoughton, 1996, p. 63. [La présente traduction reprend celle de V. Beaupré, qu'on peut consulter sur le site www.google.com, p. 63-64. – *NdT*.)

11. J. Costa, *The Annotated Origin : A Facsimile of the First Edition of On the Origin of the Species* [« L'origine annotée : fac-simile de la 1re édition de *L'Origine des espèces* »], Cambridge (Mass.)/Londres, Harvard Univerity Press, 2009, p. 489, cité par E. A. Johnson, *Ask the Beasts*, p. xviii. Le texte de Darwin annoté est disponible sur le site www.researchgate.net

12. Mot attribué à Luther, en dépit de l'absence de toute preuve convaincante.

13. À la date du 28 avril 1967 ; voyez E. Yarnold, *They are in Earnest : Christian Unity in the Statements of Paul VI, John Paul I, John Paul II* [« Ils s'en occupent sérieusement : l'unité des chrétiens dans les déclarations des papes Paul VI, Jean-Paul Ier et Jean-Paul II »], Middle Green, Slough (GB), St. Paul Publications, 1982, p. 66, cité par N. King, *The Scandal*, p. 12.

14. N *Ibid.*

15. N. Kazantzakis, *La Dernière Tentation du Christ*, trad. M. Saunier, Paris, Plon, 1959. Cité ici d'après trad. angl. P. A. Bien, New York, Simon and Schuster, 1998, p. 373.

16. T. McDermott, *Catherine of Siena : Spiritual Development in Her Life and Teaching* [« Catherine de Sienne, le développement spirituel dans sa vie et son enseignement »], Mahwah (N.J.), Paulist Press, 2008, p. 68.

17. Correspondance de Catherine de Sienne procurée par Pierro Miscitelli, Sienne, 1922, vol. I, p. 68, lettre 16.

18. R. Ellsberg (éd.), *The Duty of Delight*, repère 8042.

19. P. Jordan, « Every Day, Yes or No » [*Chaque jour, oui ou non*], dans C. Wolff (dir.), *Not Less than Everything : Catholic Writers on Heroes of Conscience from Joan of Arc to Oscar Romero* [« Rien de moins que tout : écrivains catholiques parlant des héros de la conscience morale, de Jeanne d'Arc à Oscar Romero »], New York, HarperOne, 2013, p. 199.

20. R. Ellsberg (éd.), *The Duty of Delight*, repère 8211.

21. P. Murray, *New Wine*, p. 119.

22. Y. Congar, *Journal d'un théologien 1946-1956*, Paris, Éd. du Cerf, 2000, p. 271.

23. Catherine de Sienne, *Dialogue* 15, 54, cité dans T. McDermott, *Catherine of Siena : Spiritual Development*, p. 217. [Ici, trad R.-P. J. Hurtaud.]

24. Contribution, dans C. Wolff (dir.), *Not Less than Everything*, p. 211.

25. Irénée de Lyon, *Adversus haereses*, V, 6.

26. C. Murphy-O'Connor (C[al]), *English Spring: Memoirs* [« Printemps anglais : mémoires »], Londres etc., Bloomsbury, 2015, p. 130.
27. J. Franzen, « Is it too late to save the world ? » [*Est-il encore temps de sauver le monde ?*], *The Guardian*, 4 novembre 2017.
28. T. Rachman, « Writers gonna write » [*Les écrivains vont écrire*], *TLS*, 19 janvier 2018.
29. F. Watson, *Gospel Writing : A Canonic [al Perspective* [« Écrire l'évangile : une perspective canonique »], Grand Rapids (Mich.)/Cambridge, Eerdmans, 2013, p. 614.
30. J. Berger, *G. : A Novel* [« G. : un roman »], New York, Viking Press, 1972, p. 129.
31. Recueilli dans les actes du chapitre de la province anglaise de l'ordre des Prêcheurs, 1996.
32. *An Intimate History of Humanity*, Vintage, Londres 1994, p. 442
33. « Dans l'humble intelligence de son cœur », Jourdain de Saxe, *Libellus*, 7.
34. Voyez son *Sententia super metaphysicam*, XII, 9, 2566, Turin, Marietti, 1971, p. 599. Ailleurs Thomas fait observer que « toute vérité, quel que soit celui qui la profère, relève de l'Esprit Saint *[omne verum, a quocumque dicatur, est a Spiritu Sancto]* », *Somme de théologie*, Ia-IIae, q. 109, a. 1, ad 1.
35. Poème inédit de S. G. Braathen, qui m'a autorisé à le reproduire.

Notes du chapitre 13

1. R. Williams, *Christ on Trial : How the Gospel Unsettles Our Judgement* [« Le Christ en procès : comment l'Évangile perturbe notre jugement »], Londres, Fount, 2000, p. 3.
2. *Ibid.*
3. S. Weil, *Attente de Dieu*, Exposé : « L'amour de Dieu et le malheur », Paris Albin Michel, 2016 (© 1950, Éd. du Vieux Colombier).
4. Aristote, *Politique*, I, 1254, trad. B. Saint-Hilaire, Librairie philosophique de Lagrange, disponible sur le site Remacle de l'Antiquité gréco-latine.
5. Sorti en France/Belgique en 2014, quelques mois après sa réalisation (août 2013), ce film de Steve Mcqueen adapte à l'écran l'autobiographie, portant le même titre, de Solomon Northup (1853).
6. Déclaration du 12 septembre 2017 de Mgr I. Jurkovic, archevêque, observateur permanent du Saint-Siège auprès des Nations unies.
7. N. King, communication privée.
8. G. M. Hopkins, *Poèmes*, sans titre n° 45 (tr. B. Gaurier, p. 185).
9. Voir *supra*, n. 12 du chap. VIII.
10. P. Murray, *Scars : Essays, Poems and Meditations on Affliction* [« Cicatrices : essais, poèmes, méditations sur la détresse »], Londres, Bloomsbury, 2014. Tout ce chapitre doit énormément à P. Murray.

11. J.-J. Pérennès, *Pierre Claverie, un Algérien par alliance*, Paris, Éd. du Cerf, 2018, p. 364-365.

12. H. Prejean, *Dead Man Walking: the Eyewitness Account of the Death Penalty that Sparked a National Debate* [« Le mort qui marche, rapport par un témoin oculaire sur la peine de mort qui a déclenché un débat national », New York, Vintage Books, 1996 (© 1994), p. 37. [Le film de Tim Robbins qui en est adapté *Dead Man Walking*, EU, 1995, a été distribué en France sous le titre *La Dernière Marche*, 1996. – *NdT*.)

13. Comme *supra*, n. 8.

14. Comme *supra*, n. 3.

15. P. Levi, *Se questo è un uomo*, Turin, Einaudi, 1958 et 1976, ici trad. M. Schruoffeneger *Si c'est un homme*, Paris, Pocket, 1999 (© Julliard, 1987), en exergue p. 9.

16. Saint Augustin, *Confessions*, 3, 6, 11.

17. J. Jeremias, *Die Abendmahlsworte* [trad. M. Benzerath et R. Henning *La Dernière Cène : les paroles de Jésus*, Paris, Éd. du Cerf, 1972 ; ici, référence à l'éd. angl., Londres, *The Eucharistic Words of Jesus*, SCM Press, 1966, p. 225.

18. P. Murray, *Scars*, p. 4.

19. N. Drake, *The Independent*, 28 mars 2015, consultable sur le site www.independent.co.uk

20. J. Caffrey, *BBC World Service Magazine*, 2 janvier 2016 : www.bbc.co.uk

21. F. Spufford, *Unapologetic*, p. 16.

22. Fait écho au mot *fin* de Jn 13, 1 celui que Jésus, dans Jn 19, 30, utilise pour dire : « C'est achevé ».

23. R. Scruton, *The Soul*, p. 145.

24. *Illic ex Sabbato/Succedit Sabbatum,/perpes laetitia/sabbatizantium.* [Le texte d'Abélard (ici notre traduction) est disponible sur le site (en partie bilingue latin/anglais www.archive.org, l'auteur se réfère à la traduction de Helen Waddell. – *NdT*.]

25. R. Scruton, *The Soul*, p. 146.

26. *Coq de Pierre*, 1724, Galerie nationale de Prague (République tchèque).

27. *Reniement de saint Pierre*, 1789, musée Liechtenstein de Vienne.

28. M.-J. Lagrange, *Évangile selon St Marc*, Paris, Gabalda, 1942 (repris Éd. du Cerf, 1947), p. 385, n. 30.

Notes de l'introduction à « La vie ressuscitée »

1. Anecdote rapportée par *The Times*, le 30 novembre 2018.

2. Voir J. Rae, *Agnostic's tale : a Fragment of Autobiography* [« Une histoire d'agnostique, fragment d'autobiographie »], Londres, Thistle Publishing, 2013.

3. Cité par T. CRANE, « Reduced to Clear: What Happens when a Religious Leader Takes on Consciousness » [*Tout doit disparaître : quand un chef religieux se penche sur la conscience*], *TLS*, 27 juillet 2018, p. 12.
4. W. H. AUDEN, *Poet to Poet: George Herbert* (anthologie) [« Un poète s'adresse à un poète : George Herbert »], Londres, Penguin, 1973, p. 54, « Prayer 1 ».

Notes du chapitre 14

1. T. WINTON, *Breath* [trad. N. Gassié *Respire*, Paris, Payot & Rivages, 2009], Picador, Londres, 2008, p. 42.
2. *Ibid.*, p. 43.
3. P. KALANITHI, *When Breathe Becomes Air*, p. 200 pour cette citation et la suivante.
4. R. S. THOMAS, *Collected Poems : 1945-1990* [éd. bilingue et trad. M.-T. Castay, P. Keineg et J.-Y. Le Disez *R. S. Thomas ; sélection de poèmes*, Brest, Les Hauts-fonds, 2015], Londres, Phoenix, 1993, p. 418.
5. Le terme hébreu est ici *neshama*, et non *ruah*.
6. J. JOSIPOVICI, *The Book of God : A response to the Bible* [« Le livre de Dieu : réponse à la Bible »], New Haven (Conn.)/Londres, Yale University Press, 1988, p. 74.
7. C. F. BURNEY, *Notes on the Hebrew Text of the Books of Kings* [« Notes sur le texte hébreu du Livre des Rois »], Oxford, The Clarendon Press, 1903, p. 23.
8. Il ne m'échappe pas que j'use dans ce livre de différentes traductions, mais pourquoi s'en tenir à une seule ?
9. Ce n'est là qu'une des façons de se représenter le travail du Saint-Esprit en nous. Nous aurions pu aussi bien recourir à l'image du feu.
10. P. MURRAY, *Scars*, p. 79-80.
11. G. M. HOPKINS, *Poèmes*, « La Sainte Vierge comparée à l'air que nous respirons », trad. B. Gaurier, p. 163-169, ici p. 169.
12. B. PIERCE, *We Walk the Path Together : Learning from Thich Nhat Hanh and Meister Eckhart* [« Nous allons de conserve sur le sentier : leçons de Thich Nhat Hanh et Maître Eckhart »], Société de missionnaires Maryknoll, Orbis Books, 2005, p. 38.
13. W. SHAKESPEARE, *Antoine et Cléopâtre*, VI, 2 trad. A. Gide, Paris, Gallimard, 1925.
14. Cité par B. ROTHFELD, « Kangaroo Nunchakus : a Patchwork of Desperate Quirkiness » [*Nunchakus en boomerang : une mosaïque d'innovation désespérée*], dans le compte rendu de D. SEDARIS, *Calypso* (Boston [Mass.], Little Brown, 2018), *TLS*, 22 juin 2018.
15. P. MURRAY, *Scars*, p. 101.
16. T. HALÍK, *Donner du temps à l'éternité : la patience envers Dieu*, trad. A.-M. Ducreux-Palenicek, Paris, Les Éd. du Cerf, 2014.
17. *Ibid.*, p. XIII.

18. *Ibid.*, p. 29

19. « Je suis un parti qui ne compte qu'un membre » (interview par D Rudjäte et U. Meistere, *Arterritory*, 7 juin 2017).

20. G. K. Chesterton, *Orthodoxy* [trad. C. Grolleau Orthodoxie, Paris, L. Rouart et J. Watelin, 1923], Londres, etc., Hodder and Stoughton, 1996, p. 205-206 (ces pages constituent la fin du chapitre « Roman de l'orthodoxie » ; ici trad. V. Beaupré.).

21. Bernard de Clairvaux, *Huitième sermon sur le Cantique des Cantiques*, § 2 [nous adoptons pour la traduction française celle du site www.docteurangelique.free.fr – *NdT*.)

22. Thomas d'Aquin, *Somme de théologie*, Ia, q. 14, a. 11.

23. D. Turner, *Thomas Aquinas*, p. 227.

24. A. Verghese, *Cutting for Stone*, p. 396.

25. A. Niffenegger, *The Time Traveller's Wife* [trad. N. Besse et J.-P. Bernard *Le temps n'est rien*, Paris, J'ai lu, 2006], Londres, Vintage Books, 2005, p. 503.

26. J. Pieper, *Lieben, Hoffen, Glauben*, Münich, Kösel, 1986, cité d'après la traduction anglaise Faith, *Hope, Love* [« Foi, espérance, charité »], San Francisco, Ignatius Press, 1997, p. 170.

27. R. M. Rilke, *Duineser Elegien* [ici trad. L. Gaspar *Élégies de Duino* dans *Œuvres*, t. II, Paris, Éd du Seuil, 1972, repris dans coll. « Points/Poésie », 2006, p. 9].

28. P. A. Lohale, K. Toomey (dir.), *Dialogue as Mission : Remembering Chrys McVey* [« Le dialogue comme ministère : pages en souvenir de Chrys McVey »], Chicago (Ill.), New Priory Press, 2014, p. 73.

29. N. Mandela, *Long Walk to Freedom* [ici trad. J. Guiloineau *Un long chemin vers la liberté*, Paris, Fayard, 1995, en pdf. (Livre de poche, même texte) sur www.facebook/Culture pour tous, p. 569/572], Londres, Abacus, 1995, p. 750.

30. P. A. Lohale, K. Toomey, *Dialogue as Mission*, p. 113.

31. H. McCabe, *God Matters* p. 94-95.

32. A. Bellenger, S. Tugwell (éd.), *Letters of Bede Jarrett* [« Lettres de Bede Jarrett »], Bath/Oxford (GB), Downside Abbey and Blackfriars Publications, 1989, p. 190.

33. À partir de la lecture du bréviaire du 22 juin, jour de la fête des saints Jean Fisher et Thomas More.

34. Film britannique (2017), distribué en France sous le même titre, réalisé par Andy Serkis, sur un scénario de William Nicholson, avec notamment Andrew Garfield, Claire Foy, Hugh Bonneville.

Notes du chapitre 15

1. M. Midgley, *Science as Salvation* [« La Science comme salut »], Routledge, Abingdon, 1994.

2. W. GIBSON, *The Neuromancer* [trad. J. Bonnefoy *Neuromancien*, Paris, J'ai lu, 2010 (© Paris : la Découverte, 1985), coll. « J'ai lu-Science-fiction »], cité d'après le site www.genius.com

3. THOMAS D'AQUIN, *Somme de théologie*, Ia-IIae, q. 25, a. 4 et 5. Voir B. DAVIES (éd.), *Faith within Reason*, p. 108.

4. R. ELLSBERG (éd.), *The Duty*, repère 1766.

5. J.-L. BRUGUÈS, *L'Éternité si proche*, Éd. du Cerf, Paris, 1995, p. 102.

6. M. A. MAYESKI (éd.), *A Rocking-Horse Catholic : A Caryll Houselander Reader* [« Le catholique genre cheval de bois : une anthologie de Caryll Houselander »], Londres, Sheed and Ward, 1991, p. 49.

7. A. BRADFORD (éd.), *Thomas Traherne : Selected Poems and Prose* [« Anthologie de vers et de prose de Thomas Traherne »], Londres, Penguin, 1991, p. 169-183, « Thanks giving for the Body » [*Actions de grâces pour le corps*].

8. Lettre de Dylan Thomas à Pamela Hansford Johnson citée dans S. HEANEY, *The Redress of Poetry*, Londres, Faber and Faber, 2010, p. 131.

9. En latin, *Nihil est in intellectu quod non sit prius in sensu* (*Questions disputées sur la vérité*, q. 2, a. 3, arg. 19). Thomas souligne bien que cette loi vaut pour l'âme humaine, à l'exclusion de l'Esprit divin.

10. Cité dans T. MEANEY, « Politics vs aesthetics » (*Politique et esthétique*), *TLS du* 6 avril 2018, p. 7.

11. A. OZ, *Une histoire d'amour et de ténèbres*, trad. S. Cohen, Paris, Gallimard, Folio 2012 (© trad. Gallimard, 2004), p. 205.

12. I. MURDOCH, *The Sovereignty of the Good* [trad. Cl. Pichevin *La Souveraineté du bien*, Combas, Éd. de l'Éclat, 1994], Abingdon-on-Thames (GB), Routledge, 1970 (© 1967), p. 71.

13. K. KAVANAUGH, R. RODRIGUEZ (éd.), *The Collected Works of St. John of the Cross* [« Œuvres complètes de saint Jean de la Croix »], Washington, (D.C.), Institute of Carmelite Studies, 1979 (© 1964), p. 675, « Maxims on Love » [*Maximes sur l'amour*] n° 21.

14. Abbé RAULX (éd.), *Œuvres complètes de saint Augustin, traduites pour la première fois en français*, Bar-Le-Duc, 1866, t. VI, *Sermons*, « Sermon sur le troisième commandement, sur le site www.abbaye-saint-benoit.ch/, p. 35 du pdf (se rappeler que *contentieux* est attesté par Littré dans le sens : « qui aime à discuter » – *NdT.*)

15. D. BROWN, *God and Grace of Body : Sacrament in Ordinary* [« Dieu et la grâce du corps, un sacrement au quotidien »], Oxford, Oxford University Press, 2007, p. 303, 307.

16. « I just want to see His Face » est sur Youtube.

17. On crédite souvent sainte Thérèse d'Avila de ce mot, mais probablement à tort.

18. F. SPUFFORD, *Golden Hill* [trad. N. Gassie même titre, Genève, Slaktine & Cie, 2019] Londres, Faber and Faber, 2016, p. 157 s.

19. L. WITTGENSTEIN, *Vermischte Bemerkungen*, cité dans la trad. de P. Winch *Culture and Value*, Hoboken [NJ], John Wiley and sons, 1998, p. 23.

20. R. SCRUTON, *The Soul of the World*, p. 97.

21. E. Mendelson (éd.), *Wystan H. Auden*, p. 187, « In Praise of Limestone » [*À la louange du calcaire*].

22. R. Guardini, *Les Fins dernières*, trad. de l'allemand *Die Letzten Dinge* par F. Demenge, Paris Éd. du Cerf, 1950, « Le corps spirituel », p. 90 [également en anglais dans par P. Murray, *Scars*, p. 32.

23. B. Ward (éd.), *The Sayings of the Desert Fathers : The Alphabetical Collection* [titre conventionnel : *Apophtegmes des Pères*], Dubuque [La], Cistercian Publications/Londres, A.R. Mowbray, 1975 p. 7.

24. B. J. Pierce, *Jesus and the Prodigal Son : The God of Radical Mercy* [« Jésus et le fils prodigue : le Dieu de la compassion radiale »], New York, Orbis, 2015 p. 22.

25. Sur ce point, je renvoie à T. Radcliffe, *Faites le plongeon*, p. 184-187.

26. Thomas d'Aquin, *Somme de théologie*, IIa-IIae, q. 17, a. 3.

27. J. S. Foer, *Extremely loud and incredibly close* [trad. J.-P. Carasso et J. Huet *Extrêmement fort et incroyablement près*, Paris, Pointdeux, 2011 (© 2004, Éd. du Seuil)], St Ives (Cornouailles, GB), 2018 (© Londres, H. Hamilton, 2005), p. 181.

28. Selon une expression affectionnée de Giles Hibbert.

29. A. Doerr, *All the Light We Cannot See* [trad. V. Malfoy *Toute la lumière que nous ne pouvons voir*, Paris, Albin Michel, 2015], Londres, Fourth Estate, 2015, p. 30.

30. R. Ellsberg (éd.), *The Duty of Delight*, repère n° 5474.

31. O. Pamuk, *Mon nom est Rouge*, trad. G. Authier, Paris, Gallimard, 2001, cité d'après l'éd. anglaise, *My Name Is Red*, Londres, Faber and Faber, 2001, p. 112.

32. E. McDonagh, « Shared Despair » [*Désespoir partagé*], *The Furrow*, mai 2002 p. 261.

33. S. Hough, *The Final Retreat*, p. 119.

34. K. D'Août, P. Aerts, « The evolutionary history of the human foot », consultable sur le site www.citeseerx.ist.psu.edu

35. Le texte cité, illustré de photos évocatrices, provient du site www.shannon.samexhibit.com

36. S. Mawer, *Tightrope* [« Corde raide »], Londres, Abacus, 2016 (© ibid., Little Brown, 2015), p. 21.

37. C. Corey, « Footwashing » [*Lavement des pieds*], *National Catholic Reporter*, 9 avril 2004, p. 16.

38. C. Carson (éd.), *The Autobiography of Martin Luther King Jr.*, p. 203.

39. P. V. Loewen, *Music in Early Franciscan Thought* [« La Musique dans les origines de la pensée franciscaine »], Leyde (NL), Boston (Mass.), Brill, 2013, p. 30.

40. B. Hussar, *Quand la nuée se levait. La paix est possible*, Paris, Éd. du Cerf, 1988, p. 55.

41. W. Shakespeare, *Le Conte d'hiver*, IV, 3 (Google Livres, Arvensa éditions, 2015, sans mention de traducteur).

42. « Grace », qui clôt l'album du groupe U2 *All That You Can't Leave Behind* [« Tout ce que tu ne peux laisser derrière toi »] paru en 2000, est cité par D. BROWN, *God and Grace of Body* p. 6 (notre traduction – *NdT*.)

43. Le texte du Sermon 261, § 7 de saint Augustin pour le jour de l'Ascension (*Patrologia Latina* 38, coll. 1202-1207) porte : *Per hominem Christum tendis ad Deum Christum*. L'auteur revendique sa traduction en anglais : *through Christ the human you come to Christ the divine.* (Nous le suivons ; on peut aussi opter pour une traduction plus abstraite : « C'est par l'humanité du Christ que tu t'approcheras de sa divinité » – *NdT*.)

Notes du chapitre 16

1. F. MARTEL, *Sodoma, enquête au cœur du Vatican*, Paris, Robert Laffont, 2019.

2. R. S. THOMAS, *Collected Poems : 1945-1990*, p. 345, « Adjustments ».

3. Th. MERTON, *Asian Journal* [« Journal d'Asie »], New York, New Directions, 1973, p. 308.

4. L'article (en anglais) est reproduit sur le site www.theguardian.com

5. Encyclique *Laudato si'* du pape FRANÇOIS, 24 mai 2015, 2e partie.

6. *Ibid.*, § 106.

7. G. M. HOPKINS, *Poèmes*, « Grandeur de Dieu » (trad. B. Gaurier, p. 85 ; le texte de la citation suivante prolonge celui-ci.

8. Ch. TAYLOR, *A Secular Age*, p. 98.

9. Encyclique *Laudato si'*, § 108 (traduction des publications vaticanes en français).

10. *Ibid.*, § 110.

11. L. WITTGENSTEIN, *Philosophische Untersuchungen* [titre conventionnel « Essais philosophiques »], trad. citée par l'auteur G. E. M. Anscombe *Philosophical Investigations*, Oxford, B. Blackwell, 1963 (© 1953), § 115, p. 48 [trad. P. Klossowski *Tractatus logico-philosophicus suivi d'Investigations philosophiques*, Paris, Gallimard, 1986. La présente traduction du passage est empruntée à G. HOTTOIS, *La Philosophie du langage de Ludwig Wittgenstein*, Bruxelles, Éditions de l'université de Bruxelles, 1976.].

12. *Ibid.*, § 309 de l'éd. angl.

13. W. BLAKE, dans la même lettre citée chap. I, no 3, vers composés au cours d'une promenade de Felpham à Lavant (West Sussex).

14. N. KLEIN, *This Changes Everything : Capitalism versus the Climate* [trad. N. Calve, Geneviève Boulanger *Tout peut changer*, Arles, Actes Sud, 2015], Penguin, Londres, 2015 (© New York, Simon & Schuster, 2014),

15. Rapporté dans S. JACKSON, « Catastrophism is as much an obstacle to addressing climate change as denial » [*Le catastrophisme est autant un obstacle pour prendre le changement climatiqua à bras-le-corps qu'un déni*], openDemocracy, 16 septembre 2016. Voir le site (en anglais) www.opendemocracy.net

16. N. Klein, « A Radical Vatican » (*Un Vatican radical*), *The New Yorker*, 10 juillet 2015.

17. E. A. Johnson, *Ask the Beasts*, p. 263.

18. Cette déclaration, tirée de *La Vie, mode d'emploi*, Paris, Hachette, 1978, a donné lieu à un article de D. Schilling, « L'Éternel et l'éphémère : temporalités dans l'œuvre de Georges Perec », Oxford, *French Studies*, vol. 66 n° 1 (janvier 2012), p. 113-114.

19. L. Elkin, « Lucid meet ludic » [*Quand le lucide rencontre le ludique*], *TLS*, 6 avril 2018, p. 12.

20. C. Carson (éd.), *The Autobiography of Martin Luther King Jr.*, p. 50

21. G. K. Chesterton, *St. Francis of Assisi* [trad. I. Rivière *Saint François d'Assise*, Paris, Le Bruit du temps, 2016 (© Plon-Nourrit et Cie, 1925)], Londres, Hodder and Routledge, 1939 (© Londres/Toronto, Hodder and Stoughton's people's library, 1923), p. 106 de l'éd. anglaise.

22. J.-J. Pérennes, *Pierre Claverie, un Algérien par alliance*, p. 246.

23. *Ibid.*, p. 209.

24. É. Grieu, « Discovering who God is in Caritas » [*Découvrir qui est Dieu en Charité*], dans Ó. A. Rodríguez Maradiaga (dir.), *Caritas, Love Received and Given, a Theological Reflection* [« Réflexion théologique sur la charité, amour reçu et amour donné »], Luxembourg, Éd. Saint-Paul, 2011, p. 18.

25. D. Marquand, *Mammon's Kingdom : an Essay on Britain, Now* [« Le Royaume de Mammon : essai sur la Grande-Bretagne, aujourd'hui »], Londres, : Allen Lane, Penguin Books, 2014.

26. L. Hyde, *The Gift : How the Creative Spirit Transforms the World* [« Le don : comment l'esprit créatif transforme le monde »], Edimbourg, New York, Melbourne, Canongate, 2006.

27. K. Polanyi, *The Great Transformation : the Political and Economic Origins of Our Time* [trad. C. Malamoud, M. Angeno *La Grande Transformation : aux origines politiques et économiques de notre temps*, Paris, Gallimard, 1983, ici p. 122-123], Boston (Mass.), 1957 (© 1944), Beacon Press, p. 72.

28. W. Shakespeare, *Timon d'Athènes*, IV, 3 [trad. M. Guizot, disponible sur le site www.bouquineux.com]

29. D. Graeber, *Debt, The First 5000 Years* [trad. F. et P. Chemla *Dette : 5000 ans d'histoire*, Arles, Actes Sud, 2016 (© Paris, Éd. les Liens qui libèrent, 2013)], Kindle 2011 p. 14.

30. C. Dickens, *Les Temps difficiles*, trad. W. Hughes, Paris, Hachette 1880, disponible à la demande sur le site de la BnF www.shop.albertine.com, premiers mots du chap. II.

31. D. Marquand, *Mammon's Kingdom*¸ p. 4.

32. *Ibid.*, p. XIV.

33. *Ibid.*, p. 82.

34. B. Obermayer, F. Obermaier, *Panama papers : die Geschichte einer weltweiten Enthüllung* [trad. M. Ramadier *Le Secret le mieux gardé du monde : le roman vrai des Panama papers*, Paris, Éd. du Seuil, 2016].

35. M. Sandel, *What Money can't Buy : The Moral Limits of Markets* [trad. C. Cler, *Ce que l'argent ne saurait acheter : les limites morales du marché*, Paris,

Points, 2016 (© Éd. du Seuil, 2014), Cité par D. MARQUAND, *Mammon's Kingdom*, p. 122.

36. D. MARQUAND, *Mammon's Kingdom*, p. 142.

37. *Ibid.*, p. 150.

38. Voir N. BOYLE, *Sacred and Secular Scriptures : A Catholic Approach to Literature* [« Écritures sacrées et profanes : une approche catholique de la littérature »], Londres, Darton, Longman and Todd, 2004.

39. Pour tous ces exemples, je dois beaucoup à M. NUSSBAUM, « Sewage Lagoon » [*Le lagon des eaux usées*], *TLS*, 12 octobre 2012, p. 3.

40. P. ELIE, *The Life You Save*, p. 452

41. Ch. DICKENS, *Les Temps difficiles* I, chap. VIII. [Le traducteur, pour expliciter le dernier nom propre (E. Cocker, 1631-1675, est en effet l'auteur d'un ouvrage classique de mathématiques), le remplace par « un traité d'arithmétique ». Quant à Goldsmith, l'auteur du *Vicaire de Wakefield*, c'est un célèbre écrivain irlandais (1728-1774) – *NdT.*]

42. R. S. THOMAS, *Collected Poems : 1945-1990*, p. 31, « The Hill Farmer Speaks » (Ce que dit le fermier de la colline).

43. A. DILLARD, *Pilgrim at Tinker Creek* [trad. P. Gault *Pèlerinage à Tinker Creek*, Paris, C. Bourgois, 1990], New York, Harper Perennial, rééd. 1988, p. 33.

44. *Ibid.*, p. 37.

45. *Ibid.*, p. 121.

46. Encyclique *Laudato si'*, § 2.

47. SAINT AUGUSTIN, *Sermon 68*, 6 Cité par E. A. JOHNSON, *Ask the Beasts*, p. 152.

48. T. RADCLIFFE, Conférence inédite donnée à l'Institut Las Casas pour la Justice sociale, Blackfriars, Oxford. [Pour plus de détails, le lecteur est renvoyé à www.la-croix.com– *NdT.*)

49. C. CARSON (éd.), *The Autobiography of Martin Luther King Jr.*, p. 286.

Notes du chapitre 17

1. J. RATZINGER (C[al], pape BENOÎT XVI), *Der Geist der Liturgie : eine Einführung* [trad. G. Català, G. Solari *L'Esprit de la liturgie*, Genève, Ad Solem, 2001], Fribourg, Herder, 2000, cité d'après l'éd. angl. *The Spirit of the Liturgy*, Ignatius Press, San Francisco, 2000, n° 708.

2. P. MURRAY, *Rites and Meditations* [« Rites et méditations »], Dublin, The Dolmen Press, 1982, « Introit », p. 10.

3. « East Coker », *Four Quartets, Complete Poems and Plays*, p. 178.

4. J. RATZINGER, *The Spirit of the Liturgy*, n° 751.

5. *Ibid.*, n° 857.

6. *Ibid.*, n° 1892.

7. W. BENJAMIN, *Illuminations*, New York, Schocken Books, 1969 (© Harcourt, Brace and World, 1968) p. 261

8. Contribution à *The Fontana Economic History of Europe : The Middle Ages* [« Le Fontana, histoire économique de l'Europe, t. I,, le Moyen âge »], Londres, HarperCollins, 1971, cité par G. J. WHITROW, *Time in History : View of Time from Prehistory to the Present Day* [« Le temps en histoire : conception du temps de la préhistoire à nos jours »], Oxford Oxford paperbacks, 1989, p. XI.

9. Voir T. RADCLIFFE, *I Call You Friends* [trad. G. Goubert *Je vous appelle amis*, Paris, Éd. du Cerf, 2001], Londres, Continuum, 2001.

10. Ch. TAYLOR, *A Secular Age*, p. 59.

11. S. HAHN, *The Lamb's Supper : The Mass as heaven on Earth* [trad. É. Pecheul *Le Festin de l'agneau : l'Eucharistie, le ciel sur la terre*, Nouan le Fuzelier (41600) Éd. des Béatitudes, 2005], Londres, Darton, Longman and Todd, 2003, p. 115.

12. R. FERGUSON, *George Mackay Brown : The Wound and the Gift* [« G. M. Brown, la plaie et le don »], Edimbourg, Saint Andrew Press, 2011, repère Kindle 4452.

13. Peter TYLER, « The Psychology of Vocation » [*La psychologie de la vocation*], dans Christopher Jamison (dir.) *The Disciples' Call, Theologies of Vocation from Scripture to the Present Day* [« L'appel des disciples, théologie de la vocation des Écritures à nos jours »], Londres, Bloomsbury T. & T. Clark, 2014, p. 218.

14. B. GRIFFITHS, *The Golden String* [« La corde d'or »], Londres, Fount, 1979 (© Harvill Press 1954), p. 9.

15. R. ELLSBERG (éd.), *The Duty of Delight*, repère 546. (Le *sic* est de l'auteur - *NdT*.]

16. K. A. D. SMELIK (éd.), *Les Écrits d'Etty Hillesum : journaux et lettres, 1941-1943*, texte établi par G. Lodders et R. Tempelaars, traduction du néerlandais et de l'allemand (*Etty Hillesum : de nagelaten geschriften van Etty Hillesum*) par P. Noble avec la collaboration d'I. Rosselin, Paris, Éd. du Seuil, 2008, cité ici d'après A. J. Pomerans, éd. et trad., *An Interrupted Life. The Diaries and Letters of Etty Hillesum 1941-1943* [« Une vie interrompue, journaux et lettres d'E.H. 1941-1943], Londres, Peresphone Books, 1996, p. 129.

17. P. WHITE, *Riders in the Chariot* [trad. S. Nétillard *Le Char des élus*, Paris, Gallimard, 1965], Londres, Vintage Books, 1996, p. 13.

18. J. RATZINGER, *The Spirit of the Liturgy*, n° 163.

19. P. SCHMIDT *The Adoration of the Lamb*, trad. L. Preedy, Louvain, Davidsfonds, 2005, p. 7.

20. Voyage apostolique à Cologne à l'occasion de la XXe journée mondiale de la jeunesse ; célébration eucharistique, homélie du pape BENOÎT XVI, Cologne Marienfeld, dimanche 21 août 2005. L'homélie est disponible sur le site du vatican.

21. Voyez le blog (en anglais) de ce théologien franciscain d'Albuquerque [NM] à la date du 25 mai 2016 (www.cac.org).

22. THOMAS D'AQUIN, *Somme de théologie*, IIaIa, q. 2.

23. R. Bauckham, *The Theology of the Book of Revelation* [trad. A.-M. de Lassus *La Théologie de l'Apocalypse*, Paris, Éd. du Cerf, 2006], Cambridge, Cambridge University Press, 1993, p. 35-36.

24. www.torch.op.org

25. « Lettre encyclique *Spe salvi* du Souverain Pontife Benoît XVI aux évêques, aux prêtres et aux diacres, aux personnes consacrées et à tous les fidèles laïcs sur l'espérance chrétienne du 30 novembre 2007 », § 5. Le texte (français) est disponible sur le site du Vatican.

26. H. Cox, *The Market as God* [« Le Marché comme dieu »], Cambridge [Mass.], Harvard University Press, 2016.

27. *Ibid.*, p. 4-5.

28. *Ibid.*, p. 7.

29. *Ibid.*, p. 256.

30. T. Wolfe, *The Bonfire of the Vanities* [trad. B. Legrand *Le Bûcher des vanités*, Paris, Sylvie Messinger, 1988], Picador, Londres, 1990, p. 91.

31. C. Pickstock, « Liturgy, Art and Politics » [*Liturgie, art, politique*], *Modern Theology*, 17 décembre 2002, p. 164.

32. W. J. Ciszek, avec la collaboration de D. L. Flaherty, *With God in Russia* [trad. abbé R. Virrion *L'Espion du Vatican, vingt-trois ans d'activité d'un jésuite en Union soviétique*, Mulhouse, Salvator/Paris, Casterman, 1966], New York, Doubleday, 1966 (© Londres Peter Davies 1964), p. 198.

33. C. S. Lewis *Reflections on the Psalms*, New York, Harcourt, Brace, Jovanovich, 1986 (© Londres, G. Bles, 1958), p. 80. Cité dans J. Taylor, « C. S. Lewis on the Theology and Practice of Worship » (*C. S. Lewis, la théologie et la pratique du culte*), texte reproduit dur le site de TGC (the Gospel Coalition) à l'adresse www.thegospelcoalition.org

34. C. S. Lewis *Reflections on the Psalms*, p. 91.

35. *Ibid.*, p. 97.

36. K. A. D. Smelik (éd.), *Les Écrits d'Etty Hillesum*, p. 426 de l'éd. anglaise.

37. P. Murray, *Scars*, p. 20-21 cite le poème « Oh sage, Dichter, was Du tust » de Rainer Maria Rilke dans une traduction de J. Schmidt et P. Murray. (Ici, la traduction vient du site www.schabrieres.wordpress.com– *NdT.*)

Notes du chapitre 18

1. Dom M. Barrett, *Crossing : Reclaiming the Landscape of Our Lives* [« Au carrefour : reconquérir le paysage de nos vies »], Harrisburg [Pa], Morehouse publishing, 2008², p. xii.

2. Le bréviaire est le livre qui renferme tous les textes liturgiques de l'office divin.

3. A. MacIntyre, *After Virtue : a Study in Moral Theory* [trad. L. Bury *Après la vertu : étude de théorie morale*, Paris, PUF, 2006], Londres, Duckworth, 1981², p. 263.

4. E. MENDELSON (éd.), *W. H. Auden, Selected Poems*, anthologie, Londres, Faber and Faber, 1979, « *In Memory of W. B. Yeats* », p. 83. [Ici la trad. J. Lambert *Poésie choisie*, Paris, Gallimard, 2005 (© 1976).]

5. I. STACKHOUSE, *The Day is Yours : Slow Spirituality in a Fast-Moving World* [« Vous avez tout le temps : spiritualité lente dans un monde trépidant »], Londres, Pater Noster Pub/Milton Keynes etc., 2008, p. 96.

6. R. ELLSBERG (éd.), *The Duty of Delight*, repère 1404.

7. *Apophtegmata Patrum* (*Apophtegmes des Pères*), ABBA POEMEN LE GRAND, voir le site www.monasterelafaurie.org § 64, cité par S. TUGWELL, *Prayer in Practice*, Templegate Publishers, Springfield, 1974, p. 32

8. I. STACKHOUSE, *The Day is Yours*. Voir également, du même, *Praying Psalms : A Personal Journey through the Psalter*, [« Réciter les psaumes, un parcours personnel à travers le psautier »], Eugene [Or.], Cascade Books, 2018.

9. *Ibid.*, *The Day*, p. 13.

10. FRANÇOIS (pape –), *Lettre encyclique Lumen Fidei* du 29 juin 2013, § 57. Le texte français de l'encyclique est accessible en ligne sur le site du Vatican.

11. SAINT AUGUSTIN, *Confessions*, l. XI, chap. XX, titre 26, trad. M. Moreau 1864, édition numérique réalisée par l'abbaye Saint Benoît de Port-Valais (Suisse), Québec, Samizdat, 2013.

12. (Le site www.evene.lefigaro.fr ne donne malheureusement pas la source de cette citation. L'auteur ne tient pas compte des 4 derniers mots entre [], nous les rétablissons – NdE.)

13. B. KINGSOLVER, *Animal Dreams* [trad. G. Belleteste *Une rivière sur la lune*, Paris, Payot et Rivages, 2002], New York, Harper Perennial, 2003 (© HarperCollins Publishers 1990).

14. M. de CERTEAU, *L'Invention du quotidien, vol. I, Arts de faire*, Paris, U.G. E., 1980, cité d'après la traduction anglaise de S. Rendall, *The Practice of Everyday Life*, Berkley [Calif.], University of California Press, 1988, p. 43.

15. M. FOUCAULT, *L'Ordre du discours, leçon inaugurale au Collège de France prononcée le 2 décembre 1970*, Paris, Gallimard, 1990.

16. J. RATZINGER, *The Spirit of the Liturgy*, n° 1066.

17. T. RADCLIFFE, « The Coming of the Son of Man : Mark's gospel and the subversion of the apocalyptic imagination » [*La venue du Fils de l'Homme : l'évangile de Marc et la subversion de l'imaginaire apocalyptique*], dans B. DAVIES (dir.), *Language, Meaning and God : Essays in honour of Herbert McCabe o.p.* [« Le langage, le sens et Dieu : essais en hommage au P. dominicain Herbert McCabe »], Londres, Geoffrey Chapman, 1987, p. 176-189.

18. I. STACKHOUSE, *The Day is Yours*, p. 79.

19. D. BONHOEFFER, *Gemeinsames Leben* [trad. F. Ryser *De la vie communautaire*, Neuchâtel/Paris, Delachaux et Niestlé, 1947], cité d'après la trad. angl. *Life Together*, Londres, SCM, 1992, p. 55 et figure également dans I. STACKHOUSE, *The Day is Yours*, p. 85.

20. R. M. RILKE, *Sonnets à Orphée*, sonnet XII, trad. C. Neuman, Ressouvenances, en ligne (www.google.com).
21. P. MURRAY, *Scars*, « Beginning », google book, p. 129.
22. Dom M. BARRETT, *Crossing*, p. 48.
23. Cité dans P. A. LOHALE, K. TOOMEY, *Dialogue*, p. 55.
24. J. BERNARDIN (C^al^), *The Gift of Peace : Personal Reflections* [trad. L.-B. Raymond *Le Don de la paix : réflexions personnelles*, Montréal, Bellarmin, 1999], Londres, Darton, Longman and Todd, 1998 (© Chicago [Ill.], Loyola Press 1997], p. 5.
25. Dom M. BARRETT, *Crossing*, p. 17.
26. J. M. SOSKICE, *The Kindness of God : Metaphors, Gender, and Religious Language* [« La bonté de Dieu : métaphores, genre et langage religieux »], Oxford, Oxford University Press, 2007, p. 23.
27. J. HEMMER, « What theologies of vocation are to be found in the Bible ? » [Quelles théologies de la vocation la Bible renferme-t-elle ? »] dans C. JAMISON (dir.), *The Disciples' Call : Theologies of Vocation from Scripture to the Present Day* [« L'appel des disciples : théologies de la vocation des Écritures à nos jours »], Londres etc., Bloomsbury, 2013, p. 9-28.
28. Dom M. BARRETT, *Crossing*, p. 53.
29. Cité par I. STACKHOUSE, *The Day is Yours*, p. 71.
30. R. WILLIAMS, *Silence*, p. 84.
31. *Ibid.*, p. 82.
32. I. STACKHOUSE, *The Day is Yours*, p. 127.
33. S. TUGWELL, *Reflections on the Beatitudes*, p. 117.

Notes de la conclusion

1. S. HEANEY, *Seeing Things*, « Lightenings ».
2. *Seven Last Words Live at Exeter Cathedral and Buckfast Abbey*, Notre Dame (école catholique romaine), Plymouth (GB). Directeur musical et arrangements I. Bailey, directeur artistique A. Casey, 2012.

Remerciements

L'université de Newcastle a fondé les conférences Riddell en 1928 en leur donnant pour objectif d'étudier le lien entre religion et pensée contemporaine. J'ai eu l'honneur d'être invité à prononcer celles de l'année 2012, avec l'imaginaire pour thème. J'étais censé les publier, mais des engagements pastoraux, des tournées de conférences et d'autres tâches d'écriture ont littéralement englouti ma vie, si bien que le temps a passé à toute vitesse et que je n'ai rien fait.

En 2015, on m'a diagnostiqué un cancer et j'ai été opéré à l'hôpital Churchill, à Oxford. Je suis extrêmement reconnaissant à Mrs. Jennifer Graystone et à l'équipe du service Blenheim pour les merveilleux soins que j'y ai reçus. Ce fut une période fructueuse. Que d'enseignements n'ai-je pas tirés de l'expérience ! Se mettre en face de sa condition mortelle, mesurer toute l'importance du contact quand on dispense des soins, est-ce que je sais ? Je remercie également mon médecin traitant Mark O'Shea, qui n'a pas ménagé sa peine, ainsi que les innombrables frères, amis et parents qui m'ont aidée tout au long de ma convalescence en m'apportant des livres, des DVD, en m'offrant de la compagnie et en multipliant les encouragements. Je dois surtout mentionner les frères prêcheurs David Sanders et Joseph Bailham.

Comme j'ai dû renoncer quelques mois à m'exprimer oralement, j'ai pu reprendre ce sujet longtemps négligé de l'imaginaire chrétien, lire, réfléchir (comme j'ai pu), prendre des notes et commencer à écrire ce livre.

Je suis reconnaissant au frère de mon Ordre Richard Conrad, à Fernando Cervantes et à Robert Gilbert, qui ont lu tout ou partie de la version finale et qui ont fait des suggestions éclairantes, tout en m'évitant de me ridiculiser. Je suis également profondément reconnaissant à Paul Murray, de l'Ordre des Prêcheurs, de m'avoir autorisé à citer sa poésie et qui a été un bon frère, un ami obligeant et une source d'inspiration pendant de nombreuses années.

Enfin, je remercie Robin Baird Smith, mon aimable et patient éditeur et toute l'équipe de Bloomsbury pour leurs encouragements et leur aide.

Table des matières

Enseigner

Imprimé en France
Composition : Le vent se lève...

N° d'imprimeur : 002035
Achevé d'imprimer : février 2020
par la Nouvelle Imprimerie Laballery
Dépôt légal : mars 2020